同時代史

タキトゥス

國原吉之助 訳

筑摩書房

ウィテッリウス

ガルバ

オト

ティトゥス

ウェスパシアヌス

ドミティアヌス

目次

第一巻

第二巻

第三巻

第四巻

第五巻

同時代史

凡例

一　本訳書の原題は、Tacitus, *Historiae* である（四九一頁解題参照）。使用したテクストは五〇五頁に記す。

二　本文欄外の1、2、3などの番号は、各巻の節番号である。

三　ガルバの(1)の（1）は、訳注の番号である。

四　訳注内の一・12などの番号は、第一巻12節である。

五　地名と人物の長母音の音引は省略した。

第一巻

一　序

1　私はこの著作をセルウィウス・ガルバ(1)が二度目の執政官として、ティトゥス・ウィニウス(2)と共に就任したその年（六九年）から始める。さて都市国家ローマが創建以来、今日まで閲《けみ》した八百二十年(3)の歳月は、夥《おびただ》しい数の歴史家に記述の対象とされてきた。彼らがローマの共和政時代を述べていた間は、みな等しく雄弁で且《か》つ自由闊達であった。アクティオンの海戦(4)で内乱が終息し、平和が尊重され、あらゆる権力がただ一人の手に集中した後、かつての優れた天分の作家の系譜は絶えたのである。それと同時に歴史記述の信憑性はさまざまの理由から損われた。まず第一に著者が国政をまるでおのれとは無縁とみなし、その知識を疎んじたためであり、次には権力者への曲学阿世から、あるいは逆に権力者を憎悪したためである。その結果、どちらの作家とも反抗心を燃やしているうち、あるいは卑屈にとらわれているうちに、歴史を後世への鑑《かがみ》とする配慮を欠いてしまった。

しかし歴史家の迎合は読者の反撥を招きやすく、非難や嫉妬はそれを期待する耳に歓迎されやすい。というのも阿諛《あゆ》は隷属という醜悪な罪を内に宿し、敵愾心《てきがいしん》は表向き独立不羈の精神を装って人を騙《だま》すからである。

私(5)は、ガルバ、オト、ウィテッリウスから何ら恩恵も不興も蒙っていない。私はウェスパシアヌスに栄達の道を開かれ、ティトゥスに地位を上げられ、ドミティアヌスに一層高められたことを敢えて否認しないであろう。しかし不偏不党の信念を貫きたい者は、どんな人物をも、親愛の情や怨念《おんねん》を捨てて語るべきである。

私は余命が充分にあるならば、神君ネルウァの元首政とトライヤヌスの帝権という、資料も一層豊富な、身の危険もさらに少ない時代を——好むままに感じ、感じるがままにものを言うことの許されている、実に稀なほど幸福なこの時代を——老後のために残しておきたい。

2

私(6)が今から述べるのは、災禍に満ち、相剋で悲惨な、擾乱《じょうらん》で反目し合う、平和ですら血腥《ちなまぐさ》い時代の物語である。四人の元首(7)が剣で命を絶たれ、三度内乱(8)が起り、それより多い外敵との戦い、そのいくつかは内乱と外戦を織り交ぜていた。ローマ帝国の東方(9)は順調であったが、西方は悲境の中に喘《あえ》ぐ。イッリュリクム(10)は混乱し、ガリアはローマへの忠誠をぐらつかせ、ブリタンニアは完全に支配され、たちまち放棄される。サルマタエ族(11)とスエビ族はわれわれに背《そむ》いて蹶起《けっき》し、ダキア人は勝っても負けても耳目を引き、パルティア人ですら、偽者《にせもの》のネロ(12)に愚弄され武装蜂起の寸前にまで至る。

さらにまたイタリアは前代未聞の、いや長い数世紀の後に再びというべきか、天災(13)に痛めつけられた。カンパニアの豊穣地帯の町々が大地の中に埋没し、あるいは瓦解した。首都(14)は放火で灰燼《かいじん》に帰し、由緒ある神殿が焼失し、カピトリウムの神殿すら市民の手で炎上した。諸々の神事祭礼は穢され、名門の家庭の姦通沙汰。海は流謫《るたく》者で満ち、島の断崖は処刑者の血に染る。残忍は都で極まる。高貴な血も財貨も、そして名誉ある地位を辞退しても受諾しても、罪とみなされた。身の破滅は美徳で最も確実となる。告発者への報酬は、告発の罪と同様に憎まれる。というのも、ある告発者は神官職や執政官職を分捕品のごとくせしめ、あるいは元首属吏の職や帝室内部の権力を手にいれ、憎悪と恐怖で全世界を突き動かし転倒させた。買収されて奴隷は主人を、解放奴隷は保護者を裏切った。敵のいなかった人は友人に押し潰された。

3

しかしながら、この時代といえども、見事な手本を少しも生まなかったほど、美徳(15)が不毛であったわけではない。母親は追放された息子に連れ添い、妻も夫に付いて流謫地に落ちて行く。肉親は勇敢に、甥は大胆に振舞(16)った。奴隷の忠実は拷問でも揺らがなかった。高名な人は自害を強いられ、その強制にも泰然自若と耐え、古人の潔《いさぎよ》い死に方に引けを取らぬ最期を遂げた。

このような人間世界の種々さまざまな不幸の上に、天変地異や落雷の警告、めでたい、禍々《まがまが》しい、曖昧模糊たる、明々白々たる未来の予告も加わった。

実際、神々の配慮はローマ国民の安泰ではなく懲罰だということが、かつてこれほど恐ろしいわれわれの不幸で、あるいは、これほど正しい啓示で証明されたことがあったろうか。(17)

二 ローマ帝国の状況

4 ところで、私が志している本論に入る前に、当時の首都がいかなる状況にあり、軍隊の気風や属州の状勢はどうであったか、世界中どこであれ、何が健やかで何が病んでいたかを、溯って考察する必要があると思われる。

それは諸々《もろもろ》の事象――その大半は偶然に起ったのであるが――の経緯や結末ばかりでなく、理由や原因も知るためである。

さてネロの終焉は、その当座喜びに浸《ひた》っていた人たちに慶事とはいえ、都では元老院議員や国民や首都の守備兵のみでなく、属州の全軍団兵と将軍にもさまざまの反応を引き起こした。というのも、元首はローマ以外の土地でも作られるという帝政の秘鑰《ひやく》(18)が暴露されたからである。

しかし元老院議員は浮かれていた。元首が新しくてローマに不在中とはいえ、あまりに大胆に、たちまち自由の政体を強奪した。元老院議員に次いで喜んだのは上級騎士(19)であった。名家と結ばれていたまともな市民も、そして断罪され追放されていた人の庇護者や解放奴隷も希望に向かって立ち上った。

　戦車競技場や劇場に馴染んでいた卑賤な民衆、それと共に性悪な奴隷、あるいは財産を蕩尽しネロの不面目で養われていた者は、喪に服しながら新しい政変の噂に飢えていた。

　首都の兵士は、代々の皇帝に仕えて長い間忠誠に染まっていたから、ネロを捨てたのも彼らの本心よりはむしろ、外部の策略や圧力に誘導されたのである。それに彼らはガルバの名前で自分たちに約束されていた賜金も与えられていないし、そして平和では戦時と違って大きな功績をあげ報酬を得る機会も少なく、おまけに、軍団兵が拵えた元首は、感謝を表わすのに自分たちを後廻しにしているのを知って、次第に政変を期待するようになった。

　ちょうどそのようなとき、命令権を手に入れようと画策した護衛隊長ニュンピディウス・サビヌス[20]の悪巧みに煽動される。

　確かにニュンピディウスはその試みの最中に圧殺された。しかし謀叛の首謀者が奪われても護衛隊の兵士の大半に罪の意識は残っていたし、隊内では元首ガルバの耄碌《もうろく》と強欲を非難する声は止まなかった。かつて軍人の鑑として有名であったガルバの厳格な性格も、古い軍紀を軽蔑し、しかも十四年間ネロに飼い慣らされ、以前は元首の美徳を尊敬していたように、今は元首の悪徳を慕っていた護衛隊兵士には悩みの種となっていた。

　さらにガルバの「自分は兵を択《えら》んだので、買ったのではない」という発言も、国家のために廉直な主張であったが、ガルバ個人には諸刃の剣《つるぎ》であった。というのも彼のその他の行動は、この主義主張に沿っていなかったのだから。

6 この脆《もろ》い老人に重荷を負わせ破滅させようとしていたのが、ティトゥス・ウィニウスとコルネリウス・ラコ(21)で、前者は悪人の元凶で破廉恥から世間の憎しみを、後者は碌でなしの無精者で怠惰から世間の軽蔑を買っていた。

ガルバがローマに向かっての旅路は、鈍《のろ》くて血に塗《まみ》れた。予定執政官キンゴニウス・ウァッロ(22)と執政官級の人ペトロニウス・トゥルピリアヌス(23)が殺される。前の人はニュンピディウス・サビヌスの共謀者として、後の人はネロの幕僚として告発され、二人とも潔白とみなされていたために、自己弁明も弁護人も与えられずに消された。

首都に入城したさい、非武装の兵が何千人も殺された(24)のも不吉な前兆であったし、殺した当人たちにもおぞましい光景であった。ヒスパニアから軍団兵(25)が導入されていたし、ネロが艦隊から募集していた軍団志願兵も逗留していて、日頃は見慣れぬ軍隊で都が埋っていた。その上にゲルマニア、ブリタンニア、イッリュリクムからの分遣隊(26)も大勢来ていた。この者たちは、やはりネロがアルバニア戦に備えて選抜し、カスピ海の門へ向けて出発させた後、ウィンデクスの非望を鎮圧するため、ローマに呼び戻していた。

このように政変にとって必要欠くべからざる莫大な軍隊が、誰かある特定の人へのはっきりとした贔屓《ひいき》からではなく、大胆な野心家のためにお膳立てされていたのである。

7　こうしたとき、たまたまクロディウス・マケル[27]とフォンテイユス・カピト[28]の殺害が報じられた。マケルは疑いもなくアフリカで謀叛を企てたため、ガルバの命令により元首属吏トレボニウス・ガルティアヌスの手で、カピトはゲルマニア属州で同じようなことを画策し、軍団長コルネリウス・アクイヌスとファビウス・ウァレンス[29]の手で、ガルバの命令より先に殺されていた。ある人たちはこう信じている。カピトは貪欲と情欲で身を汚し、心も不潔で、もともと政治の改革など考えるような人ではなかった。軍団長たちが戦争を起すよう説得しても、唆《そそのか》せなかったので、自分たちで勝手にカピトの奸策と罪状をでっちあげた。ガルバは軽率な気質からか、いやおそらく真相を深く詮索する気がなくて、原因が何であれ、ともかく起ったことは覆せないとして承認したのだと。

それはさておき、両者の殺害は不吉な前兆と受け取られ、元首は一度世間の恨みを買うと、立派な行為も悪い振舞も等しく憎まれることになった。

宮廷では一切が金で売買され、解放奴隷は権力を誇り、奴隷は老い先短い主人と関わり合っているからといって焦り、零幸《こぼれざいわい》に欲深い手を拡げていた。宮廷は新しく代っても弊害は元のままで、同じく深刻で同じく許し難いものであった。

ガルバの老齢自体が、ネロの若さに慣れていた人に、そして民衆の例の癖で皇帝たちの風采や恰幅《かっぷく》の良さを較べ合う者たちには嘲弄と嫌悪の的でしかなかった。

8　およそ以上が、ローマで人々が抱いていた気持である。もしあれほど沢山の人に尋ねて答えを期待できるとすれば。

ローマ帝国の属州について言えば、ヒスパニアはクルウィウス・ルフス[30]に統治されていた。雄弁家で平和な世の諸学芸に通じ、戦争の体験はなかった。ガリアの諸属州はウィンデクスの追憶のみならず、最近与えられたローマ市民権[31]や、子孫のために軽減された税からも、ガルバに恩義を感じていた。

しかしゲルマニア駐留軍に近いガリアの部族民は、同じ名誉を与えられていなかったし、ある部族[32]は領土を縮小され、自らの被害を顧み、他の部族の幸運を思うにつけても苦々しく感じていた。

属州ゲルマニアの軍隊[33]は苛立ち怒っていた。これは強大な兵力のため危険極りなかった。最近の勝利に驕《おご》ると共に、ガルバとは別の一派を支持したと考えられるのを恐れてもいた。彼らはネロから離叛するのに遅れをとったばかりでなく、ウェルギニウス[34]〈・ルフス〉はガルバのため迅速に蹶起しなかった。ウェルギニウス自身が皇帝の地位を欲していたかどうかは不明であるが、兵士から皇帝の地位を与えられたことは、周知の事実である。フォンテイユス・カピトの殺害には、それを悼み悲しめなかった人でも憤慨していた。ゲルマニア属州は指導者を欠いていた。ウェルギニウスはガルバから友情を装って召還されていた。彼がその後戻されないこと、いや嫌疑すらかけられていることを、兵士たちはまるで自分たちの罪であるかのように受けとめていた。

9 高地ゲルマニアの軍隊は、総督ホルデオニウス・フラックス[35]を軽蔑していた。老齢と痛風とから元気もなく、剛毅も権威も失い、兵士がおとなしいときにも軍紀を保てなかった。それだけに、兵が不穏な動きを見せているとき、軍団長の制御しようとする弱々しい試みは、かえって一層兵士の焦燥をつのらせていた。

低地ゲルマニアの諸軍団には、長い間総督がいなかったが、やっとガルバがアウルス・ウィテッリウス[36]を任命する。彼は監察官で三度も執政官を務めたルキウス・ウィテッリウスの息子である。これで充分とガルバは考えていた[37]。

ブリタンニアの軍隊は、不平を抱く理由を持たなかった。確かにここの駐留軍ほど、市民戦争のあらゆる混乱を通じて、邪心なく行動した軍隊は他にいなかった。ブリタンニアが大海原で遠く隔離されていたためであろうか、それとも頻繁に遠征していた彼らは、憎むべきはむしろ外敵だということを学んでいたためであろうか。

イッリュリクムも平穏であった。もっともネロから呼び戻されていた軍団兵[38]がイタリアに逗留中、ウェルギニウスへ使節を送って接触を試みたことがある。しかしこの軍隊は、遠い所に離れていて――これは兵士の忠誠心を維持するのに一番効果的である――悪徳にも美徳にも染まっていなかった。

10 東方にまだ不穏な動きはなかった。シュリアと四箇軍団はリキニウス・ムキアヌス[39]が管理していた。この人は順境のときも逆境のときも、等しく話題となった。若年にして野心を抱き著名な人との友情を求め、やがて私産を潰すと地位の安定を欠き、世間で疑われているようにクラウディウス帝の不興すら買って、アシアの僻地へ遠く退けられ、後年元首に近い状態にいたように、その当座追放者に近い状態にいた。

贅沢と勤勉、愛想良さと傲慢無礼、悪い癖と良い習性を混ぜ合せていた。暇なとき過度の快楽に耽《ふけ》り、遠征するといつでも優れた勇気を発揮した。公けの行動では賞讃に価しても、私生活では陰口をたたかれていた。属州民の間でも、親しい人や同僚の間でもさまざまの魅力で幅を利かせていたが、彼としては帝権を保持するより、人に譲る方が易しかったろう。

ユダエア戦争[40]は、ネロから将軍に抜擢されたフラウィウス・ウェスパシアヌス[41]が三箇軍団を率いて遂行していた。ウェスパシアヌスは、ガルバに対抗する野心も反感も持っていなかった。

実際、彼はガルバに祝賀と敬意を表するため、息子のティトゥス[42]をローマへ派遣していた。このことはいずれ適当な所で述べるだろう。運命の神秘的な支配が兆候や神託などで、ウェスパシアヌスとその息子たちに帝権を予告していたことは、彼らが幸運を手に入れた後に世間は信じたのである。

11 エジプトとその地を制圧している軍隊は、神君アウグストゥスの時代から、王の代行の資格[43]でローマ騎士が支配してきた。ローマから接近し難い穀物の豊穣なこの属州は、迷信と放縦《ほうじゅう》から秩序を乱し騒動を起しやすく、ローマの法律を解せず政務官制度に暗いため、帝室領とする方が得策と考えられた。当時ここは、同地出身のティベリウス・アレクサンデル[44]が治めていた。

アフリカ[45]とその地の軍団兵はクロディウス・マケルが殺されると、この凡庸な暴君を体験した後なので、誰が君主になろうと満足であった。

元首属吏に管理されていた二つのマウレタニア、そしてラエティア、ノリクム、トラキアなどの属州は、近くに軍隊の駐留する属州がどこであれ、より強力な軍隊と接触して贔屓や反感へと引き摺り込まれていた。無防備の属州[46]は、そして就中《なかんずく》イタリア自体、主人が誰であろうとその隷属に晒《さら》され、戦争となれば戦利品となる運命にあった。

以上がセルウィウス・ガルバが二度目に、ティトゥス・ウィニウスと共に執政官として、二人には生涯で最後の、国家にはほとんど断末魔ともいうべき年（六九年）を始めたときの、ローマ世界の概観であった。

三　ガルバとピソの養子縁組

12　一月一日から数日経って、ベルギカ属州より元首属吏ポンペイユス・プロピンクウスの書簡が届いた。「高地ゲルマニアの軍団兵はガルバに対し厳かに誓っていた忠誠を破棄し[47]、別な皇帝を要求している。この叛逆の罪をできるだけ軽く見せようとして、その選択を元老院とローマ国民に委《ゆだ》ねた」と。

この情報は、養子縁組についてかねがね自分でも考え、近親とも相談していたガルバの決心を早めた。確かにこの話題ほど、ここ数ヶ月間、都中で頻りに取り沙汰されたものはなかった。第一に民衆は、このような話となると好んで放縦に堕すからであり、次にガルバがすでに高齢で衰弱していたからでもある。見識や愛国心を吐露する人は稀で、多くは愚かな望みを抱き、自分の友人や保護者の名を、御機嫌とりの噂の中で誰彼となくあげていた。執政官ティトゥス・ウィニウスへの憎悪の念からも噂していた。彼の勢力が日に日に増すにつれ、ますます怨嗟《えんさ》の声が募っていた。ガルバの御しやすい性格は、高い地位を渇望して飽きない友人の欲望を、さらに刺戟していた、意志薄弱で軽信する元首の下では、罪を犯しても罰せられる恐れは少なく、利得が多いのだから。

13 元首政の権力は執政官ティトゥス・ウィニウスと護衛隊長コルネリウス・ラコ(48)が分け持っていた。二人に劣らず厚い信任を受けていたのが、ガルバの解放奴隷イケルスである。彼は黄金の指輪を授かり(49)、騎士の名前でマルキアヌスと呼ばれていた。
この三人は仲が悪く、些細な事にもそれぞれ自己の利益を追求し、元首の後継者を択ぶ問題でも、二派に別れていた。ウィニウスはマルクス・オトの肩を持ち(50)、ラコとイケルスは一致して誰か一人というより、オト以外の人を支持しようとしていた。確かにガルバも、オトとウィニウスとの友情を知らないわけではなかった。どんなことでもみな話題にしないではおれない世間の噂によると、ウィニウスは未婚の娘を持ち、オトは独身で、二人はいずれ婿と義父の間柄になる約束をしていたからである。

私は思うに、ガルバは心中密かにこう思っていたのではないか。「もし国家の管理が、私の後オトの手に残ったら、ネロから私の手に移ったことが何にもならないことになる」と。

というのも、オトは年少の頃怠惰に、若い頃ふしだらに暮らし、贅沢三昧の暮らしを競うよき相手としてネロの気にいられ、揚句の果て、元首の情婦ポッパエア・サビナ(51)を、ネロが妻のオクタウィア(52)を厄介払いするまで、情痴の秘密を打ち明ける相手となって自分の家に預っていたのだ。

やがてオトは、このポッパエアとの仲をネロから疑われ、属州ルシタニアの総督を口実にローマから遠ざけられた(53)。オトはこの属州に仁慈を施し、最初ガルバの党派に荷担し積極的に働き、戦争の終る頃にはガルバの側近で最も目立つ存在となり、たちまち抱いた養子縁組の希望の実現に日ごとに烈しく身を入れていた。兵士の大半はオトを支持し、宮廷もネロにそっくりのところから好意をよせていた。

14 ところがガルバはゲルマニア軍叛逆の知らせを受けると、総督ウィテッリウスの動向について確かなことはまだ何一つわからなかったのに、都の軍隊すら信頼できなくなり、残された唯一の救済策と考えていた皇帝の選挙(54)をやってのけた。

ウィニウスとラコに加えて、予定執政官マリウス・ケルスス[55]と都警長官ドゥケニウス・ゲミヌス[56]を招き、冒頭まず自分の老齢について少し弁明し、ピソ・リキニアヌス[57]を呼んで来させた。これはガルバ自身の人選であったのか、それともある人たちが信じているように、ラコがせっついたものか。ラコはルベッリウス・プラウトゥス[58]の家でピソとの友情を培っていたのに、巧妙にも未知の人のようにピソを支持した。ピソの立派な評判は、ラコの助言に重みを加えていた。

ピソはマルクス・クラッススとスクリボニアの息子で、両親のどちらの血筋によっても高貴であった。

風采や挙止に古風の趣きがあり、正しく評価する人からは厳格な人と、悪意に解釈する人からは陰気な人と思われていた。ピソの性格のこの特色は、不安を抱く人に一層疑念を与えたぶん、養子としたいガルバに好ましく思われた。

そういうわけでガルバはピソの手をとり、こう話した[59]と伝えられている。

「もし私[60]が私人としてあなたを、古来からの仕来り通り部族民会《クリアタ》法に従い、民会と大神祇官団の面前で養子としたならば、グナエウス・ポンペイユスとマルクス・クラッスス[61]の末裔を私の家に迎えて私には晴れがましく、あなたにとっても、スルピキウス家とルタティウス家の光栄を、あなたの高貴な血に加えて素晴しい儀式となったことであろう。

ところで今は、神々と人々の賛同を得て皇帝の位に呼ばれた私を、あなたの高潔な人柄と私の祖国愛がこう急《せ》きたてている。つまり私たちの祖先が武器でいつも争っていた元首の地位を、私は戦争で勝ち取ったが、神君アウグストゥスの手本に倣い、平和の裡にあなたに譲るべきだと。アウグストゥスは姉の息子マルケッルスを、ついで婿のアグリッパを、やがて自分の孫たちを、最後には継子のティベリウス・ネロを自分の次に高い位につけた。もっともアウグストゥスは自分の家の中から後継者を探したが、私は国家の中に求めた。

私が肉親や軍隊の同僚を持っていないからではなく、私自身、術策を弄して皇帝の地位を手に入れたわけではないからである。そして私の判断が公正無私である証拠は、あなたを私の肉親ばかりでなくあなたの肉親よりも優先させたということである。なぜならば、もしあなたがいっそう相応しくなかったら、あなたにはこの地位にうってつけで、あなたと同じほど高貴な年上の兄弟がいるのだから。

あなたはちょうどいま、若者に特有のあの情熱から逃れたばかりの年齢だし、過去に何一つ弁明する必要のない人生を送ってきた。あなたはこれまで不遇のみに耐えてきたが、順境の方がいっそう辛辣な誘惑で人間の精神を試《ため》すのだ。われわれは悲惨を辛抱しても幸運で堕落するからである。人間の精神の中でとりわけ優れている誠実、自由闊達、友愛といった資質を、確かにあなた自身はこれまで同様に、不屈の精神で保持するだろうが、他の者が卑屈な服従で挫《くじ》き、阿諛《あゆ》、迎合、そして純粋な感情を害す恐しい毒の私利私欲が、突き崩すかも知れない。

今回私とあなたは全く虚心坦懐に話し合っているが、世間の人はわれわれとよりも、好んでわれわれの地位と話したがる。元首に対し肝腎の忠告は、大変骨が折れるが、真情もなく相槌を打つことならどんな元首に対してもできる。

16 ローマ帝国のこの巨大な体軀が、一人の指導者もなく直立し均衡を保っておれるなら、私こそ共和政国家を立ち直らせるに相応しかろう。しかし状況はずっと以前から、こうせざるを得ないところまで、つまり老齢の私はローマ国民に立派な後継者を与える以上のことは何もできないし、そして立派な元首として、若いあなたを推挙すること以上のことは何もできないというところにきている。

ティベリウスやカリグラやクラウディウスの下で、皇帝の地位は、いわば唯一つの家系の遺産相続であった。その皇帝をわれわれが択び始めたということは、自由の政体になったも同然ということだ。ユリウス・クラウディウス氏の家系が断絶した今、養子縁組でどんな立派な人物も見つけられよう。実際、元首の血を受けて生まれたことは全くの偶然なのに、世間はそれ以上の人物評価はしない。養子の選択は全く自由である。あなたが誰かを択ぶとき、世間の同意が頼りとなろう。

目の前にネロをおいて見よう。カエサル家の長い血統に慢心していたネロを、国民の肩から払い落したのは、無防備の属州と共に蹶起《けっき》したウィンデクスでもなければ、たった一箇軍団を率いて戦った私でもなく、ネロ自身の怪物じみた性格と彼の放蕩三昧であった。

元首が断罪された例[62]は、今日まで絶えてないことだ。

戦争や世間の評価から地位を授けられたわれわれは、たとい功績があっても嫉妬の的となるであろう。しかし、あなたは恐れることはない。たといこの世界を揺るがせている動乱のさなか、二箇軍団[63]がまだ穏やかになっていなくても。

私自身、確かにまだ安定した状態にない。養子の話を聞くと、世間はもう私を老人とみなさないだろう。今この一点だけで私は非難されているのだ。性悪な者はみなネロの死をいつまでも惜しむだろう。私とあなたは、まともな人までもネロを懐かしまないように気をつけねばならない。いまはこれ以上あなたに忠告する時ではない。もし私があなたを択んだことが正しかったら、私の目的は充分に達せられたのだ。政治が良いか悪いかの判定の、最も当を得た、しかも手っ取り早い方法は、もしあなたが他の元首の下にいたらあなたは何を欲し何を欲しないか、と考えてみることだ。なぜなら、このローマは王に支配されている部族国家の如く、支配者の家が定まっていて、他の者は奴隷という社会ではない。あなたは完全な隷属にも完全な自由にも我慢できない人たちを統治することになるのだ。」

このようにガルバは、元首を作るかのように話したのに、他の人はもはやピソが元首になったかのように話しかけた。
17 伝えるところによるとピソは、その場で目撃していた人にも、その後で視線を投げかけたすべての人にも、気づかわしげな、あるいは高ぶったような心の動きを一切見せなかったという。父の皇帝に対しても恭《うやうや》しく、自分に関しては謙《へりくだ》って話し、表情にも素振りにも、以前と変った様子は何もなく、統治したいという気振《けぶ》りよりも、統治できるという自信を見せていた。

そのあとで養子縁組の披露は広場の演壇からか、それとも元老院で、あるいは護衛隊兵舎ですべきかを相談した。兵舎に行くことに決まった。「それが兵士に敬意を表することになろう。彼らの愛顧を得るのに祝儀や策略を用いるのは悪いが、正々堂々たるやり方は軽蔑すべきではない」と。

そのうちパラティウムの周辺は、大きな秘密を知りたくて我慢できなくなった大衆の期待に取り囲まれた。噂は無理に規制されたので、押え付けられただけに一層拡がっていたのである。

18 一月十日は雨降りの陰鬱な日で、雷鳴と稲妻と天空からの威嚇が、日頃になく市民の心を惑わしていた。このような自然現象には、昔から選挙の集会を見合せるほど注意深く配慮されていたのに、ガルバは怯《おび》えることなく兵舎に入って行った。このような現象を単なる偶然と軽視していたからであろうか、それとも運命が定めているものは、それとなく暗示されても、到底避けられないと観念していたからであろうか。

大勢の兵の集会で、ガルバは最高司令官らしく簡潔に「自分はアウグストゥスの手本に

倣い、そして一人の兵が一人を指名するあの軍隊の習慣に則《のっと》り、ピソを養子とした」と発表する。(64)

それから叛乱を隠し実際より深刻に受け取られるのを恐れ、自分の方からこう請け合う。「第四軍団と第二十二軍団は、叛逆の首魁《しゅかい》はごく僅かで、言葉を交わし叫び声をあげただけで、それ以上の過ちは犯さなかった。間もなく忠誠の義務に立ち戻るであろう。」

この演説にガルバは、兵士の歓心を買う言葉や賜金の話は一切付け加えなかった。しかし副官や百人隊長や、すぐ傍の兵は好感を抱いて耳を傾け反応を示した。その他の兵士は沈み込み押し黙っていた。平時にすら、当然の権利として保証されている賜金を、戦時のため失ったかのように考えて。

この吝《しわ》い老人が、いささかでも気前よく振舞っていたら、確かに兵の機嫌を取り結ぶこともできたろう。古風な剛直と過度の厳格という、今日ではもう、われわれの太刀打ちできない気性が、ガルバを亡ぼしたのである。

19

その後でガルバは元老院で演説したが、兵士の面前でよりも飾らず長くもなかった。ピソは丁重に演説した。元老院議員は好意を寄せせた、大勢は心から、嫌っていた者は節度なく。友でも敵でもないさらに多くの議員は、公けのことは気にかけず、私事のみを念願に、迎合し服従心を現わした。

この後の四日間、つまり養子になった翌日から殺される前日までの四日間、ピソは公的に何一つ発言せず行動しなかった。ゲルマニア軍叛乱の報告は、日ごとに数を増していた。知らせが悪いと、ローマ市民はすっかりそのまま鵜呑《うの》みにし、信じたがった。元老院はゲルマニアの軍隊に使節を送ることを議決していた。ピソも一緒に出発すべきかどうか、密かに相談された。使節は元老院の権威を持ち、ピソは皇帝の尊厳[65]を持って行くなら使節団の威信はさらに加わるだろう、と。

護衛隊長ラコも同時に派遣することに決まったが、彼はこの案を拒否した。使節たちも──その人選を元老院はガルバに一任していたので──ガルバの見苦しい優柔不断の所為《せい》で指名されていたのに辞退し、その代りが命じられていた。それぞれが臆病から、あるいは野望に駆られ、ローマに留まるように、あるいは現地に行けるように運動したからである。

20 次[66]の配慮は財政であった。あらゆる面を検討した結果、現在の窮乏を引き起した張本人から取り戻すのが最も正しいと考えられた。

ネロは大盤振舞で二十二億セステルティウスも乱費していた。ガルバは各人にネロの気前のよい贈物のうちから十分の一だけ手元に残し、後は返済するように命じた。しかし彼らはほとんど十分の一以上も残していなかった。自分の財産を浪費したと同じやり方で、他人の分まで使い果していた。強欲で身持ちの悪い者はみな、贈物を畠地や資本として残さず、ただ不行跡の道具としていたにすぎない。

三十人のローマ騎士が、この徴収を任された。この前代未聞の任務は、取り立てられる者が大勢いて、細工を弄したため、骨が折れた。至る所で強制競売と入札者が見られ、都は訴訟審理[67]で喧《やかま》しかった。しかしネロから奪われていた人と同様に、ネロから贈られていた者も貧乏になり、一般の市民は大いに溜飲を下げた。

この頃、副官が解雇された[68]。護衛隊からアントニウス・タウルスとアントニウス・ナソ、都警隊からアエミリウス・パケンシス、消防隊からユリウス・フロントである。この処置はその他の者に恐怖心を呼び起したとしても、見せしめとはならなかった。というのも、ガルバは全員を疑っていたのに、ただ数名のみを引き抜き、小心翼々たる策略で放逐したと思われたからである。

四　オトの叛逆

21 この間にオトは、政情が安定すると望みは絶たれ、どんなことでも計画できるのは政局の混乱している今のうちと考え、同時にさまざまの突棒でちくちくと刺されていた。元首にすら重荷である遊蕩三昧の暮らし、個人としてほとんど耐え難い貧窮、ガルバへの恨み、ピソへの嫉《ねた》み。さらにオトは欲望の炎を一層煽《あお》るため、こう身の危険を作りあげた。

「自分はネロにひどく嫌われていた。だがもう二度と腕を拱《こまね》いて、ルシタニアやその他の名誉ある追放地を待つべきではない。支配者は後継者と目されている者を、常に疑い憎むものだ。この故にあの耄碌《もうろく》爺の元首ガルバが自分を厄介払いしたのだ。本性陰険な、そして長い流謫《るたく》生活でとげとげしくなったあの若僧ピソは、なおさら自分につらくあたるだろう。このオトは殺されるかも知れないのだ。今こそ奮い立つべきときだ、勇気を出すべきだ、ガルバの権威がぐらつき、ピソの権威がまだ定まっていないうちに。この政権の変り目こそ大事を試みる時だ。大胆な行動より静観の方が一層危険な時、遅疑逡巡する必要はない。

死は元来、万人に平等だ。人は後世忘却されるか、あるいは栄光に輝くかで区別される。結局、罪のある人も無垢の人も同じ死が待っているのなら、気骨ある者はそれに相応しい最期を遂げるのだ。」

22

オトの精神は、肉体のように柔弱ではなかった。オトと気脈の通じていた解放奴隷や奴隷仲間は、単なる個人の家では見られないような頽廃に慣れていたので、ネロの宮廷生活や贅沢ぶり、姦通、たびたびの結婚、その他東方の王の如き我儘放題を、これらに貪欲なオトに話し、もし大胆に出ると自分のものとなるが、何もしないと他の者に取られるとけしかけていた。

さらに占星師も(69)天体を観察し、新しく政変が起り、オトの輝しい年が始まると、断言してオトを唆《そそのか》した。占星師とは、権勢家を欺《あざむ》き野心家を裏切っては都から追放され、しかも常に温存され続ける手合いのことである。

かつては多くの占星師がポッパエアの私室に出入りし、帝妃の最も悪質な所帯道具となっていた。

この連中の一人プトレマイオスなる者は、オトの随員としてヒスパニアに滞在中、オトはネロより長く生きると保証し、その通りになって信頼を得ていた。今や彼は自分の星座観察から、またガルバの老齢とオトの若さを較べる世間の噂から、オトが帝権の座に迎えられると説得していた。オトはこれをまるで深い造詣と運命の啓示に基づく予言の如く受け入れた。人の心は、目に見えないものをより好んで信じたがるものである。

プトレマイオスも、この類の願望を抱くと、人はすぐ簡単に踏み込む罪の世界へ、オトを煽動するのに全力を尽した。

23

しかしオトは突然、罪を犯そうと考えたのではあるまい。すでに以前から兵士の好意を得ようと努めていたのだから。それは帝位継承を希望していたためか、それとも邪悪な志を抱いていたためであろうか。

ヒスパニアからの帰途、(70)彼は行軍中にも宿駅でも、軍歴の古い兵士にはみな相手の名前で呼びかけ、ネロの随員仲間であった者には顔を覚えていて戦友と呼んだりしていた。他の兵も友と認め、何人かの兵は求めて新しく友とし、金やあるいは信用で助けた。しばしば話の合間にガルバに関して不平をこぼし、曖昧に言葉を濁し、その他に一般雑兵を使嗾《しそう》するような話題もとりあげていた。兵士は道中の苦労、食糧の不足、厳しい命令を、いっそう苛酷に受けとめていた。というのは、彼らはカンパニアの池畔やアカイアの町に行くにも、艦隊をいつも用いていたのだから。それで彼らは武装してピュレネ山脈やアルペス山脈や無限に遠い道程を行軍するのにほとんど耐えられなかったのである。

24 すでに怒りで燃えていた兵士の心に、あたかも松明《たいまつ》の如きものを加えたのがマエウィウス・プデンスで、ティゲッリヌス(71)の親友の一人であった。彼は性来軽薄な者をみな、あるいは金に困って新奇な欲望へ頭から突込む者を誘い込む。少しずつことを運び、ついにガルバがオトの家で夕食をとるたびに、皇帝の身辺を見張る護衛隊兵の一人一人に、心付けを口実に百セステルティウスを配るに至った。

オトはこの公的ともいうべき賜金の効果を、陰でこっそり一人一人に贈物を与えてさらに強めていた。ガルバの身辺警護兵の一人コッケイユス・プロクルスが、所有地の一部を隣人と争っていたとき、隣の土地を全部自分の金で買い取り、そっくり贈物として与えたほど、大胆な買収もやっていた。

これらすべてを、表面に現われたのも人目に隠れていたのも、護衛隊長ラコは怠慢から見逃していた。

25 それはさておき、そのときオト(72)は解放奴隷のオノマストゥスに将来犯さねばならぬ罪の遂行を一任した。彼によってガルバの身辺警護兵の合言葉伝達係バルビウス・プロクルスと、身辺警護兵の兵長ウェトゥリウスが仲間に誘い込まれた。
オトは雑談を交わすうちに、この二人が狡猾で大胆なのを知った。そこで贈物や約束を山ほど積み、さらに大勢の兵の歓心を買うように資金を与えた。

この二人の雑兵がローマ国民の統治権をオトに渡す役を引き受け、実際に手渡したのである。この陰謀の秘密を明かされたのは、ほんの僅かであった。彼らは腹の決まっていなかった他の兵の気持を、さまざまの方法で唆《そそのか》した。幹部の兵はニュンピディウスの恩顧で昇進していたので、ガルバから疑われていると脅《おど》し、その他の一般兵士には何度も延期される賜金に立腹と絶望を煽《あお》った。

ネロの思い出や、昔の放埒《ほうらつ》な生活を懐しむ気持を焚きつけられた兵もいた。彼らは一様にみな、軍務の上での配置替えを恐れていた。

26 この叛逆の疫病は、ゲルマニアの軍隊(73)が忠誠心をぐらつかせているという噂が拡がった後、すでに落着きを失っていた軍団や援軍の兵士の心にも感染した。そして性悪の兵士の間で暴動の準備はすっかり整った。疫病に罹《かか》っていなかった兵も、見て見ぬ振りをしていた。ついに一月十四日(74)、饗宴から帰って行くオトを担ぎ上げることに決めた。しかし夜中の実行を危ぶみ、そして兵隊の宿舎が全都に散在していたし、酔払い同士で意思の疎通を欠くことを恐れて断念した。天下国家を憂えたわけではない。彼らは素面《しらふ》のまま自分たちの元首の血潮で国家を穢そうと準備していたのだから。むしろ暗闇の中で、パンノニア軍かゲルマニア軍の兵が出会いがしらに、彼らの大半はオトを知らないので、オトの代わりに誰か別な人を最高司令官に指名するのを恐れたものである。

暴動が爆発寸前である証拠は沢山あったが、共犯者がひた隠しに隠していた。ガルバの耳に入った幾つかの雑音も、護衛隊長ラコが一笑に付した。ラコは兵士の気持を少しも理解していなかったし、どんな立派な意見でも、自分の提案でない限り反対し、深く事情に通じた人にすら、強情に逆らっていた。

27

一月十五日、ガルバがアポロン神殿(75)の前で犠牲式を挙げていたとき、卜腸師《ぼくちょうし》ウンブリキウスは、「内臓は凶兆で、落し罠がさし迫っている、敵は帝室の内部だ」と予告した。オトはすぐ傍に立っていてこれを聞き、逆に自分にはめでたく、計画に縁起がよいと解釈した。

ほどなく解放奴隷オノマストゥスがオトに、棟梁と請負師が待っていると告げる。これは兵がすでに集合し謀叛の手筈も整った合図、と予め示し合されていた。オトはその場から立ち去る訳を訊ねた人に、「不動産を購入するのに、古くて信用できないから、その前に検分が必要なのだ」(76)と嘘をついた。

解放奴隷の肩に凭《もた》れてオトは、ティベリウスの館(77)を通り抜けウェラブルムに出て、そこからサトゥルヌス神殿の麓にある黄金の里程標へ向かった。そこで二十三名の身辺警護兵から、「皇帝万歳」と挨拶される。歓呼した兵が少ないのに一抹の不安を覚えたが、急いで坐輿に乗せられ、抜身の剣を持った兵に強引に連れ去られる。ほぼ同数の兵が途中で加わる。一部の者は計画を知っていたが、大半は好奇心から、ある者は歓声をあげ剣を振りかざし、ある者は黙りこくって、決着を見てから決心しようと付いて行く。

28 護衛隊兵舎では、副官ユリウス・マルティアリスが夜警の任務についていた。彼は突然の犯罪の重大さに驚き、兵舎は想像以上に腐敗しているらしい、もしこれを妨害したらわが身の破滅と恐れ、多くの兵に共犯者と疑われてしまった。他の副官や百人隊長もまた、危険ではあるが高潔な振舞より、目前の成行きに身を任した。この極悪の罪を、ごく少数が大胆に犯し、大勢が望み、皆が黙認したというのが、そのときの兵士の心情であった。

五　ガルバの抵抗と最期

29 一方ガルバは、その間何も知らずに神事に没頭し、すでに他人の手に渡っていたローマ帝国の守護神を、うんざりさせるほど熱心に祈願していたとき、噂がもたらされた。「誰か知らないが、ある元老院議員が護衛隊兵舎に無理やり連れて行かれた」、少し経って、「連れ去られたのはオトだ」という。

それと同時に首都の全域から、オトに会った人がそのつどガルバの所にやって来て、ある者は恐怖から誇張し、ある者はそのときでも諂《へつら》うことを忘れずに真相を控え目に告げた。

そこで協議が行われ、こう決まった。「パラティウムで宮殿の警備に当っている護衛隊兵の肚《はら》を探ってみるべきだ。ただし、ガルバ自身がそうすべきではない。彼はもっと重大な局面を救うときのため威信を傷つけずに温存しておかねばならぬ。」

ピソは宮殿[78]正面の階段から、呼び集めた兵士を前にこう話しかけた。

「戦友たちよ。私が未来のことも考えず、この肩書を望むべきか恐れるべきかも考慮せず、カエサルの養子に選ばれたあの日から五日経った。この縁組によって、われわれの家や国家の運命がどうなるかの決定権は、お前らの手に握られている。状況がいっそう痛ましくなるのを憂えているのは、私個人のためではない。それも当然である。私自身は逆境を体験し、とくにこの際、順境もまた逆境に劣らず危険を伴っていることを学びつつあるのだから。もしわれわれが今日死ぬか、あるいは——善良な者にはこれも等しく不幸なことであるが——他人を殺すかが必然であるならば、父上と元老院とローマ帝国自体のため痛惜に耐えない。

最近の政変のせめてもの慰みは、われわれの都が血に染まらず、何の葛藤もなく国家が譲渡されたことである。養子縁組はガルバの後に戦争の余地を残さぬように、と予め配慮されたものと世間は考えた。

30 私は自分の高貴な血統や潔《いさぎよ》い性格を理由に、自分のために何かを要求するつもりは毛頭ない。実際オトと較べて私の美徳に触れる必要はない。オトはネロ皇帝の友人であったときですら、彼が自慢できた唯一つの悪徳で、ローマ帝国を転覆させた。

彼の身振りや歩き方や、あの女の作るような科《しな》からして、彼に統治権の資格があるだろうか。気前の良さを装った彼の豪奢な生活に感銘を受けている者は騙されているのだ。彼は浪費を知っていても贈与はわからないだろう。

彼は今すでに放蕩や乱痴気騒ぎや女との会合を計画している。これらを元首の特権と考えている。これらに対する烈しい衝動や欲望は彼自身のものとしても、恥辱や不面目は皆のものとなる。実際かつて恥ずべき行為で手に入れた統治権を正しいやり方で行使した者は一人もいなかった。

世界の人が一致してガルバをカエサルと呼び、ガルバは私をお前らの賛同の下にカエサルと呼んだ。

もし国家と元老院と国民が空虚な名称にすぎないのなら、戦友たちよ、お前たちが性悪な者どもに皇帝を作らせないようにすることこそ、大切ではないのか。軍団兵が彼らの将軍に叛逆したという話は、ときおり聞いている。しかしお前たち護衛隊兵の忠誠や名声は今日まで、無傷できているのだ。

ネロはお前たちまで捨てたが、[79] お前たちはネロを捨てなかった。そのお前たちにたとい百人隊長や副官を択んでも到底我慢できないような脱走者や投降兵の輩《やから》が三十人足らずで、皇帝を指名していいのか。お前たちはこれを手本として承認するのか、黙認して共犯者となるつもりか。

この放縦(80)は属州へ飛火するだろう。犯罪が起ったらわれわれの生死に、戦争が起ったらお前たちの生死に関わるだろう。元首を殺して与えられる報酬は、罪を犯さない者に与えられるものより多くはない。お前たちは、悪事を働いて他人から受け取る報酬と同じ額の贈物を、忠誠を守ってわれわれから受け取るがよい。」

31

身辺警護兵(81)は散って逃げたが、他の護衛隊兵はピソの演説を無視しなかった。それは混乱の中でよく起るように、そのときまで皆の打ち合せができていなくて、たまたま軍旗の下に駈け寄ったためで、後から信じられたように、策謀を晦《かく》すためではなかったろう。

そして予定執政官マリウス・ケルススも、ウィプサニウス逍遥柱廊(82)に宿営していたイッリュリクム軍の選抜隊の所へ派遣された。首位百人隊長級のアムッリウス・セレヌスとドミティウス・サビヌスは、自由の女神会堂(83)からゲルマニア軍の兵士を率いてくるように命じられた。艦隊の軍団兵(84)は信頼されなかった。彼らは戦友を殺されて敵愾心《てきがいしん》を抱いていた。というのも、ガルバはローマにやってくると彼らを殺していた。

副官ケトリウス・セウェルス、スブリウス・デクステル、ポンペイユス・ロンギヌスは、護衛隊兵舎にすら乗り込む。暴動がまだ始まったばかりで、熟していなければ賢い忠告で意志を曲げられるかも知れないと考えた。

副官スブリウスとケトリウスは兵士に囲まれ脅される。ロンギヌスは腕力で抑え込まれ、武具を剝ぎ取られた。彼は軍人としての職務よりもガルバの友人として自分の元首に忠実であっただけに、一層叛逆の徒から疑われていた。

艦隊軍団兵は何のためらいもなく、護衛隊兵に荷担する。イッリュリクム軍の選抜兵は敵意をもってケルススを槍で追い払った。ゲルマニア軍の分遣隊は、長い間ぐらついていた。体がまだ丈夫になっていなかったし、気持もなごやかであった。というのも、彼らはネロからアレクサンドレイアに先発隊として送られ、やがてそこからの長い航海の後戻ると、病気になり(85)、ガルバの特別熱心な手当てを受けて回復しつつあった。

32

このときすでにパラティウムの丘は、全都の民衆で埋め尽くされていた。その中には奴隷も混じり、てんでんばらばらに叫び声をあげ、まるで競走場か劇場で何か見世物をせがむかのように、オトの死と謀叛人の処刑を要求していた。彼らには判断力も誠意も全くなかった。同じ日のうちに正反対のことを、同じように先を競って要求することになるのだから。

彼らは元首が誰であろうと、媚《こ》び諂《へつら》うという従来の習慣からでたらめに喝采し、心にもない熱狂ぶりを見せていたにすぎない。

その間ガルバは二つの意見に引き裂かれていた。ティトゥス・ヴィニウスは「宮殿の中に留まり、奴隷を前面に押し立て、入口を固めるべきだ。激昂している兵士の所へ行くべきではない」と強く主張した。「性悪な兵には後悔する時間を、真面目な兵にはこちらに一致協力する機会を与えてやるべきだ。犯罪は一時の衝動で、賢明な考えは手間をかけて勢いづく。最後に一言、こちらから進んで兵舎に行くのが得策ならば、後で行っても同じことだ。もし今出かけて後悔すると、戻ったとき宮殿は他の権力の掌中にあるだろう。」

33 ティトゥス以外の者は、少数者の陰謀がまだ弱く力を殖《ふや》さないうちに、急いで行動すべきだ、と提案した。「オトも恐れ怯《おび》えている。こっそりと宮殿を退出し、事情も飲み込めない者に身を任せているのだから。いまわれわれが逡巡し腕を拱《こまね》いて時間を潰している間に、オトは元首の役を演じる方法を学びとるだろう。オトが護衛隊兵舎を掌握し広場へ侵入しカピトリウムへ詣でるまで、ガルバは望見して待つべきではない。

その間、立派な皇帝なら果して、勇気のある友人と共に玄関や敷居まで家を鎖《とざ》し、包囲されるのを甘んじて待つだろうか。なるほど奴隷の中にも見事な援軍がいるだろう。もし宮殿を囲むあの大勢の者が支持してくれるなら。しかし頼りの綱の、あの最初の怒りはいつか萎《しお》れる。不名誉はまた危険でもある。敗北の運命にあるのなら危険に挑むべきだ。これがオトの評判をさらに落し、われわれは面目を施すことになる。」

この意見にウィニウスは反対すると、ラコは襲いかかり脅した。これをイケルスが煽《あお》り、私怨にしつこく囚われて国家の破滅を招く。

34 ガルバはもう長くためらっていなかった。もっともらしく説得した側に与《くみ》した。しかし兵舎にはピソがまず送られた。高名な家柄の若者であったし、最近は兵隊の好意も得ていたし、それにティトゥス・ウィニウスを恨んでいたからでもある。果してピソは本当に憎んでいたのか、それともウィニウスの政敵どもがそう思いたかったのか。とかく仲違いの噂は、世間で本当と信じられやすい。

ピソが出発するや否や、オトが兵舎で殺されたという情報が入った。始めは怪しまれた。間もなく大きな嘘がいつもそうであるように、自分は確かにその場に居合せて、この目で見た、と断言する人が現われた。この噂は、これを喜び真相など意に介さぬ手合にはすぐ信じ込まれた。多くの人は、オトの一味がこの噂を作って膨らませている、と推測していた。一味はすでに民衆の中に紛《まぎ》れ込み、ガルバを宮殿の外へ誘《おび》き出そうと偽の朗報を触れ回していたからである。

35

しかし、そのとき異常なまでに有頂天となり拍手喝采していたのは、市民や無智な細民ばかりでなく、沢山の騎士や元老院議員まで、危惧の念も警戒心も捨てパラティウムの宮殿の門扉を壊し中へ乱入し、ガルバの前に姿を現わし、「復讐の名誉を先取りされた」と愚痴をこぼした。彼らは皆、後の事件も証明した如く卑怯な腰抜けで危険なとき一切行動せず、法螺を吹く言葉だけ大胆な連中であった。

誰一人真相を知らず、誰もが保証したので、ついに真実の情報を欠いたまま間違った人たちの異口同音に根負けし、ガルバは甲冑を身に付けると、雪崩れ込んだ群衆に年齢の上でも体力でも抗《あらが》えず、(86)坐輿に乗せられた。

パラティウムの丘で身辺警護兵ユリウス・アッティクスは、ガルバに出会うと血に塗《まみ》れた剣を示し、「オトは自分の手で殺した」と叫んだ。ガルバは、「戦友よ、誰が命じたのか」と尋ね、兵士の放縦《ほうじゅう》を掣肘《せいちゅう》する毅然たる態度を見せ、脅しに怯《ひる》まず諂《へつら》いに誑《たぶら》かされなかった。

36 護衛隊兵舎では、もはや全員にためらいはなかった。彼らはひどく興奮し、揚句にオトを肩に担ぎ練り歩いただけで満足せず、少し前までガルバの黄金像の置いてあった壇の上にあげ、大隊旗の間にオトを立たせ、周りを分遣隊で取り囲む。副官にも百人隊長にも近寄る隙を与えなかった。さらにその上、雑兵どもは上官を警戒するように命じられていた。

兵舎全体が叫喚と雑沓と、お互いに励まし合う声で騒然として、それは市民や民衆の集まりで見られるような不実な迎合のさまざまの叫び声とは違っていた。仲間に加わってくる兵を見ると誰でもその手を掴み、両腕で抱きかかえ、オトの傍へ連れて行き、自分から先に忠誠を誓って見せ、皇帝を仲間の兵に紹介し、兵士を皇帝に推挙した。

オトもすべきことはみなした。有象無象を相手に敬意を表わし、手を差しのべ、接吻を投げ、国家の主人となるため、奴隷のするような卑屈な行為をみなやってのけた。

艦隊の軍団兵が全員、オトに忠誠を誓うことを承諾すると、オトは武力に自信を抱き、そのときまで一人一人を唆《け》しかけていたが、今や全兵を同時に煽動すべきだと考え、護衛隊兵舎の塁壁の上に立つと、こう始めた。

37 「戦友たちよ、私はいかなる肩書でお前たちの前に進み出たのか、私には言うことができない。実際、お前たちが元首に指名したので、単なる一市民と名乗るわけにいかない。だが他の人が皇帝でいるのだから、元首とも呼べないではないか。お前たちの名前もまた不明確のままであろう。お前たちがこの兵舎で擁しているのが、ローマ国民の皇帝なのか、それともローマ国民の敵なのか、それが判然としないうちは。

　ところでお前たちは聞いて知っているだろう(87)、私の処罰とお前たちの処刑が同時に要求されていることは。そこでわれわれは一緒にしか死ねないし、一緒にしか助からないということは明白である。あの慈悲深いガルバのことだから、おそらくわれわれの処刑を約束しているはずだ。

　誰も催促していないのに、全く罪咎もない兵士を何千人も殺した人(88)としては当然のことである。ガルバの葬式じみたあのローマ入城式と、この唯一つの勝利を思い出すたびに、私の心は恐怖に襲われる。彼は市民の目の前で降伏した部隊に罰として、その十分の一を殺せ、と命じた。降伏者の嘆願を受理し保護を約束していたにもかかわらずである。

　これらの吉兆の下に都に入ると、ガルバは属州ヒスパニアでオブルトロニウス・サビヌス(89)やコルネリウス・マルケルスを、ガリアでベトゥウス・キロを、ゲルマニアでフォンテイユス・カピトを、アフリカでクロディウス・マケルなどを、そして道中、キンゴニウスを、都でトゥルピリアヌスを、護衛隊兵舎でニュンピディウスを殺した。これ以外にいかなる栄光を元首の地位にもたらしたか。一体どの属州やどの陣営が血に塗《まみ》れ穢されていないというのか。いやガルバ自身の言明によると、浄化され粛清されなかった属州や陣営がどこにあるのか。

実際ガルバは、他の人が犯罪と呼ぶものを解毒剤と称するのだ。名称を偽り、残酷を厳格、貪欲を節約と呼び、お前たちの処刑や侮辱を訓練と呼ぶ。

ネロが死んで七ヶ月も経たないのに、すでにイケルスは、ポリュクリトゥス(90)やウァティニウスやアエギアルスどもが強要した(91)よりも多くのものを掠奪した。ティトゥス・ウィニウスが統治していたら、もっと貪欲も我儘も控えていたろう。しかし彼も今やわれわれを私物も同然の奴僕《どぼく》とみなし、他人の財産の如く軽蔑している。お前たちが毎日強請《せが》んでも決して施されない賜金は、ウィニウスの一軒の屋敷があれば充分なのに。

38

ガルバは自分の後継者に世界がいささかの希望も持たぬよう、あの男を、陰険で貪欲な性格で自分に瓜《うり》二つと判断したピソを、追放地から戻してやった。戦友たちよ、お前たちは神々ですら、ひときわ目立つ嵐であの縁起の悪い(92)養子縁組に反対の意思を表わしたのを見なかったか。

元老院もローマ国民も神々と同じ気持だ。お前たちの勇気を誰もが期待している。お前たちがいてこそ、高潔な意図が全力を発揮し、お前たちがいなくては立派な意図といえども無力だ。私は今、お前たちを戦争や危険へ向かってけしかけているのではない。首都の武装兵はすべてわれわれの味方だ。市民服を着た護衛隊[93]の一箇大隊だけが、今ガルバを警護しているのではなく、封じ込めている。この大隊がお前たちの姿を見たとき、私の合図が下ったとき、お前たちは唯一つの競争を、誰が私に最も深い恩義を抱かせることになるかを競争するのだ。完遂されて初めて賞讃されるこの計画に、もはやためらう余地はない。」

その後でオトは武器庫を開くように命じた。直ちに武器を摑む。軍隊の習慣も規律も無視され、その結果、それぞれの武具の目印[94]で護衛隊兵か軍団兵かの区別もつかなくなった。援軍の冑や楯も混じっていた。副官や百人隊長は一切忠告しなかった。各兵がおのれを唆《そそのか》し、おのれを指揮した。性悪な兵を最も烈しく刺戟したのは、真面目な兵士の切々たる憂国の情であった。

39 他方、ピソは叛乱軍の気勢を揚げる声が次第に高まり都の中にまで響くと、驚き恐れ、その間にパラティウムを出発し、広場へ近づいていたガルバの後をつけた。すでにマリウス・ケルススはガルバの所に芳しくない情報をもたらしていた。そこである者はパラティウムへ戻れ、別な者はカピトリウムを目指せ、大方の者は広場の演壇[95]を占拠すべきだ、と主張した。もっと多くの人は、ただ他人の意見に反対するため発言していた。

こうして、結末が不幸に終る相談事がいつもそうなるように、一番良いと思われた対策をとろうとしたとき、すでに手遅れであった。

一説によると、ラコはガルバの知らないうちにティトゥス・ウィニウス殺害の奸策をめぐらしたという。あるいはウィニウスの処刑で兵士の機嫌をとろうとしたのか。それともウィニウスをオトの共謀者と信じていたのか。結局のところ、私怨からであったろう。ラコはウィニウス殺害の時と場所をためらっていた。実際、殺害を始めると、適当なところで止められなくなるからだ。この企てを狂わせたのは、禍々《まがまが》しい報告とガルバの側近の逃亡であった。

40 始めのうちこそ彼らはみな意気込み、誠意と勇気を示していたが、すっかり熱も冷めた。ガルバは、混乱した群衆の押し寄せる大波に翻弄され右往左往していた。至る所の公会堂や神殿に人が溢れ、それは遠目にも無気味に見えた。市民や下層民も声を呑み、雷に打たれたように呆然として、あらゆる物音に耳をそばだてていた。喧騒でもなく静粛でもなかった。それは慄然たる恐怖と激しい憤怒の沈黙といったようなものであった。

しかしオトは下層民が武器をとっているとの知らせを受けると、まっしぐらに進め、機先を制するのだと命じた。そこでローマの兵士は、まるでアルサケス王朝のウォロガエスかパコルス(96)を先祖代々の玉座から追放するかのように、そして殺す相手が、自分たちの丸腰の年寄りの皇帝ではないかのように、突進した。

細民を蹴散らし、元老院議員を踏みつけ剣で威嚇し、騎馬で早馳け広場へ乱入した。彼らはカピトリウムを望見しても、周囲の神殿の神々しい佇《たたず》まいにも、過去や未来の元首にも——誰が後を継いでも、この罪の復讐をするというのに——怯えることなく罪を犯した。

41 このときまでガルバに付き従っていた護衛隊の旗手——アティリウス・ウェルギリオであったと伝えられている——が、武装兵の一団が近くに迫ったのを見ると、軍旗からガルバの像をもぎとり、地上に叩きつけた。これを合図に、すべての兵がオトに公然と熱い支持を宣言した。民衆は広場を捨てて逃げた。逡巡していた兵には剣が抜かれた。クルティウス池(97)の側で、驚いた担手《かつぎて》たちにガルバは坐輿から放り落とされ、地上に転がった。

彼の最期の言葉は、各人がガルバに抱いていた憎悪か讃嘆の念からいろいろに伝えられている。ある説によると、ガルバは命を乞いながら、「一体私がどんな悪いことをしたというのか」と問い、「賜金を払うから数日の猶予をくれ」と哀訴したと。

多数の説によると、ガルバは自分の方から進んで刺殺者に首を差し出し、「さあやれ。突け。それが国家のためと思うなら」と言ったという。弑逆者《しいぎゃく》たちはガルバの言ったことなど意に介さなかった。

誰が弑《しい》したかについては、充分に定かではない。ある説は、再役古兵のテレンティウスと、別伝はラエカニウスという。広く流布した説によると、第十五軍団(98)の兵カムリウスが剣の一突きでガルバの首を貫いた、と。

他の兵は、非道にもガルバの両足両腕を——胸は胸当で守られていたので——断ち切った。胴だけの体に多くの残忍な剣傷が加えられた。

42 それから叛徒たちはティトゥス・ウィニウスを襲った。彼の最期についても伝承は曖昧である。急激な衝撃で全く言葉を失ったのか。それとも「オトは私を殺せと命じてはいない」と抗議したのか。この発言はウィニウスが突然の恐怖から吐いた嘘なのか、それとも陰謀の共犯者を告白したのか。彼の生涯や世評から、われわれはむしろこう信じたい。彼はこの叛逆罪に前から気付いていた、彼に罪の責任(99)があったのだから。

彼は神君ユリウス・カエサルの神殿(100)の前で、最初の一撃を膕《ひかがみ》に受けて倒れた。それから軍団兵ユリウス・カルスに腹を突き刺された。

43 その日、われわれの世代は実に天晴《あっぱれ》な男を見たのである。彼はセンプロニウス・デンススと言い、護衛隊百人隊長であった。ガルバからピソの警護に加えられていた。彼は短剣を抜き武装兵の前に立ちはだかり、悪逆を叱責し、あるいは手振りであるいは言葉で、自分の方へ刺殺者の注意を引きつけ、ピソに傷は受けたが逃亡の機会を与えた。

ピソはウェスタ神殿(101)に馳け込み、そこの公僕の同情で入ることを許され、彼の番小屋に匿《かくま》われた。ピソが間近に迫った破滅を先へ延ばしたのは、その社の神聖と敬虔な掟のためではなく、この人目を逃れた隠れ場のおかげであった。

そこへやって来たのは、ピソを殺したい執念に燃えていたオトが特別に派遣した兵士で、ブリタンニア軍の軍団兵スルピキウス・フロルス——最近ガルバからローマ市民権を与えられたばかりであった——と、身辺警護兵スタティウス・ムルクスであった。この二人にピソは引き摺り出され、ウェスタ神殿の門前で喉を切られる。

44 オトは誰のよりもピソの殺害の知らせを聞いて喜び、そして彼の首ほど飽かず眺めて長く検分した首はなかったと伝えられている。彼の心はこのとき初めてあらゆる不安から解き放たれ、やっと安堵の喜びに浸ることができたためであろうか。それとも、ガルバの場合は厳しい姿の元首を追憶し、ティトゥス・ウィニウスの場合は友情を懐古して、さすが冷酷なオトも心に浮かぶ悲痛な顔に責め苛まれたとしても、ピソの場合は政敵で競争者なので、その殺害を喜んでも人倫や神々の掟に悖《もと》らないと信じたからであろうか。

三人の首は槍の先端に突き刺され、鷲旗と共に大隊旗の間に囲まれて運ばれた。殺した兵や居合せた兵、本当にそうした者も、そうと偽っていた者も血に汚れた手を競って見せびらかし、まるで記念すべき見事な手柄のように自慢していた。

この日、いくらか顕著な奉仕をしたといって褒賞を無心した者は百二十人以上もいたが、後日ウィテッリウスは彼らの要望書を見つけ、これらすべての者を探し処刑せよ、と命じた。これはガルバの名誉のためではなく、元首の伝統的な方策に従い、現在の安泰を保証し、未来に復讐の範を示すためであった。

45 この日、元老院議員も民衆もそれまでとすっかり変ったと思われたことだろう。皆が一斉に護衛隊兵舎を目がけて走る。隣人を追い越し、前を走る人と先を競う。ガルバを誹謗し、兵士の決断を賞揚する。オトの手を求めて接吻する。不正直な者ほどその言動は一層大袈裟であった。

オトは誰をも無視しなかった。兵士の威嚇的な行動や貪欲な心を、言葉と表情で宥《なだ》めた。彼らは、ガルバの今わの際《きわ》まで忠実な友であった予定執政官マリウス・ケルススの処刑を要求していた。ケルススの精励と廉直を、あたかも不正な策略の如く憎んでいた。兵士たちが殺戮と掠奪を始めようとして、そして誠実な人物を誰彼となく破滅させようとして切っかけを探しているのは誰の目にも明らかであった。しかしオトにこのような犯罪を掣肘《せいちゅう》する権威はまだなかったが、命令する権力はすでに備わっていた。こうしてオトはケルススに腹を立てていると見せかけ、一層重い罰を科すと約束して捕縛を命じ、目前の危機から彼を救った。

46 この後すべてが兵の独断で行われた。自分たちの護衛隊長を、彼ら自身で選ぶ。プロティウス・フィルムスは、かつて軍団の一兵卒であったが、そのときは消防隊長で、ガルバの存命中からオトの一味に加わっていた。護衛隊長の同僚としてリキニウス・プロクルスが加えられる。オトとの親密な間柄のため、彼の陰謀を幇助《ほうじょ》したと疑われていた[102]。都警長官にはフラウィウス・サビヌスを選ぶ。これはネロの選定に従った。彼はネロの下で同じ職責を果していたが、多くの者は彼がウェスパシアヌスの兄であることを配慮していた。

兵卒たちは百人隊長にいつも払っていた勤務休暇の心付けを、廃止せよとしきりに要求した。というのも、彼らはそれまで、この心付けを年貢の如く支払っていた。いつも各中隊の四分の一の兵が百人隊長に心付けを払って休暇をとり、各地に散るか、あるいは兵舎の中でぶらぶらしていた。誰一人として負担の重さや金の工面を気にしていなかった。泥棒や掠奪や、ときには奴隷の仕事をして軍務休暇を買い求めていた。さらに金に余裕のある兵は皆、残酷な労務で苛められ、その揚句に休暇を買わされていた。金を使い果して一文なしとなり、おまけに労力を惜しみ気力も失って、金持が貧乏人となり働き者が怠け者となって、軍隊に帰って来た。

こうして他の兵も次から次へと、同じ窮乏と放恣《ほうし》の生活から腐敗堕落し、暴動や離叛へ、最後に内乱へと突き進んでいた。

しかしオトは一般兵士に気前よく振舞い、百人隊長の好意も失わないように、元首金庫から勤務休暇の心付けを立て替えると約束した。疑いもなくこの処置は有益で、後世の立派な元首に継続して採用され、固定した制度となっている。

護衛隊長ラコは、あたかも追放刑の如く島に流されたが、オトが彼を殺すため先に送っていた再役古兵の手で喉を突かれた。

マルキアヌス・イケルスは解放奴隷とみなされて、公然と処刑された[103]。

47

一月十五日は凶行のうちに過ぎたが、諸悪の総仕上げがそれを喜ぶ祝賀式であった。

首都係法務官が元老院を召集する。(104) 他の政務官も競って媚《こ》び諂《へつら》う。元老院議員が駆けつける。オトに護民官職権とアウグストゥスの称号と元首のすべての名誉が決議される。誰も彼もオトを悪様《あしざま》に罵った過去を記憶から抹殺しようと懸命であった。しかしでたらめに投げつけられた、これらの罵詈雑言《ばりぞうごん》がオトの心に深く突き刺さっていたことに、誰も気がつかなかった。

オトは果して怨恨を放棄していたのか、それとも先へ延ばしていたのか、彼の統治が短命であったために不明となった。

(105) オトはまだ血で汚れていた広場を通り、倒れた死骸の間をカピトリウムへ、そしてそこからパラティウムへと運ばれた後、遺骸を荼毘《だび》に付し埋葬することを許した。ピソは妻のウェラニアと兄スクリボニアヌスにより、ティトゥス・ウィニウスは娘のクリスピナの手で埋葬された。彼らの首は下手人どもが売物として持っていたのを、探し出し買い取ったのである。

48

ピソは満三十一歳で生涯を閉じた。運命よりも名声に恵まれた。彼の兄マグヌスはクラウディウス帝に、もう一人の兄クラッススはネロに殺されていた。ピソ自身は長い間流人《るにん》で、たった四日間カエサルであった。蒼惶《そうこう》として養子とされたのも、兄スクリボニアヌスより先に殺されるという、ただそれだけのために兄より優遇されたにすぎない。

ティトゥス・ウィニウスは五十七年の生涯を通じて、その時その場でさまざまの性行を示した。

彼の父は法務官級の家柄に属し、母方の祖父[106]は公権を剝奪されていた。彼は最初の軍隊生活で不面目を曝《さら》した。そのときの総督はカルウィシウス・サビヌス[107]であったが、総督の妻が陣営の内部を見物したいという邪《よこしま》な欲望を抱き、夜中に軍人の服装で兵舎に侵入し、夜警やその他の軍務を同じ気紛れで試した[108]あと、ついに司令部の中で図太くも不義を犯した。この姦通罪の相手としてティトゥス・ウィニウスが告発された。そこでカリグラ帝の命令で彼は鎖に繋がれたが、間もなく時代が変って釈放されると昇官順序を支障なく登り、法務官職のあと軍団長に任命され真価を認められる。

その後、奴隷しかやらないような賤しい行為で泥を浴びせられた。というのも、クラウディウス帝の饗宴の席で、黄金の酒盃を盗んだと疑われた。クラウディウスはその翌日、全員の客の中で唯一人ウィニウスに土器の酒盃を供するように命じた。

しかしウィニウスは、知事としてガリア・ナルボネンシスを厳格に潔白に統治し、やがてガルバの友情で奈落の底に引き摺り込まれた。彼は大胆で、あざとく機敏だった。心を傾けるものには背徳行為であろうと有益[109]な行為であろうと、同じ精力で立ち向かった。

オトはウィニウスの遺書を、彼の遺産が厖大であったため無効とした。ピソの最期の意志は、彼が貧しかったために尊重した。

ガルバの胴体は長く放置され、放縦《ほうじゅう》を許す闇夜が昼より烈しく嬲《なぶ》り痛めつけたが、ガルバの古い奴隷[110]の一人で執事のアルギウスがガルバの私有地の庭園に埋葬し、ささやかな墓石を建てた。

生首は従軍商人や従軍奴隷が棒の先に突き刺し、パトロビウスの墓の前で虐待した。この者はネロの解放奴隷でガルバから処刑されていた。

その翌日やっと首は見つかり、すでに火葬されていた遺骨と一緒に埋められた。これがセルウィウス・ガルバの末路であった。

七十三年の生涯に五人の元首に仕えて幸運に恵まれ、自分の統治のときより他人の統治の下で、より仕合せであった。家柄は古くて貴《たっと》く、素封家でもあった。

彼自身は程合を弁《わきま》えて偏《かたよ》らず、美徳を備えていたというより悪徳を欠いていた。名声に無関心ではなかったが、自慢もしなかった。他人の金は欲しがらず、自分の金は始末し、公けの金は惜しんだ。友人や解放奴隷の中に善良な者がいたら一切咎めず寛大に遇し、邪悪な者がいたら罪を犯すまで目をつむっていた。

要するに彼は輝かしい出自と恐怖時代に庇《おお》われ、無精にすぎなかったものが賢明と呼ばれたのである。

生涯の働き盛りにゲルマニアでの武勲で花を咲かせ、アフリカ知事[111]として過不足なく老齢に達して、タッラコネンシス・ヒスパニアを同じく公正に治め、私人でいた間は、単なる私人よりも卓越した人物とみなされていた。もし皇帝になっていなかったら、世評は一致して彼こそ皇帝の器であると認めていたろうに。

六　ゲルマニア軍の蜂起とウィテッリウスの擁立

50　首都は犯されたばかりの残虐な罪に怯《おび》え、同時にオトの往年の性行を思い起して不安に陥っていた矢先、さらにウィテッリウスに関する新しい情報で心を痛めた。この情報はガルバが殺される前はもみ消されていた。それで謀叛を起したのは高地ゲルマニアの駐留軍のみ、と信じられていた。

　そこで元老院議員や騎士――この階層も国政にいくらか参与し関心を抱いていた――ばかりでなく、大衆までも公然と嗟嘆《さたん》し始めた。「あらゆる人間で最も唾棄すべき二人がその破廉恥と卑怯と不行跡ゆえに、まるでローマ帝国を亡ぼすため宿命で択《えら》ばれたかのようだ。」

　いまや人々は最近のネロの治世の、平和ではあったが酷《むご》たらしい事件ばかりでなく、昔に溯って数々の内乱の記憶を呼び起した。自分たちの軍隊で何度も都が占拠され、(112)イタリアが荒され属州が掠奪されたこと、パルサロス、ピリッポイ、ペルシア、ムティナの名を挙げ、これらの戦場が国家の災禍によって有名になったことなどを話し合った。

「元首の地位を、優れた市民が争ったときですら、ローマ帝国は危殆《きたい》に瀕したものだ。しかしローマ帝国はガイウス・ユリウス・カエサルの勝利のあと生き残り、アウグストゥスが覇者となった後も生存した。ポンペイユスやカトが勝っていたら共和国は無事生きのびていたろう。

今日、オトとウィテッリウスのため、一体誰が神殿に詣でるだろうか。二人の場合、どちらの勝利を祈っても神々への冒瀆であり、どちらに供物を誓願しても忌わしい。二人の戦争の結果からわかるのはこれだけだ。勝った方が一段と凶悪になるということだ。」ウェスパシアヌスと東方の軍隊を予測する人もいた。確かにウェスパシアヌスはあの二人よりましだが、そのためにもう一つの戦争と、もう一つの災難があると思うと身の毛がよだった。

さらにウェスパシアヌスの評判も怪しかった。しかし彼以前のあらゆる元首のうち、元首になって良くなったのは彼一人である。

51

さて、ここでウィテッリウスの謀叛の発端なり原因を述べてみよう。

ゲルマニア軍はユリウス・ウィンデクスとその全兵力を殺戮すると、分捕品と栄光で増長し――それは苦労も危険もなく戦利品の多い戦いに勝った兵士としては当然であるが――、給料よりも遠征や戦場や褒賞を当てにするようになった。彼らは厳しい気候風土や訓練を伴う、収入の少ない苛酷な軍隊奉公に耐えていた。平和の時は情け容赦なき軍紀も、内訌《ないこう》のときたるむ。敵味方双方から買収され、裏切りも処罰されないからだ。

ゲルマニア軍は兵も馬も武器も必要以上に、そして敵に示威する以上に持っていた。しかし彼らはウィンデクスと戦う前には、自分たちの百人隊や騎兵中隊しか知らなかった。軍隊は属州ごとに境界内に局限されていた。ところがウィンデクスに対してゲルマニアの諸軍団が統合され、自分たちとガリア軍の実力を体験すると、再び武器と新しい擾乱《じょうらん》を探し求め、そしてガリア人を以前の如く同盟者でなく敵とか敗北者と呼ぶようになった。その頃レヌス川の近くに住んでいたガリア人の一部は、ゲルマニア軍の肩を持ち、そしてガルビアニ(113)――これは彼らがウィンデクスを軽蔑して彼の徒党に与えていた名称だが――に向けて烈しくけしかけ、打つ手は皆打っていた。そういうわけで軍団兵はまずセクアニ族やアエドゥイ族に、次いで他のガリア人の部族に対し、彼らの富裕の程度に応じて敵愾心《てきがいしん》を燃やし、町を攻め耕作地を荒し、家屋敷を掠奪しようとその機会をうかがっていた。実際、これらのガリア人は強力な部族に固有の欠点である貪欲と傲慢に加えて、頭《ず》が高いので兵は苛立っていた。彼らはガルバから年貢を四分の一に減らされ、共同体にも贈物を与えられていたことを自慢し兵隊を見下していた。

かてて加えて軍隊に、このような噂が故意に流され、軽々しく信じ込まれるという事情も加わった。「軍団兵は十人に一人の処刑が課される。最も有能な百人隊長はみな解雇される」と。

あちこちより恐しい情報が入り、都から不吉な噂も伝わる。ルグドゥネンシス(114)植民市はガルバに敵意を、ネロに頑固な忠誠心を抱いて噂を膨らませていた。

しかし噂をでっちあげ信じ込む要因の多くは、陣営そのものにあった。それは兵士たちの憎悪と危機感、そしておのれの武力を顧みて生じる自信であった。

52 前年（六八年）の十一月の下旬、アウルス・ウィテッリウスは総督として低地ゲルマニア属州に着任して以来、冬期陣営を念入りに巡察した。沢山の兵を元の位階に返し、不名誉を取り除き訓練上の処罰を軽減する。これらの大半は兵の人気をとるために、幾つかは自分の判断にもとづいていた。たとえばフォンテイユス・カピトが卑しい根性と貪欲から、兵の階級を下げたり上げたりしていたのを、公平に是正したことなどである。

彼の言動はすべて総督としてではなく、もっと高い地位を規準に受け取られた。ウィテッリウスは謹厳な人の間では品位を欠くと、支持者からは愛想がよく親切だ、と評されたというのも、彼は節度も見境もなく、自分のものを与え人のものを浪費していたからである。その一方で統治権を渇望する余り[115]、この悪徳そのものが美徳とみなされていた。

低地、高地いずれの軍隊にも、従順でおとなしい将兵が沢山いたが、反抗的で粗暴な者も大勢いた[116]。しかし並外れた野心を抱き剛腹で異彩を放っていたのは二人の軍団長、アリエヌス・カエキナとファビウス・ウァレンスであった。そのうちウァレンスの方はガルバを恨んでいた。

彼はガルバにウェルギニウスの日和見的な態度を知らせたり、カピトの陰謀を潰していたのに、ガルバから一向に感謝されていないと思っていた。

ウァレンスは、ウィテッリウスが兵から熱烈に支持されていると告げて、煽動した。

「ウィテッリウスの名声はどこでも評判である。ホルデオニウス・フラックスが邪魔する理由は何もない。ブリタンニアは味方し、ゲルマニア人の援軍も従うだろう。諸属州の忠誠心はよろめいている。老ガルバの支配権は心もとなく短命に終わることだろう。

今や胸を開いて、迎えてくれる運命の女神にこちらからぶつかるべきだ。ウェルギニウスが騎士階級の家柄に自信をもてなかったのは当然だ。父は無名である、彼が帝権を受諾していたら相応しくなかったろう。辞退していた方が安全であったのだ。

だがウィテッリウスには父親の三度の執政官職(117)、そして監察官職とクラウディウス・カエサルの同僚執政官が、すでに以前から皇帝の品格を与えて、単なる一市民として生きる安全性を奪っているのである。」

ウァレンスは、このようにウィテッリウスが期待よりも野望を抱くように、その怠惰な精神を揺さぶった。
53 一方、高地ゲルマニア属州では、カエキナが兵士の好意を誘い摑んでいた。彼は顔立ちの整った、大柄の体軀の若者で、背筋をのばして堂々と歩き、弁論術に長じ(118)、自制心を欠いていた。
彼が属州バエティカの財務官(119)のとき、積極的にガルバの側に移ったので、ガルバはこの若者を軍団長とした。間もなくカエキナは公金の着服がばれると、ガルバの命令により公金横領の罪で告発された。

カエキナはこれを根に持ち、なにもかも攪乱《かくらん》し、個人の不面目を国家の不幸で包み隠そうと決心した。

この軍隊にも暴動の種が欠けてはいなかった。ウィンデクスと対決した戦いには全員参加したが、ネロの死後にやっとガルバの側に移ったものの、ガルバに忠誠を誓うことでは低地ゲルマニア軍の分遣隊に先を越されていた。

それからトレウィリ族やリンゴネス族、その他ガルバの苛酷な布告で、あるいは公地没収で痛めつけられていた部族が、この冬期陣営[120]に親しく出入りしていた。その結果、叛乱が密かに謀られ、民間の土着民との接触でガルバに対する兵士の忠誠心はさらに損われ、ウェルギニウスへ寄せられていた支持が、誰か他の人に利用されるように準備されていた。

リンゴネス族の首邑[121]は古い習慣に従い、友好親善の象徴として握り合う二本の右手[122]の銅像を、ここの軍団に贈物として送っていた。彼らの使節は垢じみた喪服で悲しい表情を装い、司令部や兵の天幕の中を訪ね、あるいは自分たちの受けた被害を訴え、あるいは[123]近隣部族に与えられた褒賞を告げ、兵士が耳をそばだてて聞き出すと、軍隊自体の蒙る危険や侮辱を縷々《るる》述べ、兵士の怒りを焚きつけた。

こうして状況が叛乱の寸前にまで達したとき、ホルデオニウス・フラックスはリンゴネス族の使節に退去せよ、それもできるだけ人目につかぬように離れるため、夜中に陣営から出て行け、と命じた。ここから性《たち》の悪い噂がたち、多くの兵が本当だと保証した。「使節たちは殺された。われわれがもしわが身の防衛を考えなかったら、えらく意気込んでいる者や現状に不満をぶちまけた者は、夜中に他の者が気付かないうちに片付けられるだろう」と。

軍団兵はお互いに秘密の誓約で縛り、援軍の兵士も謀叛の仲間に加えた。最初、援軍の歩兵と騎兵は軍団兵を包囲し攻撃する準備をしている、と疑われていた。しかし間もなく援軍も同じことを一層烈しく求めてきた。悪者同士は平和裡に協調するより、戦争で結託する方がより容易《たやす》い。

55

しかし低地ゲルマニアの軍団兵は、毎年一月一日に行う慣例の忠誠の誓をガルバに対して強いられた。多くの兵は逡巡しながら誓い、上級の兵士たちの声もまばらであった。その他の者は黙りこくって、誰か隣の者が大胆なことを仕出かさないか、と期待していた。自分から先にやるのはいやでも、他人の後ですぐやるのが人間というものだ。

しかし軍団ごとに兵士の気持は違っていた。

低地軍の第一と第五軍団はひどく息巻いて、ガルバの像に石を投げつける者もいたほどである。第十五と第十六軍団兵は、ぼやくか凄《すご》むだけでそれ以上のことは敢えてせず、あたりを見廻し暴動の切っかけを待っていた。

しかし高地軍では、第四と第二十二軍団が同じ冬期陣営に暮らしていたが、一月一日の当日、第四軍団は率先して、第二十二軍団兵は尻込みしながら、次第に同調してガルバの諸像を壊す。

しかし彼らはローマ帝国に対し尊敬の念を放棄していないことを示すため、すでに廃《すた》れて久しい元老院とローマ国民という名称を唱えて忠誠を誓った。軍団長も副官も誰一人としてガルバのために尽力する者はいなかった。騒乱の際よく見られるように、何人かは煽動に目立った働きをしていた。しかし、誰も、集会であるいは高壇からするように大勢を前に話しかけたのではない。そのような行為を誇る者はまだ一人もいなかった。

56 高地ゲルマニアの総督ホルデオニウス・フラックスは破廉恥な騒ぎを傍観するだけで、暴走する兵を敢えて抑え込もうとも、逡巡している兵を引き止め、善良な兵を勇気づけようともしなかった。無精と臆病と無能で罪を犯さなかった。

第二十二軍団の四人の百人隊長、ノニウス・レケプトゥス、ドナティウス・ヴァレンス、ロミリウス・マルケッルス、カルプルニウス・レペンティヌスはガルバの諸像を守ろうとして、兵に襲われ引き離され鎖に縛られた。その後はもう誰も彼も、信義や前に誓っていた[124]忠誠を忘れ、暴動の際よく起るように大勢の赴くままに[125]全員が従った。

一月一日の夜に、第四軍団の鷲旗手がアグリッピネンシス植民市にやって来て、夕食をとっていたウィテッリウスにこう告げた。「第四軍団と第二十二軍団はガルバの像を投げ捨て、元老院とローマ国民に忠誠を誓った。しかしこの誓約は無意味と思われた。そこで幸運の女神がまだぐらぐらしているときしっかりと掴み、軍隊に元首としてウィテッリウスを推戴することに決めた」と。

ウィテッリウスから低地ゲルマニアの諸軍団と軍団長に伝令が送られる。高地ゲルマニア軍がガルバに離叛したと告げるためであった。「そこでお前たちは離叛した軍団と一戦を交えるか、さもなければ協調と平和を択《と》り皇帝をつくるべきである。元首を他に探すより、受け取る方が危険は少ない」と。

57 第一軍団の冬期陣営(126)はアグリッピネンシスに近かったし、ここの軍団長ファビウス・ウァレンスは軍団長のうちでも一番積極的であった。

彼は翌日（一月二日）に、軍団付属騎兵と援軍騎兵を連れ、アグリッピネンシス植民市に入って行き、ウィテッリウスを皇帝と呼んで挨拶した。同じ低地ゲルマニア属州のその他の軍団兵もわれ先に、と従った。

高地ゲルマニア軍は元老院とローマ国民というもっともらしい名を捨てて、一月三日、ウィテッリウスの方へ歩み寄った。彼らが前の二日間、元老院とローマ国民の肩を持っていなかったことは明らかである。

アグリッピネンシスの市民もトレウィリ族もリンゴネス族も、軍隊に熱意では引けをとらなかった。援軍と馬と武器と資金を提供し、それぞれ体力と財産と才量に応じて役を果した。熱を上げたのは、すぐ自由にできるものを溢れるほど持ち、勝利の暁に大きな希望を持てる植民市や陣営の指導者ばかりではなかった。各中隊の一般兵卒に至るまで衝動や熱狂や欲念から自分の貯金をはたき、金《かね》の代りに剣帯や勲章、武器を飾っている見事な銀の装飾を提供した。

58 そういうわけでウィテッリウスは兵士の機敏な動作を天まで持ち上げ、解放奴隷がいつも果している帝室の役職[127]をローマ騎士に振り分ける。百人隊長には兵の休暇心付けを元首金庫から支払う。ウィテッリウスは、大勢の処罰をしきりに求める兵の残虐性をしばしば容認し、たまに投獄と見せかけて兵の追及をかわした。

ベルギカの元首属吏ポンペイユス・プロピンクウスは直ちに処刑した。ゲルマニア艦隊長ユリウス・ブルドは巧みな手管で救ってやった。ブルドには軍隊が非常に激昂していた。彼がフォンテイユス・カピトに罪を着せ、やがて罠に掛けたと疑っていた。兵士はカピトへの感謝の思い出を大切にしていた。兵士が殺せとおおっぴらに息巻いている手前、彼らを騙すよりほかにブルドを許す術《すべ》がなかった。こうしてブルドは幽閉の身となり、ウィテッリウスが勝った後やっと解放された。そのときはもう兵の憎悪は和《やわ》らいでいた[128]。この間にも、百人隊長クリスピヌスがブルドの身代りとして兵の前に投げ出された。彼はカピトの血で自分の手を穢していた。そこで罰を求める側に罪はブルドの場合より明瞭であったし、罰する方としても、より安くついた。

59　ついでユリウス・キウィリスが危険[129]を免れた。バタウィ族で抜群の権威を誇っていた彼を処罰すると、この勇敢な部族が離叛する恐れがあったからである。そしてリンゴネス族の領土には、第十四軍団付属の援軍であるバタウィ族の八箇大隊[130]が駐留していた。この内乱で、この援軍は、当時本軍団と引き離されていたので、どちらに傾いても[131]、味方にも敵にも大きな影響を与えることになるからであった。

先にも述べた四人の百人隊長ノニウス、ドナティウス、ロミリウス、カルプルニウスには処刑が命じられた。彼らは忠誠の罪で、叛徒の目からは極悪の罪で処刑された。

属州ベルギカの総督ウァレリウス・アシアティクス[132]は、ウィテッリウスの側に加わると、ウィテッリウスはやがて彼を自分の婿とした。ガリア・ルグドゥネンシスの知事ユニウス・ブラエススは、ルグドゥヌムに宿営していた第一イタリカ軍団とタウリアナ騎兵隊[133]を率いて加わった。ラエティアの軍隊も遅れをとらぬようすぐ荷担した。ブリタンニアでも全く躊躇はなかった。

60　ブリタンニアの総督トレベッリウス・マクシムス[134]は、強欲と卑しい根性から兵士に侮《あなど》られ憎まれていた。総督への憎悪を煽《あお》っていたのが第二十軍団長ロスキウス・コエリウス[135]である。二人は昔から不仲で、市民戦争を契機にお互いの反目が高じ爆発した。

トレベッリウスは兵の叛逆と軍規の紊乱《びんらん》をコエリウスのせいにし、コエリウスはトレベッリウスが軍団の金庫を横領し枯渇させたと非難した。

軍団長たちが醜い争いをしているうちに、軍隊の風紀は乱れ内部の葛藤が深まり、援軍の歩兵まで総督を悪口雑言で排斥し、援軍の歩兵も騎兵もコエリウスの側につき、ついにトレベッリウスは全軍から捨てられウィテッリウスの所へ逃げてきた。

総督が居なくなったのに、ブリタンニア属州は静かであった。軍団長たちが平等な権限をもって統治した。もっともコエリウスが図太くて一番権力を揮《ふる》ったのであるが。

61 ブリタンニアの軍隊の加勢で、兵力も資金も莫大となると、ウィテッリウスは二名の将軍を指名し、二つの道[136]から戦争へ向かうように命じた。ファビウス・ウァレンスはガリア諸属州を味方に誘い入れ、もし拒否すれば荒し、それからコッティアエ・アルペスを通ってイタリアへ突入せよと、カエキナはもっと短い進路をとり、ポエニナエ・アルペスの峠を越えて下れ、と命じられた。

ウァレンスは低地ゲルマニア軍から、選抜隊と第五軍団鷲旗と援軍歩兵と騎兵の総勢約四万の武装兵を与えられた。カエキナは高地ゲルマニア軍から三万を率いていた。その中の精鋭は第二十一軍団であった。両軍にゲルマニア人の援軍も加わった。このうちからウィテッリウスも自分の軍勢を補い、主力を率いて後をつけることにする。

62 軍隊と皇帝の対照は驚くばかりだった。兵士はガリア諸属州が怯《おび》え、ヒスパニアの諸属州が逡巡している中に戦いを始めるよう催促した。「この冬の季節も、平和をあてにした臆病な遅疑もわれわれを妨げない。イタリアへ攻め込むべきだ、都を占領すべきだ。市民同士の紛争で、相談より行動を必要とするとき、迅速果敢より安全な策はない」と。

ウィテッリウスはだらけきっていた。元首の暮らしを先取りして放蕩と怠惰と豪奢な宴会にうつつを抜かし、昼日中から酔っ払い、飽食のあげく動作も鈍かった。

しかし兵士が率先して示す熱意と精力で、将軍の義務は充分に果されていた。それはまるで皇帝が側に居て励む兵士に希望を、怠ける兵士に恐怖を与えているかのようだった。兵は隊形を整え、意を決して出発の合図を求める。ウィテッリウスはゲルマニクスの異名はすぐ用いたが、カエサルの呼称は覇者となった後も禁じた。

ファビウス・ヴァレンスと彼が戦争へ向かって進めていた軍隊に縁起の良い前兆が見られた。出発の当日(137)、一羽の鷲が悠然と舞い下り、行軍隊列の前進につれ、まるで道案内人のように、長い間先頭を飛んでいた。

兵たちの歓喜の叫び声といい、自若として怯《お》じない鷲といい、疑いもなく大事業の成功の前触れととられて当然であった。

七　ウィテッリウス派の将兵、イタリアへ進撃開始

63 トレウィリ族の土地(138)には、同盟者として全く安心して入った。ディオドゥルム——これはメディオマトリキ族の首邑であったが——では、全く愛想よく迎えられたのに、突然兵たちは恐慌に陥って、一斉に武器をとり無垢の町の人を殺した。戦利品のためでも掠奪を

欲したためでもなく、狂気の怒りと訳のわからぬ原因からであった。それだけに彼らの間違いを正すのに骨が折れた。将軍が嘆願してやっと兵士は興奮から覚め、町の殲滅《せんめつ》を思いとどまった。しかし殺された人は四千人にも達した。

ガリア人は慄然たる恐怖に襲われ、やがて到着する軍隊の行列を、どの部族も役人と共に出迎え容赦を乞うた。道には女や子供がひれ伏し、敵の怒りを宥《なだ》めるためにその他のあらゆる物を、まことに戦時でないのに平和のために差し出した。

64 ガルバが弑《しい》されオトが皇帝になった知らせを、ファビウス・ウァレンスが受け取ったのはレウキ族の町(139)であった。これでも兵士の気持は動かず、喜びも恐れもしなかった。戦争のみを欲した。ガリア人はもう右顧左眄《うこさべん》しなかった。彼らはオトもウィテッリウスも同じように嫌いだったが、ウィテッリウスはさらに恐ろしかった。

次に着いたのはリンゴネス族の部落であった。彼らはウィテッリウス派に忠実であった。兵士は好意をもって迎えられたので、競って謙虚に振舞った。しかし幸福な雰囲気は束の間であった。援軍歩兵の放縦《ほうじゅう》が原因である。彼らは先に述べたように、ファビウス・ウァレンスが第十四軍団から引き離し自分の軍隊に加えていた。口論が切っかけで、やがてバタウィ族援軍と軍団兵の間の喧嘩となる。バタウィ族にも軍団兵にも後押しがいて、その熱気はほとんど干戈《かんか》を交えるまでに燃え上っていたことだろう。もしウァレンスが少数を処罰し、とっくに忘れていた将軍の指揮権を、バタウィ族に思い起させていなかったならば。

アエドゥイ族[140]には戦争の口実を見つけようとしても無駄であった。彼らは命じられると金も武器も提供し、その上無償で食糧を差し出した。

アエドゥイ族が恐れながらやったことを、ルグドゥネンシス植民市の市民は欣然とやった。しかし第一イタリカ軍団とタウリアナ騎兵隊は、その町から遠ざけられ、第十八大隊[141]は慣れている彼らのルグドゥヌムの冬期[142]陣営に残るのがよいと思われた。

イタリカ軍団長マンリウス・ウァレンスは、ウィテッリウス派のため手柄を立てていたが、ウィテッリウスから何ら敬意を表されなかった。ファビウスが陰でウァレンスに罪を着せ、彼が知らないうちに体面を傷つけていた。そして一層油断させて騙すため表面で誉《ほ》めそやしていた。

65 ルグドゥヌムとウィエンナの市民同士の古い反目[143]は、最近の内乱で掻き立てられお互いに多くの惨禍を蒙っていた。それぞれネロとガルバに荷担して戦ったばかりではなく、それ以外でもたびたび執念深く争った。

さらにガルバはルグドゥヌムへの恨みを口実に、その町の収入を取り上げ元首金庫に収めていた。これ[144]に反しウィエンナには多くの名誉を与えた。そこから競争心と嫉妬が生れ、たった一つの川に隔てられた二つの町を繋いでいたのは憎悪であった。

それゆえルグドゥヌムの市民は兵士の一人一人を刺戟し、ウィエンナの転覆をけしかけた。「彼らはかつてわれわれの町を包囲し、ウィンデクスの蜂起を支援し、最近もガルバの前衛隊のために軍団兵を募集した」と。こう憎むべき理由を並べたあと、物凄い戦利品が手に入ると教えてやった。

やがて個人的に唆《そそのか》したばかりでなく、町全体でも懇願した。「われわれの復讐をしてくれ。ガリア人の同士討ちの温床を破壊してくれ。そこでは何もかも異国風でローマを敵視している。われわれはローマの植民市でローマ軍の一部(145)であり、ローマの勝利や不幸を共に分け合う仲だ。たとい運命がわれわれに味方しなくても、われわれに対する敵の憤怒だけは野放しにしないでくれ」と。

66

彼らはこのようなことや、その他多くのことを同じ調子で話し、兵士をひどく煽《あお》ったので、ウィテッリウス派の軍団長(146)も指導者も軍隊の憤りを消すことができないと判断したほどである。そのときウィエンナの市民も自分らに差し迫った危険をはっきりと察知し、白鉢巻姿でオリーブの枝に白旗を掲げ、軍隊の行列が近づくや、兵士たちの武器を摑み、膝や足元に縋《すが》りつき兵士の気持を変えさせた。ファビウス・ウァレンスは一人一人の兵に三百セステルティウスを配った。そのとき物を言ったのは、結局、この植民市の古い歴史と貫禄であった。そしてウィエンナの市民の安全と無事を勧告したウァレンスの言葉も好意をもって兵に聞き入れられた。

しかしこの町は公けに武装を解除したばかりでなく、町民個人としてもあらゆる種類の必需品を提供して兵を助けた。

それはともかく、ウァレンス自身が大枚の金で買収された、という噂はいつまでも消えなかった。久しくみすぼらしかったウァレンスは俄《にわか》に金持となり、境遇の変化を上手に隠し通せなかった。長年の饑《ひも》じい思いに我欲を煽られ、おのれを制御できず素寒貧《すかんぴん》の若者から放蕩者の老人となった。

その後、軍隊はゆっくりとアッロブロゲス族とウォコンティイ族の土地を進む。その間ウァレンスは一日の行程[147]も宿営地の選択も売物にして、農地の所有主や町当局の役人と恥ずべき取引を行なった。ウォコンティイ族[148]の自治市ルクスでは、現金で慰撫されないと町に放火する、と脅しさえした。巻き上げる金がないときは、いつも淫売婦や密通で願いを叶えてやった。

こうしてコッティアエ・アルペスに到着する。

67 他方カエキナ・アリエヌスは、もっと多く掠奪し人の血を吸った。この癇癪持ちはヘルウェティイ族に腹を立てていた。この部族[149]はその昔武力と戦士で名を挙げ、その名声は今日まで記憶されているが、ガルバの弑殺《しいさつ》をまだ知らず、ウィテッリウスの統帥権《とうすいけん》を認めていなかった。

戦争の発端は、第二十一軍団の性急で意地汚い欲望であった。彼らはヘルウェティイ族がずっと以前から自前の資金と兵力で守っていた要塞から、そこへ給料として送られていた金を強奪していた。これを根に持ちヘルウェティイ族は、ゲルマニア駐留軍の名でパンノニアの軍団へ運ばれる途中の信書を横取りし、一人の百人隊長と数名の兵を牢屋に監禁した。

戦いに餓えていたカエキナは、彼らが非を悔い改めるより先に、手当り次第どんな罪をも懲らしめた。素早く陣営を移し畠を荒し、長年の平和で自治市の規模にまで発展し、風光明媚な温泉地(150)として賑《にぎわ》っていた町を掠奪した。

68

ラエティアの援軍に伝令を送り、軍団兵と前面で対決するヘルウェティイ族を背後から攻撃せよ、と命じる。

決戦に臨む前、意気込んでいたヘルウェティイ族は、いざ危険に臨むと気後れした。彼らは紛争が起るとすぐクラウディウス・セウェルス(151)を将軍に択《えら》んだ。武器の使い方を知らず隊列を組まず、一つの目的に協力しなかった。軍団の古兵《ふるつわもの》を相手に戦い、惨憺たる敗北を喫した。古くて崩れていた城壁は攻城戦に耐えられなかった。正面からカエキナの強力な軍団兵、背後からラエティア駐留の援軍騎兵と歩兵と、そして武具に慣れ軍事訓練もしていたラエティア出身の若者。至る所で掠奪と殺戮。両軍に挟まれ右往左往し、武器を捨て大半が負傷し、あるいは散らばってウォケティウス山(152)へ逃げ込む。しかし直ちに送られたトラキア人の援軍に追い出され、ゲルマニア人とラエティア人に追跡され、森の中でも隠れ場でも殺された。何千もの人が命を失い、多くの者が捕虜となって奴隷市場に売られた。

軍隊はすべてを破壊した後、戦列を整えてこの部族の首邑アウェンティクムを目指していたとき、町を明け渡すための使者が派遣されてきたので、彼らの降伏を受諾した。カエキナはヘルウェティイ族の指導者の一人、ユリウス・アルピヌスを戦争の使《し》嗾《そう》者として処罰した。他の者たちの宥免や懲罰は、ウィテッリウスの判断に任せることにした。

69 ヘルウェティイ族の使者が訪れたとき(153)、皇帝と兵士のどちらが和《なご》やかに接見したか、それを言うことは難しい。兵士はこの町の殲滅《せんめつ》を要求する。死者の顔を目がけて武器と拳をつきつける。ウィテッリウス自身、言葉でも態度でも威嚇を抑えきれなかった。

このとき使者の一人で雄弁家として名高いクラウディウス・コッススが、その場に相応しく恐怖を装い弁論術で敵を晦《くら》まし、それだけ一層効果を挙げ、兵士の心を宥《なだ》めた。例によってこのときも大衆の気分は突然に変り、残酷が常軌を逸していたように、無茶苦茶に同情へ傾いた。彼らは涙を流し、次第に熱をこめ慈悲深い処置を求め、部族民のため容赦を乞い、助命を懇請し、ウィテッリウスの承諾を得たのである。

70 カエキナはウィテッリウスの裁決を知らされるまで数日間、ヘルウェティイ族の土地に留まっていた(154)。

それと同時にアルペス越えを準備していたところ、イタリアから朗報が届いた。パドゥス川付近に宿営していたシリアナ騎兵隊(155)がウィテッリウスに忠誠を誓ったという。このシリアナ騎兵隊は、ウィテッリウスが知事のときアフリカで仕えていた。やがてネロの動員で[156]エジプトへ先発隊として派遣されたが、ウィンデクスとの戦争のため呼び戻され、そのときイタリアに滞在していた。

オトとは面識がなく、ウィテッリウスに愛着を抱いていたこの騎兵隊の分隊長たち[157]は、間もなく到着する軍団の実力やゲルマニア軍の名声を持ち揚げたので、隊員はウィテッリウス派に移り、そして新しい元首へ何か贈物をするかのように、トランスパダナ地方の強力な自治市メディオラヌムとノウァリアと、エポレディアとウェルケッラエを味方にひき入れた。

このことをカエキナは当のシリアナ隊の報告から知ると、唯一箇の援軍騎兵隊の守備でイタリアの広大な土地は防衛できなかったので、ガリア人とルシタニア人とブリタンニア人の援軍歩兵大隊と、ゲルマニア人の援軍分遣隊を、ペトリアナ騎兵隊と共に先発させてから、カエキナ自身は、さてどうしたものかと暫く逡巡した。ラエティアエ・アルペスを越えてノリクムへ向かい、そこの元首属吏ペトロニウス・ウルビクスを攻めるべきかどうか。ペトロニウスは援軍を呼び集め、諸川の橋を落し、オトに忠誠を保っていると思われたからである。

しかし、すでに先発させた援軍歩兵と騎兵の喪失を恐れると同時に、イタリアの確保こそ一層の名誉であり、戦場が何処になろうとノリクムの住民は確実に戦利品として勝者の手に入るだろうと考え直した。

ポエニナエ・アルペスの道をとり、正規軍である重装の軍団歩兵の隊列を率い、まだ冬のさなかの山岳地帯を越えた[158]。

八　オトと首都と属州

71 オトはこの間に皆の予想を裏切り、放蕩と怠惰の中におのれを失うことは全くなかった。快楽を先へ延ばし贅沢の趣味を隠し、一切を皇帝の威厳の下に統一した。そこでこのまやかしの美徳と、いずれ正体を暴露する悪徳が人々の恐怖をさらに募らせていた。
オトは、表向き投獄と見せて兵士の残酷な仕打ちから引き離していた予定執政官マリウス・ケルススを、カピトリウムへ呼んで来させた。オト派から憎まれていたこの名士から、オトは仁慈の人という名声を得たいと願った。ケルススはガルバへの忠誠を毅然と貫いた罪を告白し、誇らかに自分こそ信義の鑑だと言った。オトは罪を許すかのような態度をとらずに、二人の和睦[159]の証人として神々の名を呼び起し、その場でケルススを最も親密な友に加え、やがて戦争が始まると将軍の一人に抜擢した。

ケルススはこれをあたかも宿命の如く甘受し、オトにも信義を完璧に、そして不幸に[160]守り通した。しかしこの和睦は都の指導的な地位にある人に歓迎され、民衆の間でも好評を博した。兵士ですら、かつては腹を立てていたあの同じ美徳を賞讃し、ケルススの安泰を快しとした。

72 続いてすぐ同じような喜悦が、別な原因から起った。オトがティゲッリヌスの破滅を命じたからである。

オフォニウス・ティゲッリヌスは無名の両親から生まれ、荒《すさ》んだ少年期と汚らわしい老年をすごした。消防隊長、護衛隊長、その他美徳の褒賞を人より早く手に入れたのは悪徳の賜物《たまもの》であった。

やがて男の悪行である冷酷無慙と貪婪《どんらん》に徹し、ネロをあらゆる罪へと堕落させ、ネロの陰で鉄面皮を重ね、その揚句にネロを裏切り捨ててしまった。そこでネロを心の底から憎んでいた人も、ネロの死を惜しんでいた者も、それぞれ相反した感情からこのティゲッリヌスの処罰を他の誰よりも烈しく執拗に求めた。

ガルバの下ではティトゥス・ウィニウスの勢力に庇護されていた。ウィニウスは、自分の娘が命をティゲッリヌスに助けられたからだ、と弁明していた。ティゲッリヌスは確かに彼女を救っていた。慈悲心からではない。彼はあれほど沢山の人を殺しているのだから。そうではなく、将来のため逃げ道を作っておいたのだ。というのも性悪な者は誰でも、現在に信を措かず運命の変化を用心し、公的な憎悪に私的な恩を売っておくものである。そこには清廉潔白への配慮はかけらもなく、あるのは無罪放免の取り引きだけである。

ティゲッリヌスへの宿意にティトゥス・ウィニウスへの最近の憤怒も加わり、それだけ烈しく憎悪の念にかられ、人々は都全体からパラティウムの丘や広場へ馳けつけた。そして民衆の放埓《ほうらつ》が最も公然と許される競走場や劇場は人で満ち溢れ、不穏な叫喚があたりに響く。

ついにティゲッリヌスはシヌエッサの温泉場で、最期はもはや避けられないとの知らせを受け取る。しかし妾たちの淫らな抱擁や接吻の中に愚図愚図とみっともないときをすごし、やっと剃刀で喉を斬り、思い切りの悪い恥ずべき最期で不名誉な生涯を汚した。

73 同じ頃、カルウィア・クリスピニッラに対しても人々は処罰を請求した。元首は何くわぬ顔でいろいろと言い抜け、世間の不評を買いながら彼女を危険から救った。

カルウィアは、ネロの快楽の師であった。アフリカに渡りクロディウス・マケルを武装蜂起へ唆《そそのか》し、ローマ国民の飢餓を公然と企み、晩年は全市民の好意を手に入れた。というのも、執政官級の人と結婚し、夫の後ろ楯でガルバ、オト、ウィテッリウスの下で恙《つつが》なくすごし、やがて——これは良き時代にも悪しき時代にも威力を示す——後継ぎのいない金持として勢力を誇った。

74 この間にもオトは、ウィテッリウスに宛てて女々しい媚で汚れた私信を頻りに書き送り、金と恩恵と、どこでも好きな、贅沢に暮らせる隠棲地を約束していた。

同じ趣旨のことをウィテッリウスも提示していた。最初のうちこそ双方とも慇懃《いんぎん》な、愚かしくも恥知らずの偽善を取り交わしていたが、やがて喧嘩でもしているかのように、お互いに相手の淫蕩と破廉恥を攻撃し、どちらも嘘はつかなかった。

オトはガルバが派遣していた使節を呼び戻し、再び元老院の名で、高地、低地両ゲルマニア軍とルグドゥヌムのイタリカ軍団兵とそこに宿営していた軍隊へ送った。使節はウィテッリウスの許に(161)留まった。彼らは拘束されたと思われるには、余りに快く従った。オトが敵意を口実に使節のお供に加えた護衛隊兵は、軍団兵と接触する前に帰って来た。そのときファビウス・ウァレンス(162)は、ゲルマニア軍の名で護衛隊と都警隊に宛てた信書を護衛隊兵に託《ことづ》けた。その(163)中でウァレンスは自派の戦力を誇り、提携を提案した揚句、こう詰《なじ》っていた。「ずっと早くウィテッリウスに譲渡されていた皇帝の位を、お前たちはオトへ移し替えた」と。

75 このようにウァレンスは、護衛隊を味方につけようとして、「戦うと太刀打ちできぬ、講和で失うものは何もあるまい」と約束し且《か》つ脅《おど》した。それでも護衛隊兵はオトへの忠誠を変えなかった。

しかしオトからゲルマニアへ間諜(164)が送られ、ウィテッリウスからも都に送られて来た。どちらも徒労に終った。ウィテッリウスの間諜は、都のあれほど大勢の中でお互いに顔もわからなかった代りに、正体を見破られず処分もされなかった。オトの間諜は、その顔をだれも知らなかったので、皆(165)顔見知りの間でばれてしまった。

ウィテッリウスはオトの兄ティティアヌスに手紙を書き、自分の母と子供の安全を守ってくれないと、彼自身も彼の息子も命がないと脅した。結果は両家とも無事であった。オトは復讐を恐れたためと思われるが、ウィテッリウスは勝利の後だったので慈悲の名声を得た。

76 イッリュリクム地方からの最初の報告はオトに自信を与えた。「ダルマティアとパンノニアとモエシアの諸軍団が、オトに忠誠を誓った」と。

同じ朗報がヒスパニアからも届くと、オトは布告を発し、総督クルウィウス・ルフスを賞讃した。そしてその後すぐ、ヒスパニアがウィテッリウスの側に寝返ったことがわかった。

アクィタニアもユリウス・コルドゥスによってオトに忠誠を誓わされていたが、長く続かなかった。もはや信義や愛着はどこにもなく、わが身の心配と已むを得ぬ事情から、人はあっちの派こっちの派と移り替わっていた。

同じ恐れが属州ガリア・ナルボネンシスをウィテッリウスの側へ転向させた。より近いより強い側に移るのは容易である。遠い属州や海に隔てられた属州の軍隊はみな、オトの側に踏みとどまった。オトへの愛着からではない。ローマの名と元老院の威光を尊重したからである。それに最初に聞かされたオトの名で兵士の心は占められていた。

ウェスパシアヌスはユダエアの軍隊に、ムキアヌスはシュリアの軍団兵に、オトへの忠誠を誓わせた。同時にエジプトと東方のすべての属州が、オトの名前で支配された。

同じくアフリカも服従した。知事ウィプスタヌス・アプロニアヌス[166]の権威を待たずに、首邑カルタゴが率先した。ネロの解放奴隷クレスケンスは——このような者までが乱世となると国政に関与するので——新しい皇帝を祝ってカルタゴの下層民に饗宴の席を提供した。そして民衆はその他のことを、度外《どはず》れに慌てて行った。他の町もカルタゴに倣《なら》った。

77 このように軍隊と属州が二つの派に引き裂かれたので、ウィテッリウスは元首の位を手に入れるために戦わざるを得なかった。オトは深い平和に支配されているかのように、皇帝の責務を果していた。その幾つかは国家の尊厳を重んじ、多くは焦眉の急に迫られて品位を損ねた。

オトは自らと兄ティティアヌスを三月一日までの執政官に、次の二ヶ月はウェルギニウスを指名した。これはゲルマニア軍の歓心を買うための一種の賄賂《わいろ》であった[167]。彼の同僚執政官として、二人の古い友情を口実にポンペイユス・ウォピスクスを指名した。多くの人は、これはウィエンナの町民の名を揚げるためであったと解した。

その他の執政官職は、ネロかガルバが指名していた人たちにそのまま残された。カエリウス・サビヌスとフラウィウス・サビヌスが七月一日まで、アッリウス・アントニヌスとマリウス・ケルススが九月一日までであった。この人たちの名誉はウィテッリウスが勝利を収めた後も拒否されなかった。

さてオトは大神祇官職や鳥卜官職を、すでに面目を施していた老人に最高の栄誉として贈った。あるいは追放地から最近帰国したばかりの若い貴族に、先祖や父親が占めていた聖職を返して慰めた。

カディウス・ルフス(168)、ペディウス・ブラエスス、スカエウィヌス・パクイウスには元老院階級の地位を回復してやった。彼らはクラウディウスやネロの世に苛斂誅求《かれんちゆうきゆう》の罪で倒されていた。彼らを許すには、貪欲というかつての罪名を不敬罪に変えた(169)方が良いことに決まった。その頃は不敬罪が憎まれる余り、どんなに正当な法律も効力を失っていたのである。

78

同じように気前のよい政策で町々や属州の歓心を買おうとした。ヒスパリスとエメリタの植民市に新しい家族の入植を認め、リンゴネス族全員にローマ市民権を、バエティカ属州には贈物としてマウリ族の町を与えた。

カッパドキアに新しい権利を、アフリカにも新しい権利を、永久的に与えたというより約束したにすぎなかった。

こうした処置は現状から已むを得なかったし、緊急な配慮から必要とされた(170)と弁明できた。しかしこのようなときにオトは、昔の愛情を忘れないでポッパエアの像を元老院議決で再建した。オトは民衆の機嫌をとりたい一念から、ネロの記憶に敬意を表する方法をあれこれと考えていたと信じられている。

そしてネロの像を公然と建てた人もいた。さらにオトにも、民衆や兵士は何日間も「ネロ・オト」と歓呼し挨拶した。その呼称がオトに尊貴と威信を加えるかのように。オト自身は曖昧な態度を通した。拒むのは恐かったし、認めるのは恥ずかしかった。

79 市民戦争にローマ人の心が向けられ、外国に全く注意が注がれていなかった。そこで一層大胆にサルマタエ人の一支族ロクソラニ族が、前年の冬に二箇大隊を殺して野望を膨らませ、約九千の騎兵でモエシアに侵入した。彼らは性来凶暴であったし、前に成功していたため、戦闘よりも掠奪に没頭した。そこで彷徨《うろつ》き警戒を怠っていた彼らを、第三軍団と加勢の援軍が突然襲った。

ローマ軍は始めから戦闘のみに備えていた。サルマタエ族は戦利品欲しさに四方へ散り、あるいは重くなった荷袋を背負い、つるつる滑る泥道に騎馬の速度を奪われ、まるで両腕を縛られたように殺された。実際、奇妙に聞えるだろうが、サルマタエ族の武勇はすべて、いわば彼ら自身の外にあった。彼らほど歩兵戦に無智な部族はいない。もし騎兵隊で来たら、彼らを阻止する戦列はほとんどあるまい。

しかし、その日は湿っぽい天候で、氷霜も融けていた。馬は滑って倒れるし、鎖鎧は重く、槍もそして彼らが両手でさばく長すぎる剣も使えなかった。サルマタエ族の指導者や貴族はこの鎖鎧で胴体を庇《おお》っていた。これは鉄片か、硬い皮革を組み合せた鎧で、矢が貫通し難かった代りに、敵の攻撃で倒れると立ち上るのに骨が折れた。

その上、敵は深くて柔い雪の中に呑まれていた。ローマ兵はしなやかな胸甲で投槍か長槍[171]を持って躍りかかり、臨機応変に短い剣で無防備のサルマタエ人を——というのも、彼らは楯で身を防ぐ習慣を持たなかった——すぐ近くから突き刺した。ついに戦闘から生き残った少数の者も、沼地に隠れ込み、そこで厳冬の寒さと負傷の苦しみで命を絶った。

この勝報がローマにもたらされると、モエシア総督マルクス・アポニウスに凱旋将軍像が、軍団長フルウス・アウレリウス[172]とユリアヌス・テッティウスとヌミシウス・ルプスに執政官顕章が授与された。

オトはこれを喜び自分の手柄とした。まるで自ら戦場で勝ち、自分の指揮と自分の軍隊で国威を高めたかのように。

九　首都の不穏な気配

80 そのうちに暴動が起った。その発端は些細なことで、何の不安もなかったのに、危うく首都が破滅するところであった。

オトは第十七大隊[173]を植民市オスティアから都に呼び寄せるように命じていた。そしてこの大隊の装備の責任を護衛隊副官ウァリウス・クリスピヌスに任せた。彼はできるだけ邪魔されぬよう兵舎が寝静まってから命令を実行しようと、夜に入って武器庫を開き、荷車に積むように命じた。時が時だけに疑惑[174]を生み、動機が犯罪とみなされ、静かな夜を故意に択《えら》んだ結果、混乱が起った。酔った兵が武器を見て刺戟され、自分のものにしようと欲した。兵は息巻いて副官や百人隊長に叛逆の罪を着せ、「元老院議員たちがオト弑殺《しいさつ》のため彼らの奴隷を武装させるのだ」と毒づく。

一部の兵は事情も知らず泥酔し、性悪な者はみな掠奪の機会を狙い、大勢は例の如く変革ならばなんでも欲しがっていた。おとなしい兵の服従は夜が包み隠していた[175]。彼ら[176]は暴動に反対した一人の副官と、厳格な百人隊長らを殺す。武器を奪い剣を抜き、馬に乗り都に入り、パラティウムを目指す。

81 そのときオトは上流社会の紳士淑女を招き、盛大な宴会[177]を催していた。客は驚き恐れ、一体これは兵士の全く偶然の発作か、それとも皇帝の奸策か、ここに踏み留まって捕えられるか、それとも逃げて四方へ散るか、そのどちらが危険か、ときに平静を装い、ときに身震いして本心を明かし、同時にオトの顔をじっと見つめていた。人の心に猜疑《さいぎ》の念が生じるときよくあるように、オトが人を疑ったので人からも疑われた。

しかしオトは自らの身よりも元老院議員の危険を心配し、兵士の狂気を鎮めるために、直ちに護衛隊長を送った後、全員に急いで宴会の席から去るように願う。このとき政務官たちは自分らの徽章[178]を至る所に投げ捨て、従者や奴隷の夥《おびただ》しい行列を避けて、老人や婦人は闇夜の中をわざと都の中の回り道を辿り、自分の屋敷に帰るのは稀で、大方の者は友人の家とか、そのとき連れていた身分の低い庇護《ひご》民のわかり難い隠れ場を求めた。

82 兵士の来襲は、パラティウムの宮殿玄関も阻止できなかった。彼らは宴会場まで闖入《ちんにゅう》し、オトに会わせろ、と要求した。副官ユリウス・マルティアリスと屯営長[179]ウィテリウス・サトゥルニヌスは、なだれ込む兵の前に立ち塞《ふさが》って負傷した。彼らは至る所で、あるいは百人隊長や副官に、あるいは元老院全体に武器を突きつけ威嚇した。盲目の恐怖から精神を錯乱させ、特定の一人に怒りを向けられなくて、皆に当り散らし放縦《ほうじゅう》の限りを尽した。ついにオトは皇帝の地位に相応しい品位を忘れ、食堂の長椅子に立ち、涙と共に懇願してやっと彼らを抑えることができた。兵隊は不承不承、そして罪の意識を持ちながら兵舎に帰った。

その翌日、首都は敵に占領されたように家は門を鎖《とざ》し、道にも人影は疎《まば》らで、民衆は喪に服したようだった。兵士は視線を伏せ、後悔しているよりもむっつりしていた。

護衛隊長リキニウス・プロクルスとプロティウス・フィルムスはそれぞれの性格に従い、一方は和《なご》やかに、一方は厳しく中隊ごとに話しかけた。その訓示は「兵士一人一人に五千セステルティウスが与えられる」で終っていた。

この後で、やっとオトは思い切って兵舎に入った。副官や百人隊長は彼を取り巻き、軍人の位階徽章を投げ捨て解雇と助命を乞い願った。兵卒はこれを自分たちへの侮辱的な叱責と見て帰順し、暴動の首謀者の処罰を進んで要請した。

83 状況は混乱し兵士の感情もさまざまであったが、素直な兵士が皆常軌を逸した現在を正すよう要請したとき、オトはこう考えた。群衆は、従って多くの兵も、擾乱《じょうらん》や機嫌とりの皇帝を歓迎し、暴動や掠奪から簡単に内乱へと唆《そそのか》される。しかし罪を犯して手に入れた元首の地位は、俄《にわ》か仕込みの謙虚な態度や古風な厳格では維持できないと反省し、その一方で危殆《きたい》に瀕した首都と風前の灯の元老院を心配し、ついにこのように演説した。

「戦友たちよ、私がここに来たのは、お前たちの気持の中に私への愛情を掻き立てるためではない。お前たちの精神を勇気に向けて激励するためでもない。なぜならこの二つともお前たちはすでに充分に持ち合せている。

私がここに来たのは、お前たちの勇気に節度を、私への愛着に穏当を求めるためである。昨日の暴動の発端は、これまでたびたび軍隊を騒乱へ駆り立ててきたあの貪欲や憎悪ではない。まして危険に尻込みをし怯《おび》えたためでもない。お前たちの過度の忠誠心が慎重にというより激烈に刺戟された。実際どんなに清廉潔白な動機も思慮分別を伴わないと、しばしば危険な結末を招く。

今からわれわれは戦争に行くのだ。もしすべての情報が公開され、一切の作戦が全員参加の下に討議されていたら、状況の正確な把握や速決断行が可能であろうか。兵士が知らねばならぬことがあると同様、知ってはならぬこともある。将軍の権威や軍紀の厳正を保つためには、百人隊長や副官すら命令に服従することだけを要求される場合も多い。

もし銘々が自分たちはなぜ命令されるのかと問うことが許されたら、兵の恭順は失われ将軍の権威は地に落ちる。

それともお前たちは戦場でも真夜中に武器を奪うつもりか。一人か二人の——左様、これ以上の者が先の騒動で狂ったとは到底信じられない——無法者や酔漢が、百人隊長や副官の血でおのれの手を汚すのか。自分の皇帝の幕舎になだれ込むのか。

84 お前たちがこのようなことをしたのは、確かに私のためを思ったからだ。しかし闇夜の中で駆け廻り、すべてが混乱していると、私の命すら害される場合がある。もし機会があってウィテッリウスとその取り巻き連中に「お前たちはわれわれがどんな気持や感情を抱くよう神々に祈るか」と尋ねてみよ、彼らはわれわれの騒乱と不和以外に何を願うだろうか。兵士が百人隊長に、百人隊長が副官に服従しないこと、歩兵と騎兵が混じり合い、我が軍が破滅に突入することを願うだろう。

戦友たちよ、兵士の本分は将軍の命令を穿鑿《せんさく》するよりもそれに従うことである。決戦の前に泰然たる軍隊は、決戦のさなかに最も勇敢に戦う。お前たちは武器と度胸を持て。私に作戦を練り、お前らの武勇を統《す》べる権利を残してくれ。

罪を犯した者は少ない。二名を処罰するだろう。その他の者はあの夜の不名誉な醜態を忘れてしまえ。元老院に放った罵詈《ばり》雑言《ぞうごん》は、もう二度といかなる軍隊も聞かないようにしよう。このローマ帝国の頭を、すべての属州の栄誉を、あのゲルマニア人[180]——正にこのときウィテッリウスがわれわれに向けて動員しているあのゲルマニア人ですら敢えて断罪しないであろう。ましてイタリア[181]が育てた正真正銘のローマの若者は、元老院階級の流血と殺害を求められないはずだ。われわれは元老院の輝かしい栄誉の光を照らして、ウィテッリウス一派の汚らしい卑賤の影を薄くさせよう。なるほどウィテッリウスはいくつかの部族を確保した。軍隊らしき幻影も持っている。だがわれわれには元老院がいる。つまりこちら側に国家があり、あちら側に国家の敵がいるということだ。
　そうだ、お前たちはこの最も美しい都が邸宅や屋根や石の堆積でできていると思うか。そのような物言わぬ生命のないものは、いつでも倒れたり修理される。ローマ帝国の永遠と世界の平和、お前たちの命と共に私の命も、元老院の安泰にかかっている。わが都市国家の創建者と議員が神聖な鳥占いの下に創設した元老院を、そして王政から元首政まで連綿と続いてきた不滅の元老院を、われわれが祖先から承け継いできたように、後世に伝えて行くべきだ。実際、お前たちから元老院議員が生まれるように、元老院議員から元首が生まれるのだから。」

85
　オトの演説は、兵士を責め戒めると同時に宥《なだ》め賺《すか》すためであったし、厳しさも程々であった——というのも、オトは二人以上の処罰は命じていなかったので、好意をもって受け取られ、制圧できなかった連中も差しあたって落ち着いた。
　しかし首都に平静は戻ってこなかった。武器は音をたて戦争の様相を呈していた。兵士が一緒になって騒いでいたわけではない。私服に変装した兵士が、家屋敷の間に散らばり、高貴な血統か裕福な財産か、何か目立つ栄光のため世間の噂の種となっていた人を皆、胡《う》散《さん》臭い目で見張っていた。

それにウィテッリウス派の兵士も、自派に対する市民の支持を探るため首都に入っている、と信ずる人も大勢いた。

そこでどこもかしこも猜疑心に満ち、家の秘密も用心しないとほとんど守れなかった。しかし警戒心は公けの場で極まった。どんな情報も噂され耳に入るたびに、人々は気掛りな知らせで落胆し、嬉しい知らせではしゃぎすぎていると取られないよう、気分や表情を取り繕《つくろ》った。

就中《なかんずく》、元老院議員が議堂に召集されたとき、沈黙して傲慢《ごうまん》と、率直に発言して怪しいと思われないように、すべてに節度を保つことは至難の技であった。

オトは最近まで普通の議員で、彼らと同じことを言っていたから、すぐお世辞を見抜いた。そこで議員は、たといウィテッリウスを敵や逆賊と呼んでも、発言を次々と変え、あちらこちらと意味をねじ曲げ、慎重な人はみな、あたりさわりのない言葉で攻撃し、ある人は本当に難詰の言葉を吐いても喚声の中か大勢と一緒で、ある人は滔々とまくしたて自ら自分の言葉の意味を晦《かく》していた。
86 さらに深く市民を不安の中に落し入れたのが、あちこちで発生し喧伝される奇怪な現象であった。カピトリウム神殿の前庭で、二輪戦車に立っている勝利の女神の手から馬の手綱がずれ落ちた。女神ユーノの内陣から人の姿より大きな幻影が飛び出した。ティベリス川の島の神君ユリウス・カエサルの像が、風のない晴れた日に西から東へ向きを変えた。エトルリアで牛が物を言った。いろいろの動物が奇形を生んだ。その他に、未開時代は無事平穏なときでも注目され、いまは不穏なときにしか噂されない現象も多く起った。しかし市民が現在と共に将来の破滅まで恐れた特別な異変は、ティベリス川の突然の氾濫であった。著しい増水で杭橋(182)が崩壊し、その残骸の山に流れが塞き止められ、両岸に溢れて首都の川岸に近い地域や低地帯ばかりでなく、それまでこのような水害から安全であった地域まで流れに浸った。

路上から多くの人が攫《さらわ》れ、さらに多くの人が店舗や仕事場や寝台から不意に奪い去られた。大衆は日雇職がなく食糧供給も不足し餓《う》えに苦しむ。水が澱み共同住宅の基底が腐り、水が引いたあと倒壊した。

この恐怖から解放され人々が安堵した途端、オトが遠征の準備を始めた。マルス公園もフラミニア街道も、戦場へ向かう道が塞っていたこと自体、市民は偶然とか自然の結果としてよりも、縁起の悪い兆しや目前に迫った凶事の前触れと受けとめた。

十　オトの出陣

87 オトは首都の修祓式(183)を終えると、遠征の計画を練った。ポエニナエ・アルペスもコッティアエ・アルペスも、そしてガリアへの他の入口もウィテッリウスの軍隊に封じられていたので、ガリア・ナルボネンシスをオトに忠実な強力な艦隊[184]で攻めることにした。この乗組員はムルウィウス橋で殺された部隊の生残りで、ガルバから残酷にも牢獄に閉じ込められていたが、オトによって軍団分遣隊[185]に編制されていた。その他の者も将来もっと晴れがましい軍務につく希望を与えられていた。この艦隊に都警隊と護衛隊の大部分が軍隊の精鋭と主力として、そしてまた指揮者たちの助言者や監視人として加えられた。

この遠征軍の最高責任者は首位百人隊長級のアントニウス・ノウェッルスとスエディウス・クレメンスと、ガルバから肩書を剝奪されオトから返されていた副官のアエミリウス・パケンシスであった。軍船の管理を任されたのは解放奴隷モスクスで、以前と変らず[186]艦隊長の地位に留められ、地位の高い人の忠誠を監視することになる。

歩兵と騎兵の総勢に対し、スエトニウス・パウリヌス[187]、マリウス・ケルスス、アンニウス・ガッルスが指揮を任された。しかしオトが最も信頼したのは護衛隊長リキニウス・プロクルスである。彼は首都の軍務に精励し戦争の体験がなかった。彼は各人の長所を、パウリヌスの権威、ケルススの気力、ガッルスの円熟をけなし、――これはごくやさしいことだが――この曲った根性の狡《ずる》い男は、慎しみ深い優れた人たちよりも上位に昇っていた。

この間にもオトはコルネリウス・ドラベッラ[188]を植民市アクイヌムに隔離する。監視は抑圧的でも侮辱的でもなかった。罪は何も犯していないが、由緒ある家柄とガルバの親戚で注意人物とされた。

　現職の政務官の多くに、そして執政官級の人の大部分に、オトは直接戦争に参加したり補佐するためではなく、随員を口実に、一緒に遠征せよと命じる。この中にはルキウス・ウィテッリウス(189)もいた。皇帝の弟としてではなく、国賊としてでもなく、他の人と同様に丁重に遇された。

　こうして首都には心配の波がうねった。いかなる階層も危惧の念や不安から自由ではなかった。

指導的な地位の元老院議員は老齢で体力も衰え、長い間の平和で気力も失っていたし、貴族は遊惰のうちに戦争を忘れていたし、騎士は軍事に暗かった。みんな恐怖を隠し、ごまかそうと努めれば努めるほど、見た目にもますますはっきりと怯《おび》えているのがわかった。

　これに反し愚劣な野心から、見栄えのいい武具や見事な馬や、あるいは宴会用の贅沢な調度品や食欲の刺戟物を、それがまるで戦争の仕度品であるが如く買い揃える人もいた。

　賢者は平穏と国家のことを憂慮し、軽薄(190)な人はみな、そして先見の明なき人も空しい希望で胸を膨らませ、平和の時に財産の信用を傷つけて焦慮していた多くの人は、この混乱に乗じて意気込み、不安な時勢の中に最も安全な装置を見つけていた。
89　しかし大衆は、つまり政情が重大すぎて聾桟敷に置かれていた庶民は、少しずつ戦争の禍《わざわい》を感じ始めた。あらゆる金が軍事費に転用され、食料品の値段が高騰した。ウィンデクスの叛乱の際、これほどひどく下層民は苦しまなかった。あのとき首都は安泰で、戦場は属州で、軍団兵とガリア属州との、いわば外国の戦争であった。

思うに神君アウグストゥスが皇帝の政体を組織して以来、ローマ国民はアウグストゥス唯一人の気苦労と光栄のため、都から遠く離れて戦っていた。ティベリウスとカリグラの下では、国家[191]は平和なのに惨めな目にばかりあっていた。クラウディウスに対するスクリボニアヌスの陰謀は、発覚と同時に鎮圧された。ネロは武器よりもむしろ情報と噂で放逐された。

このときは軍団兵も艦隊も、そして以前滅多になかったことだが、護衛隊も都警隊も前線に狩り出された。さらに帝国の東方と西方が、双方の背後に総兵力を挙げて、もし他の指導者が戦争に加わった場合、長期戦の糧《かて》としてあった。

さてオトが出発しようとしたとき、聖楯[192]がまだ元の位置に返されていないからと言って信心深い配慮から、出立の日を延ばすよう主張する者がいた。オトは遅滞はネロにも致命的であったと言って一切認めなかった。そしてすでにアルペス山岳地帯を越えていたカエキナが、オトの気持を急《せ》かしていた。

三月十四日[193]、オトは元老院に国事を託し、それからネロ[194]の下で競売にかけられずに残って、その売上金がまだ元首金庫に収められていなかった財産を、追放地から呼び返した人に譲った。これはまことに公正な贈物で、見掛けは寛大な措置であったが、すでに以前から金庫への徴収が急がれていたため、実際は役に立たなかった。

このあとオトは市民の集会を開き、首都の尊厳と自分のために一致協力した国民と元老院を賞揚した。ウィテッリウス派への言及には手心を加えた。軍団兵の大胆よりも無謀を責めた。

ウィテッリウスには一言も触れなかった。この慎重さはオト自身のものであったのだろうか。それとも演説の草稿を書いた人が、自分のことを気遣い、ウィテッリウスへの侮辱を差し控えたものであろうか。というのも、オトは作戦会議でスエトニウス・パウリヌスやマリウス・ケルススを重用したように、首都の管理に関してもガレリウス・トラカルス[195]の知慧を活かしていると信じられていた。そしてあの中にトラカルスの演説の文体すら見分けられると言う人もいた。大衆の耳を満足させる声量の豊かな、響きのよい彼の文体は、法廷でたびたび用いられて有名になっていた。

大衆の喝采や叫び声は、迎合の型にはまって、度を越え不誠実であった。まるで独裁官カエサルか皇帝アウグストゥスでもあるかのようにオトの後を付き従い、熱烈な支持と神々への祈願を競った。それはオトへの気遣いや愛情からではなく、家の召使いによく見られるような卑屈な奴隷根性からであった。それぞれが固有の利益に刺戟されて、国家の名誉を重んじていたのではない。

オトは出発にあたって、兄のサルウィウス・ティティアヌスに都の治安と帝国の配慮を委ねた。

（第一巻・終）

第二巻

一　東方属州の状勢

1　天はこの頃すでに帝国を統《す》べる一家(1)の擡頭する切っかけと動機を、世界の遠隔の地につくっていた。この一家の支配は運命の転変と共に、国家に福を授けあるいは禍《わざわい》をもたらし、元首たち自身にも、あるときは幸福、あるときは破滅のもととなった。

ティトゥス・ウェスパシアヌス(2)は、ガルバがまだ健在であった頃、父の命令でユダエアからローマへ派遣された。出発の理由として、ティトゥスはガルバの元首就任を祝賀することと、自分が官職に立候補できる青年に成熟したことを挙げていた。しかし俗衆はいつも話を作りたがるもので、ティトゥスは元首の養子となるためにローマへ呼ばれたと噂を撒き散らした。この風説を育てた糧《かて》は、元首が老齢で嗣子のいないこと、そして一人の後継者が択《えら》ばれるまで、あれこれと候補者の名を挙げてみたい庶民の抑え難い衝動であった。

この噂をさらに広めたのが、どんなに高い地位にも相応しいティトゥスの人となり、どことなく気品の漂う美しい容貌、父ウェスパシアヌスの幸運な境遇、予言や神託の類《たぐい》であった。そして信じたがっていた民衆は、偶然の事象まで前兆と解した。

属州アカイアの首邑コリントスで、ティトゥスはガルバの急死に関する確かな情報を手にした。そしてウィテッリウスが武器をとり戦争を起した、と断言する人も到着した。ティトゥスは途方に暮れ、少数の友人を集めて二つの場合を熟考し検討した。

もしこのまま首都を目指すと、別な人に敬意を表するために来たものと疑われ、全く感謝されないどころか、自分はウィテッリウスか、オトかの人質とされよう。

しかしもし引き返すならば、間違いなく勝者から反感を持たれよう。しかしまだ勝敗は決まっていないのだ。勝った方に父親がつくならば息子は言い訳もできるだろう。もしウェスパシアヌスが国家の統治を引き受けることになると、戦争に駆り立てられて、皆が恨みを忘れるに違いない。

2　とつおいつ不安と希望の間を揺れ動いているうちに希望が勝った。ティトゥスが引き返したのは、女王ベレニケ(3)への熱い慕情に負けたためだと信じる人もいた。確かにベレニケに若者の心は引き付けられていた。しかしここからは彼が責務を遂行するのに、いかなる障害も生じなかった。なるほど彼は青春時代、欲望を楽しみ、父が統治していた頃は、あとで自分が統治したときより一層自制心を欠いていたとしても。

それはともかく彼はアカイアとアシアの海岸に沿って東方へ向かい、かなり大胆な航路(4)を辿りロドス島とキュプロス島を経てそこからシュリアを目指した。

その途中、土着の人も外国の人も挙《こぞ》って崇拝する、パポスのアプロディテ神殿を訪ねてみたいという欲望に襲われた。ここでこの女神信仰の縁起と神殿の祭祀と女神の姿――というのも、このような女神は他の何処にも見られないので――、これらについて少し述べてみたい。読者は退屈しないであろう。

3

古い記録によると、この神殿の創建者はアエリアスという。口承によるとアエリアスは女神自身の名という。新しい伝承によると、神殿はキニュラス(5)によって奉献され、女神自体は海から生まれて、この地へ運ばれてきたという。

しかし卜腸《ぼくちょう》の知識と技は請来《しょうらい》されたもので、キリキアの人タミラスが輸入した。そして話し合いの末キニュラスとタミラス両家の後裔が祭儀を司ることに決まったという。

後年キニュラス王家の血統が、名誉の上で外来者の子孫を凌げるように、外来客の持ち込んだ技そのものも王家に譲渡された。今はただキニュラス家の神官のみが占い事の相談に応じている。

生贄は各人の願い事に従ってさまざまであるが、どんな生贄でも牡《おす》だけが択ばれる。仔山羊の肝臓が最も確かな予言を与えると信じられている。祭壇に生贄(6)の(7)血《ち》飛沫《しぶき》が飛ぶことは好ましくない、とされる。祭壇に捧げられるものは祈禱と清浄な燈明だけである。祭壇は天日の下に晒《さら》されているのに、雨に濡れない。

女神の像は人間の姿ではない。それは基底の広い輪から始まって、次第に小さくなる輪が次々と上に重なり、ちょうど大競走場の折り返し点の円錐塔の如く高まっている。その理由は不明である。

4

ティトゥスは壮麗な神殿や諸王の奉納物を、そして古いものを喜ぶ民族性のギリシア人が、杳《よう》として不明な大昔の作とするその他の宝物を見物した後、まず自分の航海について尋ねた。航路に障害はなく海は平穏という返事を受け取ると、今度は多くの生贄を殺してから自分の将来を廻りくどい言葉で質問した。

ソストラトスは——これが神官の名であった——どの獣の内臓も一致して吉兆であり、女神も大望を是認しているのを観てとると、その場ではごく簡単に月並みの答をしてから秘密の会見を乞い、彼の未来を打ち明けた。

ティトゥスは意気軒昂として父の許へ帰り、張りつめた期待のうちにも蹶起《けっき》しかねていた属州民や軍隊に将来への大きな自信を与えた。

ウェスパシアヌスはユダエア戦争をほとんど終結させていて、残っているのはヒエロソリュマ（イェルサレム）の包囲戦だけで、それはかなり骨の折れる困難な仕事であった。その原因は、封鎖されているユダエア人たちが困窮と対決する充分な気力を残していたというよりも、山の上にあるその町の地勢や住民の頑固な迷信であった。

すでに述べた如く、(8)ウェスパシアヌス自身の手元には百戦練磨の三箇軍団がいた。シュリア総督ムキアヌスは四箇軍団を保持して、平和の中にも隣の軍隊の栄光と張り合う気持から兵の懶惰《らんだ》を追放し、ウェスパシアヌス軍兵士が、戦争の危険と辛酸からわがものとした大きな自信に匹敵するほどの盛んな闘志を、ムキアヌス軍は完璧な平穏とまだ未体験の戦争への激しい欲求を抱いていた。

両将軍とも、歩兵と騎兵の援軍、そして艦隊と国王(9)を持ち、評判の実体は違っていても共に名声を博していた。

ウェスパシアヌスは堅忍不抜の軍人で、行軍隊形の先頭に立ち、陣営に相応しい場所を択び、夜も昼も作戦を練り、必要な時には陣頭で敵と対決した。あり合せの食糧で満足し、着物も風采も一兵卒とほとんど区別がつかなかった。要するに、もし彼が無欲恬澹《てんたん》(10)であったら、往年の武将と肩を並べたことであろう。

これに反しムキアヌスは、鷹揚な態度や財産や、個人の尺度を越えたあらゆるもので群を抜いていた。弁論でウェスパシアヌスよりも才能に恵まれ、文民の仕事に見識を持ち、先を見通せる熟達の士であった。

もし両人の欠点を除き、長所のみ混ぜ合わすと、元首の特質として申し分のない調合ができ上るだろう。

それはともかく、ムキアヌスはシュリアを、ウェスパシアヌスはユダエアを統治し、管轄属州が隣り合せでお互に妬《ねた》み不仲であったが、ネロが死んでやっと二人は憎しみを捨て心を合せた。

まず友人の仲介で、次にティトゥスが和睦の主要な保証人となり、二人に共通の利益を説き醜い競争心を終らせた。ティトゥスはムキアヌスの如き人物すら引きつけるほど、気立ても躾《しつけ》も良い人であった。彼は副官や百人隊長や一般兵卒を、それぞれ相手の性格に応じ、精励の範を示し放任し、勇気の範を示し慰藉《いしゃ》して心を摑み、味方に引き入れた。

6　ティトゥスが戻ってくるより先に、シュリアとユダエア(11)の両軍とも、すでにオトに忠誠を誓っていた。オト就任の報告はいつものように早く届いていたのに、内乱を起す動きは鈍かった。東方は長い間協調が保たれ平穏無事であったので、このとき初めて内乱を準備し出したのである。

というのも、それまで最も烈しい内乱は、イタリアかガリアで西方の軍隊によって試みられていた。ポンペイユス、カッシウス、ブルトゥス、アントニウスは、みなアドリア海を渡って内乱を続行したが、彼らの最期は決して幸福ではなかった。カエサル家の元首たちも、シュリアやユダエアで本人が見られたというよりも、しばしば噂されたにすぎない。軍団兵の暴動は全くなかった。パルティア人を威嚇しただけで、勝負も五分五分であった。最近の内乱(12)でも、他の属州は混乱に陥っていたが、ここでは平和が乱されず、その後もガルバに忠誠を誓った。

やがてオトとウィテッリウスが国を暴力で奪うため叛乱軍を準備しているという噂が伝わってくると、ここの兵士も息巻いた。「よその軍隊は統帥権《とうすいけん》で報酬を手にするのに、自分たちはただ隷属を強いられるだけとは。」

そして彼らは自分たちの実力を、こう数え上げた。「シュリアとユダエアに、たちまち七箇軍団と莫大な援軍がいる。隣接して一方のエジプトに二箇軍団、他方にカッパドキアとポントスそして大小両アルメニアの前線に拡がるすべての要塞、兵力も財力も豊かなアシアとその他の属州、海に囲まれた島という島、そして海そのものが戦争を準備している間、安全を守ってくれるのだ。」

7

兵士が興奮していることは、将軍たちも知らないわけではなかった。しかし他の者が戦っている間、待つことに決めた。市民戦争では勝った軍隊と負けた軍隊が、純正な信頼の絆で結ばれることはない。立派な将軍でも成功して有頂天になる。兵士の不和、怠惰《たいだ》、享楽により、それは問題ではない。運命でウィテッリウスかオトの、どちらが生き残ろうと[13]、同時に将軍自身の不徳により、一方は戦場で、他方は勝った後、亡びるだろう。こう考えて将軍たちは、好機の到来まで武装蜂起を延期していたのである。

ウェスパシアヌスとムキアヌスは最近になって初めて、他の者はずっと以前から相談していた。良識のある人は皆、愛国心から、多くの人は戦利品への甘い期待から、他の者は家計の不如意に刺戟されていた。このように善良な人も性悪の人も、さまざまな動機から等しく意気込み、みんな戦争を欲した。

8

同じ頃(14)アカイアとアシアは、ネロがやって来たという虚報に狼狽した。ネロの最期はいろいろと取り沙汰されていただけに、一層多くの人が、ネロはまだ生きているという話(15)をでっち上げ信じていた。ネロを騙《かた》ったその他の者の試みや運命については、この史書のどこか適当な文脈の中で述べることだろう。

このときの偽者《にせもの》はポントス出身の奴隷で、あるいは別伝によるとイタリア出身の解放奴隷で、竪琴と唱歌に長じ、容貌までネロにそっくりだったので、一層上手く人を騙し信用された。

周りに脱走兵も加わり——彼らは無一文で彷徨中、莫大な約束で買収されていた——一緒に上船する。嵐でキュトノス島へ打ちあげられる。東方から休暇を貰って帰る途中の兵を何人も手下に採用し、拒む者は殺せ、と命じた。

貿易商人を襲って掠奪し、彼らの奴隷のうち屈強な者はみな武装させた。百人隊長シセンナをあの手この手で攻め落そうとした。彼はそのときシュリア軍を代表し、協調の象徴としての握手した右手像を持って、護衛隊へ行くところであった。ついにシセンナは恐しくなり身の危険も感じ、こっそり島から逃げた。その結果、驚きが四方に拡がった。多くの人は有名な名前に興奮し、政変を望み現状を呪った。噂は日ごとに尾鰭を付けたが、ある偶然から消し飛んだ。

9 属州ガラティアとパンピュリアの統治を、ガルバはカルプルニウス・アスプレナス(16)に任せていた。アスプレナスはミセヌム艦隊から二隻の三段櫂船を護衛艦として与えられた。この艦隊と共に彼はキュトノス島に寄港した。そのとき二人の三段櫂船長が、ネロの名で呼びつけられた。偽者は憂い顔を装い、昔自分の部下だった者たちの忠誠心を呼び起し、自分をシュリアかエジプトへ上陸させてくれ、と懇願した。二人の船長は迷ったのか、それとも策略だったのか、自分の兵隊と相談し、みな納得したらまた戻ってくると請け合った。

　しかし二人は、アスプレナスに一部始終を忠実(17)に告げた。彼の命令で船は拿捕《だほ》され、件《くだん》の偽者は誰か判らないままに殺された。彼の死骸は、その目と髪と陰険な顔立ちに特色があったが、アシアへそしてそこからローマへ廻送された。

10 都(18)は内乱のため、そして元首のたびたびの交替で自由と放縦《ほうじゆう》の間を揺れ動き不安定であったから、些細な事件も異常な興奮の中で討議されていた。

　ウィビウス・クリスプス(19)は金と権力と才覚で良識の人より有名人で通っていたが、ネロ時代に告発を職業としていた騎士階級の人アシニウス・ファウストゥスを元老院法廷に告発した。というのも、ガルバの元首政が始まったとき、元老院は職業的な告発者を裁判にかけ審理することを決議していた。その元老院議決はさまざまに運用され、被告が権勢家か貧乏人かで、空文となったり効力を発揮したりしながら、まだ人を恐れさせる力を留めていた。

クリスプスはおのれの影響力で、弟を告発したファウストゥスを転覆させようと努め、元老院議員の大半を説き伏せ、被告が弁護されず言い分も聞かれずに身を滅ぼすように提案させた。これに反し他の議員の判断では、告発者の法外な権力ほど被告を有利にさせたものはなかった。彼らは公判の日時を定め、告発の要点を公表し、たとい憎むべき罪人でも、慣例によりその者の言い分を聞くべきだと提案した。

この意見が通って、初め数日間審理が遅れた。やがてファウストゥスは断罪されたが、この唾棄すべき根性の持ち主が受けて当然の賛同を、都の人は示さなかった。というのもクリスプス自身も、ファウストゥスと同じように告発を重ね報酬を貰っていたことを人々は思い出し、罪の処罰よりも復讐した人物を不快に思ったものである。

二　オト軍、北イタリアでの緒戦に勝つ

11 その間にも戦争は、オトに有利に始まっていた。ダルマティアとパンノニアの軍隊がオトの統帥権《とうすいけん》の下に動いた。彼らは四箇軍団であったが、軍団から二千名ずつの分遣隊が先発し、本隊は少しの間隔で後につけていた。ガルバが募集していた第七軍団、古兵《ふるつわもの》の第十一と第十三軍団、そしてブリタンニア人の謀叛を鎮圧して雷鳴を轟かせた第十四軍団。この軍団はネロが最強部隊として抜擢し名誉を高めていた。そこで彼らはネロに長く忠節を

守り、オトを熱烈に支持していた。

しかし彼らは兵員も武力も強大であっただけに深い自信を抱き、悠々と行軍していた。軍団の行列の前を援軍の騎兵と歩兵が進んだ。

首都からも侮《あなど》り難い軍隊が来る。護衛隊の歩兵五箇大隊と付属騎兵隊と第一軍団。その上に見苦しい援軍として剣闘士二千名。しかし彼らは市民戦争の間、軍紀の厳しい将軍にも仕えたのである。

これらの軍隊に指揮官としてアンニウス・ガッルスが加えられる。彼はウェストリキウス・スプリンナ(20)と共に、パドゥス川の両岸を占拠するため先発させられた。オトの最初の作戦計画が挫折していたからである。ガリアの地で食い止められると希望していたカエキナが、すでにアルペスを越えていた。

オト自身は、選《よ》り抜きの身辺警護兵と護衛隊の残りの大隊と、護衛隊の再役古兵と艦隊(21)の大勢の海兵隊を伴っていた。オトは道中活潑に動き不節制に堕すことなく、鉄製の胸甲を着け、軍旗の先頭を徒歩で進み、髪も髯もぼうぼうと伸ばし手入れもせず、彼に関する日頃の噂とはうって変っていた。

12

運命の女神は最初、オトの作戦に笑顔を見せていた。イタリアの海の大部分を、マリティマエ・アルペス地方の境界まで遠く、艦隊で制圧した。このアルペス地方を襲い、ガリア・ナルボネンシスに進撃するため、オトはスエディウス・クレメンスとアントニウス・

ノウェッルスとアエミリウス・パケンシスに指揮権を与えていた。

しかしパケンシスは叛逆的な兵士の手で鎖にかけられ、アントニウス・ノウェッルスは全く権威を失い、スエディウス・クレメンスは兵の歓心を買うために命令し、厳しい軍律を守る力もないのに戦闘に貪欲であった。

彼らは近づいている所が、イタリアとも父祖の地や住居であるとも思わなかった。あたかも外国の海岸か敵の町であるかのように、焼き払い荒し掠奪した。外部からの恐怖に対し、どこにも予防手段が講じられていなかっただけに惨憺たる結果であった。畠は人で埋まり家は空であった。(22)地主は平和にすっかり安心して妻や子供と一緒に出迎え、戦争の災禍に取り囲まれた。

この頃、マリティマエ・アルペス地方を管理していたのは元首属吏マリウス・マトゥルスであった。彼は現地の部族民を――というのも、まだ若者が残っていたのだ――召集し、この属州の境界でオト軍を阻止しようと考えた。

しかし最初の攻撃で、山岳人は殺され蹴散らかされた。それも当然である。彼らはでたらめに狩り集められ、陣営や指揮官の何たるかも弁《わきま》えず、勝利を栄誉と、逃亡を恥辱と思わなかったのだから。
13 オト軍はこの戦闘で苛立ち、怒りの矛先を自治市アルビンティミリウムに向けた。というのも、先の戦いで戦利品が全く手に入らなかったからだ。相手は貧しい田夫野人《でんぷやじん》で武器も安物であった。原住民ははしこく、そして土地の事情に通じていて、捕虜にできなかった。

そこで兵士は無垢の民を害して貪欲を癒《いや》した。リグリア人の女が天晴《あっぱれ》、婦女の鑑《かがみ》を示し、兵の憎しみを募らせた。彼女は息子を隠していたが、一緒に金も隠していると兵士は信じ、女を拷問にかけ「息子は何処に隠した」と問い詰めると、女はお腹を見せて「ここに隠している」と答え、いかなる脅《おど》しにも殺害にも屈せず毅然として気高い返答を翻《ひるがえ》さなかった。

14

ウィテッリウスに忠誠を誓わされていた属州ガリア・ナルボネンシスは、危険に怯《おび》え伝令を送り、オト艦隊の接近をファビウス・ウァレンスに知らせた(23)。幾つかの植民市は使節を送って助けを乞う。ファビウスはトゥングリ族の援軍歩兵二箇大隊と騎兵四箇中隊と、トレウィリ族の全騎兵を指揮官ユリウス・クラッシクスと共に送る。このうち一部は、植民市フォルム・ユリイに残した。全軍が内陸へ向かうと海岸線の防備が疎《おろそ》かとなり、オトの艦隊の上陸を早める、と案じたからである。

騎兵十二箇中隊と歩兵の選抜隊が敵に向かう。これに昔からその土地を守っていたリグリア人の一箇大隊と、まだ前線で戦ったことのないパンノニア人の五百人も加わる(24)。すぐ戦闘が始まる。ところでオト軍(25)の戦列はこのように組み立てられた。海兵隊の一部は原住民と混じって、海に近い丘陵に向かって段々と戦列を展開する。この丘と海岸の間の平地はすべて、護衛隊で埋めつくす。海上では艦船が護衛隊と一体をなすかのように海岸に沿って拡がり、すでに戦闘準備を終え威嚇的な船首を陸へ向けていた。

ウィテッリウス軍では、歩兵は劣勢でも騎兵が強力であった。アルペス山岳人が近くの山頂に、歩兵は厚い密集隊形で騎兵の背後にいた。トレウィリ族の騎兵は無謀にも敵に向かって突進した。これをオト軍の古兵《ふるつわもの》が迎え討つ。同時に側面から投石に長じた原住民の手勢が石で痛めつけた。原住民は兵士の間に散らばって、勇敢な者も臆病な者も等しく勝利を目指し大胆に戦った。

ウィテッリウス軍は打ちのめされた上に、戦っている背後から艦隊に接近され、恐怖が加わった。こうして四方八方から包囲され、もし夜の暗闇が勝者の追撃を阻《はば》み、敗走者を庇《かば》わなかったら全滅していたろう。

ウィテッリウス軍は負けたが、落胆したわけではない。援軍を呼び集め、安心していた敵を、上首尾に終っていただけ一層油断していたところを襲う。夜警を殺し陣営に突入し、艦船をも狼狽させる。やっと恐怖も次第に収まり、近くの山を占拠し防戦し、やがて逆襲する。

そこで物凄い殺戮戦が展開する。トゥングリ族の援軍隊長らは長い間戦列を固守しているうちに矢玉で倒れる。オト軍にとっても決して無血の勝利ではなかった。軽率に深追いをした部隊が、方向転換した敵の騎兵に包囲された。

このあと両軍は休戦条約を結んだかのように、一方は艦隊の、他方は騎兵の奇襲を避けるために、ウィテッリウス軍はガリア・ナルボネンシスの自治市アンティポリスへ、オト軍はリグリアの奥まったアルビンガウヌムへ後退した。

16

オト艦隊の勝利の噂はコルシカ島、サルディニア島、その他の近海の島々をオト側に引き留めた。しかし元首属吏デキムス・ピカリウスの無鉄砲が、あれほどの大戦争で全体の動きに何ら役立つはずもない、彼自身の命取りにもなった無鉄砲が、コルシカ島民を危うく破滅させるところであった。

というのも、ピカリウスはオトを憎むあまり、コルシカ島民の力でウィテッリウスを助けようと決心した、この試みがたとい成功したとしても、まことに取るに足らぬ手助けにすぎないのに。

彼は島の重立った指導者を召集し、自分の考えを披瀝した。大胆に反対を唱えたコルシカ(26)島停泊中の軽速船隊の隊長クラウディウス・ピュッリクスと、ローマ騎士クィンティウス・ケルトゥスを殺せ、と命じる。二人の処刑に居合せた者は怖《お》じ気づき、それと同時に大勢の、思慮分別もない他人の恐怖に感染しやすい者も一緒に、ウィテッリウスに忠誠を誓った。

しかしピカリウスは新兵を募集し、規律を知らない者たちを軍事上の責務で苦しめ出すと、新兵は慣れない苦労を呪い、自分たちの非力を思い知らされる。「われわれが住んでいるのは島だ。ゲルマニアや軍団兵から遠く離れている。よし、たとい援軍の歩兵や騎兵に守られていても、掠奪され荒されるのだ。」

そこで突然、彼らは心を変えた。しかし公然と暴力に訴えたのではない。罠を仕掛けるのに適当なときを択《えら》ぶ。取り巻き連中が居なくなり、ピカリウスが裸で無防備のまま風呂場にいたとき殺した。彼の仲間もやられた。刺殺者は、これらの首をまるで敵の生首ででもあるかのように、オトの許へ送った。しかし彼らはオトから褒《ほ》められもしなかったし、ウィテッリウスから罰されもしなかった。彼らの行為は大混乱のさなか、もっと大きな罪悪の前に色褪せて見えたのである。

17

上述[27]したようにシリアナ騎兵隊は、このときまでにイタリアへの道を開き、そこへ戦争を移していた。このあたりでは誰もオトを贔屓《ひいき》していなかったが、ウィテッリウスを一層好いていたわけでもない。長い平和で柔弱になっていた人々は、あらゆる隷属も甘受し、どちらが立派な人物かにも無関心で、最初にやって来た者をあっさりと受け入れていた。こうしてイタリアの中でも最も繁栄していた地区、パドゥス川とアルペス山脈の間に広がるすべての平野と町は、ウィテッリウスの軍隊で――というのも、カエキナの先発隊が到着していたので――占拠されつつあった。

先発隊はパンノニアの援軍一箇大隊[28]をクレモナで捕えた。プラケンティアとティキヌムの間で、百人の騎兵と千人の海兵軍団兵を不意に襲い奪った。これらの成功に気をよくしてウィテッリウス軍は、今や川や岸で阻止されなくなった。それどころか、バタウィ族やレヌス川の向こう岸のゲルマニア人は、パドゥス川を見ただけで闘志を刺戟された。彼らはこの川を突然渡って対岸のプラケンティアに達し、オト軍の偵察隊を数名捕虜とし、その他の者の心胆を寒からしめたので、偵察兵は仰天した揚句、カエキナの全軍がすでに到着した、と間違って報告したほどである。

18 スプリンナはプラケンティアを守っていたので、まだカエキナが来ていないことを確信していた。もしカエキナが接近しても、手勢は防禦施設の中に引き留め、配下の護衛隊三箇大隊と分遣隊千名と少数の騎兵を敵の古兵の軍団兵にぶつけるつもりはなかった。

ところが御し難い兵士は戦争の体験もないのに、軍旗や分遣隊旗を摑むと、制止する将軍に武器を突きつけ、百人隊長や副官を無視して突進した。さらに、「将[29]軍たちはオトを裏切り、カエキナを呼び寄せたのだ」と叫んで止まなかった。

スプリンナは最初強制され、やがて自ら欲したように見せて、部下の軽挙妄動に従う。暴動が静まると、自分の意見がもっと尊重されるのではないかと思って。

19 パドゥス川が視野に入り、夜が近づいたので、設営し堡塁《ほうるい》で固めることにした。この作業は不慣れな首都の兵士の気力を挫《くじ》く。このとき軍歴の古い兵がみな味方の軽信を責め、カエキナが軍隊を率いて見通しのよいこの平地で、このような少数の部隊を包囲したときの危険や恐れを指摘する。そこで陣営全体がまともに話し合い、百人隊長も副官も兵卒の中に入って、将軍の先見の明を讃えた。「人員も多く財力も豊かなこの植民市を、戦争に強固な拠点に択んだのだから」と。

最後にスプリンナ自身、兵士の過失を咎めるよりも自分の作戦計画を示し、その場に偵察隊を残すと、その他の兵をプラケンティアに連れ帰った。この頃には兵士もおとなしくなって命令を聞き入れていた。

城壁を補強し、胸壁(30)を加え櫓《やぐら》を高くする。将来を考えて準備したのは武器ばかりでなく、軍規遵守と服従心であった。これだけがオト軍に欠け、勇気について後悔することはほとんどなかったのだから。

20

さてカエキナは残酷と放縦《ほうじゅう》をアルペス山脈の向こうに置き忘れたかの如く、規律正しくイタリアを行軍する。彼の服装は自治市や植民市の人たちの目には傲岸と映った。というのも彼は、野蛮人の着物である雑色多彩な外套を羽織り、下袴を穿き、ローマ市民服の人に話しかけていたからである。彼の妻サロニアもまた紫紅染めの馬衣《うまぎぬ》で飾った馬に乗り、誰も傷つけていないのに、人々は侮辱されたように癪《しゃく》に障った。

人間は性来、他人が今までに見たこともない幸福を享受していると、これを嫉妬の目でじろじろ見つめ、対等とみなしていた者が成功すると、その者からは誰よりも腰の低さを求めて止まない。

カエキナはパドゥス川を渡り、対話や約束で誘いオト派の人の忠誠心をぐらつかせようと試み、同じやり方でカエキナも試《ため》された。平和とか協調とか、体裁はいいが空しい言葉を取り交わした後、カエキナは居直って凄み、プラケンティアの攻略に向けて計画と精力を集中させる。緒戦の結果いかんで、その後の彼の威信が決まることをよく心得ていたからである。

21

しかし初日をウィテッリウス軍は、老練な将兵に相応しい戦術をとらず、ただ攻撃のうちにすごした。彼らは身を庇《かば》わず警戒も怠り、食べすぎ飲みすぎた、けだるい体を城壁へ近づけた。

この戦いのさなか、プラケンティアの城壁の外に建っていた非常に立派な円形闘技場が焼け落ちた。町を攻めていた兵が、包囲されていた者を目がけて、松明《たいまつ》や礫《つぶて》や燃えさかる火矢を投げている間に燃え移ったのか、それとも城壁内の人が投げ返している間(31)に火がついたものか。

自治市の庶民(32)は、とかく邪推しやすい。周辺の植民市からやって来た者が、嫉妬や競争心からわざと火種を投げ込んだと信じた。実際これほど収容能力の大きな円形闘技場はイタリアになかったのだから。

この火災がどのような偶然から起ったにせよ、これよりもっと恐しい禍《わざわい》を懸念していた間は市民もこれを軽く受けとめていたが、いざ安堵をとり戻すと、これほど耐え難い災難を蒙ったことはないかのように嘆き悲しんだ。

それはともかく、カエキナは味方が沢山血を流し撃退されると、その夜を攻城用具の工作に費した。ウィテッリウス軍は城壁の基底を掘り崩し、城壁を攻める者を庇うため障壁車や簀《す》の子や屋台を、オト軍は敵を粉砕し潰すために、棒杭や、石や鉛や銅の多量の山を用意する。

将軍は双方とも名誉心に訴え、栄光を願ったが、励ます言葉は違った。あちらはゲルマニア軍の軍団兵の無敵を、こちらは首都を防衛する護衛隊の名誉を持ち揚げる。あちらは「腑抜けの怠け者、競走場や劇場で堕落した兵士」と、こちらは「余所者《よそ》の蛮族」と罵《のの し》った。

同時にオトとウィテッリウスを誉《ほ》めそやし、扱《こ》き下し、お互いに讃辞より罵詈《ばり》雑言《ぞうごん》を多く並べ気負い立っていた。

22

朝日が昇るか昇らないうちに、城壁は防禦者で埋り、平野は武器と兵士できらめく。軍団兵は密集隊形で、援軍は分散し、城壁の天辺《てっぺん》を目がけて矢や石を放つ。城壁の守備の薄い所や、長い年月で毀《こわ》れた所を近くから攻める。

オト軍は城壁の上から、大胆に接近するゲルマニア人の援軍を狙い、腰をひねって投槍を放り確実に命中させる。ゲルマニア人は祖国の風習に従い、身に防具を着けず肩に楯を振りかざし、凄まじい鬨《とき》の歌をうたっていた。

軍団兵は障壁車や簀の子で身を庇い、城壁を土台から掘り崩し、接城土手を築き門を粉砕しようとする。

それに対し護衛隊兵は、予めこれに備えて城壁のあちこちに置いていた物凄く重い岩を轟音と共に転がし落した。

接近していたゲルマニア人は岩に潰され、投槍に貫かれて絶命し、重傷を負う。恐慌から死人が増え、それだけ一層ひどい損害を城壁の上から蒙り退却し、ウィテッリウス派は面目を失った。

そしてカエキナは無謀な攻城戦を試みたことを恥じ、法螺吹きと嘲笑されて同じ陣営に居続ける気になれず、再びパドゥス川を渡りクレモナを目指して急ぐ。

カエキナが去って行くとき、トゥルッリウス・ケリアリスはかなりの数の海兵軍団兵と共に、そしユリウス・ブリガンティクスは少数の騎兵と共に投降した。後者はバタウィ族出身の援軍隊長、前者は首位百人隊長でカエキナとは面識があった。というのも彼は、ゲルマニアでカエキナの下に百人隊長を務めていた。

23

スプリンナは敵の進む方向を察知すると、アンニウス・ガッルスに宛てて報告を書き、プラケンティアが守られたこと、その他の起った事をすべて、そしてカエキナが何を企んでいるかも伝えた。ガッルスはこのとき第一軍団を率いてプラケンティアの援助に向かっていた。ここの援軍歩兵が少数で自信がなく、長い籠城とゲルマニア軍の武力にほとんど耐えられまい、と心配していたからだ。

カエキナが撃退されクレモナを目指していると知るや、第一軍団兵は烈しい闘志にかられ、制止も聞かずほとんど暴動すら起こしかけたので、ガッルスはベドリアクムで停止した。この村はウェロナとクレモナの間に位置し、今日ではローマ人同士の二度にわたる戦争(33)の災害で不吉な所として名高い。

同じ頃マルティウス・マケル(34)も、クレモナから余り遠くない地点で戦い勝った。この速決速断の人マルティウスは、剣闘士を船で渡し、パドゥス川の対岸へ不意に放った。そこにいたウィテッリウス軍の援軍部隊は混乱に陥り、抵抗した者は殺され、他の者はクレモナに遁走する。しかしマルティウスは勝者の追撃を掣肘《せいちゅう》した。敵が新たな援助で兵力を強め、戦闘の運命を変えることを恐れたのである。

この作戦はオト軍の兵卒から邪推された。彼らは上官たちのすることをことごとく曲解していた。卑怯な者ほど横柄な口をきくもので、彼らは競って、アンニウス・ガッルスとスエトニウス・パウリヌスとマリウス・ケルスス――彼らもオトから指揮権を委《ゆだ》ねられていた――に向けて、さまざまの非難を浴びせた。

暴動と不和を最も烈しく煽《あお》ったのは、ガルバを殺し、その罪を恐れて自暴自棄となっていた輩《やから》である。彼らは何もかも混乱させ、おおっぴらに煽動の言葉を吐き、あるいはこっそりと密告文をオトに送った。オトは品性下劣な者を誰でも軽々と信じ、善良な人を警戒し恐れ、万事上首尾のとき不安を抱き、苦境に陥って自信を強めた。そこで兄のティティアヌスを呼び戦争を指揮させた。

24 その間にもオト軍は、パウリヌスとケルススの指揮の下に素晴しい戦果をあげた。カエキナはあらゆる試みが無駄骨に終り、自分の軍隊の名声が凋《しぼ》んでゆくのに苛々《いらいら》していた。プラケンティアでは撃退され、最近でも援軍が殺され、偵察隊の遭遇戦でも、記録するには余りにも取るに足らぬ沢山の戦闘で負けていた。それにファビウス・ヴァレンスの到着も迫っていたから、戦争の栄光をすべて彼に譲ってはならないと一層慎重にというより、一層さもしく面目を取り戻そうと焦った。

カエキナは、クレモナから十二マイル離れたカストレスと呼ばれる土地[35]で、街道を見下す聖森の中に伏兵として最も勇敢な援軍部隊を隠した。騎兵にはもっと先へ進み、戦いをけしかけられると自発的に逃亡し、伏兵が一斉に飛び出すときまで敵が急いで追い掛けてくるように誘導せよ、と命じた。

この作戦はオト側の将軍に見透かされる。パウリヌスは歩兵を、ケルススは騎兵を指揮していた。第十三軍団[36]の分遣隊と援軍歩兵四箇大隊と五百騎の騎兵は左翼を、街道の中央の鋪石《ほせき》車道[37]を護衛隊三箇大隊が密集縦隊で進み、右翼は前面に第一軍団が援軍二箇大隊と五百騎の騎兵と共に進み、この後に護衛隊と援軍の騎兵千騎が、上首尾のときの最後の仕上げ、苦戦のときの後ろ楯として率いて行かれる。

25 両軍の戦列が干戈《かんか》を交える前に、ウィテッリウス軍が背を向ける。ケルススはこの策略を見抜き、味方を押し止めた。ウィテッリウス軍は無鉄砲にも隠れ場から突然現れた。ケルススは徐々に後退すると、相手はさらに深追いをし、自分の方から罠の中に真っ逆様に落ちた。というのも、両側を援軍が、正面を軍団兵が攻め、突然駈け出した騎兵が背後から囲む。直ちにスエトニウス・パウリヌスは歩兵に戦闘合図を与えたのではない。彼は性来好機を摑むのに逡巡[38]し、偶然の良い結果より計算された思慮深い計画を好むので、灌漑用の水路に水を満たし、平地の見通しをよくしてから戦列を展開するように命じた。敗北に備えて予め万全の注意を払っておくと、勝利は充分に早く訪れると確信していた。

　こうして手間どっているうち、ウィテッリウス軍が絡み合った蔓《つる》で行動を妨げられる葡萄園へ逃げ込む余裕を与えた。この上に小さな森が隣接していた。彼らはそこから再び大胆にも飛び出し、護衛隊の最も敏捷な騎兵たちを殺した。エピパネス王[39]はオトに味方し、懸命に部下の士気を鼓舞していたとき負傷した。

26

　このとき突然、オト軍の歩兵が攻勢に出た。敵の戦列を打ちのめし、支援に向かってきた者たちも敗走させた。カエキナは全部隊を一斉に前進させたのではなく、一箇大隊ずつ呼んでいた。この作戦が戦場での混乱を増大させた。各隊は散らばり、いずれも強力でなく、逃げてくる者の恐怖に押し流された。

　陣営の中でも、全軍が一緒に戦場へ連れて行かれなかったといって暴動を起した。屯営長ユリウス・グラトゥスは、オトの下で軍務に服している兄弟のため、自分たちを裏切ったという理由で監禁された。ところがその兄弟の副官ユリウス・フロントは、同じ内通罪でオト軍に縛られていた。

それはともかく、逃亡者の間でも支援に来た者の間でも、戦場でも陣営の外でも至る所で大変な混乱が起ったので、「もしスエトニウス・パウリヌスが退却の合図を与えていなかったら、カエキナを全軍と共に葬ることができたろう」という噂が両陣営に拡がったほどである。

パウリヌスは「あれ以上の苛酷な労務と行軍を恐れたのである」と弁明していた。「ウィテッリウスの新しい軍隊が陣営から打って出て、疲労困憊《こんぱい》したわが軍を撃退したら、われわれの背後にはいかなる支援部隊もいなかったのだから」と。

将軍のこの見識は、少数の者にこそ納得されたが、大勢から反感をもって噂の種とされた。

三　オト軍とウィテッリウス軍の決戦

27 この敗北はウィテッリウス軍を臆病にさせたというより、軍規を遵守させることになった。戦争よりも暴動を準備していると言って、敗北の責任を兵士に転嫁していたカエキナの軍隊だけでなく、ファビウス・ウァレンスの軍隊も——というのは、彼らもすでにティキヌムに到着していた[40]——敵を侮《あなど》るのを止め面目を取り戻したいと願い、以前よりも将軍を尊敬し忍耐強く従うようになった。

それはともかく、ウァレンスの軍隊でも大暴動が勃発していた。その経緯を発端から述べてみよう。今まではカエキナの戦績を述べていて、その順序を乱すのはよくないと思ったからだ。

上述した如く、バタウィ族の援軍はネロの戦い(41)のさい、第十四軍団から引き離されブリタンニアに向かっていたとき、リンゴネス族の領地でウィテッリウスの叛乱を聞き、ファビウス・ウァレンスの軍隊と合流していた。このバタウィ族が横柄に振舞った。どの軍団の天幕にも入って、こう自慢していた。「第十四軍団はわれわれに屈服している。ネロからイタリアを奪い取ったのもわれわれだ。戦争のすべての運命はわれわれの手に握られている」と。これは軍団兵には不名誉極まる侮辱で、将軍にも苦々しい限りであった。口論や喧嘩で軍規が乱れてきた。

28

ついにウァレンスは、傲慢《ごうまん》な態度の背後に裏切りの臭いを嗅ぎつけた。そこでウァレンスは、トレウィリ族(42)の援軍騎兵とトゥングリ族の援軍歩兵がオトの艦隊に撃退され、ガリア・ナルボネンシスが包囲されたという情報を得ると、直ちにガリアの同盟軍を守るため、そして一緒にいると強力すぎるこの反抗的なバタウィ族の援軍を戦術の上からも分散させるため、この援軍の一部を援助に向かわせた。

この命令が伝わり拡がると、同盟諸部族は嘆き、軍団兵は不平を言った。「われわれから最も勇猛な兵の援助を剝ぎとられた。彼らは経験を積んだ古兵《ふるつわもの》で、沢山の戦いの勝者だ。

敵がわれわれの視野に入って来てから、まるで戦っている最中に引き抜くかのようにあの援軍を奪うとは。もしあのガリア属州が首都や帝国の安全より大切なら、そこへわれわれ全軍もついて行くべきだ。もし勝利の要《かなめ》がイタリアの確保にあるのなら、いわば肉体から最も強力な手足をもぎとるようなことはすべきではない。」

29

兵士がこのような激しい言葉を投げつけていたとき、ウァレンスは警務兵(43)を派遣して暴動を抑え込もうとした。その後、兵士はウァレンスを襲い石を投げ、逃げる彼を追いかける。「われわれの労苦の報酬を、ガリア人(44)からの分捕品やウィエンナの金塊を隠している」と大声で叫び、将軍の行李を奪い、幕舎やその床下の土を投槍や長槍で掻き廻し掘り返した。

ウァレンスは奴隷の姿に変装し、騎兵中隊長の所に隠れた。

そこで屯営長アルフェヌス・ウァルスは騒動のほとぼりが次第に冷めてきた頃を見計らって、賢い策を講じた。百人隊長には夜警を巡察するなと命じ、兵士に戦闘任務を命じる合図のラッパも無視させた。

そこで全員が気力を失い、呆然としてお互いに顔を見合せ、誰も指揮しないこと自体に不安を抱いた。彼らは黙り込み後悔し、ついに嘆願し涙を流して赦免を乞うた。

実際ウァレンスが品位を落した恰好で泣きながら、そして思いもかけず無事に現われたとき、皆は喜び気の毒に思い、同情を示した。

彼らは陽気になった。大衆は極端から極端に走るもので、ウァレンスを賞め祝福しながら、鷲旗や中隊旗で取り囲み指揮壇へ運び上げた。

ウァレンスは下手《したて》に出て、何人《なんびと》の処罰も求めなかった。しかし何もなかったかのように振舞い、かえって疑われるのを恐れ、少数の首謀者を叱責した。市民戦争では将軍より兵士に自由が許[45]されていることを、よく心得ていたからである。

30 ウァレンスがティキヌムで陣営の防備を固めていたとき、カエキナ敗北の知らせが入り、いまにもまた新しく暴動が起きそうになった。自分たちが戦闘に参加できなかったのは、ウァレンスが策を巡らしぐずぐずしていたからだ、と兵は考えた。

彼らは休息を望まず、将軍の命令を待たず、軍旗を先頭に旗手を急《せ》き立て、急行軍でカエキナの軍と合流する。

ウァレンスの評判はカエキナの軍隊で芳しくなかった。「彼はこんなに劣勢な自分たちを、敵の完全無欠な勢力の前にさらした」と愚痴った。同時に自己弁解し、到着した部隊の実力をお世辞たらたらと持ち上げ、負け犬とか弱虫と見下げないでくれ、と頼んでいた。

ウァレンスの軍勢はより強力で、軍団の数も援軍の数もほとんど倍であったが、兵士の人気はカエキナの方に傾いていた。カエキナは暖かい心を持ち――そのためウァレンスよりも愛想がよいと思われていた――、その上に潑溂とした若さと堂々たる長身と、なにか謂《いわ》れのない魅力を備えていた。

ここから二人の間に対抗意識が生じた。カエキナは相手を卑しく汚らわしい野郎と、ウァレンスは相手を高慢ちきな自惚れ屋と嘲罵《ちょうば》していた。

しかしお互いに憎悪を隠し、共通の利益を追求し、頻りに手紙を交わし、将来オトから許されることなど考えず、オトに雑言を浴びせていた。けれどもオト派の将軍は、ウィテッリウス誹謗の材料を沢山持っていても差し控えていた。

31 なるほどオトは死に際に輝かしい名声を、ウィテッリウスは不面目極まる醜名を残したが、生前はオトのぎらぎらした情念が、ウィテッリウスのふしだらな享楽生活よりも恐れられていた。

その上に人々がオトをこわがり憎んだのは、ガルバの弑逆《しいぎゃく》であった。これに対しウィテッリウスに、内乱を始めた罪を着せる人はいなかった。ウィテッリウスは腹と喉でわれとわが身に不名誉をもたらしても、オトは贅沢と残虐と無謀で国家により大きな危険をもたらすと考えられていた。

さてカエキナとウァレンスの軍隊が合同すると、ウィテッリウス軍は総力を挙げて決戦するのに、これ以上時を遅らせる必要を認めなかった。

32 オトは戦争を先へ延ばすか、それとも運を試《ため》すべきかを側近に諮《はか》った。(46)

このときスエトニウス・パウリヌスは——当時軍事にかけて彼ほど見識のある人はいないという評判であった——市民戦争の全体像について見解を披瀝することが自分の名声に

相応しいと判断し、「敵は戦争を急ぐ方が、われわれは遅らせる方が得策である」(47)と論じた。「ウィテッリウスの軍隊は全兵力でここに来ている。背後に多くの兵はいない。というのも、ガリア諸属州は騒然と沸いているし、レヌス川を突破しようと、烈しい敵愾心《てきがいしん》を燃やしているゲルマニアの諸部族に、岸辺を捨てておくことは良くないのだから。

ブリタンニア軍は、敵と海に隔離されている。ヒスパニアにはあり余るほどの兵力はない。属州ガリア・ナルボネンシスは、オト艦隊の襲撃と敗北で、戦々兢々《きょうきょう》としている。パドゥス川以北のイタリアはアルペス山地に封じ込まれ、海からの支援も全くないし、おまけに彼らの軍隊が通過するさい荒された。兵士に供給すべき穀物はどこにもないし、食糧の補給なくして軍隊は保持できない。

ゲルマニア人は敵の中で最も恐るべき型の兵士であろうが、その彼らも戦争が夏まで延びると、体の抵抗力を弱め、風土や気候の変化にほとんど耐えられなくなる。これまでも彼らは沢山戦ったが、初めの猛攻に強くても長びくと倦怠を覚え士気を失う。

これに反しわれわれは至る所に確実な手段を沢山持っている。パンノニア、モエシア、ダルマティア、東方アシアが完全無欠の軍隊と共にいる。イタリアと世界の首都と元老院とローマ国民が味方だ。これらの名声は、ときに輝きを失ったことがあるが、消えたことはない。公私ともに資力があり、金も莫大である。財力は市民同士が戦っているとき、武器よりも強いのだ。わが兵士の体はイタリアの風土や夏に慣れている。前にはパドゥス川が横たわり、町は人々や城壁に守られて安全だ。どの町も決して陥落しないであろうということは、プラケンティアの防衛で証明された。

そういうわけで戦争は先へ延ばすべきである。数日のうちに第十四軍団が、この武勲赫々《かっかく》たる軍団が、モエシアの軍勢と共にやって来る。そのとき再び作戦を討議しよう。もし戦うことになったら、新しい兵力を加えた決戦となろう」と。

33

マリウス・ケルススはパウリヌスの意見に賛成した。アンニウス・ガッルスは数日前落馬し負傷したので、彼の意見を伺いに遣わされた使いの者が、パウリヌスと同じ意見だという返事を持ち帰った。

オトは直ちに戦うべきだという考えに傾いていた。彼の兄ティティアヌスと護衛隊長プロクルスも、戦争の体験がないため焦っていた。「運命も神々も、オトの守護神もこの決定に同意している、企てに味方している」と断言し、誰も敢えてこの意見に反対できないように、オトに迎合する手段に訴えた。

開戦に決まったあと、皇帝は戦場に臨むべきか、そこから離れているべきかを討論した。パウリヌスとケルススは、もはや異議を唱えなかった。元首を危険に晒《さら》すように取られるのを恐れて。

あの悪い作戦を発議した同じ連中が、「オトはブリクセッルムまで退き、戦争の危機が去るまで、政治と軍事の最高責任を果すため、自分を温存させるべきだ」と最後まで主張した。

この日、オト軍は最初の打撃を蒙ったのである。というのも、オトと共に護衛隊の歩兵と騎兵と、身辺警護兵からなる強力な部隊が立ち去ると、残った兵士は闘魂を挫《くじ》かれた。将軍たちは猜疑《さいぎ》の目で見られ、オトだけが兵士の間で信頼されていた。一方、オト自身も兵士以外に誰も信用していなかったので、将軍の誰に指揮権を与えたか、不明のままであった。

34

オト軍のこうした動向は、ことごとくウィテッリウス軍に筒抜けであった。市民戦争ではよくあることで、兵卒がしきりと敵に寝返っていたからである。そして偵察隊も敵側の情報が知りたくて、味方のことも隠さなかった。

カエキナとウァレンスは、敵が猪突猛進してくるときを静かに注意しながら、こちらの智慧をしぼる代りに相手の愚劣な行動を待つことにした。そしてパドゥス川を渡河すると見せかけて、オト軍の剣闘士勢が陣取っていたところの真向かいに橋を作り始めた。それはまた、配下の兵士に怠惰な時間を潰させないためでもあった。

船をお互いに等間隔に並べ、隣り合う舷側を頑丈な板で繋ぎ、舳《へさき》を川上に向け、この船橋をしっかりと固定するために上流へ錨《いかり》を投げ込む。しかし錨索がぴんと張らないように流し、川が増水し船が浮上しても、船列が乱れないようにした。

一番先端の船に櫓《やぐら》を建て、そこで船橋を終える。その櫓から弩砲や投石機で敵を追い払った。オト軍も川岸に櫓を構築し、石や松明《たいまつ》を放った。

35 さて川の真ん中に島があった。この島へ剣闘士が船で着こうと努めているうちに、ゲルマニア人が泳いで先に渡った。さらに大勢のゲルマニア人が上陸していたところへ、たまたまマケルが勇敢な剣闘士を一杯詰めた軽速船で襲う。しかし剣闘士に正規兵ほどの不屈の闘志はなかったし、船から揺れながら狙っても、島岸の安定した足場からのようには相手を傷つけられなかった。そして乗組員が狼狽するたびに船は左右に傾き、漕手と防戦者が交錯し邪魔し合った。

そのときゲルマニア人は進んで浅瀬に飛び込み、船尾をしっかりと摑み、ある船の甲板に攀じ登り、別な船は手で押し沈めた。

これらの光景はみな、両軍の兵士の見ている前で起った。ウィテッリウス軍が小躍りすればするほど、オト軍は口惜しい思いを募らせ敗北の原因とその張本人を呪った。

36 こうして島の戦闘は、残っていた船を敵の手から奪い返し逃げ帰って中断した。オト軍はマケルの死を執拗に求める。遠くから放った投槍ですでに傷ついていたマケルを、兵士が剣を抜いて襲いかかろうとしていたとき、副官や百人隊長が走って間に入り、彼を庇《かば》う。

その後すぐオトの命令で、ウェストリキウス・スプリンナがプラケンティアに僅かの守備隊を残して、援軍大隊と共にやって来た。それからオトはマケルが指揮していた部隊の指揮官として、予定執政官フラウィウス・サビヌスを送った。兵士は将軍の交替を喜んだが、将軍たちはたび重なる暴動から、こんなに敵意を抱く軍隊の指揮に嫌気がさしていた。

37 私は幾つかの典拠の中に、次のような記述を見つけた。双方の軍隊が戦争を恐れたためか、それともそれぞれの元首に嫌悪の情を抱いたためか、——二人の厚顔無恥と面汚し《つらよごし》が噂を通じて日増しにはっきりしてきたので——争いを捨て、自分たちで共通の利益のため相談するか、それとも元老院に皇帝を択《えら》ぶ権限を与えようかと迷った。そのためにオトの将軍は戦闘を少し遅らせるよう相手を説得した。特にパウリヌスの希望でそうした。(48) というのも、パウリヌスは執政官級の人物の中で最古参であり、軍事にも精通し、ブリタンニア遠征で栄光と名声を勝ち取っていたからだという。

私はこう考える。なるほど少数の人が不和よりも平和を願い、極悪非道で破廉恥極まる元首の代りに、善良無垢な元首を黙って心の中で期待したであろうことは私も認める。しかしパウリヌスの如き思慮分別のある人が、あの腐敗堕落した時代に、戦争を欲し平和を攪乱《かくらん》していた雑兵たちが、平和を愛し戦争を放棄するまでに謙虚になる、と期待したとは到底考えられない。そして言語も習慣も違った両軍兵士が、あのような意見の一致をみたとか、あるいはその大半が贅沢、不如意、罪などで後ろめたい軍団長や将軍が、自分たちの功績で買収されても恩義の絆で縛られてもいない元首を擁立しようとしたとは、到底私には信じられない。

38 権勢欲は人間の心に根づいてすでに久しい。これはローマ帝国の版図の拡大と共に増大し爆発した。国が適度に大きかった頃、人間の平等は容易に保たれていた。しかしローマが世界の覇者となり、競争相手の都市や王を亡ぼし、命の危険なく権力を渇望することが許されたとき、初めて元老院と市民の間に葛藤の火が燃え上った。あるときは護民官が世の秩序を乱し、あるときは執政官が異常な権力を行使した。(49) そして首都や広場で市民戦争の小手調べが行われた。やがて最下層の平民出身のガイウス・マリウス(50)と、貴族のうち最も冷酷非情なルキウス・スッラが自由の体制を武器で征服し専制政体へ変えた。

二人の後、グナエウス・ポンペイユスは一層本心を晦《くら》ましたが、よりましな人物でもなかった。それ以後ただ元首の地位のみが争われたにすぎない。しかしパルサロスでもピリッポイでも、ローマ市民の軍団兵が、市民戦争を断念したことはなかった。いわんやオトやウィテッリウス麾《き》下《か》の軍隊が、自発的に戦争を放棄しようとしたとは到底考えられない。両軍を不和へ駆りたてたのは、いつもと同じ神々の怒りであり、相も変らぬ人間の狂気であり、同じく罪深い野心であった

このときの戦争が、いわばそのつど一回きりの攻撃で終ったのは、元首たちの臆病のせいである。

ところで私は古今の政情を省察しているうちに脇道へ逸《そ》れすぎた。ここで物語の本筋に戻ろう。

39
(51)オトがブリクセッルムへ向けて発った後、最高の指揮権は名目上、兄のティティアヌスに、実質上の権力や威信は護衛隊長プロクルスの掌中にあった。ケルススとパウリヌスは、誰も二人の英知を役立てようとしなかったので、将軍とは名ばかりで他人の罪過を隠す口実に使われていた。

副官や百人隊長はとまどっていた。善良な人が黙殺され、性悪な者が幅を利かせていたからである。兵士は意気込んでいた。もっとも彼らは将軍の命令を遂行するより議論する方を好んだ。

ベドリアクムより四マイル先まで陣営を進めることにした。あまりに不慣れな設営の結果、季節(52)は春というのに、そして付近に川が幾つもあるのに、水不足で悩んだほどである。その場で戦うべきかどうかで迷った。オトは、早くやれ、と手紙で催促した。兵士は皇帝が戦場に姿を見せることを望んだ。多くの兵はパドゥス川の南に宿営していた軍勢を呼び寄せるように要求した。

結局、彼らはどうしたら一番良かったのかと問うより、彼らのやったことが最悪であったと結論する方がやさしいのである。

40
そこから十六マイル離れたパドゥス川とアドゥア川(53)の合流地点を目指し、戦闘のためというより、まるで遠征に向かうかのように(54)進んだ。ケルススとパウリヌスは行軍で疲れた兵に重い荷物を背負わせたまま、敵の前に晒《さら》すことに強く反対した、「敵(55)は軽装で四マイル足らずの距離をやって来て、われわれが戦闘隊形を整えずに行軍中を、あるいは散開して堡塁《ほうるい》を築いているさなかに襲うだろうから」と言って。

ティティアヌスとプロクルスは思慮の上で負けると、いつも最高指揮権を引き合いに出した。確かに早馬の急使が、うむを言わせぬ指令を持って到着していた。その中でオトは将軍の無気力を叱責し、即刻、決戦を挑むように命じていた。オトは遅れを気に病み、何かを当てにしてじっと待つことのできない人であった。

41 同じ日(56)のこと、架橋工作に没頭していたカエキナの許に護衛隊副官が二名訪ねて来て、彼との会見を求む。彼が提案を聞き、これに答えようとしていた矢先、不意に偵察兵が飛び込み、敵が接近(57)したと告げる。副官との会談が中断される。そのため二人が果して落し穴か内通か、それとも何か誠実な提案を試みようとしたのか、不明のままになった。

カエキナは護衛隊副官を解放し、自分は馬に乗って陣営に帰ると、ファビウス・ウァレンスがすでに戦闘合図の命令を下し、兵士が武装しているのを見た。

軍団兵が行進の順序を籤《くじ》引きで決めているさなか、騎兵隊が突然飛び出した。ところが信じ難い話であるが、劣勢のオト軍に撃退され、防禦施設の中へ逃げ込もうとして、イタリカ軍団兵の勇気に脅《おびやか》された。この軍団兵は剣を抜き、騎兵隊を戦場へ追い返し戦いを再開するよう強制する。

ウィテッリウスの軍団兵は少しも怯《おび》えず戦列を敷いた。というのも、敵は近づいていた

が、葡萄園の厚い茂みに邪魔されて武具が見えなかったのである

オト側では将軍は兵に用心し、兵士は将軍に敵意を抱き、輜重《しちょう》車も従軍商人も兵の間に混じっていた。ポストゥミア街道は、両側を深い溝に挟まれ、道幅は整然と進む縦隊にすら狭すぎた。ある者は自分の軍旗の周りに集まり、ある者は探し廻っていた。至る所で馳け寄り、呼び交わす人の叫び声が乱れ飛ぶ。それぞれ剛の者か臆病者かによって、最前列へあるいは最後列へ躍り出たり退いたりしていた。

42 オト派の兵士は突然恐怖に襲われ麻痺したとき、誤報で糠喜びをしたあげく、士気を失ってしまった。ウィテッリウスの軍隊がこちらに寝返った、と嘘をついた者が後で見つかった。この噂はウィテッリウス派の密偵が撒き散らしたのか、それともオト派の陣営で故意に、あるいは偶然に生まれて拡がったのか、確かめられなかった。

オト側の兵は熱い闘志を失い、自分の方から敵を戦友と呼んで挨拶した。相手は敵意を抱きぶつぶつ言い、これを受けとめる。大半の者はどうして挨拶されるのか見当がつかず、裏切られることを警戒した。

そのあとで敵は元気旺盛な部隊で戦列を組み攻めて来た。体力でも員数でも優っていた。

オト軍は劣勢で疲れていたが戦列を展開させ、しっかりと戦闘を受けて立つ。

立木や葡萄に妨げられた場所での戦闘は、さまざまの様相を呈した。接近し離れ、密集し楔形で対決した。石畳の車道では、体と楯をぶっつけ白兵戦を交える。投槍を放るのを

止め剣と斧で鉄兜や胸甲をぶちこわす。お互いに相手の顔から敵と認め、味方の視線を気にし、戦争全体の勝敗がこの一戦で決まると張り合った。

43 双方の軍団兵が遭遇したのは、パドゥス川と街道の間の見通しの利く平野であった。ウィテッリウス軍は「無敵《ラパクス》」の渾名《あだな》をもつ古い武勲で名高い第二十一軍団であった。オト側は第一軍団「助っ人《アドユトリクス》」で、それ以前戦場に連れ出されたことはなかったが、勇猛心を奮い起し、新しい名誉を熱望していた。

第一軍団は第二十一軍団の最前列を撃退し鷲旗を奪う。この口惜しさから憤激した第二十一軍団が押し返し、第一軍団を退却させ、軍団長オルフィディウス・ベニグヌスを殺し、沢山の中隊旗や分遣隊旗を分捕った。

別な戦場ではウィテッリウス派の第五軍団の攻撃に第十三軍団が追い払われ、第十四軍団も馳けつけた大勢の敵に包囲される。これよりずっと前にオト派の将軍は逃げていた。カエキナとウァレンスは味方を支援で固めていた。新しい増援部隊が加わる。ウァルス・アルフェヌスはバタウィ族と共に剣闘士勢を潰走させる。剣闘士が船で渡っていたとき、対岸のバタウィ族の援軍が川の上で殺した。

こうして勝ったバタウィ族は敵の側面を攻撃した。

44 オト軍は戦列の中央を突破され、算を乱してベドリアクムを目指し敗走する。そこまでの街道が遥か遠くまで延々と屍で埋まる。ここでさらに多くの者が殺された。というのも、市民同士の戦いでは捕虜は戦利品とならないからである。

スエトニウス・パウリヌスとリキニウス・プロクルスは辺鄙な道を通って帰り、陣営を避けた。第十三軍団長ウェディウス・アクウィラは恐怖の余り思慮を失い、兵を激昂させた。まだ真昼間なのに、防禦施設の中に入って、周りの煽動者や逃亡者の怒号を浴びた。彼らは侮辱も暴力も憚《はばか》らなかった。彼に特別罪はないのに、脱走者、裏切者と罵倒し、群衆の例の習性から誰もがおのれの恥辱を他人のせいにした。

ティティアヌスとケルススは夜に助けられた。すでに夜警が配置され、兵士は落ち着いていた。アンニウス・ガッルスが説得し懇願し、威信で兵士の気持を変えていた。「敗北という不幸の上に、味方同士が殺し合う残酷な真似はやめよう。戦争がこのまま終るにせよ、武器を再び取るにせよ、敗者の唯一つの救いは一致協力なのだ」と。

他の者は闘志を挫《くじ》かれていた。護衛隊兵士だけが息巻いていた。「われわれは勇気ではなく、裏切り行為に負けたのだ。ウィテッリウス軍だって無血の勝利ではない。騎兵は撃退され、鷲旗も奪われた。パドゥス川の向こう岸には、オト自身と、兵も残っている。モエシアの軍団もやって来る。ベドリアクムにはわが軍の大半が留まっている。確かにこれらの軍隊は負けてはいない。必要とあらば、彼らは戦列で潔《いさぎよ》く戦死するだろう。」

こう考えて強《したた》かな者も、深く絶望し悄気《しょげ》ていた者も、恐怖よりむしろ、しばしば痛憤に駆り立てられていた。

45 他方、ウィテッリウス軍は、ベドリアクムから五マイル離れた地点で宿営した。将軍は同じ日に敢えて敵の陣営を攻略しようとしなかった。(58) それと同時に相手が自発的に降伏することを望んだ。しかし携行物なしに、ただ戦闘のために進んで来た彼らには、武器と勝利が堡塁《ほうるい》であった。

その翌日、オト軍の意志は、もう割れていなかった。強情であった兵士も後悔に傾き使節が送られた。

ウィテッリウス派の将軍も、ためらわずに平和を受諾した。オト派の使節は暫く引き止められた。この遅延が自分たちの願いが叶えられるかどうか、まだわからなかった兵に不安を与えた。やがて使節が送り返され、陣営の門が開かれた。そのとき敗者も勝者もわっと泣き出した。市民戦争の運命を呪い、労《いたわ》り喜び合った。同じ天幕の中である者は兄弟の、ある者は親戚の傷を介抱した。希望や報酬は不明でも死亡や哀喪は明白であった。誰かの死を悼み悲しまないほど不幸を免れた人は一人もいなかった。

軍団長オルフィディウスの屍を探し出し、慣例の葬儀と共に荼毘《だび》に付す。僅かな屍が親類縁者の手で葬られ、その他の夥《おびただ》しい死体はそのまま地上に放っておかれた。

四　オトの自決

46 オトは冷静に固く覚悟し、戦闘の報告を待っていた。最初に悲報が、ついで戦場から逃げてきた兵が味方の総崩れを告げた。兵は気負い立ち、皇帝の言葉を待つより先に、オトが落胆しないように励ました。「まだ新しい勢力が残っている。われわれはどんなことにも耐え最後まで頑張るつもりだ」と。

これはオトへの諂《へつら》いではなかった。「戦場に行き、味方の幸運を呼び戻すのだ」と、兵は狂気にまで高められた激情で燃えた。オトから離れて立っていた兵は嘆願の手を差しのべ、近くの兵はオトの膝にとりすがった。

プロティウス・フィルムスは最も熱心だった。この護衛隊長は同じことを何度も懇願した。「最も忠実な兵士を、最も功績のあった兵士を見捨てないで下さい。逆境を逃れるより耐えることこそ、気高い魂の証拠です。勇敢で剛直な人は運命に逆らっても希望を捨てません。恐怖から絶望へ急ぐのは腑抜けの卑怯者です。」

こうした言葉を聞きながらオトは表情を和《やわ》らげ、ときに強《こわ》ばらせ、そのたびに兵士は歓声を上げ嘆息をつく。

この気持はオト直属の兵士の護衛隊兵ばかりのものではなかった。モエシアからの先発隊もこう告げた。「今から到着する兵士も同じように固く決心しています。そしてその軍団兵はアクィレイアに到着しました」と。

こうして今日、人々は皆、敗者も勝者も等しく、予測のつかない命を懸けた熾烈な決戦を再び始めることができたろう、と信じて疑わないのである。

47

だがオト自身は、戦う考えに一切耳を貸さず、こう言った。「そのような決心やそのような勇気を持っているお前たちを、これ以上危険に晒《さら》すことは、私の命を不当に愛《いとお》しむことになると思う。私がもし生きようと決めたら生きる望みのいかに多いかをお前たちは教えてくれた。それだけ一層私の死ぬ覚悟は気高いものとなろう。

私と運命の女神はお互いに、もう相手を知り尽した(59)。お前たちも私の統治の期間を計算するな。人は長く享受できないと思っている幸運なら、それをほどほどに享受することはもっと難しい。

この市民戦争はウィテッリウスが始めた。元首の地位を武器で争うことになったのも、彼の発意だ。この地位をめぐり二度と争うべきではないという先例を私は示したい。これで後世はオトを評価してくれるだろう。ウィテッリウスは兄弟や妻や子供との情愛を楽しむがよい。私はもう復讐も慰安も必要としない。他の人は私より長く皇帝の地位を保持するだろうが、私のように潔《いさぎよ》く捨てる人はいないだろう。

そうだ、どうして私がこんなに大勢のローマの若者を、こんなに素晴しい軍隊を再び殺し、国家から奪いとることに耐えられようか。お前たちはもう私のために命を捨てたかのような、そのひたむきな気持を私の死と同時に放棄してくれ。お前たちは生き残るのだ。われわれはもうこれ以上、私はお前たちの安全を、お前たちは私の固い決意を、先へ延ばさないでおこう。

最期について多くを語るのは卑怯者のやることだ。私が誰も恨んでいないことは、私の覚悟の最も明白な証拠と考えてくれ。実際、神々や人々を責めることは、まだ生きたいと願っている者の証《あかし》なのだ。」

48 こう話してからオトは一人一人に各人の年齢や地位に応じて、愛想よく呼びかけ、「急いで立ち去れ。ここに残って勝者の怒りを刺戟しないようにせよ」と、若者には権威に訴え、年輩の者には嘆願して気持を変えさせた。顔の表情は柔和であったが、語り口は毅然として、側近の涕泣をこの場に相応しくないと戒めた。

立ち去る者には船や乗物を与えるように命じる。自分への献身的な愛情やウィテッリウスへの侮辱で目立った嘆願書や書簡は破棄した。金はつましく分配し(60)、今から死んでゆく人とは思えなかった。次いで兄の息子で、まだ若いサルウィウス・コッケイヤヌスが身震いし悲嘆している姿を見ると、自分の方から慰め、彼の孝心を褒《ほ》め恐怖を叱責した。「私がウィテッリウスの家族全員の安全を保障したことに対し、彼がこれくらいの恩返しもできないほど非情な男だと思うのか。私は死を急ぐのだから、勝者の慈悲を得て当然だ。実際、土壇場で絶望して死ぬのではない。軍隊が戦いを求めているのに、国家を最後の破局から救ったのだから。

私のためにはもう充分な名声を、子孫のためにも充分に高貴な血統を手に入れた。ユリウス家、クラウディウス家、セルウィウス家の後で初めて、新しい家に帝位を持ち込んだのは私だ。そこで元気を出し、逞しく生きるのだ。オトが自分の叔父であったことをいつまでも忘れるな。しかしあまり多く思い起さないようにせよ。(61)」

49 このあとオトはすべての人を遠ざけ、暫く休んだ。それから最後にすべきことをあれこれと考えていたとき、突然の騒動に妨げられる。兵士の暴動が抑えられないと告げられた。兵士が、ここから立ち去ろうとする人を殺す、と脅《おど》していた。ウェルギニウスには最もひどい暴力を加え、彼を司令部に閉じ込め周りを囲んだ。オトはこの騒乱の張本人たちを譴《けん》責《せき》して部屋に戻ると、すべての人が傷つけられずに去るまで、別れを告げる人との応対に時を与えた。

日が暮れると冷い水で喉の渇きを癒す。その後二振りの短剣を持ってこさせ、二つとも切れ味を試《ため》し、一つを枕の下に置いた。友人がすでに出発したことを確かめてから、静かな夜を熟睡してすごしたと、典拠は一致して伝えている。

黎明に彼は胸を剣先に投じた。断末魔の呻《うめ》き声で解放奴隷や奴隷や護衛隊長プロティウス・フィルムスが馳け込み、唯一突きの傷を見つけた。

葬式を急いだ。これはオトが是が非にもと切願していた。自分の首が切り離され、嬲《なぶ》りものとされるのを恐れたからだ。

護衛隊兵が遺骸を担ぎ、賞め讃え涙を流し、オトの傷口や両手に接吻(62)しながら運んだ。何人かの兵は、火葬用堆薪《たいしん》の前で自刃し果てた。彼らは罪の意識からでも、罰を恐れたからでもない。元首への敬愛の念から、そして彼と栄光を張り合うためであった。
そのあとベドリアクムでもプラケンティアでも、その他の陣営でも、一様にこの殉死という死に方を頻りに真似た。オトのため堅牢でつつましい墓が建てられた。行年三十七歳(63)であった。

50 オトは自治市フェレンティウムの出身である。父は執政官級、祖父は法務官級の人であった。母方の家柄はこれと対等ではないが、肩身が狭いほどではなかった。

彼の少年と青年時代については、すでに述べた(64)通りである。彼は二つの、一つは破廉恥極まる、もう一つはまことに見上げた行為で、後世に醜名と同時に美名も残した。

空想めいた話を探し虚構で読者の心を楽しませることは、着手したこの歴史記述の品位にそぐわないと思う。しかし伝えられ流布している次の話から、その信憑性を敢えて奪うつもりはない。

レギウム・レピドゥムの住民の伝えるところによると、オトがベドリアクムで戦いを始めた日に、その土地でかつて姿を見たことのない一羽の鳥が、他の鳥のよく集まる森に飛んできてとまった。その日からこの鳥は、人が集まっても、周りに鳥が飛んできても、怯《おび》えたり追い払われたりしなかった。オトが自殺したとき、やっとその鳥は人々の目から消えた。土地の人が日数を計算してみると、あの不思議な鳥が初めて姿を現わしてから見えなくなるまでと、オトの最期までとが一致していたという。

51
彼の葬儀のとき、兵士の悲嘆と無念から暴動が再発した。これを鎮める人はいなかった。彼らはウェルギニウスに向かって、あるいは統帥権《とうすいけん》を受け取れと、あるいはカエキナとウァレンスの所へ赴き、使節の役を果せと脅しながら嘆願した。兵士が闖入《ちんにゅう》したとき、ウェルギニウスは司令部の裏門からこっそりと出て危険をかわした。

ブリクセッルムに宿営していた護衛隊の助命嘆願は、ルブリウス・ガッルス(65)を通じて相手に伝えられた。直ちに許しを得た。剣闘士兵は自分たちを指揮していたフラウィウス・サビヌスを通じて、勝者に降伏の意志を表明する。

52
至る所で戦闘は放棄されたが、オトと共に都を立ち、ムティナに残っていた元老院議員の大半は危殆《きたい》に瀕した。ムティナに敗北の知らせが入って(66)も、兵士は虚報とし無視した。兵士は元老院がオトを憎んでいると思っていたので、議員の会話を盗み聞き、表情や態度を曲解する。ついに罵《のの》り侮辱し、議員を殺す理由やその切っかけを探しだした。そのときさらに別の恐怖が元老院議員を襲った。つまり、ウィテッリウス派がすでに優勢であったのに、元老院議員はまだためらい勝利を認めないと取られるのを恐れた。

そこで議員はこの混乱の中で両軍を気遣って集まったが、誰一人個人の見解を述べようとしなかった。大勢で罪を分け合うほうが安全だと思ったからだ。

ムティナの市議会は、時宜《じぎ》を失した敬意を表し(67)「元老院議員諸卿」と呼び、武器と金を提供し、怯《おび》えている議員の心の負担をさらに重くした。

53 このとき名高い論争が起った。リキニウス・カエキナがエプリウス・マルケッルス(68)を「二枚舌を使う」と非難したからである。他の議員は自分の意見を表明しようとしなかった。しかしマルケッルスの名は、彼の告発を記憶している人から恨まれ怨嗟《えんさ》の的となっていたので、まだ新人の、最近元老院の仲間に加わったばかりのリキニウスが、この大物を敵に廻して名を挙げたい衝動に駆られた。しかし思慮分別のある人たちの穏健な執り成しで両者は別れた。

全議員はボノニアまで戻って、そこで再び討議しようとした。それと同時に、その間にもっと多くの情報が手に入るだろうと希望したのである。

ボノニア(69)ではどの道にも見張りを置き、新しく到着する人には皆、オトの消息を尋ねさせた。オトの解放奴隷の一人は、主人から離れて帰ってきた理由を問われ、「自分はオトの最後の訓令を持参している」と答えた。「オトがまだ生きているうちに書き残したものである。オトはただ後世のことのみ考え、生への執着を一切断っていた」と。

そこでオトを讃美する声が起り、皆はこれ以上尋ねるのを恥ずかしく思った。そして元老院議員全員の心情は、ウィテッリウスに傾いた。

54 この会議にはウィテッリウスの弟ルキウス・ウィテッリウスが居合せていた。彼がすでに議員の追従《ついしょう》に身を任せていたとき、突然ネロの解放奴隷コエヌス(70)が恐るべき嘘を吐《つ》いて、全員を仰天させた。「第十四軍団が思いもかけず到着し、ブリクセッルムから来た軍隊と合流し、勝っていた敵を殺し、両軍の運命がひっくり返った」と断言した。

彼がこんな話を捏造したのは、オトの発行した旅券(71)が無視されたので、オトに関する朗報で再び効力を持たせようとしたためである。

確かにコエヌスは直ちにローマへ護送され、数日後にウィテッリウスの命令で処刑された。

しかしオト派の軍隊は、コエヌスの情報を正しいと信じたので、元老院議員の危険は募った。彼らの不安をさらに掻き立てたのは、公けの決議に基づいてムティナを去ったため、オト派を捨てたと思われていたことである。

彼らはもはや合議のために集まらず、一人一人が自分の安全を考えた。やっとファビウス・ヴァレンスから書簡が届き、恐れを取り除いてくれた。そしてオトの死は讃嘆に価しただけに、一層素早く世間に伝わった。

55 ローマでは全く動揺がなかった。人々は例年の如く豊穣の女神ケレス祭(72)の催物を見物していた。確かな筋の者が劇場へやって来て公表した。「オトは逝去した。首都に残っていた兵士は、都警隊長フラウィウス・サビヌスによってウィテッリウスに忠誠を誓わされた」と。
すると観客はウィテッリウスに拍手喝采を送った。人々は月桂樹の花環で身を飾り、ガルバの像(73)を持ってあちこちの神殿を廻った。クルティウス池畔に――この所をガルバは死に際に血で汚《けが》していた――墓の如く花環を積み重ねた。

元老院は直ちに、(74)それまで長い間に歴代の元首のため考案していた名誉をすべて、ウィテッリウスに対し議決する。その上にゲルマニア軍に対し讃辞と謝辞を決議し、国家の当然の義務として祝賀を表わすために使節を派遣した。

両執政官に宛てられた(75)ファビウス・ヴァレンスの書簡が朗読された。文面は控え目であった。カエキナの慎しみ深い態度はさらに好感を持たれた。何も書かなかったからである。

56 それはさておき、北イタリアは戦争よりも酷《ひど》く痛めつけられ、恐しい被害にあっていた。ウィテッリウス軍の兵士(76)が自治市や植民市の中に散って奪い盗み、暴力と強姦で汚し、人道に悖《もと》るもの適《かな》うものすべての快楽に貪欲となり、あるいは金銭で買えるものなら、何でも、聖なるもの俗なるものも容赦しなかった。

なかには兵士を装って、私的な敵を殺すような市民までいた。土地の事情に通じた兵士は、実り豊かな農地や金持の地主を戦利品と決め、抵抗されると殺すことにしていた。

将軍は兵士に恩義を感じて敢えて掣肘《せいちゅう》しなかった。カエキナはウァレンスほどさもしくなかったが、兵士の人気をいっそう願っていた。

ウァレンスは儲けや利得を追求して評判が悪く、それだけに他人の罪を知って知らぬ振りをしていた。

すでに以前から資産を磨り潰していたイタリアは、歩兵や騎兵のこのような酷い暴力や危害や不正にほとんど耐えられなかった。

五　北イタリアにおけるウィテッリウス

57 その間にもウィテッリウスは、自分の勝利を知らず、戦いがまだ決着していないかのように、属州ゲルマニアの残りの軍隊を結集させていた。その地の冬期陣営には僅かの古《ふる》兵《つわもの》しか残っていなかったので、ガリア諸属州で新兵を急募し、残留の諸軍団の欠員を埋めることにした。レヌス川岸の防衛は、ホルデオニウス・フラックスに任された。

ウィテッリウス自身は、ブリタンニアの軍隊から選抜した八千人を加えた。数日間行軍して、アドリアクムでの勝利とオトの自決で戦争が終ったことを知る。(77) 軍隊の集会を開き、兵士の武勇を誉《ほ》めそやした。兵たちはウィテッリウスの解放奴隷アシアティクスに騎士身分の栄誉が授けられるよう要請したが、ウィテッリウスはこの見苦しい阿諛《あゆ》を抑えた。その後で性来移り気なウィテッリウスは、公けに拒否していたものを私的な饗宴の席で与え、アシアティクスに、この邪《よこしま》な策略でウィテッリウスの好意を得ようと努める汚らわしい奴《ど》僕《ぼく》に、黄金の指輪(78)を背負い込ませた。

58 同じ頃、元首属吏アルビヌスが殺され、両マウレタニア属州がウィテッリウス派についたという報告が届いた。

ルッケイユス・アルビヌスは、ネロからマウレタニア・カエサリエンシスの統治を任され、ガルバによってマウレタニア・ティンギタナの管理も加えられ、侮《あなど》り難い兵力を自由にしていた。援軍歩兵十九大隊と援軍騎兵五中隊と、莫大な数のマウリ族がいた。この部族は、掠奪を習わしとする匪賊で戦争にうってつけの手勢であった。

アルビヌスはガルバが殺されるとオトを支持し、アフリカに満足せず、狭い海峡に隔てられたヒスパニアを脅《おびやか》していた。そこでタッラコネンシス総督クルウィウス・ルフスは警戒し、第十軍団を今にも海を渡すかの如く海岸に接近させた。これより先、百人隊長たちはマウリ族にウィテッリウスを支持するよう誘いかけるために出発した。これは困難な仕事ではなかった。これらの属州にゲルマニア軍の雷名は轟いていたし、その上、アルビヌスが元首属吏の肩書を軽蔑し、王の称号とユバ[79]の名を僭称《せんしょう》しているという噂が拡がっていたからである。

59

こうして現地住民の気持も変り、アルビヌスの最も忠実な部下の、援軍騎兵中隊長アシニウス・ポリオと歩兵大隊長フェストゥス・スキピオが暗殺された。アルビヌス自身、属州ティンギタナからマウレタニア・カエサリエンシスを目指して海岸に上陸したとき、斬り殺された。彼の妻は刺殺者の前に身を投げ出し、夫と同時に殺された。

ウィテッリウスはこれらの事件について、一切何の取り調べも行わなかった。彼はどんなに重要な報告でも、簡単に聞くだけでとりあげようとしなかった。重大な責務に耐えられない人だった。

ウィテッリウスは軍隊に陸路を進めと命じ、彼自身はアラル川を船で下る。元首の地位を示す身の廻り品は何もなく、以前からの貧乏暮し[80]ばかりが目についた。ついにガリア・ルグドゥネンシスの知事ユニウス・ブラエススは、名門の出で気前の良い、そしてそれに相応しい金持でもあったので、元首を召使いで取り囲み、一切の費用を負担しながら同行した。まさしくこのために感謝されなかった。もっともウィテッリウスは卑屈な追従《ついしょう》で憎しみを隠していた。

　ルグドゥヌムでは勝者と敗者双方の将軍が出迎えていた。ウィテッリウスはウァレンスとカエキナを集会で賞讃し、自分の高官椅子の両側に坐らせた。次に自分の幼い息子[81]を全軍兵士に出迎えるように命じた。彼は運ばれて来た息子を将軍外套に包み、胸に抱いて「ゲルマニクス」と呼び、元首の地位を示す一切の標章で飾る。順境でのこの法外な名誉が結局、薄命の慰みとなった[82]。

60

　そのとき[83]、最も毅然たる態度をとっていたオト派の百人隊長たちが殺された。特にこのためウィテッリウスに対する反感が、イッリュリクムの軍隊の間に起った。同時にその他の軍隊もお互に連絡をとり、ゲルマニア軍への嫉妬から戦いをもくろみ始めた。

　スエトニウス・パウリヌスとリキニウス・プロクルスは被告の身柄で意気消沈し長く待たされていたが、やっとウィテッリウスから言い分を聞かれ、潔《いさぎよ》い言葉よりも、已むを得ぬ事情を理由に弁解した。二人はさらに進んで裏切り行為を自分たちの手柄とした。戦闘前の長行軍、オト軍の疲労困憊《こんぱい》、輜重《しちょう》車と兵士との混合隊形、その他の偶然の出来事まで自分たちの策略のせいにした。

ウィテッリウスは二人の叛意を信じ、オトへの忠誠の罪は許してやった。オトの兄サルウィウス・ティティアヌスにいかなる危害も加えなかった。兄弟愛と無能力を口実にして。

マリウス・ケルススは執政官職の継続を認められた。しかし世間で信じられ、後で元老院でも訴えられたように、カエキリウス・シンプレクスはこの名誉職を買収して手に入れるため、ケルススの殺害を企んだという。

ウィテッリウスはこの訴えを拒否し、後でシンプレクスに罪や金で汚れていない執政官職を授けた。

61 トラカルスは罪を告発されたが、ウィテッリウスの妻ガレリアが庇《かば》った(84)。

錚々《そうそう》たる人たちがこうした危険にあっているさなか、次の話を述べるのは内心忸怩《じくじ》たる思いであるが、ボイイ族出身のマリックスなる者が、有名人の間に自分の名を押し込みたくて、神々の意志に従うと主張し、大胆にもローマ軍に挑戦した。彼は自ら「ガリア人の解放者で守護神」と名乗り、すでに八千名を狩り集め、アエドゥイ族に近い部落を引き摺り込もうとしていたとき、アエドゥイ族の最も有力な共同体が(85)若者の選抜隊を送り、これにウィテッリウスからの援軍を加え、狂気じみた大群を蹴散らした。

この戦闘でマリックスは捕えられ、やがて闘技場で野獣の前に投げ出されたが、嚙み殺されなかった。愚かな民衆はマリックスを不死身と信じたので、ついにウィテッリウスは面前で処刑した。

62 ウィテッリウスは叛逆者にも、誰の財産にも、これ以上厳しい態度はとらなかった。オト派の戦列で斃れていた人の遺書を尊重し、遺書のない死者にも法律を適用した。

要するにウィテッリウスは、贅沢を自制すると、誰からもその貪欲を恐れられることはなかったろう。ところが彼の胃袋は意地汚く飽きることがなかった。都からもイタリアからも味覚を刺戟する珍味が調達され、東西両側の海から内陸への街道は荷車の音で喧《やかま》しかった。

イタリアの町の名士は饗宴の準備で破産した。町当局も疲弊した。兵士は快楽に馴染み、将軍を軽蔑し、労苦を厭《いと》い士気を失っていた。

首都に向けて一足先に送っていた布告の中で、ウィテッリウスは当分の間アウグストゥスの称号は用いない、カエサルの名は拒否すると宣言していたが、元首の権限は一つも減らしていなかった。

占星師がイタリアから追放された。ローマ騎士が剣闘士養成所に通い、闘技場の砂場で体面を汚すことを厳しく禁じた。こうしたことを以前の元首は、金で、しばしば暴力でローマ騎士に無理強いしていたし、イタリアの多くの自治市や植民市も、先を争って零落した若い騎士を皆、金で誘惑していたのである。

63 ところでウィテッリウスは弟が到着してから、そして専制を使嗾《しそう》する者らが巧みに取り入るようになって、次第に尊大に振舞い冷酷となり、ドラベッラの殺害を命じたのである。すでに述べた如く[86]、彼はオトから植民市アクイヌムに隔離されていた。オトの訃報を聞くとドラベッラは首都へ帰っていた。そのためドラベッラの親友で、法務官級の人プランキウス・ウァルス[87]は、都警長官フラウィウス・サビヌスの前にドラベッラを告発した。彼は勝手に監禁を解き、敗れたオト派の指導者面《づら》をしていると。さらに彼はオスティアに駐留していた都警隊一箇大隊を手に入れようと試みたと付言した。

しかしプランキウス・ウァルスは何の証拠も提出できずに、このような政治的に重大な告訴を行なって後悔したが、罪を犯してから容赦を乞うても手後れであった[88]。

フラウィウス・サビヌスはこの事件を重大視し遅疑逡巡していたとき、ルキウス・ウィテッリウスの妻トリアリア、この男まさりの強《したた》かな女から、「元首の安全を犠牲にして、自分のため仁慈の名声を求めるのか」と脅《おど》された。

サビヌスは性来温順な人であったが、恐怖に襲われあっさりと決心を変えた。他人の危険で自分の身も心配となり、ドラベッラを助けたと思われないため、結局彼の死を早めたのである。

64 そこでウィテッリウスは、日頃からドラベッラを恐れ、そして憎んでもいたので――というのも、自分の前妻ペトロニアを、ドラベッラが正妻に迎えていた——ドラベッラに手紙を送り(89)、往来の頻繁なフラミニア街道を避け、脇道からインテラムナへ呼びつけ、そこで殺させた。刺殺者は手間をかけなかった。途中の宿屋で地上へ突き落し、喉を刺した。これは新しい元首政の信用をひどく傷つけた。世間はこれを今度の元首の小手調べと受けとめた。

65

　トリアリアの横暴は、彼女の近くに謙虚な婦人の手本があるだけに、余計悪辣に思われた。皇帝の妻ガレリアは、およそかかる忌わしい事件とは縁のない人だった。そしてウィテッリウス兄弟の母親セクスティリアも、同じように貞淑で古風な気質の女性だった。彼女は、息子が皇帝として最初に出した手紙にすら、こう言ったと伝えられている。「私が生んだのはゲルマニクス(90)ではなく、ウィテッリウスなのに。」

　その後、彼女は高い地位のいかなる誘惑にも、国を挙げての阿諛追従にも上機嫌にならず、彼女の一家の惨めな転落のみを感じ取っていた。

　ウィテッリウスがルグドゥヌムを出発したときから、クルウィウス・ルフスは属州ヒスパニアの管理を捨て後に従っていた。喜びと祝賀を表情に表わしていたが、内心怯《おび》えていた。自分の罪が告発されていることを知っていたからである。帝室の解放奴隷ヒラルスが、こう告発していた。「クルウィウス・ルフスは、ウィテッリウスとオトが元首になったことを知ると、自分の固有の権力とヒスパニア諸属州を手に入れようと欲した。そのために彼が発行した旅券の表に元首の名を一切記さなかった」(91)と。そしてクルウィウスの演説のある部分はウィテッリウスへの中傷で、別な部分は自分の俗受けを狙ったところだ、と解釈した。

クルウィウスの権威の優れていたことが証明された。ウィテッリウスが進んで自分の解放奴隷の処罰を命じたからである。

クルウィウスは元首の随員に加えられ、ヒスパニアを取り上げられずに留守にしたまま統治した。これにはルキウス・アッルンティウス(92)の先例があった。もっともアッルンティウスはティベリウス帝から信頼されなくてローマに留められたが、クルウィウスは、ウィテッリウスから何も疑われていなかった。

同じ名誉はトレベッリウス・マクシムスに与えられなかった。彼は兵の憤怒を恐れブリタンニアから逃げていた。彼に代って側近のウェッティウス・ボラヌス(93)が送られた。

66 ウィテッリウスは、負けた軍団兵(94)が一向に意気消沈していないのに悩んでいた。彼らはイタリア中に散らばり、勝った軍団と混じり合い、ウィテッリウスへの敵愾心《てきがいしん》を言葉で表わしていた。

特に第十四軍団兵の闘志は盛んで、自分たちは負けていないと主張していた。「なぜなら、ベドリアクムの戦いで撃退されたのは分遣隊だけで、軍団の兵力は戦列に加わっていなかったのだから」と。

彼らはネロがブリタンニアから呼び寄せていたので、そこへ返すことにし、それまで当分の間バタウィ族の援軍と一緒に宿営させることにした。彼らが昔から第十四軍団と仲が悪かったからである。このようにひどく反目した武装兵同士が長く平和を保つわけがなかった。

アウグスタ・タウリノルムにおいて、バタウィ族の一人がある職人を詐欺と詰《なじ》ると、軍団兵の一人がこの者を民宿の主人《あるじ》と呼び庇《かば》った。それぞれに戦友が加勢し、諍《いさか》いが殺し合いへと変った。もし護衛隊二箇大隊が第十四軍団に味方し、彼らの自信を深めバタウィ族を威嚇しなかったら、凄まじい戦闘が燃え上っていたろう。

ウィテッリウスはバタウィ族を忠実な部下として、自分の行動隊形に加えた。第十四軍団には、グライアエ・アルペスを越え、迂回路をとってウィエンナを避けるように命じた。というのもウィテッリウスは、ウィエンナの人を警戒していた。

この軍団が出発した夜は露営の篝火《かがりび》があちこちで燃え残り、タウリニ植民市の一部は灰燼に帰した。この被害は、戦争による沢山の不幸と同様、他の町の一層大きな災難のため忘却された。

第十四軍団はアルペス山脈を越えた後、反抗的な兵士が軍旗をウィエンナへ向けて進もうとしたが、良識ある兵士が一致協力して抑え込み、やっとこの軍団兵はブリタンニアへ渡った。

67 ウィテッリウスが次に恐れていたのは、護衛隊兵の処遇であった。最初各大隊を孤立させておき、次に名誉ある除隊で慰撫すると、(99)兵士は武器を副官に引き渡した。その後、(100)彼らはウェスパシアヌスの起した戦争が烈しくなったとき、軍務に復帰しフラウィアヌス軍の主力となった。

第一軍団の海兵隊は、平和と暇の中で彼らの心が和《なご》むように、(101)ヒスパニアへ送られた。第十一と第七軍団は、それぞれの冬期陣営に帰った。第十三軍団は円形闘技場の建設を命じられた。というのも、カエキナはクレモナで、ウァレンスはボノニアで剣闘士の見世物の開催を準備していたし、ウィテッリウスも娯楽を忘れるほど政務に没頭していたわけではない。

68 このように穏当な対策によってウィテッリウスは、敗れたオト派の軍隊を分散させた。暴動は勝者の軍団で起った。きっかけは(102)悪巫山戯《わるふざけ》であったが、結果として殺された兵の数が、ウィテッリウスへの憎しみを募らせた。ティキヌムでウィテッリウスは饗宴の席にウェルギニウスを招待し食事していた。軍団長や副官は最高司令官の生活態度を見倣《みなら》って厳格を張り合い、あるいは贅沢な酒宴を楽しむ。したがって兵卒も軍規を熱心に守り、あるいは放縦《ほうじゅう》となる。

ウィテッリウスの軍隊は、至る所で秩序を乱し酔い痴れていた。規律ある陣営よりもむしろ宵祭《よいまつり》や乱痴気騒ぎに近かった。そういうわけで二人の兵が、一人は第五軍団兵、もう一人はガリア人の援軍歩兵が、遊び半分から本格的な格闘へと唆《そそのか》され、軍団兵が投げ飛ばされると、ガリア人が嘲《あざけ》った。見物に集まっていた者が、それぞれを支持して二派に分れ、軍団兵が援軍の殺戮へ突進し、二箇大隊を殲滅《せんめつ》した。

この暴動を鎮めたのは、もう一つの騒ぎであった。遠くに土煙と武器が見えてきた。その途端、「第十四軍団が行き先を変え、戦いに来るぞ」と一斉に叫び声があがった。実際はウィテッリウスの殿《しんがり》の部隊が到着したのだった。真相を知って兵士の騒動は治まった。

そのうち兵士が、たまたまウェルギニウスの奴隷とぶつかり、この者がウィテッリウスを暗殺するときめつける。兵士は饗宴の席に殺到し、ウェルギニウスの首を要求する。いかなる猜疑心からもすぐ怯《おび》えるウィテッリウスであるが、ウェルギニウスの潔白だけは疑っていなかった。しかし兵士は執政官級の人で、しかもかつては自分たちの将軍でもあったウェルギニウスの破滅を主張してやまなかった。ウィテッリウスは辛うじて兵士を掣肘《せいちゆう》できた。あらゆる暴動を通じて、ウェルギニウスほど頻繁に攻撃された人はいない。

この人に対する世の賞讃と名声はその後も変らなかったが、軽くあしらわれていた兵士の恨み[103]はいつまでも残ったのである。

その翌日[104]ウィテッリウスは、ティキヌムで待たせていた元老院使節に引見した後、陣営へ赴き自分から進んで兵士の忠誠を賞揚した。軍団兵が懲らしめられないため、ますます

バタウィ族の援軍は、これ以上過激な行動を起さないように、ゲルマニアへ送り返された。(105)これを契機に運命は、国内と同時に外敵との戦争も準備し始めたのである。

ガリア人の援軍も、それぞれの部族へ帰って行く。これらの員数は莫大で、ウィテッリウスが最初謀叛を企てると同時に、戦力を粉飾するため戦列に加えていた。それはともかく、気前よい贈物で疲弊していた国家財政を救うため、軍団兵と援軍の実員を減らし、新しく補充することを禁じた。そして制限なく除隊が勧められた。これは国家にとって致命的であったが、兵士からも嫌われた。数の減った兵士に、以前と変らぬ軍務が課され、危険も労苦も、その頻度が以前より増したからである。士気は贅沢から殺がれ、往年の軍規や父祖の風習に反撥していた。その昔、ローマ国家は金よりも武勇で堅固に支えられていたものである。

70 ウィテッリウスはティキヌムから逸《そ》れてクレモナに向かった。(106) そこでカエキナの催した剣闘士試合を見物すると、ベドリアクムの戦場に立ち、最近の勝利の跡を自分の目で具《つぶ》さに確かめたいと欲した。

それは目も当てられぬ、身の毛もよだつ惨状であった。戦いが終ってから四十日も経っていなかった。(107) 裂けた体、切断された手足、腐爛して姿形の崩れた人や馬、凝血で汚れた大地、薙ぎ倒された立木や踏《ふ》み躙《にじ》られた穀物畠のおぞましい荒涼たる原野。

クレモナの人たちは街道の一部に月桂樹や薔薇の花を撒き散らして、心ある人に吐き気を催させていた。祭壇を作り生贄を殺し、まるで東方の王を迎えるかのようであった。

　このようなウィテッリウスへの当座の歓迎が、やがて彼らに破滅をもたらした(108)のである。ウァレンスとカエキナが傍に立ち合い、交戦の場所を示していた。「ここから軍団兵が隊伍を組んで突進した。ここから騎兵が飛び出した。あそこから援軍歩兵が敵の背後に廻り込んだ」と。

　軍団副官や援軍隊長も、それぞれ自分の功績を自慢し、虚実を取り混ぜ、あるいは事実を誇張していた。雑兵もまた叫喚や歓声を挙げながら、道から逸れて敵と対決した場所を確かめ、武器の山や屍の累積を見て今さらの如く驚いていた。

　なかには人生の無常に思い耽《ふけ》り、同情の涙に暮れている人もいた。しかしウィテッリウスはこの光景から目を背《そむ》けなかったし、何千人もの同胞市民の野晒しの死骸を見ても、怖じ気をふるわなかった。むしろ浮かれ興じ、すぐ間近に迫っていたおのれの悲運を予感することなく、その土地の神々に犠牲を捧げていた。

71

　その後、ボノニアでファビウス・ウァレンスが剣闘士試合の見世物を提供する。このために首都から諸道具(109)が運び込まれていた。

　さてウィテッリウスは都に近づくにつれ、その道中はますます腐敗した。役者、宦官の一群、その他ネロの宮廷を特色づけていた輩が混入していた。というのも、ウィテッリウスは当のネロを誉《ほ》めそやし崇拝していた。ネロが舞台で歌うときはいつも付き従っていた。清廉《せいれん》な人が皆そうであったように、ウィテッリウスは強制されたからではなく、放蕩と大食の奴隷として買われていたからである。

ウィテッリウスはウァレンスとカエキナの執政官職に、数ヶ月残しておくため、他の人の執政官の任期を縮めた。マルティウス・マケルの執政官職は、彼がオト派の将軍のため無視される。ウァレリウス・マリヌスはガルバからこの年の執政官に予定されていたが、先へ延ばされた。彼はウィテッリウスから反感を持たれていたのではない。温和な人柄で、この冷遇にもおとなしく我慢するだろうと思われたのだ。

ペダニウス・コスタは黙殺された。大胆にもネロに背《そむ》いて蹶起《けっき》し、ウェルギニウスを唆《そそのか》していたので、元首に嫌われていた。もっとも口実は別に設けられた。

このあとでもウィテッリウスに執政官就任の感謝の言葉が述べられたのは、卑屈な奴隷根性が当時の習性となっていたからである。

72 ある欺瞞が当初こそ世間を騒がせたが、数日ももたなかった。スクリボニアヌス・カメリヌスと名乗る男が現われ、「自分はネロの恐怖時代(110)、ずっとヒストリアに身を潜ませていた。というのも、そこには昔、クラッスス家の庇護者もいて所有地もあって、いままでその名前に土地の人が好意を寄せていたのである」と。

こうして彼は作り話を上演するため、性悪な連中をみな雇った。信じやすい大衆や何人かの兵士も、真相を知らずに、あるいは騒動を狙い、彼の周りに先を競って集まった。そのとき彼はウィテッリウスの前に引き摺り出され、「お前は何者か」と尋ねられた。彼の発言は一切信用されなかった。彼の主人によって、その正体がゲタという名の逃亡奴隷とわかった。彼は奴隷に慣例の処罰に従い、十字架にかけられた。

73 シュリアやユダエアからの伝令が、東方諸属州はウィテッリウスに忠誠を誓ったと報告して以来、彼がどれほど増長し無精を極めたか、話しても信じられないほどである。その頃はまだ漠然として、信ずる根拠もなかったが、世間はウェスパシアヌスの名と評判を噂の種としていた。そしてウィテッリウスはウェスパシアヌスの名を聞くたびに、いつも苛立っていた。

そこでもう競争者がいなくなったかのように、彼も軍隊も残虐と放蕩と強奪で、異国の風習の中に飛び込んでいた。

六　東方でウェスパシアヌスの擁立

74 その間にもウェスパシアヌスは、遠くあるいは近くに駐屯している軍隊の兵力を検討し、干戈《かんか》を交える機会をうかがっていた。

兵士はすでに彼の支持を堅く決心していたので、彼が先に立ってウィテッリウスに忠誠を誓ったときも、縁起良い祈念をすべて捧げたときも、黙って聞いていただけである。シユリア総督ムキアヌスは、ウェスパシアヌスを嫌ってはいないが、ティトゥスに一層の好意を寄せていた。エジプト領事ティベリウス・アレクサンデルは、ムキアヌスと志を同じくしていた。

シュリアからモエシアに移されていた第三軍団は味方に数えられた。イッリュリクムのその他の軍団は、この第三軍団を見倣《みなら》うだろうと期待された。というのも、東方の軍隊は皆、ウィテッリウスの所からやって来た兵士の傲慢無礼に憤慨していた。彼らは野蛮な恰好で言葉遣いもぞんざいで、他の者を歯牙にもかけず嘲笑《あざわら》っていた。

しかしウェスパシアヌスは、このような大きな戦争を考えて、しばしば遅疑逡巡した。あるときは希望に奮い立ち、あるときは逆境を予測した。「六十歳という年齢と二人の若い息子を戦争の危険に晒《さら》す日は、どういう日となることか。普通の市民の計画なら一歩一歩前進させることもできるし、多少を問わず好きなだけ幸運に賭けることもできる。しかし統帥権《とうすいけん》を目指す者には天辺《てっぺん》か奈落の底があるだけで、その中間はないのだ。」

75 ウェスパシアヌスは、軍人として良く知っていたゲルマニア軍の屈強を目の前に思い浮べた。「自分の軍団兵は市民戦争を体験していない。ウィテッリウス軍は内乱の勝者だ。敗者の側に武力より不平不満が強い。擾乱《じょうらん》のときは兵士の忠誠がよろめく。一人一人の兵が物騒だ。もし一人か二人が即座に悪事を犯し、敵側の用意した報酬を求めるならば、歩兵や騎兵が何の役にたつだろうか。

こうしてスクリボニアヌスはクラウディウスの治世に暗殺された。こうしてあの刺殺者ウォラギニウスは一雑兵から兵として最も高い位にとりたてられた。一人一人を避ける方が、軍隊全体を撃退するよりも難しい。」

76 このような不安で躊躇《ためら》っていたとき、軍団長や友人が勇気づけた。（三）特にムキアヌスは、ウェスパシアヌスと密談を多く重ねたあと、人前で彼にこう話しかけた。

「偉大な計画に着手する人はみな、今から始めることが果して国家に役立つかどうか、自分自身の名誉になるかどうか、そして達成できるかどうか、あるいは少なくとも困難な仕事かどうかを考えねばならない。それと同時に、勧める本人も、その謀《はかりごと》のため危険を分け合う覚悟でいるかどうか、そしてもし運命が初志を援助したとき、最高の栄誉は誰に与えられるかも考慮すべきである。

ウェスパシアヌスよ、私はあなたに統治権をとるよう要請する。それがどれほど国家のためになるか、どれほどあなたの光栄となるかは、ひとえにまず神々の意志に、次にあなた自身の決心にかかっている。

私がお世辞で本心を晦《くら》ましているのでは、と気遣うな。ウィテッリウスの後任に択《えら》ばれるのは栄誉より侮辱に近いのだから。いまわれわれは神君アウグストゥスの英邁《えいまい》な精神に反抗し、またティベリウスの周到な老齢に対して、またカリグラが、クラウディウスが、ネロですら長い統治で基礎を固めたカエサル家に歯向かって立ち上ろうとしているのではない。確かにあなたの家柄はガルバの先祖にすら一籌《いっちゅう》を輸《ゆ》す。しかしあなたがこれ以上無為にすごし、国家を汚濁と破滅の淵に沈めて顧みなかったら、あなたは木偶《でく》の坊か弱虫かと思われるだろう。(112)たとい隷属があなたに不面目であると同時に安全であっても。あなたが虎視眈々と統治権を狙っていると思われる時期はもう過ぎた。今はもう、統治権の中に救いを求めて逃げ込むべきときだ。

それともあなたはもう、あのコルブロが殺された(113)ことを忘れたのか。なるほど彼はわれわれより名門の生まれだ。それは私も認める。しかしネロも高貴な出自にかけてはウィテッリウスに勝っていた。(114)恐れられている人は誰でもそれだけで恐れている人に有名人と映るのだ。

元首が軍隊の手で作られることは、ウィテッリウスが証明してくれた。彼は軍隊の経験も軍事上の功績もないのに、ガルバが憎まれたばかりに担ぎ出された。そして彼は、将軍の技量や軍隊の実力にではなく、自ら死を早めた絶望感に負けたオトすら、今や惜しむべき優れた元首にしてしまった。この間にもウィテッリウスは軍団兵を四方に散らし、護衛隊を武装解除し、毎日戦争の新しい火種を撒いているのだ。

ウィテッリウスの兵士が、たといいくらか闘志なり勇猛心を持っていても、今では居酒屋や乱痴気騒ぎの酒盛りや元首の猿真似ですり減らしている。あなたはユダエアやシュリアやエジプトに、いかなる戦いにも損われていない完全無欠の九つの軍団を(115)持っている。

彼らは暴動で腐敗していないし、日頃の軍務で鍛えられ、外敵と戦って勝利もおさめている。あなたには艦隊や援軍騎兵や歩兵の戦力、忠実な諸王、すべての人を凌ぐ戦争体験がある。

77 私にはウァレンスやカエキナに決して引けをとらない自信がある、と言う以外に何も主張するつもりはない。しかしあなたはこのムキアヌスを競争相手とみなさないからと言って、この私を協力者とすることを軽蔑しないでくれ。私は自分をウィテッリウスよりも上におくが、あなたより下におく。あなたの家には凱旋将軍の肩書があり、二人の若者がいる。その一人はすでに皇帝の器量を備えているし、軍隊奉公を始めた頃、ゲルマニア軍でも赫々《かつかく》たる勲功を立てた。そこでもし私が皇帝となったら、その息子をきっと私の養子とするような父親に統治権を譲らないのはおかしなことであろう。

それはともかく、われわれ二人の間では、幸運と不幸の分け前が等しくなることはあるまい。われわれが勝つと、私はあなたの授ける名誉で満足するだろう。しかし危機や困苦は平等に堪え忍ぶつもりだ。

いや、それよりもっと良い方法は、あなたは全軍に采配を揮《ふる》え(116)。危険な作戦と戦闘は私に任せてくれ。今日敗れた軍隊は、勝った軍隊よりも厳しい軍紀の下で暮らしている。前者は怒りと憎しみと復讐欲とから闘魂を燃やしている。後者は驕《おご》りと不遜から弛慢《だらけ》ている。勝者のこの膿をもった傷を、戦争自体が明るみに出し発《あば》くであろう。

私はあなたの注意深い警戒心と、つつましさと智慧を信頼していると同じ程度に、ウィテッリウスのふしだらと無智と残酷を信じている。

それはともかく、われわれはすでに平和よりも戦争の中に正当な根拠を見つけた。謀叛を相談した者は、すでに謀叛を起したも同然なのだから。」

78 ムキアヌスの雄弁の後で、他の者は以前にもまして大胆にウェスパシアヌスを囲み説得し、予言者の返答や星座の運行を思い起させた。ウェスパシアヌス自身、このような俗信に無関心ではなかった。というのも、彼は後で国家の支配者となると、セレウコスという名の、ある占星師を公然と抱え、相談相手や予言者としていたのだから。

彼は心の中で古い前兆を繰り返し思い起した。彼の敷地内で著しく高かった一本の糸杉が、突然大地に倒れた。しかしその翌日、同じ跡に糸杉が芽生え高く伸び、以前よりも広く枝葉を茂らせた。これは極めて重要な幸先良い兆しであり、当時まだ若かったウェスパシアヌスに最高の栄誉を約束したものだと、卜腸師《ぼくちょうし》たちは揃って解釈した。

しかし初めのうち、凱旋将軍顕章と執政官職とユダエア戦の勝利の栄光で、前触れの約束は忠実に果されたと、世間は考えていた。

しかしウェスパシアヌスは、これらの名誉を手にしたとき、自分には統治権が予言されたと確信するに至った。

ユダエアとシュリアの国境にカルメルスと呼ぶ山がある。これは土地の人には神様でもある。

　しかし、この神には像もなければ神殿もない――それが祖先からの言い伝えである――、祭壇と礼拝があるだけである。ここでウェスパシアヌスは生贄を捧げ、心に秘めていた希望を願い祈っていると、神官バシリデスが何度も丹念に生贄の内臓を調べてからこう言った。「ウェスパシアヌスよ、あなたが今考えているものが、家の建築であれ、所有地の拡張であれ、奴隷の数の増加であれ、あなたには壮大な邸宅と茫洋たる領地と、夥《おびただ》しい人が与えられよう」と。

　この曖昧模糊たる言葉は、その当座たちまち世間の評判になったが、今やその謎解きの鍵を与えた。民衆が好んで噂するのはこの話ばかりで、ウェスパシアヌスの前でもたびたび話題とし、期待の大きい人ほど、熱心に語り合う。

　二人は断固たる決意を抱いて別れた、ムキアヌスはシュリアの首府アンティオケイアを目指し、ウェスパシアヌスはユダエアの首府カイサレイアへ向けて。

79

ウェスパシアヌスに統治権を譲渡する第一歩は、アレクサンドレイアで始まった。ティベリウス・アレクサンデルが急いで七月一日に自分の軍団兵にウェスパシアヌスへの忠誠を誓わせた。この日は後年ウェスパシアヌスの元首政開始日として祝われた。もっともユダエアの軍隊は七月三日に、ウェスパシアヌスの前で忠誠を誓った。それも息子ティトゥスが帰ってくるのを待てないほど意気込んでやった。ティトゥスはシュリアでムキアヌスと父との間で協議の仲介をしていた。このときは集会の準備も諸軍団の集結もなく、すべてが兵士の自発的な熱意で行われた。

80 兵士は何時、何処でやろうか、そしてこのような場合最も難しいことであるが、最初に呼びかける言葉は何にしようかと考え倦《あぐ》ねながら、彼らの心は期待、不安、周到な計画、運任せに支配されていたところ、ウェスパシアヌスが彼の寝室から出て来たとき、いつものように戸口に整列していた少数の番兵が「総督」と挨拶するかのように、「皇帝」と呼んで挨拶した。その途端、他の兵も馳け寄って「カエサル」「アウグストゥス」と、元首のすべての称号を積み上げた。

兵士は危惧の念を忘れ、望外の僥倖を喜んだ。ウェスパシアヌス自身、傲慢《ごうまん》や尊大の気《け》振《ぶ》りも見せず、この新しい状況の中でもそれまでと全く変らなかった。

このような高い地位に立った瞬間の立暗みを追い払うと、彼はたちまち軍人らしくてきぱきと対応し、あらゆる所から流れ込む祝辞を受け入れた。

この知らせだけを待ち望んでいたムキアヌスは、喜んで応ずる気になっていた兵士に、ウェスパシアヌスへの忠誠を誓わせた。それからムキアヌスはアンティオケイアの劇場へ——ここで町の人はいつも相談していたので——入って行き、馳け集まった人に話しかけると、彼らは愛想の限りを尽した。

ムキアヌスはギリシア語で話すときにも、充分に優雅に語りかけたし、自分の言動をすべて自己に有利な光の下に見せる技も心得ていた。ムキアヌスの次のような断言ほど、属州民と軍隊をひどく憤慨させた言葉はなかった。

「ウィテッリウスは、ゲルマニア駐留軍をシュリアへ移動させ、この収入の多いそして平和な兵役につかせ、その代りにシュリアの軍団兵を気候も労苦も厳しいゲルマニア冬期陣営に移すことに決めた」と。

実際この属州民は軍団兵(117)と昵懇の間柄になって喜んでいたし、彼らの多くが兵士と友情や血縁の絆で結ばれ、兵士も長年の勤務で知り尽し親しみを覚えたこの土地の陣営を、わが家の如く愛していたからである。

81

七月十五日までにシュリア全土が、同じようにウェスパシアヌスに忠誠を誓った。ソハエムスは王国を挙げ、決して侮《あなど》れない兵力を率いて味方に加わった。先祖からの遺産で富み朝貢国の中で最も豊かな王アンティオコスも加わった。やがてアグリッパも加わる。彼はローマに滞在中、臣下の密使を通じて呼び戻され、ウィテッリウスがまだ知らないうちに急遽、海を渡って帰国した。彼の后ベレニケも夫に負けず、熱心にウェスパシアヌス側を支援した。この妙齢と美貌で花と咲き誇っていたベレニケは、豪勢な贈物で、老齢のウェスパシアヌスに感謝された。

属州のうちアシアからアカイアまで、海に洗われている地域はすべて、そしてポントスやアルメニアへと内陸に向って拡がる地域も全部、ウェスパシアヌスに忠誠を誓った。

しかしこれらの地方を統治していた者たちは、軍隊を持っていなかった。その当時まだカッパドキアに軍団兵はいなかった。

ベリュトスで、帝国全体の軍事状況が討議された。そこにはムキアヌスが軍団長や副官や、最も優秀な百人隊長や兵卒を連れて来ていた。そしてユダエアの軍隊からの盛装した選抜兵もいた。これらの大勢の歩兵や騎兵、そしてお互いに張り合っていた諸王の豪華な道具立てが、外観上すでに皇帝の宮廷の様子を呈していた。

82 戦争に対する最初の配慮は、新兵の募集と退役古兵の再召集であった。武器製造のため、その能力のある町が指定される。アンティオケイアで金貨と銀貨[118]が鋳造される。これらはすべて、それぞれに適当な所で、資格をもつ代理人を通じて急がれる。

ウェスパシアヌス自身現場に立ち寄り、真面目に働く者は賞め励まし、怠け者は懲らしめるより、しばしば手本で刺戟した。友人の場合、長所よりも欠点を見て見ぬ振りをした。多くの人を援軍隊長や元首属吏で、さらに多くの人を元老院階級の名誉で飾った。卓越した人は、その後で最高の地位を手にする。ある人には美徳より幸運が味方した。

兵士への賜金について、ムキアヌスは最初の集会で控え目にしか提示していなかった。ウェスパシアヌス自身、他の元首が平和のとき与えていた以上の賜金を、内乱中にも与えなかった。兵士への気前よい祝儀にウェスパシアヌスは毅然たる態度を見事に貫いて、一層彼の軍隊は立派になった。

83

パルティアとアルメニアに使者を送り、軍団兵が内乱に目を向けていても、背後の防備を怠らぬよう手段を講じた。

ティトゥスはユダエアで戦争を続行し、ウェスパシアヌスはエジプトの重要な拠点[119]を占領することになった。

ウィテッリウスに対しては兵力の一部と、将軍ムキアヌスの指揮とウェスパシアヌスの名前と、そして運命には何も抗し難いという諦観があれば充分と思われた。

すべての軍隊と軍団長に手紙が書かれ、こう指示される。護衛隊兵はウィテッリウスに敵意を抱いているから、報奨を約束し、再び軍務に服するよう誘うべきであると。

ムキアヌス[120]は支配権に仕えるより共有する役を演じながら、軽装歩兵を率い、逡巡していると見せないため鈍《のろ》からず、さりとて急ぎもせず、手許の兵力は弱少でも離れた軍勢は遥かに強力だと信じられることを知って、距離を保ちつつ自分の軍隊の前評判を高めようとした。

しかし彼の後から、第六軍団と一万三千名の分遣隊が長い列を作って付けていた。そして黒海から艦隊[121]をビザンティオンへ向けるように命じていた。ムキアヌスはモエシアを断念しデュッラキオンを歩兵と騎兵で包囲し、それと同時に艦隊でイタリアに面したアドリア海を封鎖したものかどうかと迷った。そうすればアカイアとアシアが安全となる。もしこの前衛で固めなかったら、これらの地が無防備のままウィテッリウスの前に晒されることになる。その一方でウィテッリウスは、もしブルンディシウムとタレントゥムを、そしてカラブリアやルカニアの海岸を敵の艦隊に嚇《おど》されると、イタリアのどの部分を守るべきかで途方に暮れるだろうと。

84 (122)そういうわけで東方の属州は、船舶、兵士、武器の調達で活気づいた。しかし必要な金銭の徴収ほど、当局を悩ませたものはなかった。ムキアヌスは「金は内乱の腱だ」としきりに唱え、徴税審査でも正義や公平ではなく財産の高額だけを念頭においた。至る所で密告が行なわれ、大金持はみな餌食として訴えられた。これらは属州民を圧迫し耐え難い重荷であった。これも戦争のため已むを得ないと弁明され、平和となっても続けられた。ウェスパシアヌス自身、統治の初め頃、この不当な請求権を行使し続けることに格別固執しなかったのに、ついに幸運に甘え且《か》つ性悪な教師(123)に仕込まれ、平気で行なうようになった。

ムキアヌスは自分の私産も使い内乱に貢献したが、あとで国家からいっそう貪欲に取り戻すため、個人として気前よく振舞ったにすぎない。

85 他の人は金を寄付するのにムキアヌスを手本としたが、金を回収するのに彼と同じく放《ほう》縦《じゅう》を極めた人は全く稀であった。

そのうちウェスパシアヌスは、自分の側に移ったイッリュリクム地方の軍隊の熱烈な支持で、計画の実行を急いだ。第三軍団はモエシアの他の軍団兵に模範を示した。ここには第八軍団と第七クラウディアナ軍団がいた。彼らはベドリアクム戦に参加していなかったが、オトに深い愛着を抱いていた。アクィレイアまで進んだとき、オトの訃報を持って来た者を追い返し、ウィテッリウスの名を掲げていた軍旗を引き裂き、揚句に陣営金庫を奪いお互いの間で分け合っていた。

こうした敵対行為の後で、兵士は恐ろしくなり、恐怖からこう考えた。「ウィテッリウスの前では弁明せざるを得ない行為も、ウェスパシアヌスの前では手柄顔ができる」と。そこでモエシアの三箇軍団は、手紙を送ってパンノニアの軍隊を味方に誘い込もうとした。もし拒否されたら暴力に訴える覚悟であった。

この緊張した状況の中でモエシア総督アポニウス・サトゥルニヌスは、自ら求めて最も唾棄すべき罪を犯す。第七軍団長テッティウス・ユリアヌスを暗殺するため百人隊長を差し向けた。私怨からであったが、党派の利益で取り繕った。

ユリアヌスは危険を察し、土地の事情に詳しい者を雇い、モエシアの道なき道を通って、ハエムス山の向こうまで逃げた。その後、彼はさまざまの口実から出発を遅らせ、ウェスパシアヌスに約束した旅を延ばし、情報を手に入れるたびに尻込みしあるいは狼狽し、とうとう内乱には参加しなかった。

86 一方パンノニアでは、第十三軍団と第七ガルビアナ軍団は、[124]ベドリアクム戦の敗北の悔しさと恨みを忘れていなかったし、特にプリムス・アントニウスの影響力で、ほとんど遅疑逡巡することなく、ウェスパシアヌスの側に付いた。

アントニウスはネロ時代、法を犯し偽造罪の判決を下されていたのに、元老院階級を再び手に入れたのは、内乱の弊害の一つであった。彼はガルバから第七軍団長に任命されたが、オトにたびたび手紙を送り、「あなたの派の将軍として身を捧げる」と書いたと世間では信じられている。アントニウスはオトから黙殺され、オトの戦争にはいかなる役も果さなかった。ウィテッリウスの形勢がよろめいてきたとき、ウェスパシアヌスに味方し、この派に大きな重みを加えた。老練な武人で即妙な弁舌に長じ、他人の心に嫉妬の種を植え付けるのが巧みで、不和や暴動に凄腕を発揮し、掠奪し気前よく振舞い、平時に厄介至極な、戦時に決して侮《あなど》れない男であった。

さてこうしてモエシアとパンノニアの軍隊が提携すると、ダルマティアの軍隊も引き入れられた。もっとも総督はこの叛乱に一切関与しなかった。当時パンノニアはタンピウス・フラウィアヌス[125]が、ダルマティアはポンペイユス・シルウァヌスが統治し、共に老齢の金持であった。しかし二人の側にいた元首属吏コルネリウス・フスクスは、名門の出の若者であった。彼は成人に達すると早々、静かな生涯を願って元老院階級の昇進を断念していた。この同じ人がガルバのため、故郷の植民市の指導者となり、この奉仕で元首属吏の地位を得た。ウェスパシアヌスの側に付くと、戦争に最も烈しい松明《たいまつ》を提供した。危険の報酬より危険そのものを楽しみ、すでに手に入れていた確実なものより、新しく疑わしい危なげなものを好んだ。

そういうわけでアントニウスとフスクスは、帝国内の至る所の不満分子を皆、突き動かし揺すぶる試みに着手する。彼らはブリタンニアの第十四軍団に、そしてヒスパニアの第一軍団に手紙を書いた。この二つの軍団はオトに味方し、ウィテッリウスに反抗していたからである。それからガリア全土に檄を飛ばす。またたく間に大きな戦いが燃え上った。イッリュリクムの軍隊は公然と叛旗を翻《ひるがえ》し、他の軍隊は幸運に荷担しようと心に決めた。

87

七　首都のウィテッリウス

このように東方の属州で、ウェスパシアヌスとその派の将軍が動いていた頃、ウィテッリウス(126)は日に日にますます見下げ果てた無精者と堕し、イタリアの自治市や田舎の別荘で快適な所にはみな逗留し、長蛇の列で都を目指していた。彼に従っていた武装兵は六万人(127)で、無軌道から腐敗していた。従軍奴隷はもっと多かった。

従軍商人の根性は、奴隷と較べても遥かに狡猾であった。多くの軍団長や幕僚の随員は、たとい厳しい規律で制御されても服従しそうにない輩であった。

この大勢の行列をさらに増やしたのが、首都から迎えに来た元老院議員や騎士である。ある者は不安に怯《おび》え、多くは媚び諂《へつら》い、他の者は、人が出発して自分だけ居残っておれないと、次々と皆がやって来た。

低い階層からも、破廉恥な奉仕でウィテッリウスと昵懇になっていた道化師、俳優、戦車駆者《ぎょしゃ》が加わった。ウィテッリウスはかかる連中との不面目な友情を、人も呆れるほど喜んでいた。

植民市と自治市は、食糧の調達で疲弊したばかりでなく、農耕者や、すでに作物の実っていた畠地は、敵の土地の如く荒された。

88 兵隊同士もたびたび残酷な殺し合いを行なった。ティキヌムの騒擾《そうじょう》以来、軍団兵と援軍との不仲はそのままずっと続いていた。もっとも土地の人と争わなければならなくなると、彼らは一致協力した。

最も惨《むご》たらしい殺戮は、[128]首都から第七里程標の所で起った。その土地でウィテッリウスが、まるで剣闘士に力弁当を振舞うかのように、兵士の一人一人に料理した食物を配っていたとき、首都から民衆が大勢やって来て、すべての陣営に入り兵士と歓談していた。何人かが都会人らしい悪巫山戯《わるふざけ》から、ぼんやりしていた兵士の武器を盗んだ。彼らは剣帯をこっそりと切って、「剣帯はどこか」と尋ねた。このような侮辱に慣れていない軍人気質の兵は、悪戯《いたずら》に我慢できなかった。武器を持たない市民に剣で襲いかかる。殺された者の中に兵士の父親もいた。父は息子に付き従っていたのだ。父親とわかり、この凶行が広く知れると無垢な者の殺害は止まった。

しかし首都では市民が怯《おび》えきっていた。兵士があちこちと馳けずり廻っていたからである。特にガルバが倒れたという場所を見ようと思って中央広場を目指した。これに劣らず彼ら自身の風采も不気味で[129]あった。野獣の毛皮と長大な槍が身震いさせた。

兵士は無作法で、民衆の群を避けて通ることは滅多になく、滑っこい鋪道で、あるいは誰か他の人とぶつかって倒れると、すぐ諍《いさか》いを起し、やがて腕力や武器に訴えた。副官や援軍隊長までも、武装兵の一団と共に飛び廻って恐怖心を煽《あお》った。

89

さてウィテッリウスは、ムルウィウス橋からは見事な軍馬に跨り、将軍外套を羽織り剣を帯び、自分の前に元老院議員とローマ国民を荷獣の如く駆り立てていたとき、友人から「まるで占領した都へ入城するようでよくない」と忠告され、文官の礼服に着換え、整然たる縦隊と共に徒歩で入った。

先頭に四箇軍団[130]の鷲旗と、その両側に同数の他の軍団の分遣隊旗、その次に十二本の援軍騎兵隊旗、そして軍団歩兵の列とその後に騎兵。ついで援軍歩兵三十四箇大隊が、民族の名前か武器の種類に従って区別されて進んだ。

鷲旗の前に屯営長、副官、首位百人隊長が純白の式服を着て、その他の百人隊長はそれぞれ自分の百人隊の傍に立ち、武器と勲章できらびやかに飾り、また兵士の胸の勲章も頸章も眩しく輝いていた。

それはまことに壮観で、元首ウィテッリウスには勿体ない軍隊であった。

このようにしてカピトリウムの神殿に詣で、そこで母親を抱擁し、「アウグスタ（尊夫人〕」の称号を贈って敬意を表した。[131]

90 その翌日ウィテッリウスは、[132]まるでよその国の元老院と国民を前にしているかのように おのれの業績について尊大な演説を試み、おのれの勤勉と克己を賞揚した。そこに居合せた人は勿論、イタリア全土が、彼の破廉恥を確認しているにも拘らずである。実際、彼はイタリアを通過している間、懈怠《けたい》と放蕩三昧とでおのれの恥を晒していたのだから。しかし一般庶民は国家のことなど念頭になく、真実と虚偽の区別もせず、因襲的な迎合の才に長けていて、賛同の叫びと歓呼の声を挙げてはしゃいだ。彼らはウィテッリウスが拒否していたアウグストゥスの尊称を受け入れるよう無理やり承知させたが、拒否していたのと同じように空しいことであった。[133]

91 何事もこじつけて意味を見出そうとするこの都では、ウィテッリウスが大神祇官長に就任し、クレメラとアッリアの敗北で昔から縁起の悪い日とされている七月十八日に、公けの儀式を告示したのは、不吉な前兆と解釈された。これほどウィテッリウスは人と神々の掟に無智であり、側近の解放奴隷や友人も同様に愚昧で、あたかも酔漢の一味と共に暮らしているように見えた。[134]

しかし執政官の選挙には、候補者と共に一市民として立ち合い、劇場では一人の観客として、戦車競技場では一人の贔屓客《ひいき》[135]として出席し、下層の市民のあらゆる好意を得ようと努めた。

これらがもし美徳の結果として自然に生じたものならば、確かに好感をもたれ大衆の人気を集めたことであろう。彼の以前の生活態度を忘れていない者には、下品でさもしい行為と受け取られた。

彼はたびたび元老院に出席した。元老院議員が些細な議題を審議しているときですら出席した。

そしてたまたま予定執政官ヘルウィディウス・プリスクスが、ウィテッリウスの公表した意志に逆らって自分の意見を述べた[136]ときでも、彼は最初感情を害したが、軽視された元首の権威に、護民官の援助を要請したにすぎない。

この後で友人たちは、彼が根の深い恨みを抱くことを恐れ、彼の気持を宥《なだ》めたところ、彼はこう答えた。「二人の元老院議員が[137]、国家の問題で意見を異にするのは、いまに始まったことではない。私はいつもトラセアにすら反対意見を述べていたものだ」と。

大勢の者は彼の鉄面皮な競争心を笑ったが、他の者は、彼が権勢家の中からは誰の名もあげず、トラセアを真実の栄光の鑑《かがみ》に択《えら》んだことを好ましく思った。

92

援軍隊長からプブリウス・サビヌスを、当時の百人隊長からユリウス・プリスクスを護衛隊長に任命した。プリスクスはウァレンスに、サビヌスはカエキナに取り立てられたのである。お互いに不仲であった二人に対し、ウィテッリウスは何の権威も持たなかった。統治の責務はカエキナとウァレンスが遂行していた。

彼らは以前からずっと憎悪の感情に苦しめられていた。内乱の間や陣営で暮らしていたときは、下手にでも隠していたこの感情を、今や二人の友人の曲がった根性と個人的な敵《てき》愾心《がいしん》を育てるのに肥沃な都が、ますます募らせていた。二人が世間の人気や外出時の取り巻きや朝の伺候者の夥《おびただ》しい行列を張り合い、比較されているとき、ウィテッリウスはときにあちらへときにこちらへ好意を寄せて定まらなかった。実際、個人の権力は度を越えると信頼できなくなる。

同じウィテッリウスが突然怒ったかと思うと、機宜を逸して媚び諂《へつら》う。この変りやすい元首を二人は軽蔑し、同時に恐れもした。それだけ一層せっせと、二人はローマ帝国の邸宅、庭園、財産を蚕食《さんしょく》していた。

その一方で貧困を嘆いていた多くの貴族は――ガルバは当人やその子供を追放地から祖国に返していたのに――、元首からいかなる同情も援助も貰えなかった。そして追放地から帰っていた一流の市民は、ウィテッリウスの恩恵で解放奴隷に対する主人としての権利(138)を取り戻し、一般の下層民ですらこれを承認していたのに、解放奴隷は奴隷根性からあらゆる方法で、自分たちの金を無名の人や有力者の懐に預け、主人の権利を無効としていた。そしてある者はカエサル家に移って、元の主人よりも権力を揮《ふる》っていた。

93 一方、兵士は護衛隊兵舎が一杯で逍遥柱廊や神殿にも大勢溢れ、都全体を徘徊し点呼の場所を知らず、夜警の任務につかず、訓練で体を鍛えることもなく、都の誘惑や口にするのも憚《はばか》られる恥ずかしい行為に身を任せ、無為で肉体を、放蕩で精神を弱めていた。揚句に健康への配慮を怠る。不衛生で悪評高いウァティカヌス地区に、大勢が天幕を張っていたので、一般兵卒が次々と倒れる。病気に罹《かか》りやすい(139)ゲルマニア人やガリア人が猛暑に耐えかね、近くのティベリス川で水浴をし過ぎて体調を崩した。

(140)その上に将官が人気取りから兵の処遇を誤り、軍隊の秩序を乱した。護衛隊十六箇大隊と都警隊四箇大隊を、それぞれ一箇大隊千名とするように徴募した。この募集でウァレンスが一層大胆に振舞ったのは、カエキナを窮地から救ったのが自分だと思っていたからである。確かにウァレンスの到着で、ウィテッリウス軍は勢力を盛り返したし、鈍《のろ》い行軍から拡がった悪意ある噂も、彼の参戦と勝利で消散していた。そして低地ゲルマニア軍の兵士は全員ウァレンスに服従していた。このような事情から、カエキナのウィテッリウスに対する忠誠心がゆらぎ始めたと信じられている。

94

それはともかく、ウィテッリウスの将軍に対する機嫌とりは、兵士に黙認した我儘放題と較べると、それほどではなかった。兵士は得手勝手に自分の所属部隊を決めていた。たとい相応しくなくても当人が欲すると、首都の兵士に登録された。それに反し、立派な兵が元の軍団や援軍騎兵隊に残りたいと望むと許された。希望した者の中には病気で疲れていたり、都の悪い気候を訴える者がいた。

それでもやはり軍団と援軍騎兵隊は主力を引き抜かれ、首都の部隊は威信を落した。(141)都の軍隊に編入された二万人は、全軍からの粒選りではなく、ごった混ぜであったからである。

ウィテッリウスが集会を開いたとき、兵士はガリア人の指導者アシアティクスとフラウスとルフィヌスの処刑を求める。「彼らはウィンデクスに味方して戦ったからだ」と言って。ウィテッリウスはこのような兵士の声を抑えつけようとしなかった。生まれつき臆病な性格の上に、賜金の支給期限が来ていて金がないのを知っていたから、その他のことならなんでも気前よく兵士に譲っていたのである。

帝室の解放奴隷は、自分の所有している奴隷の数に応じて、戦時税の如く金を徴収された。当のウィテッリウスは散財のみを念頭におき、競走戦車の馭者《ぎょしゃ》のため厩舎(142)を建て、競技場を剣闘士や野獣の見世物で満たし、まるで金があり余っているかのように金を惜しみなく使った。

95 かてて加えて、カエキナとウァレンスはウィテッリウスの誕生日(143)を祝い、全都で街区ごとに剣闘士の試合を催した。法外な費用は前代未聞であった。下賤の民は皆喜んだが、良識ある市民の顰蹙《ひんしゅく》を買った。ウィテッリウスがマルス公園に祭壇を作り、ネロの死霊に供物を捧げていたからである。国家の行事として生贄を殺し焼いた。松明《たいまつ》に火をつけたのはアウグストゥス祭司(144)である。これはかつてロムルスがタティウス王に捧げた神官団のように、カエサル・ティベリウスがユリウス家のために創設していたものである。

ベドリアクムの勝利からまだ四ヶ月も経っていないのに、すでにウィテッリウスの解放奴隷アシアティクスは、憎悪の的であった古い名前のポリュクリトゥスやパトロビウスと肩を並べていた。

ウィテッリウスの帝室では何人《なんぴと》も清廉潔白や精励恪勤《かっきん》を競い合わなかった。権勢への道は唯一つ、贅沢な宴会や高価な珍味でウィテッリウスの飽くことなき食道楽を満足させることであった。

ウィテッリウス自身、現在が楽しめると、それで充分と思い、遠い先のことは思い巡らさなかった。

僅か数ヶ月のうちに、九億セステルティウスも浪費したと信じられている。偉大な国家は哀れにも同じ年にオトとウィテッリウスに耐え、ウィニウス、ファビウス、イケルス、アシアティクスの如き人物と共に、浮沈の激しい、そして屈辱に満ちた運命を体験して、やっとムキアヌスとマルケッルスにとって代られたが、彼らとて品性よりも人間が変ったにすぎなかった。

96 ウィテッリウスが最初に知ったの(145)は第三軍団の返り忠で、アポニウス・サトゥルニヌスから送られてきた手紙による。それは彼自身もウェスパシアヌスの側に付こうとする直前の手紙であった。しかしアポニウスは突然の事態に面食らったらしく、経緯を一部始終述べていなかった。それでウィテッリウスの友人は取り入って手紙の内容を甘く解釈した。

「この叛乱はただ一箇軍団のもので、他の軍隊の忠誠心は揺らいでいない[146]」と。

このようにウィテッリウスも兵士に向かって説明し、最近解雇された護衛隊兵を非難し、「この者たちがでたらめな噂を撒き散らしているのだ。市民戦争の恐れは全くない」と保証し、ウェスパシアヌスの名は終始口にしなかった。それから都中に兵を散らし市民の会話を封じた。これが却って世間の噂を養う主要な滋養分となった。

97 しかしウィテッリウスは渋々と、そしてその必要もないかのように装い、ゲルマニアとブリタンニアとヒスパニアから援軍を呼んだ。同じように総督も属州もためらった。高地ゲルマニア総督ホルデオニウス・フラックスはすでにバタウィ族を疑い、自分の領域での戦争を懸念していたし、ブリタンニア総督[147]ウェッティウス・ボラヌスはブリタンニアが充分に平穏とは思っていなかったし、二人とも態度を決めかねていた[148]。

ヒスパニアも急いで送る気配はなかった。当時そこに総督は不在で、三人の軍団長は対等な権限を持ち、ウィテッリウスの運がよいうちは忠誠を張り合うつもりでいたろうが、ウィテッリウスの憂き目に巻き込まれることは三人とも同じように避けようとしていた。

アフリカには一箇軍団とクロディウス・マケルが募集していた援軍がいた。その後この援軍はガルバの命令で解体されていたが、今度ウィテッリウスの命令で軍務に復帰する。

それと同時に現地の他の若者も張り切って志願した。

というのも、ウィテッリウスがかつてそこで申し分のない知事として人望を集めていたが、ウェスパシアヌスは知事として評判が悪く嫌われていた。それでアフリカ属州民は、二人の統治についても同じことを推測していたが、実際に体験したことは逆であった。

98 最初、軍団長ウァレリウス・フェストゥス[149]は、アフリカ属州民の熱意を誠実に支援していたが、やがて気持がぐらつき出した。書簡や告示で公然とウィテッリウスを、密使を通じてウェスパシアヌスを支持し、前者か後者かの足場が強固になった後で、どちらかに味方することにした。

ウェスパシアヌスの書簡や告示を持った兵士や百人隊長が、ラエティアとガリアへ差し向けられ、何人かが捕まりウィテッリウスの所へ送られ殺された。多くは友人の信義、あるいは自分[150]の機略で身分を隠し、敵を欺いた。

こうしてウィテッリウスの準備は相手に知れたが、ウェスパシアヌスの意図はほとんどわかっていなかった。つまり、第一にウィテッリウスの愚かしい怠慢から、次にパンノニアエ・アルペス地方に駐留していた前衛隊[151]が、ウィテッリウス軍の伝令を取り押えていたからである。そしてアドリア海にも北西風が吹いていて、東方への航海には向いても、そこから帰るには不向きであった。

99 ようやくウィテッリウスは、敵の突然の襲来と四方からの凶報に驚き、カエキナとウァレンスに出陣の命令を下した。カエキナが先発する[152]。ウァレンスはその頃やっと重い病気から復したばかりで体力もなく、敏捷な行動を妨げられていた。

首都から出発するゲルマニア軍の姿は全く変り果てていた。肉体は活力を精神は闘志を失い、歩行は緩慢で、縦隊は隙間だらけ、武器はずれ落ち、馬もだれていた。太陽と塵埃と不順な気候に耐えられず、労苦を辛抱するだけの根気をなくしたぶん、短気になって諍《いさか》いを起していた。

こうした軍隊の上に、将軍カエキナの昔からの野心と最近の感情の鈍麻と、贅沢三昧に耽《ふけ》った幸運への極端な甘えが加わった。それとも裏切りを企んでいた者には兵士の勇猛心を拉《ひし》ぐことも一策であったのか。

多くの説はこう信じている。ルブリウス・ガッルスが取り持った会談の席で、フラウィウス・サビヌスから「ウェスパシアヌスは寝返りの条件を呑むであろう」と説得され、カエキナの心もぐらついたと。そのときはまたファビウス・ウァレンスに対する憎悪と嫉妬を思い起させられ、「ウィテッリウスの下で彼に太刀打ちできないなら、新しい元首の下で愛顧と勢力を手に入れるがよい」と勧められたと。

100 カエキナはウィテッリウスから抱擁され丁重に礼遇されて立ち去ると、クレモナを占拠するため騎兵の一部を先発させる。ついで第一、第四、第十五と第十六軍団の分遣隊、その次に第五、第二十二軍団が続く。縦隊の殿《しんがり》を第二十一ラパクス軍団と第一イタリカ軍団が、ブリタンニアの三箇軍団の分遣隊と援軍の選抜隊と共に進む。

カエキナが出発すると、ファビウス・ウァレンスは自分が指揮していた軍団兵[153]に手紙を書いた。「途中で待っておれ。そのようにカエキナと打ち合わせてあるから」と。

しかしカエキナは、現場に居ただけに都合よく嘘がつけた。「来るべき戦争に全兵力を挙げてぶつかるため、予定の計画を変更する」と。

こうして軍団兵をクレモナへ急行させ、残りはホスティリアを目指すよう命じた。自分はラウェンナへ逸《そ》れた。そこの艦隊に話しかけるためとの口実を設けて。やがてわかったように[154]、彼は謀叛の工作のため密談を求めて行ったのである。というのも、ルキリウス・バッススは騎兵隊長のあと、ウィテッリウスからラウェンナと同時にミセヌムの艦隊長に任命されたが[155]、即座に護衛隊長の地位が得られなくて不当に立腹し、破廉恥な背信行為で復讐を企んでいた。バッススがカエキナを誘ったのか、それとも、邪《よこしま》な者同士は性格も似ているので、同じ悖徳《はいとく》に揃って駆り立てられたのか、それは判らない。

101

フラウィウス氏が支配していた頃、この戦争の記録を書いた当時の歴史家たちが、カエキナとバッススの謀叛の起因を平和への配慮と祖国愛に帰しているのは[156]、阿諛《あゆ》に基づく空言である。私はこう思う。二人の性来の無節操と、ガルバを裏切って以来信義を軽んじていた事実は別として、彼らがウィテッリウスを転覆させたのは、ウィテッリウスの下で他人に凌駕されたくないという競争心や嫉妬心であった、と。

カエキナは軍団兵に追いつくと早速、百人隊長や兵士がウィテッリウスに抱き続けていた頑固な執着を手練手管で掘り崩した。

バッススも同じことを試みたが、さほど困難ではなかった。艦隊は最近オトに味方して戦った思い出から、簡単に返り忠を受け入れたのである。

（第二巻・終）

第三巻

一　ウェスパシアヌス軍、北イタリアへ進入

1　フラウィウス派の将軍は、(1)ウィテッリウス派の将軍より恵まれた運命の下で、一層誠実に作戦を練り始めた。彼らは第十三軍団の冬期陣営のあるポエトウィオに集まっていた。(2)そこで彼らは、背後から味方の全兵力が蹶起《けっき》して来るまでパンノニカエ・アルペス山地を封鎖して待つべきか、それとも、敵に向かって肉薄しイタリアの征服を争う方が一層毅然たる行動であるかを相談した。

援軍の加勢を待って戦争を延ばす方を得策と考えた者は、ゲルマニア諸軍団の武力と輝かしい名声を持ち上げた。「そしてベドリアクム戦の後、すぐブリタンニア軍の精鋭がウィテッリウスと共に到着しているのだ。わが兵力は、最近撃退されたあの軍団兵の数にも匹敵しない。敗れた兵士は気負い立って話しているが、彼らの闘志には陰《かげ》りが見られる。ウェアルペス山脈を占拠しているうちに、ムキアヌスが東方の軍隊を連れてくるだろう。ウェ

スパシアヌスには海と艦隊と属州の熱烈な支持が残されている。これらの後ろ楯によりウェスパシアヌスは、言わばもう一つの戦闘に火をつけられるのだ。こうして戦いを有利に遅らせている間に新しい勢力も加わるだろうし、現有兵力も損われることは全くあるまい。」

2 これに対し最も激しい即戦首唱者であったアントニウス・プリムスは、「迅速果敢こそわれわれに有利で、ウィテッリウスに致命的だ」と論じた。「勝者の心には自信より油断が増大している。実際、彼らは腰に剣をつけたまま陣営に暮らしているのではない。イタリアのすべての町に散らばり、無為徒食している。彼らは以前、野蛮な生活をしていただけに、一層ひどく宿舎の提供者に恐れられ、それだけ一層さもしく、経験したことのない快楽を貪《むさぼ》っているのだ。競技場や劇場やその他の都の誘惑に負け、精神はふやけ体力も病気で衰えている。しかしその彼らに余裕を与えると、戦争を考えて昔の精力を取り戻すだろう。

それにゲルマニアは遠くない。そこからも兵力が来る。ブリタンニアは海峡で隔てられているだけだ。ガリアとヒスパニアの属州はごく近い。どちらにも人と馬と貢税がある。さらにイタリアそのものと都の財力が控えておる。

そして彼らがもし進んで攻勢に出ようと思えば、二つの艦隊と無防備のアドリア海が味方する。その場合、われわれが山岳地帯を封鎖していて何の役に立つのか。来年の夏まで戦争を延ばして何の足しになるのか。その間の金と食糧をどう算段するのか。

むしろ次のような事実こそ利用すべきではないのか。つまり、ベドリアクムで負けたというより、騙されたパンノニア軍団兵が一刻も早く復讐に向かって立ち上ろうとしている事実を、そしてモエシアの軍団が完全無欠の勢力を率いて来つつある事実を。

もし軍団の数より戦士の一人一人を考慮するならば、こちらの方が気魄は勝り、快楽への欲は全くない。そしてベドリアクムの恥辱それ自体が軍紀を守るのに役立っている。しかしあのときでも騎兵は決して負けなかった。

それどころか形勢は不利だったのに、ウィテッリウス軍の戦列を蹴散らした。(3) あのとき敵中を突破したのは、パンノニアとモエシアの二つの騎兵中隊であった。今こそ十六箇中隊が集結し襲い、轟々たる響きや朦々たる砂塵で、戦闘を忘れた騎兵と馬を包み隠し押し潰すであろう。

もし誰も止めなければ、私が一人でこの計画を発起し同時に押し進めるだろう。

運命がまだ身に累を及ぼしていないあなた方は、軍団兵を手元に留めておけ。私には軽装の援軍歩兵で充分だ。いまにあなた方はきっと、イタリアへの道が開かれた、ウィテッリウスの政権は打撃を蒙ったという知らせを受け取るだろう。そして私の勝利の足跡を踏みつけて前進することを喜ぶだろう。」
3 およそ以上のようなことを、アントニウスは、爛々《らんらん》たる眼《まなこ》で、大音声をあげ遠くまで聞えるように言い放った。というのも、この作戦会議には百人隊長や兵士まで何人か紛れ込んでいたのである。彼の発言は、慎重な人や先見の明ある人の心まで摑み、その他の一般兵士も、他の人を懦夫《だふ》と侮蔑し、アントニウスこそ男の中の男、無双の将軍と誉《ほ》めそやしたほどである。

彼はこのような立派な評判を、ウェスパシアヌスの書簡が朗読された会議の後ですぐ得ていた。その席で彼は大勢の人がよくやるように、後で結果に合わせて、どちらにでも解釈できるような曖昧な意見を述べたのではない。彼がウェスパシアヌスに荷担していることは誰の目にもはっきりと知れた。それだけに一層重い責任を、それが叛逆罪であれ栄光であれ、兵士と分け合っていたのである。

4　アントニウスに次いで影響力の強かったのは、元首属吏コルネリウス・フスクスである。彼もまた日頃から情け容赦なくウィテッリウスを攻撃していたので、運命が彼の意向に反するといかなる希望も彼に残されていなかった。

パンノニア総督タンピウス・フラウィアヌスは性来優柔不断の上に、寄る年波から逡巡し兵士に疑われ、ウィテッリウスとの親戚関係が忘れられないため、と邪推された。

さらに彼は軍団の背信行為が動き出した当座、いったん逃げ、その後自ら進んで帰ってきていたのも、彼が兵士を裏切る機会を狙っていた証拠だと信じられていた。

実際、フラウィアヌスはパンノニアを捨てイタリアに入って危険を逃れたが、政変を望み総督の肩書を取り戻し、内乱で一役買うように駆り立てられたのは、コルネリウス・フスクスの説得による。もっともフスクスはフラウィアヌスの活躍を必要としたからではなく、差し当って旗上げする一派に、名誉の旗印として執政官級の名前を掲げたかったのである。

5 それはさておき、アントニウスはイタリアへ戦闘を持ち込むにあたって、反撃されず且《か》つ味方を助けるためモエシア総督アポニウス・サトゥルニヌスに手紙を書き、軍隊と共に急行するよう頼む。そしてこれらの属州(4)を無防備のまま土着の野蛮人に晒《さら》さないため、サルマタエ人のヤジュゲス族の酋長たち、つまり、この部族の支配者たちを軍事同盟者として受け入れた。酋長は部族民や、彼らの唯一つの武力たる騎兵も大勢提供しようとしたが、この奉仕は辞退した。彼らが内乱に乗じて敵対行為を企むことを、あるいは対立者の側から一層多い報酬で買収され、人と神の掟を裏切ることを恐れたのである。

スエビ族(5)の王シドとイタリクス(6)がウェスパシアヌスの側に誘い込まれた。この部族は昔から長くローマ人に従順で、おとなしく命令を受け入れていたというより進んで信義を貫いていた。

右翼(7)に援軍を置く。ラエティアが敵対していたからだ。ここを管理していた元首属吏ポルキウス・セプティミヌスは、ウィテッリウスへの忠誠を曲げていなかった。そこでセクスティリウス・フェリクスが、アウリアナ騎兵隊と八箇大隊の援軍歩兵と属州ノリクム土着の若者を連れ、ラエティアとノリクムの境界を流れていたアエヌス川の岸を占拠するために派遣された。

しかしどちらも敢えて戦闘を仕掛けず、両軍の運命は別な戦場で決められたのである。

6 アントニウスは援軍歩兵の分遣隊と一部の騎兵を摑み、急遽イタリアへ侵入した(8)。果敢な勇士アッリウス・ヴァルスを伴う。彼は将軍コルブロの麾下《きか》でアルメニア戦に勝利をもたらして名を揚げていた。この同じ男がネロとの密談の席でコルブロの高潔な人格を貶《おと》したという噂がたった。その揚句、疚《やま》しい恩顧から首位百人隊長の位を手に入れたが、奸策で贖われた当座の幸福がやがて彼を滅ぼすのである(9)。

さてアントニウス・プリムスとアッリウス・ヴァルスは、アクィレイアを占領し、その周辺地域を通ってオピテルギウムとアルティヌムに着き、そこの住民に歓迎される。アルティヌムに守備隊を残し、ラウェンナの艦隊の攻撃に備える。まだこの艦隊の離叛を聞いていなかった。

ついでパタウィウムとアテステがウェスパシアヌスの側についた。アテステで彼らはウィテッリウス派の援軍歩兵三箇大隊とセボシアナの渾名をもつ騎兵隊が、橋を架けた後、フォルム・アリエニに駐屯していることを知る。敵が警戒を怠っているとき襲うことに決めた。そういう情報も得ていたからである。

夜明けと同時に敵の大半が無防備でいたところを攻撃する。少数を殺し残りは脅《おど》し、返り忠を強制せよ、と予め指示されていた。直ちに降伏する者もいたが、大勢は橋を壊し、追撃する敵の進路を断った。

7　勝報が広まる。緒戦がフラウィウス派に幸いした後、第七ガルビアナ軍団と第十三ゲミナ軍団は、軍団長ウェディウス・アクイラと共に急いでパタウィウムに到着する[10]。そこで数日が休息に費された。

第七軍団の屯営長ミニキウス・ユストゥスは、内乱中にしては厳格すぎる軍規を課し兵士に恨まれていたので、危険から守るため密かにウェスパシアヌスの許へ送られた。長い間待ち望まれていた措置[11]が、自慢たらしく解釈され、過大に評価される。内乱の間、どの自治市でもひっくり返されていたガルバの像をアントニウスが再建するように命じた。もし彼がガルバの元首政に賛同し、その派の再興を目指していると世間から信じられると、それがウェスパシアヌス派の名誉になると判断したのである。

8　この後で戦場を何処に択《えら》ぶかを討議した。ウェロナが好ましいと思えた。周りに平野が拡がり、敵より優勢な騎兵の戦いにうってつけである。同時に豊かな財産を持つこの植民市を、ウィテッリウスから奪うと、味方の得にも誉《ほまれ》にもなると考えられた。

ここを目指して行軍中、ウィケティアを占領する[12]。それ自体、些細な出来事であった。実際、この自治市の財力は高が知れていた。しかしこの町でカエキナが生まれていたし、この敵の将軍から父祖の地を奪ったと考えると、この占領は重要な意義を持った。

ウェロナには、実益があった。ここの市民は他の町の手本となり、財力でもウェスパシアヌス派を助けたからである。

[13]ラエティアとユリアエ・アルペス山脈の間に軍隊を配置し、そこからやって来るゲルマニア軍の通路を封鎖した。

　このような作戦行動をウェスパシアヌスは知らなかった。少なくとも禁じていた。というのも彼は、軍隊をアクィレイアで止め、ムキアヌスを待って戦うように命じていた。この訓令に次のような作戦計画も添えていた。「穀物供給の要所たるエジプトと、最も豊かな東方属州の貢税を手中に収めると、ウィテッリウスの軍隊を給料と食糧の不足から、降伏に追い詰められる。」

　同じ趣旨のことを、ムキアヌスもたび重なる書簡で忠告していた。勝利に一滴の血も一人の死も許されないとか、その他似たような理由を述べていたが、それは口実で、本当は光栄を渇望し、戦争のあらゆる名誉を独り占めにしたかったのである。

　それはともかく、居る場所がお互いに離れすぎて、いつも事後に指令が届いていた。

9

　そういうわけでアントニウスは、敵を不意に襲い前哨《ぜんしょう》を突破し、軽い遭遇戦で兵の闘志を試《ため》すと勝敗を決めずに引き上げた。

　やがてカエキナは、ウェロナ市民の領有村ホスティリアとタルタルス川の沼沢地の間に陣営を築き、堡塁《ほうるい》で固めた。その場所は背後を川で、両側を広い湿地で守られて安全であった。

それでもしカエキナがウィテッリウスに忠誠を貫いていたら、ウィテッリウス軍の総力で、アントニウスの二箇軍団を、モエシア軍がまだ加わっていなかったとき、粉砕することは可能であったろう。少なくとも彼らを後方へ撃退し、恥ずべき逃亡でイタリアの放棄を余儀なくさせていたろう。

しかしカエキナは次々と機会を延ばし、敵に開戦の端緒を与えた。そして武力で簡単に撃退できた相手を、書簡で非難し、その間に密使を通じ裏切りの条件を確認していた。

そのうちモエシア総督アポニウス・サトゥルニヌスが、第七クラウディアナ軍団を率いて到着した。軍団を指揮していたのは副官ウィプスタヌス・メッサラ(14)で、彼は先祖も有名で本人も優れた資質に恵まれ、廉潔の士としてこの内乱に従軍していた唯一の人物であった。

ウィテッリウス派に決して太刀打ちできなかったウェスパシアヌス軍に——まだ三箇軍団しかいなかったのだから——カエキナは手紙を送り、敗北を喫した後(15)もまた武器をとる無謀を皮肉った。同時にゲルマニア軍の武勇を自慢し持ち上げた。ウィテッリウスについては僅かに、それもおざなりの文言を記し、ウェスパシアヌスには一言も侮辱を加えていなかった。さらに敵を懐柔したり脅《おど》したりする言葉もなかった。

ウェスパシアヌス派の将軍は返書の中で、過去の不運については弁明を断念し、ウェスパシアヌスについて誇らしく、戦う目的について誠実に、兵力に確信を抱き、ウィテッリウス[16]を何よりもまず敵として取り扱い、副官や百人隊長には、ウィテッリウスが譲っていたものは確保されるという希望を与え、そして当のカエキナには曖昧ではなく率直に、変節を勧めていた。

　これらの往復書簡が集会で朗読されると、カエキナはウェスパシアヌスの反感を恐れるかの如く卑下し、味方の将軍はウィテッリウスを嘲《あざけ》るかの如く見下して、手紙を書いていると言って、兵は自信を深めた。

　次いで二箇軍団が到着する。そのうち第三軍団はディッリウス・アポニアヌスが、第八軍団はヌミシウス・ルフスが指揮していた。そこでウェスパシアヌス派は軍勢を誇示し、ウェロナの周囲を陣営用の土塁で囲むことに決めた。たまたま第七ガルビアナ軍団が敵に面した部分の堡塁《ほうるい》の工作を担当していたとき、遠くに同盟軍の騎兵を見て敵と勘違いし狼狽した。

　裏切られたと恐れ、急いで武器を摑む。兵士の怒りはタンピウス・フラウィアヌスに向かって爆発した。彼が罪を犯した証拠は何もなかった。しかしフラウィアヌスを以前から憎んでいた兵士は、狂暴の旋風を起し彼の破滅を求めて止めなかった。「ウィテッリウスの親戚、オトの裏切者。兵士の贈金の横領者」と口々に罵《ののし》った。

自己弁護の機会も与えられなかった。両手を差し伸べ命を乞い、何度も大地に平伏し、着物を裂き、胸と顔を震わせてむせび泣いたにも拘らず。

このような所作が却って、攻撃する者を刺戟した。極端な怯《おび》えかたこそ、罪の意識の証《あかし》と思われたからである。

モエシア総督アポニウスは、何度も話しかけようとして、そのたびに兵士の叫び声に妨げられた。他の将軍にも兵士は騒ぎ喚《わめ》いて聞く耳を持たず、唯一人アントニウスに耳を傾ける。というのも、彼には雄弁も、大衆を宥《なだ》める技も威信も備わっていた。

暴動が募り、罵詈《ばり》讒謗《ざんぼう》が槍や腕力に移ったときアントニウスは、フラウィアヌスを鎖で縛れ、と命じる。これを茶番と感じた兵は、指揮台を守っていた兵士を追い散らし、最後の暴力を準備し始めた。

アントニウスは剣を抜き、自分の胸を突き出し、「兵士の手か、自分の手で死ぬ覚悟だ」と誓って断言し、顔見知りの兵士や勲章か何かで目立つ兵を見ては、そのつど名前を呼び自害の助力を乞うた。

やがて軍旗と戦いの神々に向かってこう祈った。「いっそのこと、この狂気とこの啀《いが》み合いを敵の軍隊に投げつけられんことを。」

やっと暴動は鎮まり、すでに日も暮れていたので、兵は各々自分の天幕にこそこそと逃げ込んだ。

その夜のうちにフラウィアヌスは出発し、途中でウェスパシアヌスの手紙(17)を受け取り、危険を逃れた。

11

軍団兵は伝染病にかかったように、今度はモエシア軍の総督アポニウス・サトゥルニヌスを槍玉に上げた。前回のように苦しい陣営作業に疲れた結果ではなく、昼日中怒りの発作に襲われただけ一層烈しかった。

サトゥルニヌスがウィテッリウスに宛てて書いた、と信じられた手紙(18)が公開されたからである。彼らはこれまで武勇と謙譲を張り合っていたように、今や破廉恥と放縦《ほうじゅう》を競い、フラウィアヌスのときに劣らず、猛烈にサトゥルニヌスの処刑を迫った。というのも、モエシアの軍団兵は、すでにパンノニア軍団兵の復讐に手を貸していたことを思い起し、パンノニア軍団兵は他の軍団の擾乱《じょうらん》で自分たちが無罪放免になるかのように考え、罪を重ねることを喜んだ。

アポニウス・サトゥルニヌスが宿泊していた庭園の館(19)に、兵士は押し掛ける。アントニウスもアポニアヌスもメッサラも八方手を尽くしたが、サトゥルニヌスを救出できなかった。というよりも、彼が身を潜めていた隠れ場が誰にも判らなかったのである。たまたま空《から》であった浴槽の火焚き釜の中に忍び込んでいた。

間もなくサトゥルニヌスは先駆警吏《リクトル》(20)を捨て、パタウィウムへ退いた。執政官級の人物が二人も去って、アントニウス一人に、両方の軍隊を指揮する実力と権威が託された。同僚は譲歩し兵士は熱い支持を寄せたからである。

この二つの暴動は、アントニウスが一人で戦果を享受したいため、策を練り引き起したと信じている人もいた。

12

ウィテッリウス派でも、軍隊の精神状況は穏やかでなかった。いや、一層危険な葛藤で混乱していた。一般兵士の猜疑心よりも、将軍の背信行為に拠っていた。

ラウェンナの艦隊長ルキリウス・バッススは、まだ決断しかねていた水兵を、ウェスパシアヌス派に加えていた。その大半の兵が、当時ウェスパシアヌスが占拠していた属州ダルマティアとパンノニアの出身者であった。

裏切りの謀議に夜が択《えら》ばれた。共謀者だけが他の者に知られないで、司令部に集まるためであった。バッススは恥じていたのか、恐れたためか、結果がどうなるか自分の家[21]で待っていた。

三段櫂船《かいせん》の船長らが大きな騒音と共に、ウィテッリウスの像を引き倒す。抵抗した僅かの者の首を落すと、他の雑兵は政変を切望しウェスパシアヌスの側に傾いた。

そのときバッススは家から出て、謀議の張本人として皆の前に姿を現わした。

ラウェンナ艦隊は自分らの艦隊長にコルネリウス・フスクスを択ぶ[22]。彼はすぐ馳けつけた。

バッススは丁重に保護され軽速船でアトリアへ運ばれ、そこで守備していた援軍騎兵隊長ウィベンニウス・ルフィヌスに縛られる。

しかし帝室解放奴隷ホルムスが干渉し、すぐ鎖が解かれる。ホルムスもまた指導者の一人に数えられていた。[23]

13 ところでカエキナは、ラウェンナ艦隊の変節が知れ渡ると、首位百人隊長たちと少数の兵を司令部へ呼ぶ。[24]他の者が軍務のため四散し、陣営が閑散としたときを注意深く択んでいた。

この席でカエキナはウェスパシアヌスの武勇とその一派の兵力を賞揚した。「艦隊は寝返った。食糧の供給は不足する。[25]ガリアとヒスパニアは敵に廻った。首都で信頼できるものは何もない」と。そして就中《なかんずく》ウィテッリウスをあらゆる点で扱《こ》き下した。

次いで共謀の席に居合せた者からまず始めて、その他の、予期せぬ事態に啞然としていた者どもを強いて、ウェスパシアヌスに忠誠を誓わせた。

同時にウィテッリウスの肖像牌を軍旗から捥《も》ぎ取り、使者を送ってアントニウスに報告させた。

しかし陣営全体に裏切りの噂が拡がると、兵士は司令部に馳けつけ、ウェスパシアヌスの名前が掲げられ、ウィテッリウスの像が投げ捨てられているのを見た。最初彼らは息を殺し言葉もなかったが、やがて一斉にあらゆる鬱憤を晴らした。

「ゲルマニア軍の栄光はここまで落ちたのか。一戦も交えず無傷のまま、縛られた両手と分捕られた武器を差し出すまでに。一体相手は何箇軍団なのか。確か負けたはずだ。オト軍の唯一の精鋭部隊、第一軍団と第十四軍団は、もうあそこには居ない。もっとも彼らは、同じあの戦場でわれわれが粉砕し薙ぎ倒したのだ(26)。

こうしたことはみな、あの流刑囚アントニウスに引き出物として、これほど沢山の武装兵を、あたかも市場で売買される奴隷の群の如く与えるためであったのか。実際、堂々たる八箇軍団が、たった一つの粗末な艦隊の添え物とされるのか。

このことだけをバッススは、これだけをカエキナも、予め狙っていたのだ。元首から邸宅や庭園や財産を強奪したら(27)、兵士までも元首から、兵士から元首までも取り上げるということを。

一滴の血も流していない完全無欠なわれわれが、フラウィウス派の軍隊にすら舐められ、勝利か敗北かの清算を請求されたとき、われわれは何と答えるのか。」

14

このように一人一人が、このように全軍が、各自悔しい思いに駆られて叫ぶ。まず第五軍団が率先して、ウィテッリウスの像を元の位置に返し、カエキナを鎖にかける。第五軍団長ファビウス・ファブッルスと屯営長カッシウス・ロングスを将軍に択ぶ。

彼らはたまたま三隻の軽速船の水兵に出会うと、事情も知らずそして何の罪も犯していなかったのに殺してしまう。

彼らは陣営を放棄し、橋を壊し(28)、再びホスティリアへ帰り、そこからクレモナを目指す。

第一イタリカ軍団と第二十一ラパクス軍団に合流するためであった。この二箇軍団は、カエキナがクレモナを確保するため、騎兵の一部と先発させていた。

二　ウェスパシアヌス軍、ベドリアクムとクレモナを占領

以上の経緯をアントニウスが知ると、敵軍が内輪で揉め兵力が分散しているこのときに、そして二人の将軍が権威を、兵士が服従心を、合流した軍団兵が自信を取り戻す前に攻撃することに決めた。というのも、すでに首都を発っていた[29]ファビウス・ウァレンスが、カエキナの寝返りを知ると急いで来ると予想されたからである。ファビウスはウィテッリウスに忠実であったし、軍事にも精通していた。その上ゲルマニア軍の厖大な勢力が、いずれラエティアを通って来ることも懸念された。そしてウィテッリウスはブリタンニアや、ガリアやヒスパニアからも援軍を呼んでいた。もしアントニウスが、こうした危険を恐れてすみやかに戦い、先に勝っていなかったら、戦争は途方もない災難をもたらしていたろう。

アントニウスは全軍を率い、ウェロナから二日間行軍し、ベドリアクムに到着した[30]。

その翌日、軍団兵は陣営の防備を固めるため陣営に留め、[31]援軍歩兵をクレモナの領地へ送り、穀物調達を口実に、この歩兵にローマ市民からの戦利品を体験させようと思った。彼自身は四千の騎兵を伴い、一層大胆に掠奪を行なうため、ベドリアクムから八マイルの

地点まで進む。斥候《せっこう》隊は習慣通り、さらに広く遠くまで偵察していた(32)。

16 第五時頃(33)であった。そのとき早打ちの騎兵が、「敵が来るぞ。先駆けは少数だが、広範囲で敵の動く騒々しい音が聞える」と報告した。アントニウスが、どうすべきか考えていた隙に、アッリウス・ウァルスは功名心に駆られ、敏捷果敢な騎兵隊と共に突進し追い払ったが、ウィテッリウス軍の死者は少なかった。というのも、大勢の敵が馳け寄り形勢が一変し、意気込んで追撃した者が、殿《しんがり》になって逃げ帰ったのである。

アントニウスは、こうした性急な作戦を欲していなかったし、その結果も予想していた。彼は部下を、勇敢に戦えと励まし、騎兵隊を両翼に分け、真ん中を明けて通路に残し、ここへウァルスと彼の騎兵を受け入れることにした。軍団兵に武装を命じた。畠の中にいた援軍歩兵には、掠奪を放棄し、各自最も近い道を通って戦闘に立ち合え、と緊急のラッパを吹かせた。

そのうち怯《おび》えきったウァルスが、味方の騎兵の雑沓に混じり、恐慌を持ち込んだ。負傷者と共に無傷の兵も撃退され、われとわが身を恐れ、狭い道で烈しくぶつかり合った。

17 この混乱のさなかにアントニウスは、剛毅不屈の将軍として、あるいは勇猛果敢な武士としての義務を放棄しなかった。たじろぐ者の前に立ちはだかり、後へ退く者を押しとどめ、最も苦戦しているところやいくらか希望の見えるところで命じ闘い励まし、敵の注目を浴び味方の視線を惹いた。

ついに彼は無我夢中のあまり、逃げる騎兵隊旗手を槍で突き殺した。その後で軍旗を摑み敵に向ける。これを恥じた百名そこそこの騎兵が踏み留まる。その場所が彼らを助けた。[34]そこから道が狭まり、行く手を横切って流れていた川の橋が壊れていた。川床は不安定で、両岸も急峻で、逃亡を妨げていた。このやむをえぬ状況がむしろ幸いし、すでに崩れていたウェスパシアヌス軍を立ち直らせた。お互いに鼓舞し、密集隊形でウィテッリウス軍を受けとめる。敵は盲滅法に雪崩れ込み混乱に陥る。

アントニウスは背を向けた敵を追跡し、前を遮る敵を馬上から突き落した。同時に他の兵もそれぞれ気の向くまま裸にし虜《とりこ》とし、武器や馬を奪う。そのとき畠の中を逃げ惑っていた味方も、勝鬨《かちどき》に呼び戻され、勝利の分け前に与った。

18　クレモナから四マイルの地点に、ウィテッリウス派の第二十一ラパクス軍団と第一イタリカ軍団の軍旗が燦然《さんぜん》と輝いていた。彼らは味方の騎兵の緒戦の成功で、そこまで前進していたのである。しかし武運が不利となるや、彼らは戦列を拡げることも、算を乱して帰る味方を受けとめることも、敵に立ち向かい進んで反撃することもしなかった。相手は広く戦場を馳けめぐり戦い疲れ果てていたのに。[35]
彼らはたまたま負けたため戦況が有利なとき欲しいとも思わなかった将軍が、逆境で必要と気づいた。

右往左往していた戦列の中に、勝ち誇った騎兵が突入する。その後を副官ウィプスタヌス・メッサラがモエシアの援軍歩兵と共に追う。馳け足で急ぐ軽装の援軍に、重装の軍団兵も多数が引けをとらなかった。こうして歩兵と騎兵が混じり、敵の軍団兵の隊形を破った。敵はクレモナの城壁に近く、その中に逃げ込む希望が大きかっただけに、それだけ抵抗する勇気を失っていた。

アントニウスはそれ以上固執しなかった。戦いは勝利に終ったとはいえ、戦運は目まぐるしく変り、労苦と負傷で騎兵も馬も痛めつけられていたことをよく知っていたからである。

19

夕闇が迫ってきた頃、ウェスパシアヌス軍が全兵力をあげて到着した。彼らは累々たる屍と生々しい殺戮の跡を進んで来たので、もはや戦争は終ったかのように、すぐにもクレモナを目指し、敗北した敵に降伏を承認させるか、さもなければ攻略しようと息巻く。これは表向きの言葉で、立派に聞えたが、一人一人は自分の心にこう言っていたのだ。「この植民市は平坦な土地にあり、一度の攻撃で占領されよう。暗闇のおかげで、城壁を突破するのに日中と同じ勇気がいっても、掠奪は一層ほしいままにできる。夜明けを待ったら、やれ平和、やれ哀訴ということになり、われわれの労苦と怪我は、慈悲の名声という空疎な言葉に報いられるだけだ。

しかるにクレモナの資産は援軍隊長や軍団長の懐に入るだろう。町を占領すると戦利品は兵士のものだが、降伏したら戦利品は将軍のものとなるのだ。」

百人隊長や副官は黙殺される。兵士は皆自分の言葉が聞えないように、武器を打ち合わせ、もし攻撃に連れて行かれなければいかなる命令にも従うまいと決心する。

20 このときアントニウスは中隊の列に押し分けて入り、端厳な容姿で沈黙させると、こう断言した。

「あのような素晴しい功績をあげた兵士から、名誉や報酬を取り上げるつもりはない。しかし軍隊と将軍とでは責務も異なる。兵士には戦闘意欲が相応しく、将軍は豪胆よりも、先を見通し熟慮し、しばしば好機を待って役に立つ。兵士が各自の職務に従い、武器や腕で勝利を助けたように、将軍はその固有の技量で、慎重な配慮と的確な判断で貢献するだろう。

いずれにせよ、真夜中に地形も知らない町を、敵が内側にいてすべての事情が待伏せに相応しいとき、攻撃して何が起るかは明々白々である。たとい城門が開いていても、偵察後でないと昼以外は入るべきではない。

それともお前たちはあらゆる展望を欠いたまま、攻略を始めようとするのか。どこが平地で、城壁の高さはどれくらいか、この町の攻撃に必要なのは弩砲と投槍か、それとも攻城用の土木工事や屋台か、そんなことを知らずに攻撃するのか。」

ついでアントニウスは兵士の一人一人に向かって、斧や鶴嘴《つるはし》を、その他の町の攻略に必要な道具を持って来ているのかと尋ねる。彼らが否定すると、アントニウスは「一体いかなる手が、剣と投槍で城壁の下に穴をあけ突き崩せるのか」と問うた。「もし接城土手を作り、障壁車や簀《す》の子で身を庇《おお》うことが必要となったとき、われわれはまるで無思慮な有象無象となり、櫓《やぐら》の高さ、見慣れぬ防禦物に驚き、なす術もなく呆然と立ち尽くすことだろう。それよりもむしろ一晩遅らせ、弩砲や破城機具の到着を待ち、われわれに兵力と勝利をもたらすのだ。」

こう言うと直ちに従軍商人や陣営奴隷を、新しい騎兵と共にベドリアクムに送った。食糧やその他の必要な物を運ばせるためである。

21

しかしこの方針に兵士はほとんど耐えられず、状況は暴動寸前にまで近づいたとき、騎兵が城壁の下まで進み、彷徨していたクレモナの人を捕えてくる。彼らの証言でウィテッリウス派の六箇軍団とホスティリアに駐屯していた全軍隊が、その日のうちに三十マイル行軍してクレモナに到着した、彼らは味方の敗北を知って戦闘を準備し、間もなく襲ってくることが判った。

この恐るべき知らせが、頑なに鎖《とざ》していた兵士の心を開かせ、将軍の忠告を受け入れさせた。

アントニウスは第十三軍団に、ポストゥミア街道の鋪石車道で部署につけと命じる。その左側に接して第七ガルビアナ軍団は、広々とした平野に位置する。ついで第七クラウディアナ軍団はたまたまそこにあった排水路で前面を守る。右翼は第八軍団が立木のない境界道に沿って部署につく。ついで第三軍団が密生した葡萄の添木の中に隠れて分散した。

これが鷲旗や中隊旗の定められた位置であったが、兵士は暗闇の中で偶然に左右されるままに混じり合った。護衛隊[36]の分遣隊が第三軍団の軍旗のすぐ傍に、援軍歩兵は両端に、両翼と背後は騎兵が包囲した。

スエビ族の王シドとイタリクスは、部族民の選抜隊と共に前列を守った。

22

一方、ウィテッリウス派の軍隊はクレモナで休息し食事と睡眠で元気を取り戻すと、その翌日[37]、寒さと飢餓で困憊《こんぱい》した敵を負かし粉砕しようと考え、指導者を欠き作戦も練らず、夜の第三時頃[38]、すでに戦闘態勢を整えて戦列を展開させていたウェスパシアヌス軍に襲いかかった。

彼らが腹立ちまぎれに闇の中で散開した戦列の位置は——私は進んで保証できないが、他の記録によると——次のようなものであった。

第四マケドニカ軍団は味方の右翼に、第五、第十五軍団は、ブリタンニア軍の第九、第二、第二十軍団の分遣隊と共に中央の戦列を、第十六、第二十二、第一軍団が左翼を占めた。第二十一ラパクス軍団と第一イタリカ軍団兵[39]は他の軍団のすべての中隊に少しずつ混じり込んでいた。

騎兵と援軍はそれぞれ勝手に部署を択《えら》ぶ。

戦闘は一晩中続く。武運は定まらず勝敗は決まらず熾烈《しれつ》を極めた。ときにこちらが、ときにあちらが壊滅的な損害を蒙る。勇気も腕も役立たず、目測も遠くまで効かなかった。両軍とも同じ武器で、しばしば相手に尋ねて合言葉を確かめる。相互の軍旗は入り乱れる。各隊が敵から奪い取った軍旗をあちこちと持ち運ぶからだ。

特に第七軍団が圧迫された。最近ガルバが募集していた軍団である(40)。上級百人隊長が六名殺され、幾旒《りゅう》かの軍旗も奪われた。

鷲旗は首位百人隊長アティリウス・ウェルスが、沢山の敵を殺し最後に自らも斃れつつ守り抜いた。

23

アントニウスは護衛隊を呼び、崩れていたこの戦列を立て直す。彼らは戦闘を引き受け敵を追い払い、次に撃退される。ウィテッリウス軍が立木のない見通しの利く所から飛道具を発射するため、弩砲を街道の鋪石車道へ運んだからである。弾丸ははじめ広く散乱し、敵を傷つけず葡萄園に打ち込まれていた。第十五軍団の投石器は物凄く大きく、重い石で敵の戦列を破壊していた。もし二人の護衛隊兵が勇敢にも天晴《あっぱれ》武勲をたてていなかったら、被害は拡がっていたろう。

二人は敵の屍の山の中から引き抜いた楯で身を庇《かば》い、相手に気づかれず投石器の撥条索(41)を切り落した。その途端二人は突き殺され、その結果二人の名前は消えた。しかし二人の功績は疑う余地がない[42]。

夜も更け月が昇って戦場を照らし人の目を欺くまで、武運はどちらにも味方していなかった。月はウェスパシアヌス軍に背後から好意を寄せた。後ろからの月光で味方の馬や人の影が長く伸び、敵の飛道具は体を狙ったはずなのに的を外れ、その直前に落ちていた。ウィテッリウス軍は正面から月に照らされ、まるで埋伏所《まいふくしょ》から放たれたかのような不意討ちの槍の前に身を晒《さら》した。

24

そこでアントニウスは部下を確認し自らも認められると、ある兵を辱しめ叱り、多くを褒め励まし、全兵の戦意を希望と約束で煽《あお》る。

「[43]なぜお前たちは再び武器をとったのか」とパンノニアの軍団兵に問うた。「この戦場こそ、[44]お前たちの先の不面目の穢れを洗い落し、面目を取り戻す所ではないのか。」

次にモエシアの軍隊に向かい、彼らを戦争の首唱者とも仕掛人とも呼び、[45]「ウィテッリウス軍を言葉で脅《おど》し挑むだけでは空しい、もし彼らの武力と眼光に耐えられないならば。」

このようにアントニウスは、相手が誰であろうと近寄って訴えた。第三軍団兵[46]には、もっと多くのこと、新旧の手柄を、いかにしてマルクス・アントニウスの麾下《きか》でパルティア人を、コルブロの下でアルメニア人を、最近はサルマタエ族を撃退したかを想起させる。

ついで護衛隊兵には憤って、こう叱責した。「お前たちはもし勝たなければ単なる市民にすぎない。一体、他のどの皇帝が、他のどんな陣営が、そんなお前たちを受け入れてくれるか。いま敵の側にあるのが、お前たちの武器であり軍旗なのだ。負けたら死ぬのだ。実際、お前たちは汚辱を最後の一滴までも飲み干したのだから(47)。」

至る所から鬨《とき》の声があがる。昇ってきた朝日に向かって、第三軍団兵はシュリアの土地の風習に倣い、挨拶した(48)。

25

ここから次のような噂が拡がった。あるいは将軍が意図的に流したものなのか。「ムキアヌスが到着した。両軍が挨拶を交わした」と。ウェスパシアヌス軍は、あたかも新しい増援軍で兵力が強化されたかの如く前進した。いまやウィテッリウス派の戦列は一層疎《まば》らになっていた。それも当然である、指揮官がいなくて各自おのれの衝動や恐怖のままにくっついたり離れたりしていたのだから。

アントニウスは敵の動揺を見てとると、密集隊形で進み、混乱に陥れようとした。敵の戦列は弛み破れた。荷車や弩砲が邪魔し戦列を立て直せなかった。勝者はポストゥミア街道の直線に沿って散開し、急いで追跡した。

このときの殺戮戦は、息子が父親を殺したがゆえに一層忘れ難いものとなった。この事件と父子の名前を、私はウィプスタヌス・メッサラを典拠に伝えたい。

ヒスパニア出身のユリウス・マンスエトゥスは、ラパクス軍団に加わったとき、家に未成年の息子を残していた。この息子がやがて成人し、ガルバの募集した第七軍団に登録された。たまたま父親と出会い斬りつけ倒し、まだ幾らか息のあった体を探っていて、親に気付かれて子と気づく。すっかり息を引きとった父親を抱きしめ、咽《むせ》び泣きながら、「父の死霊よ、安らかに眠れ、自分が父親殺しであるかのように目をそむけないでくれ」と祈った。「この罪は国が犯したのだ。市民戦争で一兵卒に何ができるというのか。」こう言って直ちに亡骸《なきがら》を抱き起し、土地に穴を掘り埋葬し、父に対する最後の義務を果した。近くの者がこれに気づき、次に多くの者が知る。こうして戦列全体から天を仰ぎ嗟嘆《さたん》し、残酷非道な内戦を呪う声が湧き起った。しかしそれだけ手を弛めたのではない。隣人を親戚を兄弟を殺し奪う。罪を犯したと語りつつ罪を犯す。

26

クレモナに到着すると、新しく巨大な工作物を目の前に見た。オトとの戦いのとき、ゲルマニア軍の兵士がクレモナの城壁の外に自分らの陣営を設置し、その陣営を堡塁《ほうるい》で囲んでいたのである。その防備をさらに補強していた。

勝者はこれを展望し、その場に釘付けとなる。何を命じてよいか将軍にも見当がつかなかった。昼夜兼行で戦い、疲れ果てていた軍隊にとって、攻城戦を開始することは困難であり、手元に予備軍がいないので危険でもあった(49)。

もしベドリアクムに戻るとすると、この長旅の労苦も耐え難いし、勝利も水泡に帰すであろう。陣営の防備を固めること自体も敵が近いので恐れられた。というのも、兵士が散って工作に専心しているとき、敵が不意に城壁の中から飛び出して来たら混乱に陥るだろう。

こうしたすべての状況にもまして、将軍が心配したのは、戦う危険よりも遅らせることに我慢できない部下の気質であった。実際、彼らは安全な作戦を好まず、無謀の中に希望を見出す。殺害、負傷、流血、これらはすべて掠奪の欲望で相殺されていたのである。

27

アントニウスは兵士の意向に添った。堡塁を包囲網で取り巻くように命じた。まず遠くから石や矢で攻めた。ウェスパシアヌス軍の損害が大きかった。彼らを目がけて堡塁の上から飛道具が放たれたからである。

次に軍団兵に堡塁と門を割り当てた。攻略を分担させ、勇敢な兵と臆病な兵を区別し、栄光を張り合せて兵の闘志を煽《あお》ろうと考えた。

ベドリアクムへ通じる道に一番近い所の堡塁を第三と第七軍団が、堡塁の右側は第八と第七クラウディアナ軍団が引き受ける。ブリクシアへ通じる門には、烈しい衝動にかられて第十三軍団が向かった。

その後暫く猶予を与え、その間に近隣の農地より鍬《くわ》や斧を、(50) 別な者は鉈鎌《なたがま》や梯子を集める。それから頭の上に楯をかざし、厚い亀甲状隊形で接近する。双方ともローマ軍の戦術を用いた。ウィテッリウス軍は岩石を転がす。亀甲状隊形が崩れよろめくと虱潰《しらみつぶ》しに長槍や棒を放る。ついに楯の連接を断たれ兵は血を流し、あるいは手足を捥《も》ぎとられ倒れ、屍は山をなす。

もしこのとき、将軍が疲労困憊しいかなる叱咤激励も徒事であるかのように拒否していた兵士に、クレモナの町を指で示してやらなかったら、総攻撃を渋りもたついていたことであろう。

28 このことを咄嗟に思いついたのは、ウィプスタヌス・メッサラが伝えるように、ホルムスであったのか、それとも、このことでアントニウスを非難しているガイウス・プリニウス(51)をより正しい典拠とすべきか、私には容易に判断し難い。ただこれだけは言える。アントニウスにせよホルムスにせよ、彼らはどんなに恥ずべき非道を犯しても、彼らのそれまでの評判や生き方と矛盾していないということである。

今や兵士はどんな流血にも創痍《そうい》にも怯《ひる》まず、堡塁《ほうるい》の土台を崩し城門を壊し肩車に乗り、何度も亀甲状隊形を作ってその上に立ち、敵の槍や腕を摑んだ。無傷の者と負傷者が、半ば死んだ者と息が絶えつつある者が、組み合って転げ落ちた。人はさまざまの死にかたで命を絶ち、死はあらゆる姿を呈していた。

29 第三と第七軍団兵の奮闘は最も凄まじかった。将軍アントニウスも選抜の援軍を連れ、同じ戦場へ突進した。お互いに不屈の負けじ魂を張り合った軍勢に、ウィテッリウス軍は持ち堪えられなかった。

上から放つ飛道具は亀甲状の楯の面を滑った。ついに投石機そのものを、攻め登る敵の上にひっくり返した。それは即座に敵を散らかし、頭上に転落し敵を潰したが、それを落すとき鋸壁や堡塁の上部を壊した。それと同時に堡塁に建っていた櫓も投石の霰《あられ》に屈服した。

ここを突破口に第七軍団は楔形隊形で攻めたて、一方、第七軍団は斧や剣で門を打ち壊した。

真っ先に突入したのは第三軍団兵ガイウス・ウォルシウスであったと、すべての典拠は一致して認める。彼は堡塁に攀じ登り、抵抗する敵を突き落とし、身振りと大音声で、周囲の視線を集め、「陣営を占領したぞ」と叫んだ。他の兵は狼狽し、われ先にと堡塁から真っ逆様に飛び降りるウィテッリウス軍を襲う。陣営と市の城壁の間の空間という空間はみな死骸で埋まった。

30

しかし次の試煉は、新たな様相を呈した。クレモナの町の高く聳える城壁、石造の櫓、城門の鉄製の閂《かんぬき》、兵は槍を投げ、クレモナの市民は大勢でウィテッリウス派に忠実であった。ちょうど同じ頃、そこで開かれていた定期市《いち》に、イタリアの各地から人が集まっていた。これは大勢のため防衛者に後ろ楯となり、攻略者を戦利品として刺戟した。

アントニウスは急いで松明《たいまつ》に火を点け、城壁より高く聳《そび》えていた、最も綺麗な建物に投げ込め、と命じた。

クレモナの住民は、彼らの資産が損害を受けると、信義を変えないかと願った。城壁に接近し、堡塁の高さを越えていた建物を、勇敢な兵で満たす。兵はそこから梁《はり》や

31

屋根瓦や松明を投げ、城壁の上の防戦者を追い落した。

すでに軍団兵は固まって亀甲状隊形をつくり、他の者は飛道具や石を放っていた。その頃ウィテッリウス軍の士気が少しずつ弛んでいた。位階の高い者ほど早く、避けられぬ武運に屈した。クレモナが陥落したら、自分たちにはいかなる容赦もなく、勝者の怒りはすべて貧乏な一般兵卒にではなく、殺して得になる副官や百人隊長に向けられようと心配したからである。

雑兵は先々のことに無関心だし、無名のため一層安全なので強情に抵抗していた。市内の道を彷徨し、家々に隠れ込み、戦闘を放棄した後ですら平和を願わなかった。

敵陣営の上官たちは、ウィテッリウスの名前や像を片付け、カエキナの鎖を解き――そのときまで縛られていたのである――こう嘆願した。「われわれの味方となり弁護してくれ」と。

尊大な態度で拒否するカエキナに彼らは涙を流しつつ、しつこく頼む。勇猛な武人が、大勢で裏切りの張本人に援助を哀訴するとは、見下げ果てた醜態である。

やがて彼らは市の城壁の上に、オリーブの枝と白旗を掲げる。アントニウスが飛道具の中止を命令すると、軍旗や鷲旗が城壁内から持ち出され、後に続いて、地面に目を伏せた丸腰の兵士の沈鬱な行列が現われる。

勝者は両側に立っていた。初めは罵声を浴びせ刃先で脅《おど》していた。やがて敗者が自分の顔を侮辱の視線に晒《さら》し、反抗的な態度を捨て、すべてを我慢している姿を見たとき、勝者の心に思い出が蘇ってきた。「最近のベドリアクムの勝利[52]の際、謙虚に振舞ったのは彼らではなかったか。」

しかし、高官服を着たカエキナが先駆警吏を従え異彩を放ち、群衆を追い払いつつ、堂々と執政官然として進んで来たとき、勝者は憤然とした。彼の傲岸不遜《ごうがんふそん》と残忍冷酷を、そして彼の背信行為すら——この罪はこれほど憎悪されるのだ——罵《ののし》った。アントニウスは間に入って、カエキナに身辺警護をつけ、ウェスパシアヌスの許へ送った。

32

その間に[53]クレモナの市民は、武装兵からひどく苛められていた。虐殺も近いと思われたとき、将軍たちが懇請してやっと兵士の気持は鎮まった。

その上アントニウスは兵士を集会に呼び、勝者を仰山に賞め、敗者を情け深い言葉で慰め、クレモナの市民については、はっきりとした立場からの言明は避けた。

軍隊は性来、掠奪を欲する。かてて加えて、彼らをクレモナの市民の破滅へ烈しく駆り立てていたのは古い怨念であった。

この市民は、オトとの戦いでもウィテッリウス派に荷担した、と信じられていた。その戦いの後、第十三軍団兵がその市の円形闘技場を建設するため残っていたとき、市民は町育ちの庶民にあり勝ちな鉄面皮から、軍団兵に無礼千万な悪口雑言をあびせて嘲笑していた。

兵士の憎悪をさらに深めていたのは、ここでカエキナが剣闘士試合の見世物を催していたこと、この同じ町が再び作戦根拠地となっていたこと、そしてこの市民は戦線のウィテッリウス軍には食事を提供しながら、ウェスパシアヌス派を熱心に支持し戦場に赴いた何人かの婦人を殺していたことなどであった。

その上に、それでなくても裕福なこの植民市に、ちょうど定期市のたっていたこの時期が、一層資産の豊かな町という外観を与えていた。

他の将軍は陰で忘れられていたが、アントニウスは僥倖と栄誉で皆の注目を集めていた。彼は血を洗い落すため急いで風呂に入った。ぬるま湯を咎めると「いまにすぐ熱くなります」[54]という声が聞えた。この奴隷の言葉は、アントニウスがクレモナの放火に指図を与えたかのようにとられ、あらゆる人の憎悪が彼に向けられる。そのときにはすでに町は燃えていたのである。

33 四万人の武装兵が市内に乱入した。それよりも従軍商人や軍隊奴隷の数が多く、彼らは情欲と残虐を満足させるために一層容易に堕落する連中であった。市民はいかなる地位によっても年齢によっても容赦されなかった。殺されて辱しめられ、犯されて殺された。
高齢に達していた老人や生涯を終えかけていた婦人は戦利品としての価値がないので、物笑いの種とされた。成熟した処女や容姿の整った若者に出くわすと、そのたびに兵士たちは捉え暴力や腕力で四方へ引き裂き、最後に掠奪した者がお互いに死闘へ駆りたてられた。

神殿から金銭や黄金の重い奉納物を、各人自分のものとして持ち出していると、一層力の強い者に殺された。ある者は、差し出された物に満足せず、鞭で打ち拷問責めにして所有者の隠していたものを探し、地中に埋めていた物を掘り出した。彼らは手に松明《たいまつ》をとり、分捕品を外へ持ち出した後、空っぽの家や無一物となった神殿に面白ずくで投げ込んだ。

軍隊は言葉も習慣もさまざまで、ローマ市民も同盟者も異邦人もまじり、それぞれ欲望も異なり、道徳上の規範も違い、違法とするものは何もなかった。クレモナの掠奪と焼尽(55)には四日間で充分であった。聖俗併せてことごとく灰燼に帰した。唯メフィティスの神殿のみが城壁の外に立っていて、その位置のおかげで災難を免れた。それともその神の威力によるのか。

34　クレモナのこの終焉は、その起源から数えて二百八十六年目であった。ティベリウス・センプロニウスとプブリウス・コルネリウスが執政官の年（前二一八年）、ハンニバルがイタリアを脅《おど》していた頃、パドゥス川の北方に住むガリア人を食い止めるための要塞として、そしてその他の軍勢がアルペス山脈を越えて侵入する万一の場合に備えて建てられていた。

それ以後、この町は多数の入植者、近くて便利な河川、肥沃な農耕地、周辺部族との同盟や結婚で成長し繁栄した。しかし結局この町は外敵との戦争から被害を蒙らず、内乱で憂き目を見たのである。

アントニウスはこの残虐非道を恥じ、世間の憎悪の増大するのを見て、布告を発しクレモナの市民は何人《なんぴと》といえども捕虜として手元においてはならない、と命じた。そしてイタリアの各町は一致して、このような奴隷を買うことを拒絶し兵士の掠奪を無効とした。捕虜は殺され始めた。このことが知れわたると、友人や親戚の者が密かに買い戻した。やがて生き残っていた市民がクレモナに帰ってくる。近隣の町々の気前よい醵出《きよしゆつ》で、広場と神殿が再建された。そしてウェスパシアヌスもこれを支援した。

35

それはさておき、廃墟の下に埋没した市の傍に陣営を建てることは長い間、許されなかった、腐爛した死体で土地が悪臭に満ちていたからである。軍隊はそこから三マイル離れた所まで進み、その間に戦々兢々として彷徨していたウィテッリウス軍の兵を集め、それぞれ元の軍旗の下に編制し直した。そしてこの負けた軍団兵は、内乱がまだ続いていたので、不信の行動をとらないように、イッリュリクムへ分散させられた。

このあとブリタンニアとヒスパニア(56)の諸属州へは使者と勝利の報告が送られ、ガリアには副官ユリウス・カレヌスが、ゲルマニアへは援軍歩兵隊長アルピニウス・モンタヌスが、後者はトレウィリ族の、カレヌスはアエドゥイ族の出身で、双方ともウィテッリウス軍に仕えていたので、事実の明白な証人として派遣されたのである。

同時にアルペス山脈越えの道を守備隊で占拠する。ゲルマニア軍が武装してウィテッリウスを助けに来るのを危惧したからである。

36

三　ウィテッリウスの反応とその派の対策

さて(57)ウィテッリウスは、カエキナが出発して数日後にファビウス・ウァレンスをも無理やり戦線へ追いやると、心配を放蕩三昧の煙幕で覆い、自分は出陣の準備もせず、兵に親しく話しかけ訓練し勇気づけることもせず、大衆の前に姿も見せず、庭園の濃い木蔭に隠れ、餌を与えられていたら横になったまま、のっそりしている怠け者の獣の如く、過去、現在、未来を等しく忘却し念頭から追い払っていた。

しかしアリキアの森で、のらくらと遊惰な生活を送っていたウィテッリウスに衝撃を与えたのは、ルキリウス・バッススの背信とラウェンナ艦隊の謀叛であった。

それから暫くしてカエキナに関する情報が、安堵と混じった憂慮をもたらした。「カエキナは離叛し、軍隊に身柄を拘束された」と。この魯鈍《ろどん》な精神の中で、不安より満足の方が優勢であった。陽気に浮かれ都に帰ると、しきりに集会を開き、兵士の忠誠を誉めちぎり世辞を積み重ねた。護衛隊長プブリウス・サビヌスには、カエキナとの友情を理由に逮捕を命じ、彼に代えてアルフェヌス・ウァルスを充《あ》てた。

37 やがてウィテッリウスが元老院で演説し[58]、大言壮語すると、議員は入念な追従《ついしょう》で持ち上げる。カエキナに対する厳しい議決は、ルキウス・ウィテッリウスの発議によった。次いで他の議員も憤懣やるかたなしといった外見を装う。「なぜなら、カエキナは執政官として国家を、将軍として皇帝を、あれほど沢山の富とそれに劣らぬ名誉を積み重ねた友を裏切ったのだから」と言って。

彼らはウィテッリウスのために慷慨しているかのように見せかけ、実はカエキナに対する自分たちの鬱憤を晴らしていたのだ。

ウェスパシアヌス派の将軍については誰も演説の中で一言も非難せず、軍隊の過ちと無思慮を弾劾しても、ウェスパシアヌスの名前を避け故意に言い落し、遠廻しに触れた。

僅か一日の執政官職を――というのも、カエキナの任期はまだ一日残っていた――媚び諂《へつら》って手に入れようとする者がいて、与える方も貰う方も冷笑されたものである。十月三十一日に、ロシウス・レグルスは執政官に就き辞任した。

このとき故事来歴に通じた人は、こう注意した。「特別な法案を上程せず、政務官職を剥奪し別な人で補ったのは、前代未聞である」と。

たった一日の執政官と言えば、以前にもカニニウス・レビルス[59]の例があった。ガイウス・カエサルが独裁官のとき、市民戦争中のレビルスの功績に報いることを急いだ結果である。

38 この頃ユニウス・ブラエススの訃に接し、世間はひとしきりこれを話題とした。彼の最期に関してわれわれが承知している話は、次の通りである。

ウィテッリウスはセルウィリウス庭園[60]で大病を患い床に臥せっていたとき、近くの豪壮な邸宅で真夜中に沢山の照明が煌々と輝いているのに気づいた。その理由を尋ねて、大勢がカエキナ・トゥスクス[61]の家の晩餐会に招待され、特に主賓として敬意を表されているのはユニウス・ブラエススであると。その他、宴会の費用とか、客席の無遠慮な雰囲気なども誇張して告げられる。そして当の主《あるじ》トゥスクスとその他の客に、しかし就中《なかんずく》ブラエススに罪を帰し、「彼らは元首が不快なとき、歓楽の日々を送っている」と烈しく非難する人もいた。

元首の不興の種を鵜の目鷹の目で捜している者たちは、ウィテッリウスが憤慨していること、これでブラエススを転覆させるのに充分な見通しがついたと見るや、告発の役目をウィテッリウスの弟ルキウスに与えた。彼は邪悪な嫉妬心からブラエススを敵視していた。というのもブラエススは輝かしい名声で、あらゆる汚名に塗《まみ》れていたルキウス・ウィテッリウスを圧倒していたからである。

ルキウスは皇帝の寝室の扉を自分で開けて入り、兄の息子を胸に抱いて跪く。ウィテッリウスから興奮している理由を尋ねられ、ルキウスはこう答えた。

「自分だけが恐れているわけでもないし、自分のことを心配しているのでもない。兄のため、兄の息子のために嘆願と涙を持ち込んだのである。

ウェスパシアヌスを恐れる必要は全くない。彼は厖大なゲルマニア軍団兵と多くの属州民の勇気と信義とで、要するに陸地と大海の広大無辺の空間で阻止されている。この首都の懐の中にこそ警戒すべき敵がいる。自分の祖先に何人ものユニウスやアントニウスを持っていると自慢している男だ。

彼は皇帝直系の後裔として、如才のない鷹揚な態度を兵にひけらかしている。彼はあらゆる人の期待を集めているのに、ウィテッリウスは友人と敵の区別も無視し、宴会場から病苦の元首を傍観している競争相手を贔屓《ひいき》している。時を弁《わきま》えぬあの馬鹿騒ぎに悲嘆と喪の夜で報復してやるべきだ。こうしてブラエススに、ウィテッリウスはまだ生きていて統治している、たとい何か不幸なことが起っても、彼にはまだ息子がいることを思い知らせ肝に銘じさせるべきだ。」

39 ルキウスは罪と恐れの間でためらっていたが、ブラエススの死期を遅らせるとおのれの破滅を早めるし、公然と死を命じると世間の烈しい憎悪を招くと考え、毒殺に決めた。

ウィテッリウスはブラエススの悔《くや》みに訪れ、喜びを隠さず自らの罪を証明した。のみならず、ウィテッリウスの残酷極りなき言葉が聞かれた。私は彼の言葉をそっくり引用しておこう。「私は死んだ敵を見て目の保養になった」と自慢した。

ブラエススは高貴な出自と洗練された生活態度に加えて、頑固に誠心を貫いた。ウィテツリウスの羽振りが良かったときですら、カエキナや、すでにウィテッリウスを見限っていた一味の錚々《そうそう》たる人物から口説かれても、ブラエススは終始誘いを拒み続けた。清廉潔白にして公序を貴ぶブラエススは、予期せぬ名誉は勿論、まして元首の地位など求めてもいないのに、元首に相応しいと見られる危険から逃れられなかったのである。

40 その間にも、ファビウス・ウァレンスは大勢の妾や宦官からなる自堕落な一行と共に、戦場へ向かう将軍にしてはゆっくりと進んでいたとき、ルキリウス・バッススの工作でラウェンナ艦隊が裏切ったことを急使から知らされる。このとき[62]、もし当初に予定した旅を急いでいたら、逡巡していたカエキナの先を越すか、少なくとも戦闘の決定的な危機の直前に軍団兵に追いついていたことだろう。

このときこう忠告する者がいた、最も信頼できる者と一緒に人目を忍び間道を通り、ラウェンナを避け、ホスティリアかクレモナを目指せ、と。他の者は、首都から護衛隊を呼び寄せこの強力な軍隊と共に敵中を突破すべきだと考えた。

ウァレンスは無用な躊躇から、即決断行すべき時間を協議に費した。揚句にどちらの忠告も軽蔑し——これは危機に臨み最悪の選択であったが——中途半端な対策をたて、充分に大胆になれず、先の見通しも誤まってしまった。

41 ウァレンスはウィテッリウスに宛てた手紙で救援軍を要請する。三箇大隊[63]とブリタンニアの援軍騎兵がやって来た。この兵力は敵を欺《あざむ》くには多すぎ、敵中を突破するには少なすぎた。しかしウァレンスはこの大事の瀬戸際でも、不名誉な噂から逃れられなかった。禁じられた快楽をそそくさと盗み、姦通や凌辱で、賓客となっていた主の家を穢したと信じられている。彼には権力と金と、そして没落してゆく運命の土壇場の衝動があった。

作戦の手落ちが明らかになったのは、やっと騎兵と歩兵が到着した後である。というのも、こんなに小勢では、たとい忠実でも敵地は通り抜けられなかったし、彼らの忠誠心が完璧とも請合えなかった。彼らは羞恥心と目前の将軍に対する尊敬の念から自重していただけで、このような絆は、危険の前でわが身を恐れ不面目に無頓着となる兵士の間で長く続くわけがない。

このことを恐れウァレンスは歩兵大隊をアリミヌムへ向けて先発させ、その背後を騎兵隊に守れと命じ、ウァレンス自身、苦境にも忠誠を変えていなかった少数を伴い、ウンブリアへ向かい、そこからエトルリアへ転じ、そこでクレモナの攻略戦の顛末を知ると、ウァレンスは大胆不敵な、それがもし成功していたら恐るべき結果をもたらす計画を抱き、船を拿捕《だほ》し、属州ナルボネンシスのどこかへ上陸し、ガリア諸属州とゲルマニアの軍隊と部族に呼び掛け、新しい戦争を引き起そうとした。

42　ウァレンスが去り、不安に怯《おび》えながらアリミヌムを占拠していた歩兵大隊に、コルネリウス・フラックスは軍隊を近づけ、近くの海岸に軽速船を配し、陸と海からアリミヌムを包囲した。ウンブリア地方の平野とアドリア海に面したピケヌム地方の海岸地帯を占拠すると、イタリア全土がアペンニヌス山脈を境とし、ウェスパシアヌスとウィテッリウスの間で両分される。

ファビウス・ウァレンスはピサエ湾から出帆し、海の凪《なぎ》や向かい風のためヘルクレス・モノエクス港に漂着した。

そこから遠からぬ所に、属州アルペス・マリティマエの元首属吏マリウス・マトゥルスが駐在していた。彼はウィテッリウスに忠実で、周辺がすべて敵となっていたのに、まだ忠誠の誓いを捨てていなかった。[65]

彼はウァレンスを愛想よく迎えたが、ガリア・ナルボネンシスを無謀に侵さぬよう諫め脅《おど》した。同時に彼の同伴者たちも怖じけて忠誠心を砕かれた。

43

というのも、ガリア・ナルボネンシスの元首属吏ウァレリウス・パウリヌスは、屈強な軍人でウェスパシアヌスの地位が上る以前からの友人でもあったので、周辺の町々にウェスパシアヌスへ忠誠を誓わせていた。そしてウィテッリウスに解雇された後、自発的に戦争に参加する護衛隊兵を集め、海の要港である植民市フォルム・ユリイを守備で固めていた。[66]

彼の威信は次のような事情から、一層重みを加えていた。このフォルム・ユリイは、パウリヌスの父祖の地であり、そして彼はかつて護衛隊副官であったから、護衛隊兵から尊敬されていた。そして一般市民も自分たちの同郷人を贔屓《ひいき》し、将来における彼の影響力の増大を期待し、ウェスパシアヌス派を援助しようと懸命であった。

これらの対策が用意され実現し、その噂が誇張され、気持のぐらついていたウィテッリウス派の兵士に伝わると、ファビウス・ウァレンスは四人の身辺警護兵と三人の友人と同数の百人隊長と共に船に乗る。マトゥルスとその他の者は後に残り、ウェスパシアヌスに忠誠を誓うことを択《えら》んだ。

ところでウァレンスは、さしあたり海岸や町よりも海上が安全と考えても、先行き不安なので誰を信頼すべきかよりも、何を避けるべきかを見定めた。しかし悪天候のためマッシリア人の領有するストエカデス諸島に漂着する。

その島で彼はパウリヌスの送った軽速船に襲われた。

44

ウァレンスが捕えられると、ローマ世界は勝者の側についた。その発端はヒスパニアで、第一アドユトリクス軍団から起った。この軍団はオトへの追懐の情からウィテッリウスに反感を抱き、第十、第六軍団も味方に引き入れた。ガリアの諸属州にも逡巡はなかった。ブリタンニアはウェスパシアヌスに好意を寄せていた。ウェスパシアヌスはクラウディウスからここの第二軍団長に任命され、戦闘で勇名を馳せていたからである。しかし他の軍団兵を仲間に加えるのに、何の抵抗もなかったわけではない。これらの中には、ウィテッリウスの手で昇進していた百人隊長や兵士が大勢いて、すでに馴れていた元首の交替に不安を抱いたのである。

45　ローマの不和葛藤と市民戦争に関する噂が絶え間なく伝わってきて、ブリタンニア人はウェヌティウス[68]の使嗾《しそう》の下に奮い立つ。この者は持ち前の胆力とローマという名への憎しみに加え、女王カルティマンドゥア[69]への個人的な遺恨にも憤怒を煽《あお》られた。カルティマンドゥアは、ブリガンテス族[70]を統治し、その高貴な血統で勢力を誇っていた。そしてカラタクス王[71]を罠に掛けて捕虜とし、クラウディウス帝に凱旋式を挙げさせたと思われた後で一層権威を高めていた。その結果、彼女はおのれの富と幸運に驕《おご》り、自分の夫であったウェヌティウスを追い出し、王の楯持ちウェッロカトゥスを夫に迎え王位を分けた。

この破廉恥な行為は、たちまち王国を根底から揺すぶった。人々は前夫に同情し、姦夫に味方したのは女王の情欲と残忍性であった。

こうしてウェヌティウスは援兵を寄せ集め、同時にブリガンテス族も謀叛を起し、カルティマンドゥアを危険な瀬戸際に追い込んだ。そこで女王はローマ人からの援助を要請した。わが援軍の歩兵と騎兵は、勝敗のつかない戦闘を重ねた揚句、ともかく女王を危機から救出した。王国はウェヌティウスの手に、戦争はわが軍の手に残った[72]。

46　同じ頃、属州ゲルマニアが混乱した。将軍の無精と軍団兵の謀叛心と、外敵[73]の襲撃と同盟者の二心《ふたごころ》によって、ローマ帝国はほとんど破滅的な状態に陥る。この戦乱はその原因と結果と共に、いずれ適当な所で述べるつもりである。というのも、動乱が長く続いたからである。

ダキア人もまた蜂起した[74]。日頃から決して信のおけないこの部族は、モエシア[75]から駐留軍団が撤退すると、恐怖を持たなかった。なるほど彼らは内乱の始まった当座、静観していた。イタリアが戦火に燃え、全世界が敵対する二つの陣営に割れたのを見ると、援軍の歩兵と騎兵の冬期陣営を襲い、ダヌウィウス川の両岸を占拠した。

そしてすでに彼らが軍団兵の冬期陣営をも破壊しようと準備していたとき、ムキアヌスはクレモナの勝利を知り、第六軍団を向け敵の動きを阻《はば》む。もしダキアとゲルマニアが相対峙した方向から攻めて来たら、大勢の外敵に挟撃されるだろうと案じたのである。

今までにもたびたび他で起ったように、今度もローマ国民の幸運の女神が味方した。女神はこの前にクレモナでの問題を決着させ、ムキアヌスと味方の軍隊をそこへ向けさせたのだから。

フォンテイユス・アグリッパ[76]が、アシアから――彼は知事としてその属州を一年間統治していた――モエシアの総督になると、ウィテッリウス派の兵力も麾下《きか》に加えられる。ウィテッリウス派の敗残兵は諸属州に散らし、外敵との戦争へ縛りつけておくのが、国内の平和のために賢明な方策であった。
47 その他の民族もおとなしくしていなかった[77]。突然ポントスで野蛮人の一人の奴隷が武装して立ち上がった。彼はかつてポレモン王の解放奴隷で、この王国の艦隊長であったアニケトゥスである。昔は権勢をほしいままにしていたので、王国を属州の形態に変えられた後、この変化に我慢ならなかった。

そこでウィテッリウスの名でポントス周辺に住む部族を仲間に加え、さらに掠奪の希望を与えて極貧の輩をことごとく買収し、侮《あなど》り難い兵力を率い、トラペズス(78)を不意に襲う。これはギリシア人がポントス王国の海岸の果てに建てた、由緒ある有名な町である。ここで歩兵一箇大隊が殺された。彼らはかつて王が提供した援軍であったが、その後ローマ市民権を与えられ、軍旗も武器もローマ風に改めたが懶惰《らんだ》と放縦《ほうじゅう》はギリシア人のままであった。

アニケトゥスは艦隊にも松明《たいまつ》を投げ込み海の無防備を愚弄した。ムキアヌスが軽速船の精鋭と全水兵をビザンティオンへ無理やり送らせていたからである(79)。のみならず野蛮人は急いで、彼らがカマラと呼ぶ船を造り、恐れ憚《はばか》ることなく海上を彷徨した。

この船は舷側が低く船腹が広く、銅製や鉄製の鎹《かすがい》を一切使わず板を組み合わせていた。そして海が荒れうねりが高くなるにつれ、両側の船縁《ふなべり》が高くせり上り、ついに屋根の如く甲板を覆う。こうした船体で波間をくぐり動き廻る。両端とも等しく舳《へさき》となり漕手座が自由に向きを変え、前からでも後からでも着岸でき、同じように安全であった(80)。

この事件はウェスパシアヌスの注意をひき、その結果、軍団兵からなる分遣隊と、戦いを信頼して任せられる将軍ウィルディウス・ゲミヌスが択《えら》ばれた。ゲミヌスは掠奪を欲し野放しに彷徨《うろつ》いていた敵に襲いかかり、船の中へ追い込んだ。

そこで急遽、軽速船を建造し、アニケトゥスをコブス川の河口まで追跡する。しかしセドケジ族の王に保護され、身の安全を得た。アニケトゥスはこの王に金銭と贈物で同盟関係を強要していた。

最初、王はローマ軍を武器で威嚇し、嘆願者を庇《かば》っていたが、裏切りの報酬か戦闘かの二者択一を提示されると、野蛮人がよくやるように信義を破り、アニケトゥスの滅亡について取引し、逃亡者を手渡した。こうして奴隷の仕掛けた戦争は終る。

ウェスパシアヌスはこの勝利を喜ぶ。すべてが期待していた以上に首尾よく行ったからである。追いかけてクレモナの勝報がエジプトに届く。そこで一層旅を急ぎアレクサンドリアを目指した(81)。粉砕されたウィテッリウス軍と、外地からの食糧援助に依存している首都を、餓《うえ》で苦しめるためである。実際、彼はまた、同じ海岸線に位置するアフリカを陸と海から襲撃する準備をした。こうして食糧供給の道を絶ち、敵に困窮と不和を引き起そうと考えた。

四　ウェスパシアヌス軍、首都を目指す

49 全世界がこのように激動し帝国の運命が新しい手に移りつつあったとき、プリムス・ア

ントニウスは、クレモナの勝利の後、それ以前のように潔《いさぎよ》く振舞っていなかった。戦争が峠を越えたので、その後は造作もないと高をくくっていたのか、それとも彼のような性格の人は、僥倖から貪婪《どんらん》、傲慢《ごうまん》、その他の隠れた悪徳を暴露するのであろうか。

アントニウスはイタリアをあたかも征服地の如く傲然と通り過ぎ、軍団兵をあたかも自分のものの如く機嫌をとり、あらゆる言動でおのれの権力への道を切り開いていた。兵士に放縦《ほうじゅう》をたっぷり味わわせるため、戦死した百人隊長の補充を軍団兵の自由に任す。兵士は選挙で最も御し難い不穏分子をすべて択《えら》んだ。兵が将軍に統率されていたのではなく、将軍が兵士の暴力に引き摺られていた。

アントニウスはこのような軍紀を毒する反抗的な暴徒を、やがて自分の懐を肥やすために利用した。ムキアヌスの間近い到着も一向に恐れていなかった。それはウェスパシアヌスを蔑《ないがし》ろにした以上に、致命的な過ちであった。

50 それはさておき、冬(82)が近づき、パドゥス川の氾濫で平地が水に浸っていたとき、軍隊は軽装で行進を開始した。ウェロナには勝者の諸軍団の軍旗と鷲旗と共に主力、負傷兵と老兵、そして無傷の元気な兵士も沢山残った。すでに戦争は終ったも同然なので、出発部隊は援軍の歩兵と騎兵と、軍団兵の選抜隊で充分と考えられた。これに第十一軍団が加わっていた。この軍団は初め参戦をためらい、戦争に勝った後も勝利に協力しなかったので、落伍者の不安を感じていた。

それから最近募集されたばかりの六千人のダルマティア人が従った。総督ポンペイユス・シルウァヌスが指揮していたが、実質上あらゆる計画を推進していたのは軍団長アンニウス・バッスス[83]である。彼は戦いを怠け行動すべきときを多弁で潰していたシルウァヌスを、表向き服従を装い牛耳っていた。そしてどんな行動にせよ、必要の生じたときは、いつも傍に居て忍耐強く沈着に振舞った。

以上の軍勢に加え、ラウェンナの艦隊で軍団勤務を要求していた者の中から最良な者を皆仲間に加えた。海兵の補充にダルマティア人を充てた。

軍隊と将軍は、ファヌム・フォルトゥナエで行進を止めた。全体の状況とその対策について見当がつかなかったからである。首都から護衛隊も行動を起したと聞いていたし、敵はすでにアペンニヌス山脈の峠を守備隊で占拠していると考えられた。そして戦禍で痛めつけられた地域での食糧の欠乏や、靴底鋲の手当て——これは恩賜金の別名であった——を強請《せが》み暴動を煽《あお》る兵士の声にも将軍は怯《おび》えていた。

金も食糧も用意されていなかったのは、兵士の苛立つ気持と貪欲が、将軍のこうした配慮を妨げていたのである。実際、兵士はいずれ受け取ることのできるものを掠奪するからである。

51 最も信頼し得る典拠の中に私は見つけたのであるが、騎兵隊の一雑兵が最近の戦闘で兄弟を殺したと申し出て将軍に褒賞を願うまでに、勝者は正邪の観念を失ったという。将軍としては人道的見地から兄弟殺しを賞めることも、内乱を考慮すると処罰することも許されなかった。将軍はこの功績は、今すぐ報いるには大きすぎるという口実の下に兵の希望を先送りした。しかしそれ以後のことは何も伝わっていない。

それはともかく、過去の市民戦争でも似たような罪が犯されていた。たとえば、ヤニクルムの丘でキンナと対決して戦った際[84]、ポンペイユス派の一兵卒が自分の兄弟を殺し、後で犯した罪に気づくと、われとわが身を絶った。

これはシセンナ[85]の記述による。

われわれの先祖は、美徳を光栄とみなしたように、破廉恥を悔いる念もこれほど鋭かったのである。私としてはこれと同類の他の例を古代に見つけたら、事柄の性質や状況に応じ正義の鑑《かがみ》となる、あるいは現在の悪弊を忘れさせ慰めるものとして、そのつど述べることにしたい、必ずしも不適当とは思えないので。

52

アントニウスとウェスパシアヌス派の将軍は、騎兵を先発させ、ウンブリア地方全土の情勢を偵察し、アペンニヌス山脈を越えるのにどの道がやさしいかを見つけることに決めた。鷲旗や軍旗と共にウェロナに残していた軍団兵を皆呼び寄せ、パドゥス川と海上を食糧輸送船で満たすことにした。

将軍の中には作戦を遅らせようと企む者もいた。というのも、アントニウスが今や大きすぎる存在であったし、彼よりムキアヌスから一層確実な報酬が期待できるからである。

実際ムキアヌスはこのような性急な勝利を心配し、自ら臨んで首都を占領しなければ、戦争に参加したことにも、勝利の栄光を手に入れたことにもなるまいと考えた。

彼はアントニウスとアッリウス・ウァルスに宛て何度も曖昧な表現の手紙を送り、計画を急ぐべきだと言ったり、遅らせる方が有利と論じ、その結果失敗すると責任を拒否できる、成功すると自分の手柄と主張できるような用心深い文章を練っていた。

プロティウス・グリュプス(86)は最近ウェスパシアヌスから元老院階級の地位を与えられ、軍団長に任命されていた。ムキアヌスはこの者と信頼していたその他の人には、一層率直に忠告した。この者たちは皆アントニウスとウァルスの早急な行動を非難し、ムキアヌスの意志に沿った報告書を送り返した。

ムキアヌスはこれらの書簡をウェスパシアヌスへ回送し、その揚句アントニウスの思慮と行為が当人の期待通りに評価されるのを妨げたのである。

53　これにアントニウスは我慢ならなかった。ムキアヌスの横槍で、危険を冒した自分の行動が貶《けな》されると言って、ムキアヌスに罪を着せた。

アントニウスは言葉を慎むことを知らず、謙虚に人に従うことにも慣れていなくて、誰憚《はばか》らず言いふらした。ウェスパシアヌスに手紙を書き、元首に宛てたにしては自惚れが過ぎたし、ムキアヌスへの誹謗も隠していなかった。

「そもそもパンノニアの軍団兵を戦場へ駆りたてたのは自分だ。モエシアの将軍たちを奮い立たせたのも、自分が焚《た》きつけたからだ。アルペス山脈を突破したのも自分の不屈の意志からだ。イタリアを占領したのも、ゲルマニアとラエティアからの援軍を阻止したのも自分だ。ウィテッリウスの軍団兵の仲を裂き、分散させて騎兵隊で強襲し、次いで歩兵の威力で一日と一晩で粉砕したのも自分だ。これらはまことに見事な戦果であり、自分一人の功績である。

クレモナの不幸は戦争のせいと考えるべきだ。昔の市民同士の不和葛藤は、もっとひどい損害を国家に与え、もっと沢山の町を破壊した。自分は自分の皇帝のために、報告や手紙ではなく、腕と武器で戦っている。もっともこの間にもその他の地域(87)を鎮定していた人たちに対する栄光を妨害するものではない。彼らにはモエシアの平和が、自分にはイタリアの安泰と平穏が関心事であった。

ローマ世界で最も強力な地域、ガリアとヒスパニアの諸属州を、ウェスパシアヌスの味方に引き入れたのは自分の説得による。しかしもし自分の危険の報奨が、危険に立ち合わなかった人だけのものとなるなら、自分は全く無駄骨を折ったことになる。」

アントニウスのこのような不平は、ムキアヌスの耳にも入った。そこから二人の間に致命的な反目が生じた。これをアントニウスは一層率直に、ムキアヌスは巧妙に、それだけ一層執念深く養い育てた。

54 しかしウィテッリウスはクレモナで自分の政権が崩れた後も、敗北の報告をひた隠し愚かにもしらばくれ、不幸そのものよりも不幸の救済を先へ延ばしていたにすぎない。というのも、彼が真実を認め皆に諮《はか》っていたら、盛り返す希望も力もまだ残っていたろうに、彼はその反対にすべてが上手くいっているかのように振舞い、この誤魔化しで事態をさらに悪化させていた。

不思議なことに誰も彼の面前では、戦争について発言しなかった。全都にわたってこれを話題とすることが禁じられていた。それで一層多くの人が、もし許されていたら真相を話し合っていたろうに、口止めされたため却って悪い話を誇張して広げていた。

ウェスパシアヌス方の将軍も、噂を広めるのに手を貸した。勝者の強大な兵力を相手に知らせるため、ウィテッリウス派の間諜《かんちょう》を捕虜とし、あちこちと引っぱり廻して送り返した。ウィテッリウスはこれらの間諜を密かに問い質した後、皆、殺させた。

百人隊長ユリウス・アグレスティスは記録に価する硬骨漢であることを証明した。彼は長々と訴えウィテッリウスの奮起を促し徒労に終ると、今度は敵の真実の力を見るため、そしてクレモナで何が起ったかを自分の目で確かめたいため、自分を送ってくれ、と迫って許可を得た。

彼は密偵の身を隠しアントニウスを欺こうとしなかった。皇帝の命令と自分の意図を打ち明け、何も彼も見せてくれと頼む。アントニウスは激戦場、クレモナの廃墟、捕虜となっていた軍団兵をアグレスティスに見せるため、案内人を派遣した。

アグレスティスはウィテッリウスの許に帰って報告した。ウィテッリウスがそれを本当と認めないどころか、敵に買収されたと咎めると、アグレスティスはこう言った。「なるほど大きな証拠が必要でしたら、そしてあなたはもう私が生きようと死のうと、全く私を必要としないのですから、あなたが本当と信じるような証拠をお見せしましょう。」

こう言ってウィテッリウスの所から退去すると自害し、自分の言葉の正しさを立証した。別伝によると、彼はウィテッリウスの命令で殺されたと。しかし彼の忠誠と剛直な精神に関しては同じ話を伝えている。

55

ウィテッリウスはあたかも眠りから覚めたかのように、ユリウス・プリスクスとアルフエヌス・ウァルスに護衛隊十四箇大隊と騎兵中隊全員を率いて、アペンニヌス山脈の峠道を封鎖せよ、と命じた(88)。この後に海兵隊からなる軍団兵(89)が続く。これほど大勢の武装兵、それも選り抜きの歩兵と騎兵がいたので、指揮者さえ別人であったら、どんな防戦にも充分威力を発揮したであろう。

その他の軍隊(90)は、首都の防衛軍として、弟のルキウス・ウィテッリウスに与えられた。ウィテッリウス自身は相変らず例の放蕩三昧の暮らしを捨てなかったが、自信を失い慌てて選挙を急ぎ、これで数年先までの執政官を決めてしまった。属州の人に同盟条約(91)を、外人にラティウム権を与える。またある属州は直接税を免除し、別な属州は税制上の特権を与えて優遇した。要するにウィテッリウスは全く将来を考慮せず、帝国をずたずたに裂いていた。
しかし大衆は口を開け仰山な恩恵を待ち望み、愚昧な輩は皆、彼の恩恵を金で買っていた。心ある人は国家が健全ならば、供与も不可能である恩恵など無意味と考えていた。

やっとウィテッリウス[92]は、メウァニアに陣を敷いていた軍隊に催促され、元老院議員の仰々しい行列を伴い――彼らの多くは彼の好意を欲し、一層多くのものは不機嫌を恐れ引き摺られて行った――陣営に着いてからも、確固たる信念もなく、信頼していない相談相手のなすがままになっていた。

56

ウィテッリウスが兵士の集会で演説をしていたとき――信じ難いほど異常な現象であるが――黒雲が太陽を隠すように、夥《おびただ》しい不吉な鳥がぐるぐると頭上を舞った。さらに禍々《まがまが》しい前兆が加わった。牡牛が祭壇から逃げ出し、犠牲用の道具類を滅茶苦茶にし、生贄がいつも打ち殺される位置から遠く離れた所で倒れた。

しかし最も不吉な兆候は、ウィテッリウス本人であった。戦術を解せず、将来の方針もなく、行軍隊形はどうあるべきか、偵察にいかなる配慮が必要か、戦闘開始をどの程度急ぎ、あるいは遅らせるべきか、そんなことをいつも他人に尋ね、あらゆる情報にそのつど顔付や態度で恐怖を示し、その後で酔い痴れた。ついに陣営の生活に退屈し、ミセヌム艦隊の謀叛[93]を聞くと、ローマへ帰った。新たな衝撃のたびにびくびくする彼は最も重大な危険に無頓着であった。

ともかく彼は自分の軍隊がまだ元気なうちにアペンニヌス山脈を越え、厳冬と食糧不足で困憊していた敵を攻撃するのに何の支障もなかったとき、兵力を分散させ最後まで抵抗する覚悟でいた勇猛果敢な兵士を敵に渡し、結局殺し、捕虜とさせたのである。(94)これに戦争体験の豊かな百人隊長が反対したにも拘らず、そして彼らに相談していたら正しいことを告げていたろうに。

ウィテッリウスの親友は、これらの百人隊長をウィテッリウスから遠ざけ、元首の耳が有益な忠言に不機嫌となるように、そして心地好くても有害な阿諛以外は一切受けつけないように仕込んでいた。

57

さてミセヌム艦隊であるが——市民同士が反目し争っているときは、たった一人の大胆不敵な行為がこれほどの威力を発揮するのである——、ガルバから不面目な解雇を言い渡された百人隊長クラウディウス・ファウェンティヌスは、ウェスパシアヌスの書簡を偽造し、ウィテッリウスを裏切ったときの報酬を約束して、この艦隊を返り忠へ引き摺り込んだ。

このときのミセヌム艦隊長はクラウディウス・アポッリナリス(95)で、彼は誠心を貫くことも、寝返りを決断することもできなかった。ところが元法務官アピニウス・ティロが、その頃たまたまミントゥルナエに暮らしていて、自ら叛徒の指揮を買って出た。この者たち

58

によって、イタリアの自治市や植民市が煽動され、格別熱心にプテオリの市民はウェスパシアヌスを支持した。これに対しカプアはウィテッリウスに忠実で、各市はお互いに対抗意識を内乱と絡《から》ませていた。

ウィテッリウスは艦隊兵の気持を宥《なだ》めるために、クラウディウス・ユリアヌスを択《えら》んだ。彼は最近までミセヌム艦隊長として、だらしない軍規の下に指揮していた。ウィテッリウスから後ろ楯として都警隊一箇大隊と剣闘士を与えられ、これらをユリアヌスが指揮した。両陣営が対峙して設置されるや、ユリアヌスは大して遅疑逡巡することなく、ウェスパシアヌスの側に移った。そして一緒にタッラキナを占領する。この町は守る者たちの士気よりも、その城壁と地の利を得た位置によって安全であった。

以上の経緯を知ると、ウィテッリウスは二人の護衛隊長と共に軍隊の一部をナルニアに残し、弟のルキウス・ウィテッリウス(96)に護衛隊六箇大隊と五百騎の騎兵と共に、いまやカンパニア全土を襲っている戦争に立ち向かわせた。

当のウィテッリウスは虚脱状態の中で、兵士の熱烈な支持と、武器を求める民衆の叫びに慰められていた。その一方でウィテッリウスは卑怯な民衆を、言葉以外に敢えて何もしようとしない烏合の衆を、外見を飾り軍隊とか軍団兵と呼んでいた。

解放奴隷が勧告したので――実際、元首の親友たちは地位が高い人ほど一層不誠実であった――、ウィテッリウスは選挙区を召集させた(97)。志願した者に忠誠を誓わせる。大勢が殺到し溢れたので、選考の役目を二人の執政官が分担した。

ウィテッリウスは元老院議員に、一定数の奴隷と一定の目方の銀を供出するように命じた。ローマ騎士は奉仕と金を提供し、解放奴隷まで同じような負担を進んで申し出た。

こうした熱心な奉仕の見せかけは、ウィテッリウスへの恐怖から発したが、最後には本当の同情へ変った。もっとも多くの人はウィテッリウスその人よりも、元首の不幸な地位を哀れんだのである。ウィテッリウス自身も、人々の憐憫を呼び起すため、表情と声と涙でできることはし尽した。

約束も気前よくした。いや怯《おび》えている人が皆そうであるように過度な約束をした。のみならず彼はカエサルと呼ばれることも願った。

以前は軽蔑していたのに、(98)このときはこの名称の魔力に魅せられた。それに人は不安に陥ったとき、思慮深い人の忠言と同時に、大衆の声にも耳を傾けるからである。

それはともかく、軽率な衝動から始まった企ては何にせよ、初め勢い込んで動くが、時が経つにつれだれるものである。そのように元老院議員も騎士も、次第に散って行く。最初はためらいながら、そしてウィテッリウスが居合せていなかったときに、やがて彼が居ようと居まいとお構いなく、平気で逃げた。

ついにウィテッリウスも、おのれの空しい試みを恥じ、もはや提供されなくなった奉仕を免除してやった。

59 ウィテッリウス派によるメウァニアの占拠は、新しく再び戦争が始まるかのようにイタリアを恐怖の淵に陥れていたが、ウィテッリウスのあのような意気地のない退却で、疑いもなくウェスパシアヌス派への支持が生まれた。サムニテス族やパエリグニ族やマルシ族は、カンパニアに先を越されたといって競争心に駆られ、新しい主人に仕えるが如く、戦争のためのあらゆる奉仕を買って出た。

しかしウェスパシアヌス軍は厳冬のためアペンニヌス山脈を越える間、辛酸を嘗めた。雪道を切り開いての行進を、敵からほとんど邪魔されなかったとはいえ、もし運命がウィテッリウスを後退へ導かなかったら、どんなに大きな危険に直面していたかは明らかである。この幸運はウェスパシアヌス派の将軍を、しばしば賢明な作戦と同じ程度に助けた。

ここで彼らは、ペティリウス・ケリアリス(99)に出会った。彼は田舎者に変装し、土地の事情にも通じていたので、ウィテッリウス軍の前哨線《ぜんしょう》を破って逃げられた。ケリアリスはウェスパシアヌスと近い親戚であった。そして彼自身も戦争で輝しい名声をあげていた。そこで早速、将軍の中に加えられた。

ウェスパシアヌスの兄フラウィウス・サビヌスにも、息子のドミティアヌスにも、ローマを脱出する手段は与えられていたと、多くの典拠は伝えている。そしてアントニウスの送った密使も、さまざまの策略で敵を欺き、二人の許にやっと辿り着き、逃げ道と護衛を保証した。

サビヌスは、そのような労苦と冒険は、自分の今の体には無理だ、という口実で断った。ドミティアヌスは勇気を持っていた。しかしウィテッリウスの付けていた監視から「自分たちも味方し逃亡を助ける」と約束され、罠ではないかと恐れた。その上、ウィテッリウス本人も自分の肉親の将来を気遣い、ドミティアヌスに危害を加えるつもりは毛頭なかった。

60 ウェスパシアヌス派の将軍がカルスラエに着く(100)と、諸軍団の鷲旗や中隊旗が追いつくまで、二、三日休息することにした。そしてこの場所が陣営に適していた。広い展望が利いたし、糧秣の輸送も安全で、背後に繁栄した自治市が控えていた。同時にウィテッリウス軍の所から十マイル(101)の距離にあったので、彼らとの対話も彼らの寝返りも期待できた。兵士はしかしこれを嫌い、平和よりも勝利を欲していた。味方の軍団兵の到着すら待とうとしなかった。危険を分ち合うより戦利品を分つ仲間と考えて。

アントニウスは兵士に集会を呼びかけ、こう教え諭した。

「ウィテッリウスはまだ戦力を持っている。彼らがもし慎重に討議すれば、戦う決心も鈍るだろう。絶望に追い込まれると烈しく抵抗するだろう。この市民戦争の発端は運命の手に委《ゆだ》ねるべきだ。勝利は賢い分別と戦術によって成し遂げられるのだ。

すでにミセヌム艦隊とカンパニアの見事な海岸地帯は寝返った。ウィテッリウスにはこの全世界で、もはやタッラキナとナルニアの間の土地しか残っていない。

クレモナの戦いでわれわれは充分な光栄を手に入れた。同時にクレモナの破壊で充分すぎる憎悪を招いた。どうかローマの占領よりも救出を念頭においてくれ。もしお前たちが元老院議員やローマ国民の血を一滴も流さず彼らの安全を確保したら、そのときお前たちはクレモナより一層大きな報酬と、遥かに高い栄誉を得られよう。」

こう言って兵士の逸《はや》る心を鎮めた。

61

程なくして軍団兵が到着した[102]。軍隊の増強という恐るべき情報に、ウィテッリウス派の護衛隊兵は動揺した。戦争へ向かって鼓舞激励する者は一人もいない。多くは投降を勧め[103]、勝者への贈物として、また自分たちへの将来の恩返しを期待し、自分たちの百人隊や騎兵中隊を敵に引き渡そうと先を競った。

彼らを通じ、近くの平野の町インテラムナが、四百騎の騎兵で守られていることを知る。直ちにウァルスが軽装兵と共に送られ、抵抗した少数を殺した。多くは武器を捨て命を乞う。何人かはナルニアの敵の陣営へ逃げ込み、そこの全軍を戦慄で満たした。彼らは敵の武勇と兵力を誇張し、こうして自分たちが前哨《ぜんしょう》を放棄した恥辱を和《やわら》げようとした。

ウィテッリウス軍では破廉恥に、いかなる罰も科されなかった。のみならず、脱走兵に与えられる報酬が忠誠心を挫《くじ》くと、われ先にと返り忠を争った。副官も百人隊長も頻りに脱走した。

雑兵はウィテッリウスのため、頑固に忠誠の誓いを守っていたが、ついにプリスクスとアルフェヌスが陣営を捨て、ウィテッリウスの許へ帰って変節の恥辱から全員を救ってやった。

62　同じ頃、ウルウィヌムで監禁されていたファビウス・ウァレンス[104]が殺される。彼の首をウィテッリウス派の護衛隊兵に見せたのも、彼らが今後いかなる望みも持たないようにするためであった。というのもウァレンスは、ゲルマニアの属州を広く廻り、そこで昔の軍隊に呼びかけ、新しい軍隊を募っていると信じられていた。

ウァレンスの生首を見てから、彼らは絶望に向かった。一方、ウェスパシアヌス派の軍隊は、ウァレンスの最期を戦争の終結の如く受け取り、大いに気炎を揚げた。

ウァレンスはアナグニアの騎士階級の家柄に生まれた。その性放埒《ほうらつ》にして世故に長け、道楽三昧の生活で粋人[105]という評判をとっていた。

ネロの時代に青年祭の見世物で、ネロから強制されたかのように、やがて自ら欲して、ものまね劇《ミムス》[106]に登場し役を品よくこなしたと言うよりも玄人《くろうと》の如く演じた。

軍団長のときウェルギニウスを口説き、後日、中傷した。フォンテイユス・カピトを籠絡《ろうらく》した後、あるいは籠絡に失敗したためか、殺してしまった。

ガルバを裏切ったが[107]、ウィテッリウスには誠実で、他の人の変節のお蔭で名を揚げた。

63　ウィテッリウスの兵士は[108]、あらゆる方面で突然希望を絶たれ、ウェスパシアヌス派に屈服することを決心する。この投降も品位を汚さずには行えなかった。彼らは軍旗や騎兵隊旗を翻《ひるがえ》して、ナルニアの麓《ふもと》の平地へ降りて来る。

ウェスパシアヌス軍はあたかも戦闘に向かうが如く覚悟し武装して、密集隊列を組み道の両側に立っていた。ウィテッリウス軍はその間に入って取り囲まれたとき、プリムス・アントニウスは、同情の念をもって話しかける。

一部はナルニアに、一部はインテラムナに留まるように命じた。同時に勝者の側からも、相手がおとなしいと脅《おど》かさない程度の、反抗すると制圧できるほど強い軍団兵が残された。

こうした間にもプリムス・アントニウスとアッリウス・ウァルスは再三使者を送り、「ウィテッリウスが武器を捨て、自分の身と自分の子供をウェスパシアヌスに引き渡すなら、命を保証し生活費とカンパニアの隠棲地を提供する」と促して止めなかった。同じ趣旨の手紙をムキアヌスも書いた。ウィテッリウスは大筋でこれらの申し出を信頼し、奴隷の数をあげ海岸地帯を好むと答える。これほどウィテッリウスの精神は鈍麻に侵されていたので、もし他人が「あなたは元首ではないのか」と自覚を呼び起してやらなかったら、自分が何者であるかすら忘れていたろう。

五　首都と周辺の状勢

64　さて都では指導的な地位にある人が、都警長官フラウィウス・サビヌスと密かに会って、勝利と栄誉の分け前に与かるように勧めていた。「あなたは都警隊という固有の兵力を持っている。消防隊の力も借りられよう。われわれの奴隷も、ウェスパシアヌスの幸運も加勢しよう。勝者にはすべてが望み通りになって行く。アントニウスやウァルスに栄誉の上で引けを取らないようにせよ。

ウィテッリウスには僅かな護衛隊[109]が残っているだけだ。至る所からの悲報で意気消沈している。大衆の気持は変りやすい。そこでもしあなたが指導者として名乗りをあげると、大衆はウェスパシアヌスに対してと同じようにお世辞をあなたに捧げるだろう。ウィテッリウスは幸運に恵まれていたときですらその地位に匹敵し得なかった。それだけになおさら突然の転落で無能に陥っている。

首都を占領した者が戦争を終結させたとして感謝されるのだ。弟に統治権を保留しておくことは兄に相応しく、ウェスパシアヌスには誰よりもサビヌスを優遇するのが相応しい。」

65 このような言葉にサビヌスは、高揚した気持で耳を傾けようとしなかった。老齢で体も弱っていたのである。

彼の魂胆を密かに疑い、こう非難する人もいた。「彼は嫉妬心や競争心から、弟に高い地位の訪れるのを遅らせているのだ」と。というのも、フラウィウス・サビヌスは齢も上であったし、二人が共に単なる市民であった頃、権威も財産もウェスパシアヌスを凌駕していた。そしてウェスパシアヌスが世間の信用を失い逼迫《ひっぱく》したとき、彼の邸宅と農地を担保にとって、サビヌスは渋々金を貸して助けた(110)という話である。そこから世間は、この兄弟は表向き仲が良くても、お互いに恨みを隠していると心配していた。もっと真実に近い解釈はこうである。サビヌスは温和な人柄で、流血の惨や殺害をひどく嫌悪している。そこでウィテッリウスと、たびたび講和や条件付きの武装放棄について論じ合った。再三それぞれの私邸で落ち合い、噂によると最後にはアポロン神殿で合意に達したという。そのときの対話や協定の文言に、ただ二人の証人が立ち合った。クルウィウス・ルフスとシリウス・イタリクス(111)である。遠くからこれを見ていた人に、ウィテッリウスは品位を欠いてみすぼらしく映り、サビヌスは得意気というよりむしろ惻隠《そくいん》の情にほだされているようであった。

66 もしウィテッリウスが自ら譲歩していたように、あっさりと側近の気持までも宥《なだ》めていたら、ウェスパシアヌス軍は、都を血で染めることなく入城していたろう。しかしウィテッリウスに忠実な者ほど、和睦と妥協の条件を拒否していた。「それは危険でもあり不面目でもある」と説得する。「保証はすべて勝者の気紛れにかかっている。ウェスパシアヌスにしても、ウィテッリウスを私人として、いつまでも生かしておくほど、愚かな自惚れ屋ではないし、そのような処遇に敗北者も我慢できないだろう。そこでウェスパシアヌスの同情は危険を意味することになる。

なるほど当のウィテッリウスは、もう充分に齢をとり、上首尾も悲運もたっぷり体験した。

しかし彼の息子ゲルマニクスを待っているのは、どんな肩書やどんな地位であろうか。今でこそ金と奴隷とカンパニアの恵まれた湾岸が約束されているが、ひとたびウェスパシアヌスが支配権を強奪したら、ウェスパシアヌスにも彼の友人にも、要するに彼の軍隊にも、この競争相手が地上から消えない限り、安堵感は戻ってこない。

自分たちにとってすら、ファビウス・ウァレンスを捕え僅かな日数でも(112)命を温存させたのは、相当の重荷であった。まして、アントニウス・プリムスやコルネリウス・フスクスに、そしてあの一派の典型ムキアヌス・リキニウスには、ウィテッリウスに関する限り、殺す以外にいかなる権限も与えられていないことは明白である。

カエサルもポンペイユスを、アウグストゥスもアントニウスを無事に生かしておかなかった。ウィテッリウス(113)がクラウディウス帝の同僚執政官であった頃、ウィテッリウスに保護されていたウェスパシアヌスが、カエサルたちよりも一層誇り高い信念を貫くことができようか。

いや、むしウィテッリウスは父の監察官職や三度の執政官職に、そして高貴な家柄に山と積まれた名誉に相応しくあるため、少なくとも絶望からにせよ、大胆な行動を起こし武装すべきではないか。

兵士の志操は堅い。民衆の熱烈な支持もまだある。要するに自分たちが今好んでその中に陥ろうとしているほど恐しい運命は決して起らないだろう。負けた者は死ぬべきだ。降伏した者は死ぬべきだ。問題はただ、最期の息を引き取るとき、人から嘲笑され軽蔑されるか、それとも勇敢に戦うかということだ。」

67 こうした気骨のある忠言に、ウィテッリウスは耳を貸そうとしなかった。武器で頑固に抵抗すると、勝者が一層情け容赦なく、後に残す妻子をあしらうのではないかと、ウィテッリウスの心は憐みと気がかりに圧倒されていた。

彼には老齢で衰弱した母親もいた。しかし彼女は、幸いなことに一家の破滅する数日前に死んだ。彼女は息子が元首の地位にいたことで、傷心と世間の尊敬以外に得たものは何もなかった。

十二月十八日、ウィテッリウスは、ナルニアで投降していた軍団兵と護衛隊兵の返《かえ》り忠《ちゅう》を聞くと、喪服を纏《まと》い、悲嘆に暮れる眷族に取り巻かれ、パラティウムの宮殿から出て行く。幼い息子は臥輿《がよ》に担《かつ》がれ、まるで葬儀の行列であった。民衆は時機を弁《わきま》えず、諂《へつら》いの言葉を浴びせ、兵士はむっつりと黙り込んでいた。

68 ローマの元首が、ほんの少し前まで人類の主《あるじ》であった者が、自ら帝位を辞し、皇帝の居城を捨て民衆の間を通り都落ちして行く情景に、心を動かされないほど人生の有為転変に鈍感な人は一人もいなかった。

人々はかつてこのような光景を見たことも、聞いたこともなかった。独裁官カエサルは突然の暴力に、カリグラ帝[114]は陰謀に圧殺された。ネロは夜陰と名もなき田舎のおかげで、宮殿からの忍び出を晦《くらま》した。ピソとガルバは戦場にいるかのように倒れていた。

ウィテッリウスは自分から開いた集会で、部下の兵の間に立ち、女すら遠くから見ている前で、現在の痛ましい状況に似合った言葉をごく僅か述べた。

「私は国の平和と大義のため身を引く。私のことは記憶に留めて貰うだけでよい。弟と妻と無邪気な年頃の子供は、哀れみ慈しんで貰いたい。」こう言って彼は息子を高く持ち上げ、聴衆の一人一人の、ときに全体の好意にこもごも訴えた。最後に涙で声を詰らせながら、腰から短剣を外すと、傍にいた執政官に――彼はカエキリウス・シンプレクスであった――、市民に対する生殺与奪の権限を移譲するかの如く、手渡そうとした。執政官はこれを拒否する。集会ですぐ傍に立っていた者は一斉に反対の声をあげた。

そこでウィテッリウスは、その帝権の象徴をコンコルディアの神殿[115]に預けるかの如く、弟の家[116]を目指し立ち去ろうとした。そこで人々は彼が私人の邸宅へ赴く[117]のを邪魔し、パラティウムへ帰れ、と叫ぶ声が一段と喧《やかま》しくなった。他の道を鎖《とざ》し、聖道を進むように、その道しか開けなかった。彼は途方に暮れパラティウムに帰る。

69 そのうち、ウィテッリウスが帝位を辞すという噂が拡がった。フラウィウス・サビヌスはすでに護衛隊副官に書簡を送り、兵士を兵舎内に拘束しておくように命じていた。

そこで国家全体がもうウェスパシアヌスの両腕の中に移ったかのように、元老院の錚々《そうそう》たる人物や大勢の騎士階級の人、そして都警隊と消防隊の全員が、フラウィウス・サビヌスの屋敷[118]を一杯に満たしていた。

そこへ、民衆はウィテッリウスを熱心に支持し、ゲルマニア軍の護衛隊兵[119]は威嚇しているという情報が入った。サビヌスはすでに後へ退けないほど遠くまで進んでいた。訪問客はそれぞれ散って、それだけ抵抗力を失ったとき、ウィテッリウス軍の来襲を恐れ、逡巡していたサビヌスを武装蜂起へ駆りたてた。

しかしこうした状況でよく起るように、誰も彼も意見を述べたが、危険な役を引き受ける者は少数にすぎなかった。武装してサビヌスに付き従っていた者が、フンダニ給水場[120]の周りに降りて行ったとき、ウィテッリウス軍の中で最も気負い立っていた連中にぶつかる。そこで思い掛けぬ衝突がちょっとした小競り合いとなった。ウィテッリウス軍が勝《まさ》っていた。

サビヌスはこの混乱の中で、差し当たり一番安全と考えた方法をとり、カピトリウムの砦[121]を占拠した。兵士も、そして何人かの元老院議員や騎士も混じっていた。彼らの名前をここに伝えることは容易でない。というのも、ウェスパシアヌスが勝利を収めた後、大勢の者が偽って、彼の派のためこのような働きをしたと言い張ったのだから。

このとき、婦人すら包囲網に耐えた。中でも特に人目を引いたのはウェルラナ・グラティッラで、彼女は子供や親戚に従わず戦闘を求めた。

ウィテッリウス派の兵は敵を包囲し、封じ込めたものの警戒を怠っていた。それで真夜中サビヌスは自分の子供と兄の息子ドミティアヌスをカピトリウムへ呼び寄せた。そして見張りのいない所からウェスパシアヌス派の将軍の所へ使者を送り、「自分たちはいま封鎖されている。もし助けに来てくれないと、危機に直面するだろう」と知らせた。

その夜をサビヌスは、何の危害も蒙らずに外へ出て行けそうなくらい静かにすごした。というのも、ウィテッリウス派の兵士は、危険とは勇敢に戦うが、ふだんの労務や夜警に余り熱心でなかった。そして冬の時雨《しぐれ》がにわかに襲い、人の耳と目を妨げていた。

70

夜明け[122]と同時にサビヌスは敵と交戦を始める前に、首位百人隊長コルネリウス・マルティアリスに伝言を持たせ、ウィテッリウスの所へ送り、協定を破棄した、と抗議させた。「全く帝権を放棄したと見せたのは、こんなに沢山の名士を欺《あざむ》くための芝居にすぎなかったのか。さもなければ、どうして広場の演壇から、広場に近く人の視線を挑発しやすい弟の家を目指したのか、アウェンティヌス丘の妻の実家に行かないで。そうしてこそ一私人となって、元首としての一切の服装や容姿を放棄した人に相応しかったのだ。

ところが事実はこれと逆に、ウィテッリウスはパラティウムへ、帝権の砦へ戻った。そこから武装兵の一団を差し向け、首都で一番賑やかな広場を罪のない人の屍で埋め尽し、さらにカピトリウムすら攻撃して憚《はばか》らない。実際、自分は市民服を着た一元老院議員でしかない。

ウェスパシアヌスとウィテッリウスの確執が、軍団兵同士の決戦、町々の占領、護衛隊の降伏で決着するまで、ヒスパニアとゲルマニアの諸属州やブリタンニアがウィテッリウス派から離叛しても、ウェスパシアヌスの兄たる私は、あなたから最終的な平和の条件の取り決めに呼ばれるまで、終始あなたに忠実であった。和睦と協調は敗者に有益で、勝者には単なる美名でしかない。もし条件を後悔しているのなら、裏切り欺いて私の命とまだ少年にすぎぬウェスパシアヌスの息子の命を剣で狙うべきでない。一人の老人と一人の若者を殺し、どれほど得となるのか。それよりも軍団兵と正面から対決し、そこで世界の覇権を争うべきだ。その他のことは自ずから戦争の結果に従うだろう。」

ウィテッリウスは、このような非難に狼狽し、身の証を立てるため簡潔に答え、罪を兵士に被せた。「兵士の烈しい闘志は度を越え、自分の控え目なやり方では抑えきれない」と。

マルティアリスには、憎むべき平和の調停者として兵士から殺されぬよう、宮殿の秘密の脱出口よりこっそり立ち去れ、と忠告した。

71 当のウィテッリウスは、もはや戦争を命じたり禁じたりする権限を持つ皇帝ではなく、ただ単に戦争を続ける口実でしかなかった。

マルティアリスがカピトリウムに帰るやいなや、兵士が狂気にかられ攻めて来た(123)。将軍が不在で各々好き勝手に行動した。敏速に前進し広場を、そして広場を見下す諸神殿の前を過ぎ、戦列を作って目の前に横たわる坂を登り、カピトリウムの砦の最初の門に達した。

登って行く道の右側に、古い一列の逍遥柱廊があった。防戦者はこの柱廊の屋根に上って石や瓦を投げ、ウィテッリウス軍を打ち拉《ひし》いだ。敵は剣を手にする以外に武装していなかった。弩砲や飛道具を持って来るには時間がかかりすぎる、と思った。

彼らは張り出している柱廊を目がけ松明《たいまつ》を放り、燃え上る炎の後をつけ、燃え移ったカピトリウムの門から突入しようとしたとき、サビヌスはあちこちに立っていた先祖の輝かしい記念碑の立像を土台から引き倒し、出入口に突き落し防柵代りとした。

そこで敵はカピトリウムの向き合った二つの登り口――聖域《アシュルム》(124)の森の側の入口と百石階段を踏んでタルペイユスの崖に近づく入口――を襲って来た。このどちらからの攻撃も予想外であった。聖域の森から攻めてくる方が、一層早く烈しかった。すぐ下に立ち並ぶ建物に登って来る敵を食い止めることができなかった。これらの建物は深い平和を信じているかの如く高く聳え、カピトリウムの地面と同じ高さであった(125)。

この建物の屋根に炬火を投げたのは、攻め登った兵たちか、それとも一層広く流布していた噂のように、包囲されていた者が坂を一生懸命に前進してくる敵を撃退しようとして放ったのか、その点は判然としない。ともかく火の手が、神殿と背中合せの柱廊(126)へ燃え移り、次いで神殿の切妻壁を支えていた古い三角形の木材が火焔を吸い寄せ育てた。こうしてカピトリウムの神殿は門を鎖《とざ》したまま、消火も掠奪もされず灰燼に帰した。

72 カピトリウムの炎上は、都市国家の創建以来、ローマ人の国家が体験した最も忌々《いまいま》しい、不面目極りなき罪業であった。いかなる外敵も現われていないとき、われわれの道義が認められる範囲で神々の好意を享受しているとき、至高最善のユピテル大神の住居《すまい》が、祖先が鳥占いの儀式の下に支配権の証として建立したこの神殿が、ポルセンナ(127)が首都を征服したときも、ガリア人が都を占拠したとき(128)も冒瀆できなかった神殿が、元首たちの錯乱狂気で完全に崩壊したとは。

なるほど以前にもカピトリウムは内乱の煽《あお》りで焼失していた。しかしそれは単なる個人(129)の悪意による。今回は公然と占領され、公然と放火された。干戈《かんか》を交えるいかなる理由があったのか。この恐るべき災禍(130)のため、どれほどの犠牲が払われたのか。われわれは祖国のために戦ったのか。

タルクイニウス・プリスクス王が、サビニ族と戦うとき、神殿の奉献を誓願した。その神殿の基底は、当時まだつつましかったローマ人の国家よりも、将来に希望を託した雄大な国家に相応しい規模であった。やがてセルウィウス・トゥッリウス王が同盟者の熱烈な支持で工事を続け、次いでタルクイニウス・スペルブス王が、スエッサ・ポメティアを占領した後、敵の戦利品でカピトリウムを建てた。しかし落成の栄誉は自由の政体に取っておかれた。

王が追放され、ホラティウス・プルウィッルスが二度目の執政官のとき奉献した神殿は、広大壮麗な結構であったから、後世、ローマ国民は限り無き財力で拡張したというより飾ったにすぎない。
[131]これは四百十五年の歳月を経て、ルキウス・スキピオとガイウス・ノルバヌスが執政官の年に焼失した後、同じ基礎の上に再建された。スッラが勝利の後、この工事を引き受けたが奉納はしなかった。これだけはあの幸運児[132]スッラにも拒否された。奉献者ルタティウス・カトゥルス[133]の銘は、カエサル家の人たちが壮麗な普請を施したが、ウィテッリウスの時代まで残っていた。このとき、灰燼に帰したのはこの神殿である。

73

　さてこの火災で一段と烈しい恐怖に陥ったのは、攻める側より包囲されている側であった。というのも、ウィテッリウス派の兵士には、危急の中で術策も断固たる闘志も欠けていなかった。これと対峙する兵士は臆し怯《おび》え、指導者は茫然自失、気でも転倒した如く、話すことも聞くこともできない。他人の忠告に従わず自分で考えもしなかった。敵の喚声と共に右往左往し、命じていたことを禁じ、禁じていたことを命じる。やがて万事休したときに起ることが起った。誰もが命じ、誰もが従わなかった。ついに武器を捨て、あたりを見廻し敵を欺《あざむ》き逃亡する機会を窺った。

　ウィテッリウス軍が雪崩れ込む。至る所で鮮血と白刃と火炎が入り交じる。武装兵のうち勇敢に戦って倒れたのは少数にすぎない。なかでも特に華々しい最期を遂げたのは、コルネリウス・マルティアリス、アエミリウス・パケンシス、カスペリウス・ニゲル、ディディウス・スカエウァであった。

フラウィウス・サビヌスは武装せず逃亡も試みず、執政官クィンティウス・アッティクスと共に敵に取り囲まれる。アッティクスはおのれの名誉ある地位への幻想と固有の自惚れとで世間の注目を集めていた。というのも、彼は布告を発し民衆に向かってウェスパシアヌスの肩を持ち賞揚し、ウィテッリウスに背《そむ》き貶《けな》していた。

他の者はさまざまの危険を冒し逃れた。ある人は奴隷に変装し、他の人は忠実な庇護者に守られ、あるいは軍隊行李の間に身を隠した。なかにはウィテッリウス軍がお互いに味方と確認し合っていた合言葉を耳にはさみ、自分の方から問い掛けあるいは受け答え、この不敵な行為で身を晦《くらま》した人もいた。

74 ドミティアヌス[134]は敵の最初の突入と同時に、神殿の番人の部屋に隠れ、解放奴隷の機転で白い亜麻布の外衣を羽織り、信心家[135]の群に紛れて、敵に気づかれずに父の庇護者のコルネリウス・プリムスの、ウェラブルムに近い家に難を避けた。

父が天下を統一したとき、ドミティアヌスは番人の部屋を取り壊し、そこにささやかな礼拝堂を建て救済主ユピテルに捧げ、自分の冒険談を刻んだ大理石の祭壇を置いた。やがて彼が統治権を手に入れたとき、守護者ユピテルに大きな神殿と、大神の胸に抱かれたおのれの像を捧げた。

サビヌスとアッティクスは鎖に縛られてウィテッリウスの前に連行され、極めて温かい言葉と表情で迎えられる。しかし二人を殺す権利を主張し、尽力した奉仕への報酬を請求する者たちが、不平を鳴らした。側近から騒ぎ出し、民衆の中でも下賤な輩がサビヌスの処刑を求め、脅迫と迎合を混ぜ合せる。

ウィテッリウスは、パラティウムの宮殿の正面玄関の階段に立ち、サビヌスのため命乞いをしようとしたが、民衆は彼を強引に説き伏せ断念させた。それから彼らはサビヌスを刺し殺し、切断する。首を落され手足をちぎられたサビヌスの胴体を、阿鼻叫喚《ゲモニア》の石段へと引き摺って行く。

75

これがまさしく政界の重鎮であった人の末路である。彼は二十五年間、国家のために尽した。内政でも外征でも名を揚げた。彼の清廉にして義理堅い人柄に、[136]異論を唱える人はいないだろう。彼は饒舌を弄した。これが、モエシアを統治した七年間と都警長官であった十二年間を通じ、彼に関し囁かれた唯一つの陰口であった。

晩年の彼は、ある人たちに無精者と思われ、多くの人には、控え目に振舞い同胞市民の血を一滴も流さないように努めたと信じられた。

すべての人の一致した意見は、ウェスパシアヌスが元首となる前、フラウィウス家の名誉はサビヌス一人が代表していたということである。

風聞によると、サビヌスの死をムキアヌスは喜んだという。多くの人は「二人の間の角《かく》逐《ちく》がなくなって、国家の平和のために良かった」と主張していた。「二人のうち一方は、やがて自分を皇帝の兄と、他方は命令権の共有者とみなすだろうから。」

ところでウィテッリウスは、執政官アッティクスの処刑を求める民衆には抵抗した。アッティクスのお蔭で愁眉《しゅうび》を開き、いわばその好意に報いたのである。というのもアッティクスは、カピトリウムに放火したのは誰かと人に問われ、犯人は自分だと名乗っていた。彼はこの告白で、それとも時宜に適った嘘をつき、ともかく憎悪すべき罪を一人で被り、ウィテッリウス派の責任を免除してやったと思われたのである。

76

同じ頃(137)ルキウス・ウィテッリウスは、フェロニアの聖林(138)の近くに陣営を張り、タッラキナを破壊せんと脅《おど》かしていた。その町には剣闘士や漕兵が籠城していた。彼らは敢えて城壁から打って出ようとも、開けた平地で危険を冒そうともしなかった。すでに述べたように、(139)クラウディウス・ユリアヌスが剣闘士の、クラウディウス・アポッリナリスが漕兵の指揮をとっていた。どちらも放埒《ほうらつ》で無責任で、上官というより剣闘士にそっくりであった。彼らは夜警をおかず、城壁の弱い所を補強せず、夜も昼も自堕落に暮らし快適な海岸地帯を乱痴気騒ぎで満たしていた。自分たちの豪遊に奉仕させるため兵を四方に散らし、戦争を語るのはただ酒宴の席のみであった。

二、三日前にアピニウス・ティロがその町を去って、あちこちの自治市を廻り贈物や金銭をあくどく強要し、ウェスパシアヌス側に支援より多くの恨みを加えていた。

77 そのうちルキウス・ウィテッリウスの所へ、ウェルギリウス・カピト[140]の奴隷が逃げて来てこう約束した。もし援軍が提供されるなら、守備隊のいない砦を引き渡そうと。そこで夜が更けると軽装の歩兵大隊を、すぐ下に敵を見下ろす山の頂上に配置した。そこからウィテッリウス軍は、合戦というより殲滅《せんめつ》に向かって駆け下りる。彼らは丸腰の相手を、あるいは武器を摑むところを、また眠りから覚めたところを突き倒す。相手は暗闇、戦慄、鳴り響くラッパ、敵の鬨《とき》の声で混乱のどん底に陥った。少数の剣闘士が抵抗し、味方の助太刀もなく殺された。他の者は艦船に殺到した。そこでも同じような恐慌がすべてを搔き乱した。在郷の人も混じって逃亡兵もろとも、無差別にウィテッリウス軍に殺された。

軽速船の六隻は、最初の騒動で遁走した。その中に艦隊長アポッリナリスもいた。残りの船は、海岸で拿捕《だほ》されるか、大勢が殺到したため過度の重みで海の中に呑み込まれた。ユリアヌスはルキウス・ウィテッリウスの所へ連行され、鞭刑で侮辱され彼の面前で喉を切られた。

ルキウス・ウィテッリウスの妻トリアリアは、軍人の剣を腰に帯び、攻略されたタッラキナの人が不運を嘆き悲しんでいるさなか、大風に冷酷に振舞ったと非難する人がいた。ルキウス・ウィテッリウス本人は、運よく手にした勝利の報告を兄に宛てて送り、自分は今すぐローマへ帰るべきか、それともこのままカンパニアの征服を続行すべきかを尋ね、その命令を待った。この問い合せはウェスパシアヌス派にばかりでなく、国家にも幸いした。というのも、ウィテッリウス軍が性来の執念深さに加えてこの幸運に意気込み、勝利の後ですぐローマに急行していたら、絶望的な戦闘が起って首都は壊滅していたろう。

実際ルキウス・ウィテッリウスは、いかがわしい評判にも拘らず、生まれつき精力旺盛で、善良な人の如く美徳ではなく、性悪な人がおしなべてそうであるように、悪徳で勢力を誇っていたのだから。

六　ウェスパシアヌス軍ローマへ入城、ウィテッリウスの最期

78　これらの事件がウィテッリウスの側で起っていたとき、ウェスパシアヌス派の軍隊は、ナルニアを発ち(141)、オクリクルムでサトゥルヌスの祭日(142)を気楽にすごしていた。このように時機を弁《わきま》えず出発を遅らせていたのには理由があった。ムキアヌスの到着を待っていたのである。アントニウスは、ウィテッリウスから秘密の信書を受け取った後、故意に遅らせているのだと勘繰って非難する人もいないわけではなかった。その密書でウィテッリウスはアントニウスに執政官職と適齢期の自分の娘(143)と婚資の贈物を、裏切りの報酬として提供していたという。
他の人は、これは虚構でムキアヌスを喜ばすためにでっち上げられた話だと言う。ある人たちはこう信じていた。ウィテッリウス軍で最強の護衛隊がウィテッリウスから離叛し

た今、首都に戦争を持ち込むより、むしろ脅《おど》す方が得策だというのが、すべての将軍の一致した考えであったと。そしてウィテッリウスもすべての援助を断たれると、やむなく統治権を譲るだろうと思われていた。

しかし一切の目論見《もくろみ》が台無しとなった。サビヌスが事を焦り、次いで決断力を欠いたためである。実際サビヌスは勇敢に武器を取り要塞堅固なカピトリウムの砦を、大軍にとってすら難攻不落のこの砦を、三箇大隊の護衛隊の攻撃から守り通せなかったのだから。

しかしすべての人の責任であるこの罪を、誰か一人のせいにすることは容易ではあるまい。というのも、ムキアヌスは文意の曖昧な信書で、勝者の出発を遅らせていたし、アントニウスは、たとい世間の憎悪をムキアヌスに向けさせるためであったとはいえ、時宜を失してまで他人の意見に従った点を、責められてもやむを得なかった。

他の将軍は戦争が終ったと思っているうちに、戦争を悲しい終幕で目立たせてしまった。ペティリウス・ケリアリス[144]にしても、千人の騎兵と共にサビニ地方を横切りサラリア街道を経て首都に入るべく先発しながら十分に急いだとは決して言えなかった、少なくともカピトリウム占拠の噂が、たちまちすべての人を刺戟するまでは。

79 アントニウスはフラミニア街道を進み、すでに夜も相当更けた頃、サクサ・ルブラまで来たが、救出には遅すぎた。そこでサビヌスが殺され、カピトリウム神殿が焼失し、首都が戦々兢々《きようきよう》としている、とすべて忌わしい情報を受け取る。民衆も奴隷もウィテッリウスのために武器を取っていることも知らされた。そしてペティリウス・ケリアリスも騎兵戦で敗北していた。というのも彼は不用意にも、敗北者に向かうかの如く突進し、騎兵の間に歩兵の交じったウィテッリウス軍に迎撃された。交戦は首都から遠くなく、建物や庭園や曲がりくねった小道の間で行われる。ウィテッリウス軍はこのような地勢に通じていたが、敵は無智から不安に怯《おび》えていた。

その上すべての騎兵が一心同体でなく、最近ナルニアで降伏したばかりの騎兵も加わって、両派の運命を抜け目なく窺っていた。騎兵隊長ユリウス・フラウィアヌスが捕えられる。他の者は恐慌をきたし見苦しく逃亡する。フィデナエの先までは勝者も追いかけて来なかった。

80 この上首尾に民衆の意気が揚る。都の下層民が武器を取った。少数ながら軍人の楯を持ち、大半の者はたまたま手に入った槍をてんでに掴み、戦闘開始の号令を求める。(145)これにウィテッリウスは感謝する。そして首都の防衛のため突進せよ、と命じる。やがて元老院が召集され、ウェスパシアヌス軍へ派遣する使節を択《えら》ぶ。国のためと称し、和睦と協調を説得するためであった。

使節はさまざまに遇された。たまたまペティリウス・ケリアリスの許に赴いた者は、一番危険(146)な目に遭った。兵士が平和の条件を拒否したからである。法務官アルレヌス・ルスティクスが傷つけられる。これはウェスパシアヌス軍に対して世間の憎悪を募らせた。元老院の使節と法務官の体面が侮辱された上に、ルスティクス本人が個人としても尊敬されていたからである。

従者は散り散りになる。[147] すぐ傍に居た先駆警吏は、大胆にも兵士の群を押し返そうとして殺される。もし将[148]軍が護衛者を付けて守らなかったら、外国の部族の間ですら神聖視される使節の権威が、祖国の城壁の直前で、市民戦争の狂気により冒瀆され失墜していたろう。

81

アントニウスの許に来た使節は、もっと穏やかに遇された。兵士が一層控え目に振舞ったのではなく、将軍がより犯し難い威信を保っていたからである。

使節団の中に、騎士階級のムソニウス・ルフス[149]も加わっていた。彼は哲学を研究しストア派の教説を実践していた。彼は雑兵の間に入って平和の恩恵と戦争の危害を説き、武装者を説得し始める。これは多くの兵士に噴飯もので、一層多くの兵に退屈であった。もし謙虚な人が皆忠告し、他の人が威《おど》して、ムソニウスに時宜を得ない哲学の講釈を断念させなかったら、突[150]き倒し足蹴りにする兵士も現われていたろう。

ウェスタ神殿の聖女まで、アントニウス宛てに認《したた》めたウィテッリウスの信書を携えて迎えに来た。「最後の決戦をもう一日延ばしてくれ」と要求していた。「もしこの猶予を間に挟んでくれるなら、一層簡単に一切のけりがつくだろう。」

ウェスタ聖女は丁重にもてなされ、送り返される。ウィテッリウスへの回答はこうであった。「サビヌスの殺害とカピトリウムの炎上とで、交戦当事者の交渉は不可能となった。」

82 しかしアントニウスは、軍団兵の逸《はや》る心を宥《なだ》めようと集会を開き、(151)ムルウィウス橋の袂《たもと》に陣営を設置し、その翌日都へ攻め込むと告げた。このように逡巡していた理由は、先の騎兵戦の敗北に激昂していた兵士が、一般民衆や元老院議員、神殿や神々の聖域すら容赦しないことを恐れたからである。

しかし兵士は、戦闘の延期をすべて勝利の妨害の如く疑っていた。その一方で丘の上に敵の軍旗がきらめき、後に控えているのが戦えない民衆であっても、外観は敵対する軍隊と映っていた。

ウェスパシアヌス軍は三つの縦隊に分れて前進する。一隊はそれまでいたフラミニア街道を、一隊はティベリス川の岸に沿って行軍し、三つ目の縦隊はサラリア街道を通ってコッリナ門へ近づく。

民衆は騎兵の襲撃で蹴散らかされた。ウィテッリウス軍も三箇部隊に分れて邀撃《ようげき》する。両軍はもっぱら首都の城壁の外で互角に戦う。しかしウェスパシアヌス軍が将軍の作戦で優位に立ち、しばしば勝った。首都の左側の部分を目指し、サッルスティウス庭園に向かって滑りやすい狭い道を登った部隊だけが苦戦した。(152)ウィテッリウス軍は庭園の外囲いの上に立ち、夕刻まで、石や槍で下から攻めるウェスパシアヌス軍を阻止していたが、ついにコッリナ門から突入した騎兵隊に背後から包囲された。マルス公園でも、敵対する両軍の戦列が激突する。ウェスパシアヌス軍が幸運に恵まれあちこちで勝つ。ウィテッリウス軍がぶつかって来たのは自暴自棄からにすぎない。彼らは撃退されたが、再び都の中で結集した。

83

首都の民衆は、戦っている両軍の兵士を、まるで見世物の剣闘士試合のように、傍《かたわら》で見物していた。ときにこちらへ、ときにあちらへ味方し、大声で励まし拍手していた。どちらかの兵が退却し、宿屋に隠れたり、どこかの邸宅に逃げ込むとそのたびに、民衆は引き出し殺すようにしつこく要求し、戦利品の大半を横取りしていた。というのも、兵は鮮血と殺戮に没頭し、分捕品は民衆に譲っていた。

都全体が身の毛のよだつと同時に、胸のむかつく様相を呈した。ここで戦闘と創傷、あちらで浴場と居酒屋。同時に流血の惨と累々たる屍の山、その傍に街娼や娼婦と紛う売女《ばいた》。贅沢な平和の中で許される限りの放蕩、冷酷無残な占領下で起り得る限りの罪悪。要するに同じ町が、狂暴と化すと同時に放縦《ほうじゅう》に堕すとこうなるものかと思われた。

以前にも武装した軍隊が首都で干戈を交えたことがある。ルキウス・スッラが二度、キンナが一度、いずれも勝ったときのことである。そのときも悲惨な光景は決して少なくなかった。今度は人でなしの無関心があった。快楽は一瞬も中断されなかった。サトゥルヌス祭の休日に、この特別の気晴しが加わったかの如く、民衆は小躍りし上機嫌であった。

84 どちらの党派にも心を煩わされず国の不祥を祝賀していた。

戦闘は護衛隊兵舎の攻防で熾烈《しれつ》を極めた。ウィテッリウス軍の勇敢な兵は皆、この兵舎を希望の最後の砦として死守した。それだけに勝者も一層懸命に、なかでも解雇されていた古い護衛隊兵は執念を燃やし、要塞堅固な町々の破壊で工夫していたあらゆる手段、屋台、弩砲、接城土手、火矢を、一斉に用いた。「数多くの戦争を通じて耐えてきた一切の艱難辛苦も、この最後の作戦で終るぞ」と叫んでいた。「首都は元老院とローマ国民に、神殿は神々に返された。軍人固有の名誉は陣営にある。この兵舎こそわれらが祖国、われらが家だ。もし直ちに奪回できなければ、今夜は武装したまますごそう」と。

これに対しウィテッリウス軍は、兵力も劣り勝運にも見放されていたが、敵の勝利を焦《じ》らせ、平和を遅らせ、家々や祭壇を血糊で汚すことを、敗者に残された最後の腹癒《はらい》せと考え、これに必死にしがみついた。多くの兵は瀕死の重傷を負いながら、櫓《やぐら》や胸壁の上で戦い息を絶つ。

営門が粉砕されると、生き残ったウィテッリウス軍は一丸となって勝者にぶつかって来た。全員が体の前面に傷を受け敵の方を向いたまま倒れた。これこそ彼らが死に際ですら心に懸けた栄えある最期であった。

ウィテッリウスは都が占領されると、パラティウムの宮殿の裏手からアウェンティヌス丘の妻の実家まで、坐輿で運ばれる。もし昼間この隠れ家で危険を避けられたら、タッラキナの護衛隊兵と弟ルキウスの所へ逃げて行くつもりだった。

その後、性来のむら気から、そして——怖じ気立つと人はよくそうするように——、あらゆる物に怯《おび》えていた彼は、別して目の前のものが厭《いと》わしくなりパラティウムに戻って来る。

宮殿はがらんとして人気がない。奴隷の中で最下等の者ですら離散していた。それとも皇帝との出会いを避けていたのか。孤独感と深閑としたあたりの様子に恐怖を覚える。鎖《とざ》された部屋(153)を試みに開け、もぬけの虚《から》に身震いする。惨めなさ迷い歩きに疲れ果て、恥ずべき隠れ場に身を潜めていたとき、護衛隊副官ユリウス・プラキドゥスに見つかって引き摺り出された。

後手《うしろで》に縛られ、着物を裂かれ、醜悪な晒《さら》し者となって引っ立てられた。大勢が罵《ののし》っても、誰一人涙を流さなかった。往生際の見苦しさが惻隠《そくいん》の情を奪っていた。

途中ゲルマニア軍の一人の兵士が出会い頭に、剣を抜いてウィテッリウスを襲った。鬱憤を晴らそうとしたのか、それとも一刻も早くウィテッリウスを嘲弄から救ってやろうとしたのか、それとも初めから副官を狙っていたのか、不明である。その兵は副官の耳を切り落とした途端、喉を突き刺された。
85 ウィテッリウスは刃先で脅され、ときに顔を上げ侮蔑の目に晒《さら》すように、ときに引き倒されたおのれの数々の像を、広場の演壇(154)やガルバが殺された場所を、見るように強いられた。

最後にフラウィウス・サビヌスの遺骸が横たわっていた阿鼻叫喚《ゲモニア》の石段へ追い立てられた。

彼の精神がとことん腐っていなかったことを証す、ただ一つの言葉が聞かれた。副官が毒づいていたとき、「それでも余はお前の皇帝であったぞ」と答えた。

そのあと沢山の傷を受けて倒れた(155)。大衆は生前の彼におもねっていたのと同じひねくれ根性から、死んだ彼を悪様《あしざま》に罵倒した。

86

彼の父(156)〈ルキウス・ウィテッリウスが、監察官とそして三度執政官を務めたことはすでに述べた。〉父祖の地はルケリアであった。ウィテッリウスは享年、満で五十七歳であった。執政官職、神官職、錚々《そうそう》たる市民の間に伍す地位と名前、これらは彼の実力ではなく、すべて父親の威光による。彼に元首の位を提供した者は、彼の人格を知らなかったのである。

誰にせよ、廉直な手段で軍隊の愛顧を手に入れることは滅多にないが、ウィテッリウスはそれを――これも同じく稀有なことだが――無償で手に入れた。しかし彼は性来飾り気のない、気前の良い人だった。これらの性質は中庸を欠くと人を亡ぼす。友情が節操ではなく多量の贈物で確保できると信じていた限り、彼は友情を保持したのではなく買い取っていたにすぎない。

ウィテッリウスの敗北は、疑いもなく国家[157]に肝腎であった。しかしウィテッリウスをウェスパシアヌスに売った人は、その返り忠をおのれの功績にできなかった、彼らはすでにガルバ[158]に背いていたのだから。

その日はすでに陽も西に傾いていた。政務官や元老院議員は身の危険を感じ都からこっそりと逃げていたり、あるいは庇護者の家に身を隠していて、元老院が召集できなかった。ドミティアヌスは敵を恐れる必要がなくなった後、ウェスパシアヌス派の将軍の所へ歩いて行き、「カエサル」と挨拶された。集まって来た兵士は、武装したままドミティアヌスを父祖の家へ案内した。

（第三巻・終）

第四巻

一　ウィテッリウス死後のローマの政情

1

ウィテッリウスが殺されて、平和な日々が始まったというより戦闘が終ったにすぎなかった。勝者は武装したまま、執念深い憎悪を抱いて都中をくまなく敗者を追跡していた。道は死骸で埋まり、広場も神殿も血で汚れた。偶然ぶつかるごとに所かまわず相手を殺していたからである。

やがて無軌道が昂じ、潜伏している者を探し引き出した。もし誰か背丈の高い若者(1)を見ると、兵士と民衆の見境もなく斬り殺した。

敵意が消え失せていない間、血で満足していた残虐性が、やがて貪欲に変っていた。勝者はウィテッリウス派を匿《かくま》っているという口実の下に、どこでも隠したり塞いだりするのを許さなかった。この口実が家をぶち壊し侵入する切っかけを与えた。もし抵抗すると殺害の理由とされる。

下層民の中でも極貧の者は誰も彼も、そして奴隷の中でも性悪の者はことごとく、必ず金持の主人を進んで売り渡していた。その他の金持は友人から密告される。至る所で嗟嘆《さたん》の声、お互いに交わす号泣、占領された町の悲惨な光景。これと較べると、オトやウィテッリウスの兵士が以前に見せた忌々《いまいま》しい放縦《ほうじゅう》は、まだしもだったと懐《なつか》しまれたほどである。ウェスパシアヌス派の将軍は、市民戦争の炎を煽《あお》り立てるのに鋭敏であったが、勝者の驕りを抑える技量に欠けていた。実際、無秩序と葛藤の世に最も幅を利かすのはただ性悪者のみであり、平和で安定した世に必要なのは清廉潔白な人なのである。

2 ドミティアヌスはカエサルの名前と住居を受け取っていたが、まだ統治には深い関心を示していなかった。元首の息子としての役を演じていたのは、凌辱と姦通においてである。護衛隊長の職権はアッリウス・ウァルスの、最高の権力はプリムス・アントニウスの掌中にあった。

アントニウスは元首の宮殿から、まるでクレモナの戦利品(2)の如く、財貨や奴隷を奪っていた。他の将軍は慎ましさから、あるいは出自が卑しいため、戦場で目立たなかったように、褒賞でも分け前に与っていなかった。

ローマ市民は恐怖で畏縮し、隷属を覚悟しながら、「護衛隊と共にタッラキナから帰ってくるルキウス・ウィテッリウスを途中で阻《はば》み、市民戦争の残り火を消し止めてくれ」と要請した。

そこでアリキアに向けて騎兵が先発し、軍団兵の行軍隊形はボウィッラの手前で止まった。

ルキウス・ウィテッリウスは躊躇《ためら》うことなく、自分と護衛隊兵の身柄を勝者の自由裁量に委ねた。そして兵士はおのれの不運な武具を、恐れからより憤怒から捨てた。降伏者の長い行列は武装兵に両側を囲まれ、都の中を進んだ。誰一人嘆願者の卑屈な表情を見せなかった。陰鬱で反抗的な面構えは、傲慢無礼な民衆の拍手喝采や嘲笑にも微動だにしなかった。少数の兵は大胆にも人垣を突破しようと試み、包囲され殺された。他の者は牢獄に閉じ込められ、誰一人恥ずかしい言葉を吐かなかった。逆境でも彼らは武勇の名声を汚さなかった。

やがてルキウス・ウィテッリウスが殺される。悪徳では兄に匹敵した。兄が元首の間、一生懸命に勤めた。しかし兄と幸運を分け合ったというより兄の悲運に引き摺り込まれたのである。

3

同じ頃、ルキリウス・バッススは軽装の騎兵を伴い、カンパニア鎮定に派遣される。兵士を見るとそこでは、元首に楯突くというより、むしろ自治市間相互の不和葛藤があった。平静となる。小さな植民市は処罰されなかった。しかしカプアには、第三軍団がそこを冬期陣営として駐留し、地方の名望家を痛めつけた。他方でタッラキナの住民は(3)、いかなる弁償もして貰えなかった。それほど恩返しより被害の仕返しが容易《たやす》い。恩義は負担と、復讐は儲けとみなされるからである。

タッラキナの市民にとって、せめてもの慰みは、ウェルギリウス・カピトの奴隷が――彼がここの住民を裏切ったことは上述の通りである――、十字架に磔《はりつけ》にされたことである。そのとき彼はウィテッリウスから贈られていたのと同じ騎士の指輪を嵌めていた。

さてローマでは元老院(4)がウェスパシアヌスに、代々の元首に慣例の名誉をすべて欣然と、そして希望を確信して議決した。というのも、ガリアとヒスパニアで起った内乱が、ゲルマニアを、次いでイッリュリクムを戦争へ駆り立て、エジプト、ユダエア、シュリアとすべての属州と軍隊を、あたかもローマ帝国の罪穢れを祓い清めたかの如く(5)、一巡して終結したと思われたからである。ウェスパシアヌスの信書は、まだ戦争が続いているかのように書かれていて、元老院の感銘をさらに深めた(6)。ともかくこれが彼の手紙から受けた第一印象であった。その他の点で彼は元首として、自己に関し一市民として、国家に関しては尊敬の念をこめて語っていた。

元老院としても敬意を表せざるを得なかった。ウェスパシアヌスには、息子ティトゥスと共に執政官職を、ドミティアヌスには法務官職と執政官級の命令権を決議した。

4 ムキアヌスも元老院に宛てて書簡を送っていた。これは人々にさまざまの話題を提供した。「彼は元首でもないのに、なぜ公けの席で発表したのか。同じ趣旨は数日後に元老院で発言の順番が来たとき、述べることができたろうに。」

ウィテッリウスへの弾劾も時機を失していたし、率直でもなかった。それはともかく、彼が「統治権は自分の掌中にあったが、ウェスパシアヌスに贈物とした」と自慢していたことは、国家に対し不遜であり、元首への侮辱であった。しかし人々は彼を陰で忌み嫌い、表で媚び諂《へつら》った。

ムキアヌスに対し多くの讃辞と共に、市民戦争に関し凱旋将軍顕章を授与した。ただしサルマタエ族への遠征を口実としていた。

さらに元老院は、プリムス・アントニウスに執政官顕章を、コルネリウス・フスクスとアッリウス・ウァルスには法務官顕章を決議した。

ついで神々のことを配慮し、カピトリウム神殿の再建を決議した。これらすべての決議は、予定執政官(7)ウァレリウス・アシアティクスが提案していた。大方の人は表情と身振りで賛成し、高位高官で目立っていたか、あるいは媚び諂いでおのれの精神を鍛えていた僅かの人が、入念な演説で賛意を表した。

予定法務官ヘルウィディウス・プリスクスは、発言の順番が来たとき意見を述べた。それは新しい元首にとって光栄であり、〈同時に自分の面目をほどこした演説だった。というのも、〉(8)それは空々しい虚言妄語を欠いていた。元老院は熱烈に激賞した。この日は特にプリスクスにとって鋭い敵意の始まった日であり、同時に偉大な栄光の初日でもあった。

5 プリスクスについては、すでに二度も言及し、今からもたびたび述べるはずなので、ここでこの人の生き方や信条、そして彼がこれまでに巡り合わせた運命を、少し遡って述べる必要があると思う。

ヘルウィディウス・プリスクスは、〔イタリアの地方〕[9]カラキナの自治市クルウィアエの出身で、父は首位百人隊長を務めていた。彼はまだ若い頃から目覚ましい才能を高尚な学問研究に捧げた。大抵の人のように、勿体ぶった見栄で退屈な暇を隠蔽するためではなく、不慮の災難に一層毅然として耐え、国の政治の本質を把握するためであった。

彼が就いた哲学の教師は、清廉潔白のみを善、破廉恥のみを悪とみなし、権勢、高貴な家柄、その他理性の外にあるものはすべて、善の中にも悪の中にも数えなかった[10]。彼がパエトゥス・トラセアから婿に択《えら》ばれたのは、財務官職を終えたばかりのときであった。

この義父の人格から、彼は独立不羈《ふき》以外に何も養分として吸収しなかった。市民、元老院議員、夫、婿、友人として、人生のすべての義務を果して義父と肩を並べることができた。財産を軽蔑し正道を墨守し、威嚇に対し大盤石であった。

6 彼は世間の名声に囚われすぎる、と考えた人もいた。実際、哲学者にすら栄光への渇望は、剝ぎ取られるべき最後のものなのである。

ヘルウィディウスは、義父トラセアの破滅で流謫《るたく》地へ追放され、ガルバが元首となるやローマに帰り、早速トラセアを告発していたマルケッルス・エプリウスの弾劾にとりかかる。この義父の仇討ちは、政治的に重大でありすぎたのか、正義に徹しすぎたのか、いずれとも[11]判断し難いが、元老院を烈しく対決する二派に引き裂いた。というのも、もしマルケッルスが断罪されると、次々と夥《おびただ》しい人が告発され倒れていたろう。

最初のうち論争は激烈であった。それは双方とも優れた弁舌が証明するところである。やがてガルバの真意がどこにあるのかはっきりしなくなって、大勢の元老院議員が仲裁に入り、ヘルウィディウスも告発を放棄した。人の性格もさまざまであるように、ある者は謙《へりくだ》った態度を誉《ほ》め、ある者は初志を貫徹しなかったと残念がり、世間の評定もまちまちであった。

それはさておき、元老院はウェスパシアヌスの統治権について票決を行った日[12]、元首に使節を派遣することを決議していた。ここからヘルウィディウス・プリスクスとマルケッルス・エプリウスの間に鋭い論争が起った。ヘルウィディウスは政務官が公平を誓った後、一人一人名指しで使節を択ぶべきだ、マルケッルスは籤《くじ》で決めるべきだと主張した。後の案は予定執政官の提案であった。

7

しかしマルケッルスが自説を固執したのは、自尊心に駆られていたからである。他人が択ばれ自分の評価の落ちるのを恐れたわけである。

二人は論争しているうちに次第に敵意の高じた演説へと限りなく進み、ヘルウィディウスはこう問いかけたものである。「マルケッルスはなぜこのように政務官の選定を恐れるのか。彼は大勢の人を凌ぐ金と能弁を持っているのだから、恥ずべき行為の思い出に虐《しいた》げられているに違いない。籤引きで人格は判別されない。元老院に投票と判定が導入されたのは、一人一人の生涯と名声を元老院が徹底的に究めるためであった。元老院が罪穢れを全く認めない人物をウェスパシアヌスの許へ派遣することは、国の利益に関わることであり、ウェスパシアヌスの名誉にも関することである。その人たちが誠実な発言に皇帝の耳を馴染ませることになるのだから。

ウェスパシアヌスは、トラセアやソラヌスやセンティウス(13)との間に友情の契りを結んでいた。この人たちを告発した者は、よしたとい処罰される必要はなくても、姿を見せるべきではない。

元老院の今度の人選で、元首はどのような人物を承認し、また避けるべきかを忠告されたかのように受け取ることだろう。元首に立派な友人がいることほど、立派な帝国支配に大切なことはない。

マルケッルスはネロを駆り立てて、あれほど沢山の罪なき人を破滅させたことで満足すべきだ。彼は報酬をせしめ処罰されずにいることを喜ぶべきだ。ウェスパシアヌスはもっと立派な人に委ねるべきだ。」

8

マルケッルスは発言した。「攻撃されているのは私の意見ではない。この意見を述べたのは予定執政官で、古い慣例に従ったまでである。慣例は使節の選定に抽籤《ちゅうせん》を課していた。それは選挙運動や害意の介入する余地をなくするためであった。昔からのこの制度を廃止すべき理由は、いままでに全くなかったし、元首に捧げる名誉が誰かを侮辱するため悪用されたことも絶えてなかった。

元首に敬意を表する資格は誰にも充分にある。むしろこれこそ、つまり元首が一部の人の頑固一徹に苛立ち、新しい支配に不安を抱き、周りのすべての人の表情や言葉を窺い探ることこそ、避けるべきである。

私はいま、自分の生まれた頃のこと、父や祖父がいかなる政治形態を確立したかを回想している。私は過去を誉めるが、現在を受け入れる。神々に誓って立派な皇帝を願うが、どんな皇帝も耐え忍ぶつもりだ。

トラセア(14)を打ちのめしたのは、私の演説より元老院の裁定である。ネロの残虐性が、あのような見せかけの訴訟手続きで元老院を弄《もてあそ》んだのだ。他の人が追放を心配したように、私もネロとのあのような友情関係を恐れていた。

要するに、ヘルウィディウス・プリスクスは剛直と勇気とでカトやブルトゥスと張り合うがよい。私は皆と一緒にネロに隷属していたあの頃の元老院議員の一人にすぎない。プリスクスは元首に僭越な態度をとらぬよう、ウェスパシアヌスを、老齢の凱旋将軍を、二人の若い息子の父親を、説教で懲らしめないようにと私は忠告しておく。極悪な皇帝が限りなく専制を好むように、どんなに立派な元首も適度の自由を喜ぶものである。」

双方が烈しく投げ交わしたこの論争は、対立する両派から熱心に支持された。使節は抽籤で択ぶことを主張した側が勝った。穏健な議員ですら、慣例を維持しようと努めたからである。著名な人は皆、自分が択ばれたときの嫉妬を恐れて、同じ側に傾いた。

9 続いてもう一つの論争が起った。国庫係法務官が——というのも当時、国庫は法務官に管理されていた[15]——、国家の窮乏を訴え、支出の節減を要請していた。予定執政官は、責務の重大性と救済の困難を理由に、この国庫への配慮は元首に残しておくことを提案した。ヘルウィディウスは「これは元老院が裁量すべき問題だ」と発言した。両執政官が意見を求めたとき、護民官ウォルカキウス・テルトゥッリヌスは、元首の不在中かかる重大な問題に関し、いかなる決定も下さないように拒否権を行使した。

ヘルウィディウスは「カピトリウム神殿は国家の支出で再建されるべきだ。ウェスパシアヌスは援助したらよい」と提案していた。

この意見を穏健な人は皆、黙って聞き流し、やがて忘れてしまった。しかしこの提案[16]を覚えていた議員がいたのである。

10 同じ会期にムソニウス・ルフスがプブリウス・ケレル[17]を攻撃し、バレア・ソラヌスを虚偽の証言で転覆させた、と告発した。この訴訟は、かつての告発に対する憎悪を新しく蘇らせたと思われた。

しかし被告は明らかに罪を犯していたし、唾棄すべき人物で弁護されうる余地がなかった。

というのもバレア・ソラヌスは、尊敬の念と共に記憶されていたし、ケレルはバレア・ソラヌスに哲学を教えていて、後で不利な証言をし、友情を裏切り冒瀆していた自分は友情論の教師と吹聴していながらである。

この訴訟事件は、次の元老院会期[18]に審理することに定まる。しかし議員らはムソニウスやプブリウス・ケレルからは、プリスクスやマルケッルスやその他の人からのように緊張した論争を期待しなかった。復讐することに決めていたのだから。

11

元老院議員に確執反目が、敗者に鬱憤があり、勝者にいかなる権威もなく、首都に法律もなく元首が不在の中で、ムキアヌスが首都に入ってくると[19]、たちまち一切を自分へ引き寄せてしまった。プリムス・アントニウスとアッリウス・ウァルスの権力は粉砕された。二人に対する怨恨をムキアヌスは表情で隠していたが、上手く誤魔化せなかった。

しかし市民は鋭い嗅覚で、彼の不機嫌の理由を嗅ぎつけ、素早く向きを変え彼の側に移っていた。ムキアヌス一人が言い寄られ崇《あが》められる。彼の方でも抜かりなく振舞い、武装兵に囲まれ屋敷や庭園を転々と変え、壮麗な外観、供の行列、警備兵で、元首の名称は放棄してもその実権をわが物としていた。

市民を恐怖のどん底に落したのは、カルプルニウス・ガレリアヌスの殺害である。[20] 彼はガイウス・ピソの息子であった。大胆な振舞いは全くなかった。しかし家名は世間に広く知れ渡り、彼自身の若々しい美貌は、いつも民衆の噂の種であった。そしてまだ混乱状態にあった都では、耳新しい話題を喜び、この青年が元首になるという根も葉もない噂を撒き散らす者がいた。

ムキアヌスの命令でカルプルニウスは監視兵に囲まれ、首都で死ぬと一層目立つので、アピア街道は都から四十マイルの地点で、彼は血管を切られ血飛沫《ちしぶき》をあげ息が絶えた。ウィテッリウスの下で護衛隊長だったユリウス・プリスクスは、強制ではなく自ら恥じて自決した。アルフェヌス・ウァルスは生き永らえ臆病者として恥をさらした。アシアティクスは解放奴隷だったので、有害な権力行使の罪を、奴隷に適応される処刑で贖《あがな》った。

二　バタウィ族の叛乱

12 同じ頃[21]のこと、ゲルマニア属州での敗北の情報がしきりと伝えられても、首都はいささかの憂慮も抱かなかった。駐留軍が殺され、軍団の冬期陣営が占領され、ガリアの諸属州が離叛したと、まるで不幸な出来事ででもないかのように話し合っていた。

この戦争がいかなる原因で起り、どれほど沢山の外国や同盟者の部族の暴動で燃え上ったかを、少し溯って述べてみよう。

バタウィ族はレヌス川の向こう岸に住んでいた間、カッティ族(22)の一支族であった。部族内の葛藤で追い出されると、ガリアの北端の海岸で、耕作者のいなかった土地とともに、近くに位置していた島(23)も占拠した。この島は前を大洋が、後と両側をレヌス川の流れで囲まれていた。

彼ら(24)は財力を擂《す》り潰《つぶ》していなかったのに——強大な同盟者にしては稀なことだが——、兵員と武器のみをローマ帝国に提供していた。

この援軍は長年ゲルマニア戦(25)で鍛えられ、やがてブリタンニアで栄光を加えると、そこへ歩兵大隊を移した。彼らは古い仕来りのまま、この部族の貴族に指揮されていた(26)。

本国でも選抜騎兵は、特に水泳に熱をあげ、武器も馬も手放さず、完全に騎馬隊形を保ったまま、レヌス川(27)を横切る技を身につけていた。

13

ユリウス・キウィリスとクラウディウス・パウルス(28)は、王家の血胤《けついん》によって他の指導者を遥かに凌いでいた。パウルスはフォンテイユス・カピトから偽って叛乱の罪を着せられ殺された。キウィリスは鎖で縛られネロの所へ送られたが、ガルバから解放される。しかしウィテッリウスの下で再び生命の危険にさらされた。軍隊が彼の処刑をしきりに要求していたからである。

このような経緯からキウィリスは憤慨し、わが国の不幸の中に希望を見出した。キウィリスは普通の野蛮人よりも遥かに賢く、奇形な面相[29]が似ていて、自分はセルトリウスかハンニバルだ、と吹聴していた。

もしローマ国民に公然と反旗を翻《ひるがえ》すと、ローマの公敵として阻止されることを恐れ、ウエスパシアヌスとの友情を衒《てら》い、その一派を支持すると見せかけた。

実際、キウィリスに宛ててプリムス・アントニウス[30]は手紙を送り、ウィテッリウスが要求していた増援部隊を送らず、ゲルマニア人の暴動を口実に軍団兵を釘付けにしておけ、と命じていた。

同じ趣旨のことは、総督ホルデオニウス・フラックス[31]も訓令していた。彼の気持はウェスパシアヌスに傾いていたし、国家のことも憂慮していたからだ、「もし戦争が再燃し、これほど沢山の武装兵がイタリアに侵入すると、国は危殆《きたい》に瀕するだろう」と。

14 そういうわけでキウィリスは叛乱を決心し、当分の間心の底深く意図を隠し、その後は成り行きを見て決断することにし、次のような革命的な行動を起し始めた。

ウィテッリウスの命令[32]で、バタウィ族の若者が徴募のため召集される。この義務はそれ自体、本来重苦しいのに、徴兵係の貪欲と放蕩で、さらに重荷となっていた。係の者が老人や病弱者を探し出し、彼らから金を取って釈放していた。その上に、思春期に達していない容姿の目立つ者を——そしてその大半が背の高い少年であったが——、凌辱のため強引に連れ去っていた。

ここから憎しみが生じ、擾乱《じょうらん》を企んでいた首謀者は、部族民に徴募を拒否せよ、と唆《そそのか》した。

キウィリスは部族の長老や一般の民衆の中でも積極的な者を、宴会と見せかけて、神聖な森に呼び集める。彼らが夜の歓楽で熱く興奮したときを見計らって、キウィリスはまずバタウィ族を持ち揚げ、部族の栄光を説き始める。ローマから蒙《こうむ》った不正や掠奪、その他沢山の隷属の不幸を数え上げた。

「実際、われわれは以前のように同盟者ではなく、奴隷の如く取り扱われている。一体いつ、われわれの所に総督が——確かに疎《うと》ましい横柄千万な随員を従えているが——、ともかく命令権を持った総督がやって来たというのか。われわれは総督代理か百人隊長の手に委《ゆだ》ねられている。彼らは掠奪品や血で満腹すると交替させられる。また新しい儲けや強奪の名目をいろいろと見つけるのだ。

いま彼らは徴募を焦っている。このため子供は親から、兄は弟から今生の別れの如く引き裂かれて行く。ローマ帝国は、かつて今ほど疲弊したことはなかった。冬期陣営には分捕品と老兵の外に何もない。ただ勇気を奮い起すだけでいい。名前だけの軍団兵を恐れるな。われわれには歩兵と騎兵の精鋭がいる。同血族のゲルマニア人もいる。ガリア人も同じことを考えているのだ。

確かにこの戦争はローマ人にも決して迷惑ではない。結果が失敗しても、ウェスパシアヌスに手柄顔ができよう。もし勝ったなら、誰にも一切釈明はいらないのだ。」

15 この演説を聞いて皆は熱烈に賛同した。

キウィリスは野蛮人の習慣に従い、父祖伝来の呪詛《じゅそ》で全員に忠誠を誓わせる。カンニネファテス族を同じ計画の仲間にするための使者を送る。この部族はバタウィ島の一部に住み、起源も言語も勇気もバタウィ族と同一だが、人口で劣る。

やがてキウィリスは密使を送り、ブリタンニアの援軍を説き伏せ味方にする。すでに述べたように[33]、彼らはバタウィ族からなる援軍歩兵で、ゲルマニアに送り返され、ちょうどこの頃モゴンティアクムに宿営していた。

カンニネファテス族には名門の生まれで豪胆なブリンノなる者がいた。彼の父はローマに対し大胆にも敵対行為を多く重ね、カリグラの馬鹿馬鹿しいブリタンニア遠征[34]を嘲弄しても処罰されなかった。そのためブリンノは、叛逆の家系という名前だけで人気を得ていた。そこで彼は部族の習慣に従い、楯の上に載せられ肩に担がれ、上下に揺さぶられ、指導者に択ばれる。

彼は直ちにレヌス川の向こう岸の住民フリシイ族を呼び寄せ、大洋に近い二箇大隊の冬期陣営[35]に突込む。ローマ軍は敵の攻撃を予期していなかったし、たとい予期していても、防戦に充分な兵力はなかった。兵営は占領され掠奪された。

それから敵は、平和の時のようにあちこちに散らばり彷徨していたローマの従軍商人や貿易商人に襲いかかる。同時に要塞を破壊しようとしたとき、援軍隊長がこれに火をつけた。防禦できなかったからである。首位百人隊長アクイリウスの指揮の下に、バタウィ島の上流地方に結集していた援軍はすべて、歩兵も騎兵も、軍隊とは名ばかりで実力を欠いていた。というのも、[36]ウィテッリウスが援軍から主力を引き抜き、その代りに近くのネルウィイ族やゲルマニア人の部落から腰抜けどもを数だけ揃え武装させていたのである。

16

キウィリスは策略で攻撃すべきだと考え自ら進んで、援軍隊長に要塞を放棄したことを非難した。「お前たちはそれぞれの冬期陣営に帰っておればよい。カンニネファテス族の蜂起は、自分が指揮している援軍と共に制圧するであろう」と。

この忠告の下に悪巧みの潜んでいたこと、援軍大隊が四方に散ると容易に粉砕できること、この戦争の指導者はブリンノではなくキウィリスであることが、次第に暴露される証拠からはっきりしてきた。ゲルマニア人は好戦民族で、証拠を長く秘しておれなかったのである。

策略が失敗に終ったとき、キウィリスは暴力に訴え、カンニネファテス族、フリシイ族、バタウィ族に、彼ら固有の楔形隊形を組ませる。これに対峙してローマ軍は、レヌス川から遠くない所に戦列を敷く。そして船隊も舳《へさき》を敵に向けた。これらの船は要塞を焼いた後、そのあたりに係留させていた。

戦闘が始まって間もなく、トゥングリ族の援軍歩兵が軍旗と共にキウィリス側に移った。

ローマ軍はこの思いもかけぬ裏切りに士気を沮喪《そそう》し、この同盟者と敵の手で殺された。同じ背信行為は船隊でも起った。バタウィ族出身の漕手の一部が不慣れを装い、水夫や戦闘員の仕事の邪魔をした。やがて逆の方向へ漕ぎ、船尾を敵地の岸につける。最後に、自分たちと同じ行動を欲しない操舵手や百人隊長を刺し殺す。こうして船隊の全二十四隻が投降するか、拿捕《だほ》された。

17 この勝利[37]はその当座世間の耳目を引き、のちのちまで影響を与えた。バタウィ族は、必要としていた武器も船も手に入れ、ゲルマニアとガリア全土に雷名を轟かせ、自由の闘士として喧伝される。

ゲルマニア人は直ちに使者を送ってよこし、援軍の提供を申し出た。キウィリスは手練手管と贈物でガリア人の同盟を得ようと努めた。

捕虜としていた援軍隊長は、彼らの出身部族へ送り返し、援軍歩兵には、去るか留まるか選択の機会を与え、留まる者には名誉ある条件での軍隊勤務を、去る者にはローマ人からの掠奪品を与えた。

それと同時に彼らの一人一人と密談を交わし、長年耐え忍んできた苦難を思い起させ、哀れな奴隷状態[38]を平和と呼んできた間違いを諭《さと》してやった。

「バタウィ族は朝貢を免除されてきたのに、われわれ共通の圧政者ローマに歯向かって武器を取った。最初の戦闘でローマ軍を粉砕し負かした。もしガリア人が軛《くびき》をかなぐり捨てるとどうなるか。イタリアにどれほどの兵力が残るというのか。属州が征服されたのは、みな属州民の流血による。

ウィンデクスの仕掛けた戦争はくよくよ考えるな。あのとき[39]アエドゥイ族とアルウェルニ族を踏みにじったのは、バタウィ族の騎兵なのだ。ウェルギニウスの援軍の中にもベルガエ族がいた。そこで正しく判断すれば、あのガリア軍は自分自身の勢力と闘って倒れたのだ。

ところが今やガリア人は皆同じ側に立っている。これに、ローマの陣営で広く行きわたっていた軍事訓練の長所を加えてみよ。

われわれは、最近オトの軍団兵を屈服させた古兵《ふるつわもの》の援軍を持っている。シュリアやアシアや、特に王への隷属に慣れた東方諸国は奴隷奉公するがいい。ガリアでは、ローマの朝貢国となる以前に生まれた者[40]がまだ生きているのだ。

確かに最近のことではないか、クィンティリウス・ウァルスが殺され、ゲルマニアから隷属が駆逐されたのは。しかもそのとき挑戦されたのは元首ウィテッリウスではなく、カエサル・アウグストゥスだった。

物言わぬ多くの獣にすら生まれつき自由が、人間には勇気という固有の取り柄が与えられている。神々はより勇気のある者に味方する。そこで心配のない者が心配で一杯の者を、新鮮な力に溢れている者が、疲労困憊《こんぱい》した者を攻撃しようではないか。ある者がウィテッリウスに、別な者がウェスパシアヌスに肩入れしている間に、両方を攻撃する機会が与えられよう。」

　このようにキウィリスはゲルマニア人やガリア人に対して努力を傾注し、もし自分の志が実現すると、いつかは最も強力な最も裕福な民族の王になってやると決意していた。

18 しかし高地ゲルマニアの総督ホルデオニウス・フラックスは、キウィリスの初め頃の試みを見て見ぬ振りをし養い育てた。陣営が占領され援軍が全滅し、バタウィ族の島からローマの名前が一掃された(41)と、伝令が震えながら報告したとき、軍団長ムニウス・ルペルクスに――彼は二箇軍団の冬期陣営の屯営長であったが――、敵に向かって出撃するように命じた。

　ルペルクスはその場に持ち合せた軍団兵と、近くからウビイ族と、遠くない所に宿営していたトレウィリ族の騎兵を急いで島へ渡した。これにバタウィ族の騎兵も加わる。彼らはずっと前に買収されていたが、忠誠を装っていた。戦闘のさなかに逃亡すれば、ローマ人を裏切った報酬が一段と増額されると考えていた。

　キウィリスは捕虜とした援軍の軍旗に囲まれていた。こうして味方の兵士に最近(42)の勝利の栄光を目の前に見せ、敵を敗北の思い出で怯《ひる》ませようと思った。自分の母と姉妹と、同時に全員の妻や幼子を背後に立たせ、勝利に向けて鼓舞し、敗走を恥辱と思わせる。男の鬨《とき》の声と女の叫喚が戦列に轟き渡る。ローマの軍団兵や援軍からは、これに匹敵する元気な叫び声は全く返って来ない。

バタウィ族の騎兵が敵側に逃げ、わが軍の左翼が裸になるやいなや、わが軍に向かって来た。しかし軍団兵はこの混乱の中でも武器と戦列を堅持した。

ウビイ族とトレウィリ族の援軍は、恥も外聞もなく逃げ散って、平野をくまなく彷徨する。

19

ゲルマニア人は彼らに襲いかかる。そのうち軍団兵も、ウェテラと呼ばれる陣営へ逃げ込む。バタウィ族の騎兵隊長クラウディウス・ラベオは在郷の勢力争いでキウィリスの競争相手であった。キウィリスはラベオを殺して同胞の憎しみを買わないように、また生き永らえさせて不和の種をまかないように、フリシイ族の領地へ送り込む。

同じ頃[43]、バタウィ族とカンニネファテス族の援軍[44]は、ウィテッリウスの命令で首都を目指していたが、キウィリスから送られた使者がこれに追いつく。たちまち彼らは傲慢《ごうまん》と叛逆心を募らせた。道中の慰労と称して一時賜金を、そして、給料[45]の倍増、騎兵の増員、そしてウィテッリウスからの確約を求めて止まなかった。しかしそれは要求を手に入れるためではなく、叛乱を起す口実でしかなかった。

ホルデオニウス・フラックスは沢山譲歩したが、彼らは彼が当然拒否すると知っていたものをますます執拗に求めただけで、それ以上の効果は何も得られなかった。彼らはフラックスの命令を無視し、キウィリスと合流するため、低地ゲルマニアを目指した。

ホルデオニウスは、副官と百人隊長を集め、服従を拒否している彼らを武力で掣肘《せいちゅう》すべきかを相談した。やがてホルデオニウスは性来の臆病から、そして部下も尻込みをしたため――彼らは援軍兵士の曖昧な気持と、急遽募集し補充していた軍団兵に不安を感じていたのだ――、陣営の内に軍団兵を留めておくことを決心した。

しかし間もなくホルデオニウスはこの決定を後悔し、先に忠告していた部下も責めたために、ボンナを守備していた第一軍団長ヘレンニウス・ガッルスに宛て、あたかも自分で叛逆兵を追跡するかのようにこう手紙を書いた。「バタウィ族の進路を断て。自分は軍隊と共に彼らの背後をすぐ追いかける」と。

そして実際にバタウィ族は粉砕されていたろう、もし後からホルデオニウスが、前からガッルスが、両方から軍隊を動かし、間の敵を挟撃していたら。しかしホルデオニウスはこの計画を断念した。そして次の手紙でガッルスに去る者を脅《おびや》かすなと忠告した。その結果、軍団長たちが故意に戦争を延ばした。起ったことも心配していたことも、みな兵士の無気力や敵の実力からではなく、将軍たちの共謀から生じたと疑われたのである。

バタウィ族はボンナの陣営に接近したとき、ヘレンニウス・ガッルスに援軍の要求を伝えるための使者を先発させた。「われわれはローマ人と戦うつもりはない。ローマ人のため長い間戦って来たのだから。長い無益な軍隊奉公に疲れ果て、祖国と休息を切望している。もしわれわれの行く手を邪魔しなければ、道中誰にも危害を加えない。しかし、もし武器で妨害するならば剣で道を切り開くことになろう。」

軍団長は逡巡したが、兵士は戦闘で運命を試みるよう強いた。三千人の軍団兵と急いで募集されたベルガエ人の援軍と、それに土着民や従軍商人の臆病な、しかし戦う前は息巻いていた手勢が、数で劣るバタウィ族を包囲せんと、あらゆる門より飛び出す。

相手は古兵で、楔形隊形を組み、どこもすべて隙間なく固め、正面も背後も両側も万全であった。この隊形で彼らは、我が軍の浅い戦列を突破した。ベルガエ人が退却し、軍団兵が撃退される。恐慌を来たし、城壁と門へ殺到する。

そこでは悲惨を極めた。濠に屍が積み重なる。敵に殺され傷ついたばかりか、転落しおのれの武器で大勢が死ぬ。

勝者は植民市アグリッピネンシスを避け、その後の行軍で全く敵対行為を敢えて見せず、ボンナの戦闘についてこう弁明した。

「平和を求めて拒否され、やむなく自衛の手段を取った」と。

21

キウィリスはバタウィ族のこの援軍古兵の到着で、今や正規の軍隊の将軍となった。しかしローマの兵力を反芻《はんすう》し、まだ肚《はら》が決まらず、傍に居合せた者たちに皆、ウェスパシアヌスに忠誠を誓わせた。そして先の戦闘で撃退しウェテラの陣営に退却させていた二箇軍団の所へ使者を送り、同じようにウェスパシアヌスに忠誠を誓うように誘った。

回答が返ってくる。「われわれは裏切者や敵どもの助言を必要としない。われわれの元首はウィテッリウスだ。彼のため最期の息を引き取るまで忠誠と武器を保持する覚悟だ。バタウィ族の逃亡者はローマの国政に裁定を下すな。むしろ犯罪の正当な罰を期待せよ。」

この回答がもたらされると、キウィリスは怒り心頭に発し、バタウィ族全員を戦争へ駆り立てる。ブルクテリ族、テンクテリ族も加わる。檄《げき》を飛ばし、レヌス川向こう岸のゲルマニア人に掠奪と功名への[46]欲望を掻き立てた。

22

さまざまの要素の錯綜するこの戦争の威嚇に対し、軍団長ムニウス・ルペルクスとヌミシウス・ルフスは防柵や城壁[47]の防備を固めた。陣営から遠くない所で、長い平和の間にローマの自治市の如く建っていた建物を敵に利用させないため破壊した。

しかし食糧を陣営に運び込むことはほとんど配慮されていなかった。各人の掠奪が許された。そこで苦境に充分長く耐えられたであろう食糧が、数日で勝手放題に浪費された。キウィリスは中央の戦列を、バタウィ族の精鋭と共に占め、見た目に一段と凄味を与えるべく、レヌス川両岸をゲルマニア人の軍隊で満たす。平野には騎兵が飛び廻っていた。同時に船が川を上流[48]へ溯っていた。こちら岸に援軍古兵の軍旗が、あちら岸に森や聖林から持ち出した野獣の像が見える。ゲルマニアのどの部族も、このような旗を持って戦場に赴くのが習慣であった。

市民戦争と異民族との戦争が混じり合った光景に、籠城者は恐怖から竦《すく》んでいた。その一方で攻城者の希望を大きく膨らませていたのは、長大な城壁[49]であった。というのも、二箇軍団の兵力のために建てられた陣営が、五千人にも達しないローマ人の武装兵で守られていたのだから。しかし大勢の従軍商人が平和が攪乱された後ここへ集まり、戦闘の下働きをしていた。

23 この陣営の一部は丘に向かって緩やかな斜面を登り、一部は平地に接していた[50]。実際アウグストゥスは、この冬期陣営でゲルマニア人を牽制し威圧できると信じたとしても、彼らの方からわが軍団の攻略に来るという不幸は思ってもみなかった。そのためどの場所にも防禦施設にも格別骨の折れた工作は加えられておらず、兵力と武器で充分と考えられていた。

バタウィ族とレヌス川の向こう岸の部族は、他と区別され武勇が一層目立つように、部族ごとにそれぞれ隊列を組み、遠くから攻撃を始める。その後、飛道具の大半が城壁の櫓《やぐら》や鋸壁を突き刺し何の効果も挙げなかったし、城壁からの投石で傷ついていたので、鬨《とき》の声をあげ突進し、多くは城壁に梯子をかけ、他の者は味方の亀甲状に連ねた楯に上って城壁を攻め始めた。

すでに何人かが城壁に攀《よ》じ登り、剣で突かれ武具で打たれ、真っ逆様に濠に落ち杭や槍で串刺しにされる。彼らが血気に逸《はや》り、成功で図太くなるのは初めの中だけである。

しかし、このときは掠奪の欲望から逆境に耐え抜いた。彼らは慣れない弩砲すら危険を冒して用いる。操縦の仕方は全く知らなかった。脱走兵や捕虜が木材を橋板のように連ね、次にそれを車輪の上に載せ前方へ押し進める仕掛けを教えた。一部の者がこの橋の上に立ち、ちょうど接城土手の上から戦うのと同じように、別な者はその下に隠れ城壁の土台を掘り崩すように工夫した。

しかし投石機から発射される石弾が、この不恰好な攻城設備を打ち砕いた。枝編み細工や屋台を準備している者に、弩砲[51]から火矢が飛ぶ。その一方で、城壁を攻めている者まで松明《たいまつ》で狙い打ちにされた。ついに彼らは突貫攻略に絶望し、作戦を変え時機を待つことにした。陣営内には僅か数日分の食糧しかなく、非戦闘員が大勢なのも知っていた。その一方で食糧の欠乏から起る裏切り、軍隊奴隷の変りやすい忠誠、戦争中の予期せぬ事故も待ち望んだ。

24

そのうちホルデオニウス・フラックスは、陣営が包囲されたことを知り、援軍を狩り集めるため、ガリア中に密使を送る。そして軍団から選抜した兵士[52]を第二十二軍団長ディッリウス・ウォクラ[53]へ渡し、できるだけ早くレヌス川の岸に沿って行進せよと指示し、総督本人は船で下る。体を患い[54]兵士に恨まれていた。というのも、兵士は公然とぼやいていた。「総督はモゴンティアクムからバタウィ族の援軍をこっそりと立ち去らせた。キウィリスの企てを知らぬ振りをし、ゲルマニア人の同盟者を呼ばせた。こうして総督は、プリムス・アントニウスやムキアヌスに劣らず力を貸しウェスパシアヌスの勢力を増大させた。

露骨な憎悪や武装蜂起は公然とやっつけられるが、瞞着や奸策は人目につかないし、それだけ警戒するのが難しい。

キウィリスは正面から立ち向かい、戦列を敷いている。ホルデオニウスは寝室の寝台から、敵の得になるようなことばかり命じている。これほど大勢の勇敢な武装兵が、たった一人の病弱な老人の命令に屈しているのか。それよりも、われわれはどうしてこの裏切者を殺し、悪い縁起(55)からわれわれの運命と武勇を解放しないのか。」

お互いにこのような言葉を交わし殺気立っていたところへ、ウェスパシアヌスの手紙が届き、さらに彼らの怒りを煽《あお》った。この書簡を総督は隠し通せなくて、兵士の集会で朗読し、それを持参した者を縛ってウィテッリウスの所へ送った。

25 こうして兵士の気持は和《なご》み、第一軍団の冬期陣営地ボンナに到着した。ここの兵士は一層烈しく敵意を燃やし、敗北の責任をホルデオニウスになすりつけていた。

「われわれがバタウィ族に対し戦列を敷いたのは、総督の命令による。あとですぐモゴンティアクムから軍団兵が来ると保証したからだ。われわれが殺されたのは彼の裏切りによる。援軍は全く到着しなかった。

この敗北は他の軍隊も知らないし、皇帝ウィテッリウスにすら報告されていない。もし多くの属州が援助に馳けつけていたら、謀叛は芽のうちに押し潰されていたろう。」

ホルデオニウスは、ガリアやブリタンニアやヒスパニアの諸属州に援軍を要請した手紙の写しを皆、軍隊の前で読み上げて、いかなる書簡もまず各軍団の鷲旗手(56)に渡され、鷲旗手を通じて兵士が将官より先に読むという忌《いま》わしい悪例を創った。

このときホルデオニウスは、擾乱《じようらん》分子の一人を鎖にかけよ、と命じる。唯一人が罪を犯していたというより、おのれの権力を行使するためであった。

軍隊はボンナから植民市アグリッピネンシスへ動く。ガリア人の援軍が集まって来た。彼らは初めローマのため真剣に奉仕していた。やがてゲルマニア人の勢いが増すと、ガリアの多くの部族は自由を望み、隷属から脱し世界を支配しようと、われわれに歯向かって武器をとる。

軍団兵の怒りは昂じた。一人の兵が縛られたぐらいで脅《おび》え怯《ひる》まなかった。それどころか進んで同じその兵が、将軍は敵と通じていると告発した。「自分はキウィリスとホルデオニウスとの仲介役を果し虚偽の罪を着せられ、真実を知る証人として圧殺されようとしている」と訴えた。

軍団長ウォクラは驚嘆すべき剛直を発揮して、演台へ上るとくだんの男を捕え、喚《わめ》いている彼を処刑場へ連行するように命じた。こうして性悪の者どもが怯んでいる間に、善良な兵士が皆命令に従った。この後、兵士が一致してウォクラを将軍に要請すると、ホルデオニウスは最高の指揮権を彼に譲った。

26 しかし多くのことが反抗的な兵士の神経を苛立たせていた。給料も食糧も不足し、ガリア人は徴募も納貢も無視していたし、レヌス川がこの地方の前代未聞の大旱魃《かんばつ》で、船の航行もほとんど不可能となり食糧補給も限られてきた。ゲルマニア人が浅瀬を渡ってくるのを阻止するため、岸の全域に監視所を設けた。こうして川の水位が下がったと同じ理由から、食糧も次第に減り、食べる人口は次第に増えていた。

無知蒙昧な兵士は日照りを忌まわしい前兆と見て取り、レヌス川という昔からの帝国の防壁までがわれわれを見捨てたかのように考えた。平和のときは偶然の自然現象とみなされるものが、このときは宿命とか神の怒りと呼ばれていた。

ノウァエシウムに入り、第十六軍団と合流する。ウォクラの指揮を補佐するため、軍団長ヘレンニウス・ガッルスが加わる。[57]〈ノウァエシウムから十三マイルの〉——そこはゲルドゥバと呼ばれる所から、敵に向かって進軍を敢えてせず、ここに陣営を築いた。そこに戦列を展開させるため、土塁を築き防柵を廻らし、その他戦争のための予行演習で兵士の心身を鍛えた。掠奪行で闘魂を煽るため、ウォクラはキウィリスとの同盟を受諾していた近くのクゲルニ族の部落へ軍隊を連れて行く。残りの軍隊はヘレンニウス・ガッルスと共に留まった。

27 たまたま一隻の船が陣営から遠からぬ所で、食糧の重みで浅瀬に座礁すると、ゲルマニア人は自分たちの方へ手繰り寄せようとした。軍団長ヘレンニウス・ガッルスはこれに我慢ならず、船を救うため一箇大隊を送る。ゲルマニア人の兵員も増える。徐々に援兵がそれぞれ味方に加わり、正規の戦闘となった。ゲルマニア軍はわが軍を大勢殺して船を奪い去る。

敗北を喫した兵士は——これが当時の習慣であったが——おのれの腑甲斐なさではなく、軍団長の背信を責めた。彼らは軍団長を天幕から引き摺り出し、着物を裂き、体に鞭をあて、「幾らで買収され、いかなる共犯者と手を組み、軍隊を売ったのか、白状しろ」と要求する。

ホルデオニウスに対する反感が蘇って、彼を犯罪の張本人、ガッルスを手先と呼ぶ。ついにガッルスは「殺してやる」と脅《おど》され恐怖の余り、彼自身もホルデオニウスを裏切者と非難した。

ホルデオニウスは縛られ、ウォクラが帰って来てやっと解放された。ウォクラはその翌日、暴動の首謀者たちを処刑した。このように全く正反対のもの、驕《きょう》恣《し》と忍従が彼の軍隊に同居していた。疑いもなく一般雑兵はウィテッリウスに忠実で、上官の気持は皆ウェスパシアヌスに傾いていた。そこから犯罪と処罰が交替し、服従と怒りの発作が混淆《こんこう》し、兵士を後で処罰できても、予め掣肘《せいちゅう》できなかったのである。

28 その間にゲルマニアの全部族が続々と加わり、キウィリスは威信を高め、高貴な家柄の者を人質にとり同盟を固めていた。

キウィリスはウビイ族とトレウィリ族の領地を、それぞれに近い部族に荒せと命じ、その他の手勢にはメナピイ族やモリニ族、そしてガリアの辺境部族を悩ますため、モサ川を渡れと命じた。

先の二つの地区は、特にウビイ族の領地は情け容赦なく掠奪された。というのも、このゲルマニア起源の部族は、神に誓って祖国と縁を断ち、自らローマの名でアグリッピネンシス人と名乗っていたからである。

ウビイ族の援軍はマルコドゥルムの部落で、レヌス川岸より遠かったため、それだけ警戒を怠っていて宿営中に殺された。ウビイ族はおとなしく堪えていなかったどころか、ゲルマニアへ掠奪に出かけた。初め復讐されず、後で包囲された。この全戦闘を通じてウビイ族は勝運に恵まれなかったが、ローマへの忠誠は天晴《あっぱれ》であった。

ウビイ族が粉砕されると、キウィリスはこの上首尾で一段と居丈高にそして大胆不敵となり、ウェテラの軍団陣営の攻略を急《せ》かした。援軍の到着を告げる密使が一人も城内に入り込まないように見張りを厳しくした。

弩砲の操縦や攻城用具はバタウィ族に任せられる。レヌス川対岸のゲルマニア人が戦いを求めると、堡塁《ほうるい》に接近し破壊せよ、撃退されると新しく戦闘をやり直せ、と命じる。員数で優り損失は一向苦にならなかった。

29

夜も彼らの試煉を終らせなかった。周りに材木を積み火をつける。それと同時に彼らは夕食をとり各自酒に酔って熱くなると、無鉄砲に出撃し無駄骨を折った。というのも、彼らの飛道具は暗闇では的を外れた。ローマ人は野蛮人の戦列を遠くからはっきりと見定め、相手が大胆不敵な行動か勲章の輝きで目立つと、それを的に狙った。

キウィリスはこれに気付くと、焚火を消し、あたり全体を暗黒と干戈《かんか》で掻き乱せと命じた。

すると、乱れ交う叫喚、誰か判らぬ者同士の衝突、どう突きどう避けるか見当もつかず、叫び声の起きた方へ体を廻し四肢を緊張させる。勇気も全く役に立たぬ。偶然がすべてを混乱させ、しばしば臆病者の槍が勇敢な兵を倒す。

ゲルマニア人は訳も判らぬ怒りで狂い、ローマの兵士は危険を弁《わきま》え、当てずっぽうではなく狙いを定め、先端が鉄製の杭や重い石を投げつけた。堡塁の下を掘り崩す音がすると、あるいは梯子をかけて手の届く所まで登って来ると、わが軍は楯の突起で突き落し、追いかけて槍を放った。堡塁の上に登って来た多くの兵も短剣で突き刺される。こうして夜が果て、日の光が新しい戦列を照らした。

30 バタウィ族は二階建の攻城櫓を造っていた。彼らはそれを最も平坦な地面にある陣営正門へ近づけたとき、わが軍はこれに対し先端が鉄製の杭を放り、弩砲から棒杭を発射して櫓を壊し、櫓の上に立っていた敵を多数殺した。

撃退した敵を追い、突然城外へ飛び出し戦って勝つ。さらに熟練と技に優れたわが軍団兵は、多くの仕掛けを工夫した。特に敵の度胆を抜いたのは、平衡を保つ一本の角材が左右両端で上下する機械装置[58]で、その片方の腕木が突然下り、一人かそれ以上の敵を摑むと、仲間の目の前で高く吊り揚げ、錘《おもり》の位置をずらして陣営の中へどさっと振り落した。

キウィリスは突貫攻略の望みを捨て、再び時間をかけて封鎖を続け、密使と約束で軍団兵の忠誠心をぐらつかせる作戦にでた。

31 以上は、ゲルマニア属州で、クレモナの決戦の前までに起ったことである。ゲルマニア軍は、クレモナの事件をプリムス・アントニウスの報告[59]で知った。これに執政官カエキナの布告も加えられていた。敗北した援軍の中の、一人の援軍隊長アルピニウス・モンタヌスがノウァエシウムに現われて、ウィテッリウス派の不運を証言した。
この報せを人々はさまざまの気持で受けとめた。ガリア人の援軍は、どちらの派にも近親憎悪を抱いていないし、軍隊奉公にも愛着はなかったので、援軍隊長らの勧告で直ちにウィテッリウスを捨てる。古兵[60]は躊躇《ためら》っていた。ホルデオニウス・フラックスが宣誓式を取り仕切る。副官が圧力をかけ、兵士は宣誓した。しかし表情でも心でも充分に納得できなくて、宣誓の他の文句は後について唱えたが、ウェスパシアヌスの名前は言い淀むか、低い声で呟《つぶや》き、大勢の兵は黙って飛ばした。

32 その後集会で、キウィリスに宛てたアントニウスの手紙が読み上げられ、これが兵の疑心暗鬼を刺戟した。手紙があたかもキウィリスをウェスパシアヌスの同盟者、低地ゲルマニア軍を敵の如く書いていると解したのである。

やがてゲルドゥバ(61)の陣営にも、先の情報がもたらされ、ここでも同じことが論じられ行われた。アルピニウス・モンタヌスは伝言を携え、キウィリスの許へ派遣される。「戦争を止め、そしてウェスパシアヌスの味方を装った武装蜂起でローマへの敵意を覆い隠すな。もしウェスパシアヌスを助けようと戦争を始めたのなら、すでに充分に目的は達成された」と。

これに対しキウィリスは最初、如才なく答え、モンタヌスが烈しい気性の人で、叛乱も引き起す覚悟でいるのを見抜くと、二十五年間ローマの陣営で辛抱した危険や不平不満を語り始めた。

「数々の苦労に対し私は立派な報酬を貰った。兄弟の殺害、私の身柄の拘束、死刑を要求するこの軍隊の残酷な叫び声。そこで私は民族の自決権に訴えて復讐を求めている。

ところが、あなた方トレウィリ族や他の奴隷根性の部族は、あれほど沢山の血を流し、無償の軍隊奉仕、永久の納貢、鞭、斧(62)、主人の気紛れ以外に、いかなる報酬を期待するのか。見よ、唯一つの援軍の隊長にすぎない私は、ガリア(63)のごく僅かな部分の、カンニネファテス族とバタウィ族と共に、あの虚仮威《こけおど》しの巨大な陣営を粉砕し、あるいは武器と飢餓で包囲し制圧した。要するにわれわれは大胆になれば、自由を手に入れられるのだ、万一負けても元のままだ。」

キウィリスはこのように煽《あお》ったが、すべての発言を和げて回答するように命じてモンタヌスを放つ。彼は帰ると使命は不首尾に終ったかのように告げ、他のことはすべて隠したが、やがて明るみにでた(64)。

33 キウィリスは手勢の一部を留め、古兵の援軍とゲルマニア人の中で最も闘志に燃えていた者を、ディッリウス・ウォクラとその軍隊に向けて送る。ユリウス・マクシムスと彼の姉妹の息子クラウディウス・ウィクトルを指揮者とした。

彼らは行軍中、アスキブルギウムにある騎兵の冬期陣営を掠奪する。ゲルドゥバの陣営を、余り不意に襲ったので、ウォクラは兵に訴えることも戦列を展開させることもできなかった。

混乱の中で已むなく、ただこれだけを、つまり中央は正規軍の軍団兵で固めるように忠告した。その両翼に雑然と援軍が集まった。

騎兵が突撃した。敵の百戦練磨の戦列で受け止められると、背中を見せ味方の中へ退却する。その後は殺戮で合戦ではなかった。そしてネルウィイ族の援軍が恐れたのか、裏切ったのか、わが軍の両翼を裸にした。こうして戦闘は軍団兵の所に迫った。彼らは軍旗を失い堡塁の中まで押し込まれ倒れていた。このとき突然、新しい援軍が現われ、戦争の運命が変る。ガルバが募集していて、今度呼ばれてきたウァスコネス族の援軍(65)が陣営に近づき、対戦中の両軍の叫び声を聞くと、闘いに熱中していた敵を背後から襲い、員数から想定される以上の戦慄を与える。ある敵はノウァエシウムから、ある敵はモゴンティアクムから、ローマの全軍が到着したと信じ込む。敵の勘違いがローマ軍を勇気づける。他人の力を頼っている間におのれの力を取り戻した。

バタウィ族の勇敢な兵士は歩兵に関する限り、ことごとく粉砕される。騎兵は最初の合戦で奪っていた軍旗と捕虜を持って逃げた。

その日、わが軍の死者は数こそ敵より多かったが弱虫ばかりで、ゲルマニア人の側はまさしく中核の強者《つわもの》であった。

34

双方の将軍は共に、同程度の過ちを犯して悲運を招き勝機を逸した。というのも、キウィリスは戦列をもっと大勢で組み立てていたら、あれほど少数の援軍に包囲されることもなかったろうし、ローマの陣営を占領し破壊することもできたろう。ウォクラは敵の接近を一度も偵察していなかった。それで陣営から打って出るとすぐ負けた。この後おのれの勝利に自信を失い、敵を攻撃する前に空しく数日を潰した。

もし直ちに断固たる出撃を敢行し、その勢いに乗じて追跡を急いでいたら、その攻撃で軍団兵に対する包囲網(66)を解くこともできたろう。

さて、そのうちキウィリスは、ウェテラに閉じ込めていた軍団兵の気持を誘惑しようと試みた。ローマ側の戦況は絶望的で、勝利の兆しは自分たちの側にすでに歴然と現われている、と主張した。陣営の周りにローマの軍旗や援軍旗が運ばれ、捕虜すら見世物とされた。その中の一人が大胆にも天晴《あっぱれ》な振舞を見せた。本当の状況を音吐朗々《おんとろうろう》とぶちまけ、その場で即刻ゲルマニア人に喉を突き刺され、そこで一層彼の証言は信頼された。

これと同時に農家を荒す焼打ちの火の手から、勝者の軍隊の接近が確認される。ウォクラは、ウェテラの陣営が望まれる地点で軍隊を停止させる。周りを濠と堡塁で固め、輜《し》重《ちょう》や個人の携行物を捨て身軽になって戦え、と命じた。この後、兵士は将軍に向かって戦闘開始の合図を求めて叫ぶ。彼らは脅しに慣れていた。戦闘隊形を整える時間も措かず無秩序に疲れたまま戦い始めた。というのも、キウィリスがすでに目の前にいたからである。彼は敵の弱点を見抜くと同様、味方の勇気を信頼していた。

ローマ軍の戦運はさまざまに変る。暴動を起す兵はみな臆病者で、他の兵士は最近の勝利を忘れず自分の持ち場を死守した。敵を打ち自分の傍の戦友を励まし、戦列を立て直す。ウェテラの籠城者に手を差し伸べ、この好機を逃すな、と訴えた。

彼らはこれらの様子を皆城壁から見ていたので、すべての門から飛び出す。そしてたまたまキウィリスが落馬し地面に倒れた。キウィリスは負傷した、いや殺されたとの噂が敵味方双方で信じられた。これがキウィリスの側に物凄い恐慌をもたらし、わが軍をどれほど奮い立たせたことか。

しかしウォクラは逃げて行く敵の背に追い打ちをかけなかった。この後すぐ再び攻略戦が始まるかのように、陣営の堡塁と櫓を補強した。こうしてウォクラは、たびたび勝利の機会を逃し、彼には本当に戦争を完遂する気があるのかと疑われたのも理由のないことではない。

35 食糧の不足ほどわが軍を悩ませていたものはなかった。軍団の輜重隊(67)は大勢の非戦闘員と共に、ノウァエシウムへ派遣される。そこから陸路で糧秣《りょうまつ》を運んで帰るためであった。というのも、川が敵に占拠されていたのである。最初の輜重隊は、キウィリスの傷がまだ充分に癒えていなくて事なきを得た。しかし再度ノウァエシウムへ食糧徴発隊が送られ、その護衛に与えられた援軍兵士が、まるで深い平和の中にいるかのように行軍中という情報に接すると、キウィリスはローマの軍旗の周りに兵は疎《まば》らで武器は荷車に置き、すべての者が勝手気儘に散らばっていたところを、隊伍を整えて襲う。その前にも橋や狭い道(68)を占拠するため兵を派遣していた。長い縦隊全部にわたって戦闘が行われ、勝敗は定まらなかった。ついに夜が合戦を引き分けた。

援軍はゲルドゥバに到着した。陣営は以前のままであった。守備のためそこに残っていた兵士が保持していた。帰途に糧秣隊や荷物が混乱すると、いかに大きな危険が加わるかがはっきりした。ウォクラはウェテラの陣営に籠城していた第五と第十五軍団から千名を択《えら》ばせ、これに自分の軍隊を加える。選抜兵は上官に反抗する手に負えぬ輩であった。彼らは命じられた以上に大勢集まって出発すると、隊列の中で大っぴらに不満をぶちまけた。「自分たちはもうこれ以上飢餓にも軍団長たちの陰謀にも我慢できない」と。

一方ウェテラに残った兵も、軍団の兵力を一部殺《そ》がれて、「自分たちは見捨てられ〈犠牲[69]にされ〉た」と不平を言っていた。こうして叛逆は二重の性格を帯びた。一方はウォクラをウェテラに呼び戻そうと、他方はウォクラと共にゲルドゥバに帰ることを拒否して。

36 そのうち[70]キウィリスは、再びウェテラを包囲する。ウォクラはゲルドゥバへ、そこからさらにノウァエシウムへ退いた。〔キウィリスはゲルドゥバを占領する。〕やがてノウァエシウムの近くで騎兵戦を交え勝利を得た。しかし兵士は勝っても負けても依然として将軍への殺意に燃え狂っていた。

第五と第十五軍団の選抜兵の到着で軍団兵が増えると、ウィテッリウスから送金されたことを知り贈金をせがむ。ホルデオニウスは暫く逡巡してから、ウェスパシアヌスの名前で与えた。これが特に[71]暴動の糧となった。彼らは放蕩と宴会と夜の会合に耽溺《たんでき》し、ホルデオニウスへの古い怨念を掻き起した。軍団長も副官も敢えて阻止しようとしなかった。というのも、夜があらゆる廉恥心を奪っていた。兵士はホルデオニウスを寝台から引き摺り出し殺した。

同じようにして彼らは、ウォクラも殺す準備をしたであろう。もし彼が奴隷に変装し、人に知られずに暗闇の中を逃げていなかったならば。

37 激情の発作がおさまり、兵士に恐怖が戻って来ると、彼らは百人隊長に手紙を持たせ、ガリアの諸部族の許へ送り込む。援軍と貢税を強請《ゆす》るためであった。彼らは指導者なき群衆が猪突猛進し震え慄《おのの》き、愚かに振舞うように、キウィリスがやって来ると、盲滅法に武器を摑み、たちまち投げ捨て逃亡に転じる。

敗北は身内の軋轢《あつれき》を生む。高地ゲルマニア軍から来ていた兵士は、彼らの大義名分を他の軍隊と異にしていた。ウィテッリウスはすでに死んでいたのに、彼の像を彼らの陣営や、一番近いベルガエ人の部族にも再び設置していた。しかし後で第一と第四と第二十二軍団兵が後悔し心を改め、ウォクラ(72)に従い、ウォクラの前で改めてウェスパシアヌスに忠誠を誓うと、モゴンティアクム(73)の包囲網を解くために連れて行かれる。すでに包囲軍は退却していた。

これはカッティ族、ウシピ族、マッティアキ族からなる混成団であった。彼らは掠奪で満足したが、血を流さなかったわけではない。散らばって気付かずにいた彼らをわが軍が襲ったのだから。のみならず、トレウィリ族は彼らの境界に胸壁や堡塁を築き、ゲルマニア人と戦い、お互いに相手に大きな損害を与えていた。しかし最後にトレウィリ族(74)は、このローマ国民のために尽した見事な手柄を、やがて叛逆の罪で汚すことになるのである。

三 ローマ、エジプト、アフリカにおける新年(紀元七〇年)初頭の出来事

38 そのうち(75)、都に不在のままウェスパシアヌスが再度、ティトゥスと共に執政官(76)に就任する。都は憂愁に包まれ、多くの危惧に悩まされていた。目前に迫っていた惨禍に加えて、根拠のない不安に耽《ふけ》っていた。ルキウス・ピソ(77)が政変を企て、アフリカが離叛したという。

彼はその属州の知事であったが、決して騒乱を好む人ではなかった。しかし航海が冬の悪天候のため禁じられていて、毎日その日の食糧を買う習慣の民衆は、そして国家についての唯一の心配が食糧の供給という民衆は、海岸が封鎖され食糧の輸送が阻止されるのを恐れ、恐れからこれを本当と信じた。

この噂を誇張して拡げたのが、ウィテッリウスへの支持を捨てていなかった者たちである。

39

勝軍の兵士にとってもこの噂は迷惑ではなかった。なにしろ外敵との戦争でも鎮められない彼らの貪欲は、同胞市民に勝ったぐらいで満足していなかったのだから。

一月一日、市民係法務官[78]ユリウス・フロンティヌスが召集していた元老院[79]で、軍団長と軍隊と諸王に対し賞讃と感謝の演説が決議された。テッティウス・ユリアヌスは、ウェスパシアヌス派へ移る際、軍団兵を見捨てたという理由で法務官職を剥奪され、プロティウス・グリュプスに譲渡された。

ホルムスに騎士身分が与えられた。

この後[80]、ユリウス・フロンティヌスが辞任し、カエサル・ドミティアヌスが法務官職を承け継いだ。ドミティアヌスの名は公文書や布告の中で筆頭に署名された。実権はムキアヌスが握っていた。もっともドミティアヌスが多くの場合友人に唆《そそのか》され、あるいは彼独特の気紛れから何かを敢えてする場合を除いての話である。

しかしムキアヌスが特に恐れていたのは、プリムス・アントニウスとアッリウス・ウァルスである。二人は手柄で名を揚げ兵士の人望も厚く、新しい英雄として民衆すら贔屓《ひいき》していた。

というのも二人は戦場以外で、誰にも残酷なことはしていなかった。そして噂によるとアントニウスは、輝かしい先祖を持ち、弟の銅像でも有名なスクリボニアヌス・クラッスス[81]に、国家権力を摑むように、もしスクリボニアヌスが拒まなければ、共謀仲間の支持は必ずあると励ましていたという。しかしスクリボニアヌスは企てを保証されても容易に唆《そそのか》されなかった。無謀な冒険と恐れていたから、なおさらである。

そういうわけでムキアヌスは公然とアントニウスを葬ることができなかったので、元老院で讃辞を積み重ね、秘密の約束で縛り、ちょうどクルウィウス・ルフスの帰国で空席となっていたタッラコネンシス・ヒスパニアを示し気を引いた。同時に彼の友人に副官や援軍隊長の職を与えた。

このようにアントニウスの虚栄心を希望と野心で満たしたあと、第七軍団を冬期陣営に送り返し、彼の力を殺《そ》ぐ。この軍団兵はアントニウスに深い愛着を抱いていた。軍アッリウス・ウァルスにすっかり馴染んでいた第三軍団兵は、シュリアへ返された。軍隊の一部は属州ゲルマニアへ連れて行かれた[82]。

このようにして騒乱の根をことごとく除去すると、首都は本来の姿と法律と政務官の任務を取り戻した。

40　ドミティアヌスが元老院に初登院した日(83)に、彼は父と兄の欠席と、自分の若輩について、言葉少なく慎ましく弁明した。立居振舞も上品であった。世間はまだ彼の性格を知らず、しばしば顔を赤らめるのを謙譲の徴《しるし》と取った。

ドミティアヌスはガルバの名誉回復を提案し、クルティウス・モンタヌスは、ピソの記憶(84)にも敬意を払うべきだ、と提言した。元老院は両方とも決議した。ピソの方は決議されても実行されなかった。

そのとき、さまざまの委員が籤《くじ》で択ばれた。内乱で掠奪された財産を元の所有主に返却するための調査委員(85)、古い年月で傷《いた》んでいた銅板(86)法文を確定し復原する委員、各時代の迎合で汚されていた暦を清める委員、そして国庫支出を制限する委員である。

テッティウス・ユリアヌスは、ウェスパシアヌスの許に逃げていたことが確認された後、法務官職が返される。クリュプスはその職を失わなかった。

それからムソニウス・ルフスとプブリウス・ケレルとの間の訴訟審議が再開されることになる。プブリウス・ケレルが断罪され、バレア・ソラヌスの死霊は充分に慰められた。

国家の厳正な判決で注目を浴びたその日は、また個人にも栄光の日となった。ムソニウスは正義の強い要請(87)を叶えたと思われたからである。キュニコス派の哲学者デメトリウス(88)に関して、世間の評価は対立した。というのも、彼は明らかに罪を犯していた被告を、誠実より野心的な動機から弁護したからである。当のプブリウス・ケレルは窮地にあって、気魄も弁舌の才も充分に発揮しなかった。

こうして職業的告発者に対し、復讐開始の合図が与えられた。ユニウス・マウリクスは、カエサル・ドミティアヌスに「元首の備忘録閲覧の権利を元老院に与えて欲しい。これでどの告発者が誰を告発しようとしたかが確認できるからである」と要請した。

41

ドミティアヌスは、このように大切な問題は、元首に諮《はか》るべきであると答えた。

元老院では有力議員の発議で宣誓文が起草され、これに則《のっと》りすべての政務官がわれ先にと、他の議員も順番に発言を求められると、厳かに神々を証人として呼び起し、こう宣誓した。

「私は誰かの命に危害を加えるため手を貸した覚えは全くない。また市民の禍《わざわい》から私の報酬や名誉を得た試しもない」と。

破廉恥な罪の意識を持っていた者は、震えながらいろいろと工夫し、宣誓の文言を改変した。議員は良心的な宣誓を承認し、偽誓を糾弾した。それは一種の風紀監察官の裁定の如く、サリオレヌス・ウォクラと、ノニウス・アッティアヌスと、ケスティウス・セウェルスを非常に厳しく弾劾した。この者たちはネロの下で頻りに他人を告発し悪名を馳せていた。

サリオレヌスは、さらに最近の罪でも追及された。ウィテッリウスの下で同じような告発を画策していたからである。

議員たちは、サリオレヌス・ウォクラが元老院議堂から退出するまで、ずっと拳固で脅かし続けた。

次に元老院はパッキウス・アフリカヌス(89)に矛先を向け、彼も元老院から追い出した。彼は兄弟の仲睦まじさで、また富者としても評判であったスクリボニウス兄弟(90)を、ネロに告発し破滅させたからだといわれる。

アフリカヌスは敢えておのれの罪を認めようとしなかったが、否認もできなかった。アフリカヌスは、ウィビウス・クリスプスの追及に悩まされ、逆に自分の方からウィビウスに向かい、彼が反駁できなかった事件の巻き添えにし、罪の共犯者として人々の憎悪を自分からそらした。

42 その日、ウィプスタヌス・メッサラ(91)は、元老院議員の資格年齢(92)にまだ達していないのに、兄アクイリウス・レグルスの代弁者として進んで弁護を試み、兄弟愛と雄弁術で名を揚げた。

レグルスはクラッスス家(93)やオルフィトゥス家を破滅させ、世間から烈しく憎悪されていた。

レグルスはまだ若いときから、自ら好んで告発を生業とした。それも自分の危険を払い除けるためではなく、権勢欲のためと思われていた。一方クラッススの妻、スルピキア・プラエテクスタタと四人の子供は、もし元老院が審理を始めたら、復讐者として出席するつもりでいた。[94]そこでメッサラは、被告への非難に直接答えたり弁護することは避け、おのれを犠牲とし兄を危険から救おうと努め、何人かの気持を宥《なだ》めた。

これにクルティウス・モンタヌスが反撥し、ついに「ガルバが殺された後、レグルスはピソの刺殺者に金を与え、ピソの頭を請い受け、これに噛みついた[95]」と攻撃するまでに激昂した。

「このようなことまでネロは確かに強制しなかったし、あなたもまた、あのような残忍冷酷な振舞で、地位や命を買い戻したわけでもない。なるほど已むを得ずおのれの危険より他人の破滅を選択した人の自己弁護ならば、われわれも我慢して耳を傾けるだろう。しかしあなたの場合、父親が追放されたとき、安全を保障され、父親の債権者に彼の財産が分配されていたのだ。しかもまだあなたは官職に就く年齢でもなかったし、ネロがあなたから欲するようなものは何もなかったし、ネロがあなたを恐れる理由も全くなかった。

あなたが世間のまだ知らないあなたの才能を、いかなる法廷弁護でも試したことのない才能を、高貴な人の血飛沫《ちしぶき》で染めたのも、あなたがわが国を殺して葬《ほうむ》り、執政官級の人の戦利品を奪い、七百万セステルティウスで私腹を肥やし、神官職で輝き、罪のない子供を、錚々《そうそう》たる長老を、尊敬すべき婦人を、ことごとく破滅させ没落させたのも、「あなたは元老院全体を鶴の一声で一挙に転覆させられるのに、私たち告発者どもに一軒一軒の家族を攻撃させて、われわれをうんざりさせる」といってネロの怠慢を非難したのも、生血への貪欲と報酬への飢渇からであった。

元老院議員諸君よ、彼をあのままにしておき給え。いつでも速やかに忠告してくれるあの男を助けてやり給え。あらゆる世代が彼を師と仰がんために。われわれ年長者がマルケッルスを、クリスプスを手本としたように、若者がレグルスを見倣《みなら》うがいい。悪辣な行為はたとい上首尾に終らなくても追従者を見つける。しかし、もし彼が花と咲き誇り栄えるなら、どうなるだろう。まだ財務官職を経たばかりの彼を恐れて、(96)敢えて糾弾しなかったら、彼が法務官級や執政官級の人となったとき、われわれは断固として弾劾するだろうか。それともあなた方は、ネロがわれわれの最後の主人だと思っているのか。ティベリウスの治世やカリグラの治世を生き延びてきた人は、これと同じようなことを考えていた。ところがそのうち一層唾棄《だき》すべき、一層残忍冷酷な男が現われたのだ。われわれはウェスパシアヌスを疑っているのではない。元首のあの年齢やあの謙虚な態度が保証している。しかし良風美俗より、(97)陋習《ろうしゅう》悪弊が一層長く生き延びる。

元老院議員諸君、われわれはもう弛緩《たる》んでしまったのか。ネロが殺されたとき、職業的な告発者やその手先を、ローマの古式通りの刑罰で処罰すべきだ、と烈しく要求したあの当時の元老院ではもうないのか。悪い元首の後の最初の日こそ、最良の日ではないのか[98]。」

43 元老院はモンタヌスの演説を聞き大いに賛同したので、ヘルウィディウス・プリスクスは、マルケッルスすら倒せるとの希望を抱いたほどである。そこでヘルウィディウスはまずクルウィウス・ルフスへの讃辞から始めた。彼はマルケッルスに引けを取らぬ金持で、雄弁家としても名声を博していたが、ネロの下で誰かを相手に訴訟を起したことは一度もなかったと。

それと共にエプリウス・マルケッルスを、告発の罪や、ルフスとは正反対の例を挙げて追及し、議員の感情を高ぶらせた。この気配を察知するとマルケッルスは、元老院議堂から退場するかの如く「われわれは出て行くぞ」と言った。「プリスクスよ、そなたには、そなたの元老院を残してやる。ドミティアヌス・カエサルの目の前で王者の如く振舞うがいい。」

ウィビウス・クリスプスが後に従う。二人とも内心憤然としていたが、顔つきは対照的だった。マルケッルスは両眼で威嚇し、クリスプスは冷笑していた。ついに友人が馳け寄って二人を連れ戻した。

論争は次第に激し、こちら側に真当《まつとう》な考えを持つ多数の議員、あちら側に少数の勢力家が、お互いに根深い怨念で対決した。その日は啀《いが》み合いの中に過ぎる。

44 次の元老院会期は、ドミティアヌス・カエサルの演説で始まった。「先の時代に体験した苦痛や憤りはやむを得なかったものとして忘れるべきだ」と述べると、ムキアヌスは職業的な告発者を滔々と弁護した。その一方で、始めてから、やがて放棄した告発を再び取り上げるような人に苦言を呈した。その口調は穏やかで、まるで嘆願しているようであった。

議員は自由の政体に向かって試みていた助走を、このように邪魔されて断念した。

ムキアヌスは、自分が元老院の意見を軽視し、ネロの下で犯されていたすべての罪を咎めないのかと取られるのを恐れ、追放地から帰っていた元の元老院議員オクタウィウス・サギッタとアンティスティウス・ソシアヌスを、再び同じ島へ流した。オクタウィウスはポンティア・ポストゥミナを凌辱し、結婚を拒否されると、激情を抑えきれず殺していた。ソシアヌスは根性の曲がった人で、多くの人を破滅させていた。二人とも元老院の厳しい判決で断罪され追放された。他の流罪人は帰国を許されたのに、二人は同じ刑に続いて服した。

だからといって、ムキアヌスに対する元老院議員の憎悪が薄らいだわけではない。ソシアヌスもサギッタも、たとい都に戻って来ても取るに足らぬ人物であったのだから。

人々が恐れていたのは天分も財産もあり、抜け目のない奸策で権力を行使する職業的な告発者であった。

45 元老院の審議が昔の習慣(102)に従って行われたため、暫くの間ムキアヌスは元老院議員の好意を取り戻した。

元老院議員マンリウス・パトルイトゥスは、植民市セナで大勢の暴徒に、それも町の役人の命令で殴られた、と不平を申し立てた。「私の被害はこれで終ったのではない。彼らは私の見ている前で、胸を叩いて嘆き悲しみ、葬儀の真似事をして、私を取り巻き侮辱し罵《ののし》った。これは元老院全体に投げつけられたものである」と。

告発された者が元老院に出頭した。審理が行われ罪状を認められた者は処罰される。この判決に元老院議決が追加され、これでセナの市民は今後自重するように戒められた。

同じ頃アントニウス・フランマが、キュレネの市民〈に告発され〉、苛斂誅求《かれんちゅうきゅう》法に基づいて有罪を判決され、残酷な行為のため追放される。

46 そのうち兵士の暴動が危うく爆発しかけた。ウィテッリウスに解雇され、ウェスパシアヌスを支持して集まっていた護衛隊兵士(103)が、護衛隊勤務への復帰を求めた。そして同じ希望の下に選抜されていた軍団兵も、約束された給料を強請《せが》んだ。ウィテッリウス派の護衛隊兵すら、多くの流血の惨なくして解雇できなかった。しかしこれほど大勢の兵を、護衛隊に留めるには莫大な金を必要とした。

ムキアヌス(104)は護衛隊兵舎へ入って行き、一人一人の兵士の勤務年数を一層正確に把握するため、勝軍の護衛隊兵に各自、勲章や武具を身に付け、お互いに適当な間隔を保って整列させた。

次に、ボウィッラで降伏し受け入れられたと先に述べたウィテッリウス派の護衛隊と、首都や首都の周辺から集められたその他のウィテッリウス派の護衛隊兵は、ほとんど無防備の姿で連れ出された。この者たちをムキアヌスは別に離しておき、ゲルマニア軍やブリタンニア軍の兵士、およびその他の軍隊にいたウィテッリウス派の兵士は、それぞれ別々に整列せよと命じる。

ウィテッリウス派の兵は最初見た途端、目の前の光景に唖然とした。というのも、向かって正面にまるで戦列の如く武器と甲冑で脅す護衛隊兵と、裸姿で包囲されて垢でぞっとするほど醜い自分たちを見たからである。

しかし彼らがあちらこちらとお互いに引き離され始めたとき、全員が恐怖に襲われた。特にゲルマニア軍の兵士の驚愕はひどかった。このように区別されるのは、殺されるためではないかと疑って。

彼らは他の部隊の戦友の胸を抱き、首にしがみつき、最後の別れの接吻を求め、「自分たちだけ捨てられないように、皆と同じ理由なのに自分たちだけが不平等な運命に遭わないようにしてくれ」と嘆願した。あるときはムキアヌスに、あるときは不在の元首に、最後に天と神々に訴えた。

ついにムキアヌスは、全員を同じ忠誠を誓った同じ皇帝の兵士と呼び、根拠のない恐怖心を鎮めてやった。実際、勝者の護衛隊兵も大声で嘆願者の涙を助けた。

こうしてその日は終った。数日後ドミティアヌスが彼ら[105]に話しかけると、彼らは今や決然とした態度で受けとめる。提供された畠地を断り、軍隊勤務と給料を嘆願する。それは願いであったが、反対を許さないような訴えであった。そこで彼らは護衛隊兵士として認められた。

その後で定年に達した者[106]や満期を勤めた者を、名誉ある除隊とし、その他の者は、犯した罪のため解雇した。しかし時折、しかも一人ずつ。これは大勢が団結する気勢を殺《そ》ぐのに最も安全なやり方であった。

47 それはさておき、元老院[107]では国家の財政が本当に逼迫《ひっぱく》していたのか、それともそのように見せかけたかったのか、個人から六千万セステルティウスの借金を調達することを決議した。この責務はポンペイユス・シルウァヌスに委《まか》された。程なく借金の必要はなくなった。それとも必要とした気振りを捨ててしまったのか。

それからドミティアヌスの提案した法律に基づき、ウィテッリウスが授けていた執政官職[108]は無効とされた。

フラウィウス・サビヌスの国葬が営まれた。彼は天国と地獄を混ぜ合わす無常な運命の証例として、人々に深い感銘を与えた。

48 同じ頃、アフリカ知事ルキウス・ピソが殺された。この殺害について、私はできるだけ正確に述べたいために、少し溯って、かかる残酷な犯行の発端や原因と密接に関わる事情まで考察してみたいと思う。

アフリカには、ローマ帝国の境界を守るため、一箇軍団とその援軍が駐留し、神君アウグストゥスとティベリウスが元首の頃、知事の麾《き》下《か》にあった。その後、ガイウス・カエサル〈カリグラ〉(109)は精神錯乱のため、そして当時アフリカ知事であったマルクス・シラヌスを恐れ、軍団を知事の手から取りあげると、そのために派遣した軍団長に指揮を委《ゆだ》ねた。知事と軍団長は二人して、軍団兵の昇級や任命の権限を半分ずつ持っていたが、二人の権限にはっきりとした区別はなく、これが諍《いさか》いの元となり、両者の間にひねくれた競争心を募らせていた。

軍団長の権力が増したのは、軍団任務(110)の継続性によるのか、それとも地位の低い者が一層烈しく上の者と張り合い、知事のうちで最も卓越したアフリカ知事はみな、自分の権力よりも、身の安全を一層慮《おもんぱか》っていたからであろうか。

49 さてその頃、アフリカでは、ウァレリウス・フェストゥスが軍団を指揮していた。彼は派手な生活を好む若者で過度の野心を抱き、元首ウィテッリウスとの血縁関係を気遣っていた。彼はたびたび知事ピソと会って話を交わし、ピソに叛逆を唆《そそのか》した。それとも自分を唆すピソに抵抗したのであろうか、そのところは不明である。というのも、二人の密談に居合せた者は、他に誰もいなかったし、そしてピソが殺されたあと、大抵の人が殺害者の好意を得ようとしたからである。
アフリカの属州[111]も軍隊もウェスパシアヌスに敵意を抱いていたことは、ほぼ疑いがない。そしてウィテッリウス派の者が何人か都から逃げて来てピソにこう説得した。ガリア諸属州の忠誠心が動揺している。属州ゲルマニアは変革を準備している。そしてピソ自身危険な状況にあり、平和の中で疑われるより、戦争に訴える方が一層安全だ、と。

そのうちペトリアナ騎兵隊長クラウディウス・サギッタは順調な航海で、ムキアヌスの送った百人隊長パピリウスより先に到着し、「百人隊長がピソ暗殺の使命を与えられて来る」と断言した。「ピソの従兄弟で婿のガレリアヌス[112]は殺された。ピソが助かる唯一の望みは、大胆不敵な行動にある。ところで大胆な行動に二つの方法がある。直ちに武器を取るか、それとも船に乗ってガリアを訪ねウィテッリウスの軍隊の前に現われ、「お前たちの指導者だ」と名乗るかだ」と。

ピソはこの提案に全く反応を示さなかった。ムキアヌスから送られた百人隊長はカルタゴの市門に入るや否や、ピソに対しあたかも元首の如く、祝賀の言葉をすべて大声で捧げて止まなかった。そして彼を出迎え、この突然の不思議な出来事に唖然としていた人々に、自分と同じ文句を一斉に唱えるように促した。

信じやすい大衆は広場に雪崩れ込み、ピソが姿を現わすように求めた。真実に無頓着な彼らは、ただ諂《へつら》い根性からあたり一帯を歓声で満たした。

ピソはサギッタから注意されたのか、あるいは生まれつき慎しみ深い性格からか、公けの場所へ行かなかったし、また大衆の熱烈な支持にも身を委ねなかった。そしてくだんの百人隊長を尋問し、自分に罪を着せて殺す口実を探していたことを突き止めると、彼に処刑を命じた。それは自分の命を救うためというよりも、刺殺者への憤怒からであった。実際同じパピリウスは、クロディウス・マケルを暗殺した一味の者で、この軍団長の血で染まった手を知事の殺害に向けていたからである。

50

それからピソは事態を憂慮した布告で、カルタゴ市民を譴責《けんせき》し、日常の業務にすら従事せず家に閉じ籠り、偶然にせよ、新たな騒動の口実を一切与えないようにせよ、と命じた。

しかし民衆の騒ぎや百人隊長の処罰が、噂の常として真実も虚偽も誇張されて伝わると、ウァレリウス・フェストゥスはピソを殺すため騎兵を送る。彼らは猛烈な勢いで馬を駆り、夜が明けてまだ暗いうち知事の屋敷に剣を抜いて闖入《ちんにゅう》した。

大方の兵はピソを知らなかった。というのも、フェストゥスがこの殺害のため派遣していたのは、ポエニ人やマウリ族の援軍騎兵であったのだから。

彼らは寝室近くでたまたま一人の奴隷に出会い、「お前は誰か」、そして「ピソはどこだ」と尋ねた。奴隷はまことに天晴《あつぱれ》な嘘を吐き「自分がピソだ」と答えると、すぐその場で斬られる。暫くしてピソも殺される。一隊の中にピソを識別できる者が居合わせた。バエビウス・マッサ(113)というアフリカの元首属吏の一人である。マッサはそれまでにも、立派な人を誰彼となく破滅させていたし、今後われわれが耐え忍ばなくてはならなかった悲惨な事件の起因を述べる際、しばしば登場する人物である。

ヴァレリウス・フェストゥス(114)は、そこで事件の成り行きを見守っていたアドルメトゥムから、軍団兵のところに急いで帰ると、屯営長カエトロニウス・ピサヌスの逮捕を命じた。私的な怨恨からであったが、「奴はピソの手先だ」と言い張った。それから何人かの兵卒や百人隊長を処罰し、他の者に報酬を与えた。いずれの場合も、彼らの功罪を考えたからではなく、戦争の勃発を食い止めたと世間で信じられたいためであった。

フェストゥスは間もなく、オエアとレプキスの住民の間の紛争を解決する。発端は農民がお互いに作物や家畜を奪い合う些細な事件であったが、今や干戈《かんか》と戦列を交えるまでに昂じた。というのも、オエアは人数で劣勢なので、ガラマンテス族に加勢を頼んだ。これは、隣人部族を掠奪し肥っていた手に負えぬ部族であった。その結果レプキスの住民は深刻な状況に陥り、畠も広く荒され、城壁の中で震えていた。やっとアフリカの援軍歩兵と騎兵の介入でガラマンテス族は粉砕され、あらゆる掠奪物も取り戻された。もっとも遠くて近寄れない天幕小屋の宿営地を絶えず移動し、内陸の奥地へ掠奪物を売り捌いていた者たちは除いての話である。
51 さてウェスパシアヌス(115)は、クレモナの戦いの勝報と、至る所からの吉報を受け取った後、各階層の人が大勢、いずれも似たり寄ったりの危険を冒し幸運に恵まれ、厳冬の海を渡って「ウィテッリウスが殺された」と告げに来た。

パルティアからもウォロガエセス王の使節が到着し、パルティア人の騎兵四万の提供を申し出た。このような大勢の同盟者からの援軍に取り囲まれながら、それを必要としないのは、素晴しいし、喜ばしいことだった。

ウェスパシアヌスはウォロガエセスに感謝の言葉を述べてから、こう伝えさせた。「ウォロガエセスは使節を元老院へ送ってもらいたい(116)。そしてローマが平和になったことも知って欲しい」と。

ウェスパシアヌスはイタリアと首都の政情に注意を向け、ドミティアヌスについて芳しくない噂を耳にする。つまり、彼は年齢の枠を踏み越えて思い上り、息子に譲歩していた以上の権限を行使しているという。

そのようなわけで(117)ウェスパシアヌスは、ユダエア戦争の残りを遂行するため、ティトゥスに最強の軍隊を渡した。

52 ティトゥスは出発の前に(118)、父と長い間話し込み、こう願ったと伝えられている。

「中傷者の陰口を軽々しく信じ、逆上しないで下さい。先入見を捨て、自分の息子に寛大な態度を見せなさい。帝国の守りは、軍団や艦隊と同じ程度に強く、息子の数で固められます。実際、友人は時や運で、往々にして野心や誤解で数を減らし、離れ、消えます。血の絆は何人にも断ち切られず、特に元首にとってそうです。元首の栄華は他人も享受できますが、元首の凋落に関わるのは、血の絆で固く結ばれた者だけです。もし親が手本を示さないと、兄弟でも睦じい仲は長続きしません」と。

ウェスパシアヌスはドミティアヌスへの感情を和《なご》ませた以上に、ティトゥスの弟思いを嬉しく思った。「安心するがいい、お前は戦争と武器で国の名声を高めてくれ」と励まし、「私は帝国の平和と帝室のことに気を配ることにしよう」と言った。

53

それから[119]彼は最も速度の早い船に穀物を積み、まだ荒れていた海へ出航させた。というのも、首都は危機的な状況の中で喘《あえ》ぎ、ウェスパシアヌスの穀物補給で救われたとき、倉庫にはほとんど十日分の穀物も残っていなかった[120]。

ウェスパシアヌスはカピトリウムの神殿再建の任務をルキウス・ウェスティヌス[121]に委《ゆだ》ねる。彼は騎士階級の人であるが、威信と名声にかけては一流の人物とみなされていた。彼が召集した卜腸師《ぼくちょうし》はこう進言[122]した。

「以前の神殿の残骸は沼地へ運んで捨てること。新しい神殿は元と同じ敷地に建てること。神々は昔の平面図の修正を欲していない。」

六月二十一日[123]、晴朗たる青空の下、神殿に捧げられる敷地がすべて、飾り紐と花環で取り囲まれる。その中へ縁起の良い名前[124]の護衛隊兵が、手に手に神意に適う木の枝を持って踏み込む。

それから女神ウェスタの聖女が、父母ともに健在な少年少女を伴い、泉や川から汲んで来た水を撒いて敷地を清めた。

[126]その後で法務官[125]ヘルウィディウス・プリスクスが、大神祇官プラウティウス・アエリアヌスの後について、お定りの祈禱文を唱え、豚・羊・牛を生贄として祭壇を清祓《きよはら》いし、芝生の祭壇の上に生贄の内臓を供えると、ユピテル、ユノ、ミネルウァの三柱と、帝国の守護神にこう祈った。

「今より着手する工事を完成させ給え。人間が敬虔な祈念から建て始めるあなた方の住居を、神聖な通力で高め給え。」

次いで法務官は礎石に巻きつけられ、引き綱を飾っていた飾り紐に手を触れる。それと同時に、他の政務官と神官と元老院議員と騎士と市民が大勢で、熱意と歓喜の衝動とともに渾身の力をふりしぼって、大きな礎石を引っ張った。

あちこちの土台に鋳造されたばかりの銀貨と金貨、鉱炉で精錬されていない、土地から生まれたままの粗鉱を投げ込む。

卜腸師は予め、この神殿は他の用途に定められていた石や金で汚されてはならない、と命じていた。

建物は以前よりも高く建てられた。この変更のみが、宗教上の配慮から容認され得る、そして以前の壮麗な神殿に欠けていたのは、この高大さだと人々は信じていた。

54
そのうちガリアとゲルマニアの諸属州にウィテッリウスの訃報が伝わると、戦争の烈しさがつのった。というのも、キウィリスが仮面を捨て、ローマ国民に正面からぶつかってきたからである。[127]
そしてウィテッリウス派の軍団は、皇帝ウェスパシアヌスよりむしろ外国への隷属を択《えら》んだからである。ガリア人はわが軍が至る所で同じ内乱の悲運に遭うと信じ勇気を鼓舞した。サルマタエ族とダキア族がモエシアとパンノニアの冬期陣営を包囲しているとの噂も拡まった。そして似たような噂がブリタンニアについても、でっちあげられたのである。しかしカピトリウム神殿の炎上ほど彼ら蛮人を興奮させ、ローマ国民の終焉も間近い、と信じ込ませたものは他になかった。「その昔、ガリア人はローマの都を占領した。しかしユピテル大神の住居は犯されず、帝国は存続した。今や天上の神々は、あの宿命的な火災で憤怒の徴《しるし》を明かした。人間世界の統治はアルペス山脈の北の民族に約束された。」
このようにドルイダエ[128]は空虚な迷信から予言していた。
さらにこんな噂も拡がっていた。「ガリア人の貴族が、オトに命じられウィテッリウスに敵対して派遣されるとき、その出発に先だって、彼らはお互いにこう約束したという。[129]

もしローマ帝国が、相次ぐ市民戦争の継続や、不幸な内輪揉めで瓦解したら、われわれはガリアの自由と独立を断念しないことにしようと。」

55 ホルデオニウス・フラックスの殺害以前には、謀叛を疑わせるような気配は一向に見えなかった。ホルデオニウスが殺されると、キウィリスとトレウィリ族の援軍隊長クラッシクスの間で使者が往来した。クラッシクスは高貴な血統と資産とで他の者より擢《ぬき》んでていた。

彼は王族の出身で、その血筋は平時にも戦時にも名を轟かせていた。彼自身も先祖は昔からローマ国民の同盟者よりむしろ仇敵であったと自慢していた。

ユリウス・トゥトルとユリウス・サビヌスが共謀に加わった。前者はトレウィリ族の出身で、後者はリンゴネス族である。トゥトルはウィテッリウスからレヌス川岸の守備隊長に任じられていた。サビヌスは性来の虚栄心に加えて、自ら捏造《ねつぞう》した先祖の栄光に酔っていた。「自分の曾祖母はかつて神君ユリウス・カエサルが、ガリアの地で戦っていた頃、体と密通で喜ばせたものだ」と。

これらの者が密談を交わし、他の者の意向を探る。目的に適っていると思った者を、共謀者意識で縛った。植民市アグリッピネンシスで、彼らは私人の家に集まる。というのも、この町は公的にこのような企みを排斥していたからである。(130) しかしウビイ族やトゥングリ族の者らも何人か加わっていた。数の上でトレウィリ族とリンゴネス族が優っていた。彼らは討議に手間取るのに我慢ならず、お互いに先を争ってこう宣言した。

「ローマ国民は同士討ちで猛り狂っている。軍団兵は殺され、イタリアの地は荒され、ちょうど今頃首都も占領されかけている。どの軍隊もすべて、それぞれ固有の戦争に忙殺されている。もしアルペス地方の峠道を前衛部隊で固めると、われわれは自由を確保できるので、ガリアの諸部族は、各自自分の支配力の及ぶ境界を話合いで決めよう。」

このような発言はたちどころに皆から賛同される。ウィテッリウス派に居残っていた兵隊の処遇については、意見が分れた。多くの者は、奴らは謀叛を好み信頼がおけず、将軍の血で穢れているから殺すべきだと考えた。命を救ってやれ、という意見が勝つ。許される希望を奪い取ると、奴らはいやが上にも興奮し強情になるだろう。それよりもむしろ誘い入れ、同盟者とすべきだ。ただ軍団長を殺しさえすれば、雑兵は罪の意識や、罰を逃れるという期待から、簡単にわれわれの側につくだろう。

56

以上が最初の集会のあらましであった。ガリア中へ戦争の煽動者が送られる。彼ら自身はウォクラを一層油断させて圧殺するため、当分服従を装った。ウォクラ(131)には密告する者がいなかったのではなく、謀叛を掣肘《せいちゅう》する力がなかった。軍団兵は減らされていたし、信頼もできなかった。忠誠の疑わしい部下と真意を隠している敵との間にあって、ウォクラはこちらも同じように仮面を被り、相手から狙われているのと同じやり方で相手を攻撃するのが、現状では一番良いと判断し、植民市アグリッピネンシスへ下って行く。

　ここへクラウディウス・ラベオが——この者が捕えられ、フリシイ族へ移送されたことはすでに述べた(132)——監視人を買収して逃げて来た。彼は、もし手勢を与えられればバタウィ族へ出向き、その部族の有力者をローマの同盟者に引き戻してみせる、とウォクラに約束した。

　ラベオは歩兵と騎兵からなる僅かな兵力を受け取ると、バタウィ族ではなんら積極的に動かず、ネルウィイ族とバエタシイ族の幾人かを説き武器を取らせた。そして公然というよりこっそりと、カンニネファテス族とマルサキ族に攻撃をしかけた。

57

　ウォクラはガリア人の奸策(133)に引っかかり、敵に向かって急ぐ。ウェテラの近くまで来たとき、クラッシクスとトゥトルが偵察を口実に、一足先に出発し、ゲルマニア人の首領(134)と契約を固めた。このとき初めて彼らは軍団兵と別れ、固有の堡塁《ほうるい》(135)で自分たちの陣営を囲む。

　ウォクラは部下に保証した。「ローマ帝国は市民同士の争いで、トレウィリ族やリンゴネス族の如きに嘗められるほど混乱に陥ってはいない。ローマにはまだ忠実な属州、勝者ウェスパシアヌスの軍隊、帝国の幸運、復讐の神々が残っている。それゆえにその昔サクロウィル(136)とアエドゥイ族が、最近でもウィンデクスとガリア人が、それぞれたった一度の戦闘で倒れたように、ローマとの同盟条約を破棄する奴らは、再び同じ神意、同じ運命を恐れて待つがいいのだ。

神君ユリウスも神君アウグストゥスも、彼らの魂胆を正しく洞察していた。彼らの貢税を割り引き、彼らに敵愾心《てきがいしん》を吹き込んだのはガルバなのだ。今や隷属の条件が弛《ゆる》められたので、彼らは敵となった。掠奪され焼討ちにあったら、友となるだろう。」

ウォクラは憤然として、こう言い放った。クラッシクスとトゥトルがいつまでも裏切りに固執しているのを見届けると、進軍方向を変え、ノウァエシウムに退いた。ガリア人は二マイル距《へだた》った所に、彼らの陣営を築いた。そこへ百人隊長や兵士が自由に出入りし魂を買収され、その揚句に――前代未聞の破廉恥であるが――、ローマの軍隊が異民族に忠誠を誓い、このような大それた罪を担保に軍団長の殺害か逮捕を約束したのである。

ウォクラは多くの者から逃げるように説得されたが、いまこそ勇気を揮《ふる》うべき時と決心し、集会を開いておよそこう論じた。

58 「お前たちを前に私はいまだかつてこれほどお前たちのことを心配し、私のことで心安らかに話しかけたことはない。

というのも、私の破滅が用意されていると聞き喜んでいる。あれほど多くの憂き目に遭い、これでやっと惨めな生涯も終るかと思うと死が待ち遠しい。私はお前たちを恥ずかしく思うと同時に不憫《ふびん》に思う。お前たちに戦闘も戦列も準備されていない、それこそ戦いの掟《おきて》であり敵の権利なのに。クラッシクスの欲しているのは、お前たちの腕を借りローマ国民と戦争することだ。彼はガリア帝国を誇示し、お前たちに忠誠を誓わせようとしている。よし、たとい運命と武勇が現在われわれを見捨てていても、過去に手本を欠いてはいない。いかに多くのローマ軍団兵が、持ち場から撃退されるより先に死を望んだことか。ローマの同盟者すら、たびたび彼らの町を破壊され妻子と共に焼かれても毅然と耐えた。彼らはローマに対し、信義を全うする光栄以外に死の代償を求めなかった。

いままさにこのとき、ウェテラでは軍団兵が飢餓と包囲を耐え忍んでいる。脅《おど》されても報酬を約束されても微動だにしていない。われわれには武器や兵力、堅固に防備された陣営に加えて、たとい長期戦でも充分に耐える穀物や必需品の補給があるのだ。最近では賜金を与える充分な金が金庫にある。これがウェスパシアヌスから下されたものか、ウィテッリウスからのものか、お前たちは好きに解釈せよ。確かなことはお前たちがこの賜金を受け取ったのは、ローマの皇帝からである。

あれほど沢山の戦いに勝ったお前たちが、さよう、ゲルドゥバでもウェテラでもたびたび敵を粉砕したお前たちが、もし戦列を恐れるなら、それは全くお前たちに相応しくない。ここには堡塁も城壁もあり、隣の属州から援軍や軍団兵が馳けつけるまで、時を稼ぐ手もある。

確かに私はお前たちの不興を買って来た。軍団長は他にもおる。副官もおり、要するに百人隊長も兵士もおるのだ。

どうかこの奇怪な情報だけは、全世界に拡めないでくれ。キウィリスやクラッシクスがお前たちを衛兵として、いまにイタリアへ侵入するという情報だけは。それとも、もしゲルマニア人やガリア人が首都の城壁に向かってお前たちを率いて行くなら、お前たちは祖国に武器を突き付けることになるのだが、それでいいのか。

このような破廉恥は想像しただけで私の心は縮み上る。お前たちはトレウィリ族のトゥトルのために門番になりたいのか。お前たちはバタウィ族から開戦の号令を下されたいのか。お前たちはゲルマニア人と一緒に戦列を埋めたいのか。とどのつまり、この犯罪の結末はどうなるのか、お前たちに向かってローマ人の軍団兵が前進してきたら、そのときお前たちはあの逃亡者からまた逃亡するのか。裏切者の仲間を裏切るのか。お前たちは神々に呪われ、新旧二つの忠誠の誓いの間で迷い続けるのか。

御身《おんみ》、至上最高のユピテル大神よ、八百二十年間、沢山の勝利のたびにわれわれが崇《あが》めてきた御身ユピテルよ、御身クイリヌス、都ローマの生みの親よ、私は謹んで祈り奉る。私の指揮の下でこの陣営が腐敗や不潔から救われることが、もし御身らの神意に適わないのならば、せめてトゥトルやクラッシクスに穢され辱《はずかし》められないようにして給われ。ローマの兵士の潔白を守り給え、さもなくば彼らが罪を犯す前に悔い改めさせ給え。」

ウォクラの演説を聞いて兵士は対照的な反応を示し、一方は希望を、他方は恐れと恥辱を感じた。ウォクラは集会から立ち去ると、最期について考え、殺されて面目を失うより先に自害しようとして、解放奴隷や奴隷に阻止された。そのときクラッシクスが急遽、第一軍団の脱走兵アエミリウス・ロンギヌスを差し向けウォクラを殺害させた。軍団長ヘレンニウスとヌミシウス[137]は縛るだけで充分と思われた。

このあとクラッシクスはローマの総督顕章[138]を着けて陣営に現われた。しかしあらゆる罪も平然と犯す非情な彼が忠誠の宣誓を読み上げた以外、一言も発しなかった。

そこに居合せた兵士はガリア人の支配権に忠誠を誓った。クラッシクスはウォクラの刺殺者を高い位に昇進させ、その他の者は、それぞれが破廉恥な役を演じていた熱意に応じて持ち上げた。

それからトゥトルとクラッシクスは任務を分け合った。トゥトルは強大な軍勢で包囲した植民市アグリッピネンシスの住民と、レヌス川上流の沿岸にいた軍隊[139]に、同じ忠誠の誓いを強制する。これを拒否したモゴンティアクムの軍団副官らを殺し、屯営長を追放した。

クラッシクスは降伏していた者のうち、最も堕落した奴らをみな、籠城していたウェテラの兵士のところへ送り、もし彼らが現状を素直に受け入れるなら、命が赦されると保証し、さもなければ生きる望みは皆無だ、飢餓と剣と最期に耐えねばならぬ、と告げさせた。派遣された者どもは最後に、「われわれが手本だ」と言ったものである。

60 包囲されていた兵士は、一方で忠誠心に、他方で食糧の欠乏に苛《さいな》まれ、名誉心と恥辱の間で引き裂かれていた。こうして遅疑逡巡しているうちに常食も非常食も尽き果て、荷獣や馬やその他の不潔で吐き気を催すような獣まで殺し、やむを得ず食物に用いた。最後に灌木や木の根や石の間の雑草まで毟《むし》り、人間の哀れと我慢強さの証拠を示した。ついに彼らはこの賞讃すべき見事な忍耐を、屈辱的な終結で汚してしまった。キウィリスに使者を送り助命を乞うたのである。彼らはガリア人に忠誠を誓うまで、嘆願を認められなかった。

それからキウィリスは陣営の中のものを戦利品として処分し、金と陣営奴隷と輜重《しちょう》を確保しておくために番兵を置き、そして手ぶらで出発するローマ兵を護送するために監視人を与えた。

約五マイル歩いた地点で、ゲルマニア人がだしぬけに姿を現わし、注意を怠っていた行列に襲いかかる。勇猛な兵士はみなすぐその場で殺され、多くは四方に散って彷徨しながら倒れた。残りの兵は引き返し陣営に逃げ込む。

キウィリスは確かに愚痴をこぼし、ゲルマニア人は自分の信義を犯罪でぶち壊したと非難さえした、この叱責は見せかけにすぎなかったのか、それとも本当に彼はゲルマニア人の残忍性を制御できなかったのであろうか、いずれとも断定し難い。

陣営は掠奪された揚句、松明《たいまつ》を投げ込まれる。戦争から生き残っていた兵も、ことごとく火焔の中に呑み込まれた。

61 キウィリスはローマ人に逆らって戦い始めた直後から、野蛮人に慣例[140]の誓いを立て、髪の毛を赤く染め伸び放題にしていたのを、軍団兵の殺戮を終えてやっと刈った。そして噂によると、彼は自分の幼い息子に、的として数人のローマ人の捕虜を与え、子供用の弓と矢で射させていたという。

それはともかく、キウィリスはガリア人の支配に対し忠誠を自分も誓わなかったし、バタウィ族の誰にも強いなかった。ゲルマニア人の実力を信じ、もし最高の覇権をめぐってガリア人と対決せねばならなくなったとき、自分の名声と優勢に自信をもっていたからである。

軍団長ムニウス・ルペルクスは、その他の献上物と共にウェレダ[141]の所に送られた。彼女はブルクテリ族出身の処女で、最も広く人の心を支配していた。ゲルマニア人は昔からの習慣で大方の女を予言者とみなし、迷信が高じると、女神と崇めていた。この頃ウェレダの威信は、前にもまして高まっていた。というのも、彼女はゲルマニア人の上首尾とローマ軍団の全滅を予言していたからである。

それはさておき、ルペルクスは途中で殺された。ガリアで生まれていた少数の百人隊長と副官が同盟を保証するため、人質として留められた。

援軍歩兵と騎兵、軍団兵の冬期陣営はことごとく破壊され焼き払われた。残ったのはモゴンティアクムとウィンドニッサにあった陣営だけである。

62　第十六軍団は一緒に降伏した援軍と共に、ノウァエシウムからトレウィリ族の植民市(142)へ移るように命じられた。いつまでに陣営から撤退すべきか、その日が予め指定される。

軍団兵はそれまでのすべての日時を、あれこれ心配してすごした。怯懦《きょうだ》な者は皆、ウェテラの陣営で起った殺戮の先例に胸を痛め、まともな兵士は不面目を恥じていた。「この行軍はどうなるのか。道中の指揮者は誰か。われわれの命は、生殺与奪の権限を持つ者の判断に任されるのか。」

他の者は恥辱に全く無頓着で、金とか個人的に一番愛着のある物を身につける。ある者は武具を整え、あるいは戦場に赴くが如く腰に剣を帯びる。

こうした配慮のうちに出発の時が訪れ、覚悟していた以上に悲惨であった。堡塁《ほうるい》の中でこそ醜態は目立たなかったが、平野で日光の下に不面目な光景が露呈した。軍旗は皇帝たちの肖像牌を引きちぎられて名誉を失い、行列の両側にガリアの軍旗は燦然《さんぜん》と輝く。隊列は黙して声なく、さながら長い葬列であった。指揮者クラウディウス・サンクトゥスの顔は片目を抉《えぐ》られ(143)凄味を帯び、その精神は肉体よりさらに不具となっていた。

もう一つの軍団がボンナの陣営を捨てて加わると、屈辱感は倍となる。軍団兵捕虜の噂が拡がると、少し前までローマの名前に震えていたガリアの民衆が皆、畠や家から馳けつけ、至る所で一杯に溢れ、前代未聞の情景に狂喜した。

ピケンティナ騎兵隊は小躍りして喜ぶ群衆に我慢できなかった。サンクトゥスとの約束も脅《おど》しも無視し、モゴンティアクムへ去る。途中たまたまウォクラの刺殺者ロンギヌスと出会い、彼に槍を投げて殺し、後日果すべき罪滅しの第一歩とした。

軍団兵は旅程を少しも変えずに進み、トレウィリ族の植民市の城壁の前で野営した。

63 キウィリスとクラッシクスは、これらの成功で有頂天となり、植民市アグリッピネンシスの掠奪も、自分たちの軍隊に認めるかどうかを討議した。彼らは性来の残虐性[144]と掠奪の欲念から、この町の破壊へ引き摺られた。

しかしこれを妨げたのは戦略上の配慮[145]と、新しい帝国の樹立に必要な仁慈の評判であった。その上にキウィリスは恩恵を想起し気持を和《やわら》げた。

というのも暴動を起したとき、彼の息子は植民市アグリッピネンシスで捕えられ、丁重に保護されていた。

しかしレヌス川の向こう岸のゲルマニア人は、この町の裕福と繁栄を妬《ねた》み憎んでいた。この居住地がすべてのゲルマニア人に差別なく平等に解放されるか、それとも、ここを破壊しウビイ族も追い散らすか、これ以外に戦争の終りはないと考えていた。

64 そういうわけで、レヌス川で隔てられたテンクテリ族が使者を送り、自分たちの要望をアグリッピネンシスの市議会で公開せよ、と命じる。要望書は使者の中で最も強硬な一人が読み上げた。次のような内容であった。

「お前たちがゲルマニアの共同体に復帰し、再びゲルマニア人を名乗ることに、われわれは共通の神々と神々の最高神マルス(146)に感謝を捧げる。お前たちがついに自由人の仲間となり自由に生きようとしていることを祝賀する。実際この日まで、ローマ人は河川にも大地にも、いわば天空にすら堰《せき》を作って、われわれの対話や交際を邪魔してきた。さもなければ——戦うために生まれた人間に一層屈辱的なことであるが——、丸腰でいや裸も同然の姿で監視の下、しかも人頭税を払い、やっとわれわれは会えた。

しかし今われわれの友情と同盟が永久に保証されるため、われわれはお前たちに要求する。この植民市の城壁、お前たちの隷属を守る防御壁を取り壊してもらいたい。野生の獣すら檻に入ると、猛々しさを忘れる。お前たちの領地内のローマ人は一人残らず殺してしまえ。自由と主人は容易に両立しない。

殺害した奴らの財産は公けの資本としよう。それは何人《なんぴと》もどんな物も隠して一人占めできないように、あるいは何人も他人に異を唱えおのれの正当性を主張できないようにするためである。

われわれにもお前たちにも、昔のわれわれの先祖のように、レヌス川の両岸に住むことが許されるべきだ。自然は日の光を全人類に恵んでいるように、すべての土地を勇気ある民族に解放してきた。祖国の制度と習慣を再び採用せよ。快楽と縁を絶て。ローマ人は隷属者を武器でよりも快楽で強く抑え付けているのだ(147)。

こうしてお前たちは清潔無垢な国民となり、奴隷の身分を忘れ、他の者と対等に生きる、いや他の者を支配するだろう。」

65 アグリッピネンシスの住民は、この問題を時間をかけて討議した。将来への不安(148)がテンクテリ族の申し出を容認させなかったし、目前の状況がこの申し出の公然たる拒否を許さなかったので、このように答えた。

「われわれはお前たちや、われわれと血を同じうするその他のゲルマニア人と手を結ぶため、われわれに初めて与えられた自由となる機会に、慎重よりも貪欲にとびついた。いまローマ人の軍隊が続々と集まっているこのとき、町の城壁を壊すより増大させる方が一層安全である。

イタリアとか属州からわれわれの領土に来ていた他国生まれの人は戦争で殺されたか、あるいは各自自分の故里へ逃げ帰った。しかしかつてこの地に入植した人(149)や、われわれと姻戚関係を結んだ人や、そしてそれ以後に生まれた者にとって、ここが祖国である。お前たちが、われわれの親子兄弟をわれわれの手で殺せと要求するほど、冷酷非情な人とは思わない。

われわれは関税や通商上の負担は撤廃する。渡河は監視なしの自由としたい。ただし昼間で非武装の場合に限る。これも初めての新しい権利が時の経過と共に習慣法となるまでである。

われわれはこの協定を厳《おごそ》かに裁可してもらうため、キウィリスとウェレダを仲裁人としたい。」
こうテンクテリ族を宥《なだ》めてから、使者を贈物と共にキウィリスとウェレダの許へ送る。そしてアグリッピネンシスの住民は望んだものはすべて手に入れた。しかしウェレダからは面接も対談も拒否された。人々がさらに畏敬の念を深めるために、接見は拒否されていた。彼女は高い塔に住み、親類縁者から択《えら》ばれた者が、神の使者の如く、伺いを立て応答を持ち帰っていた。

66

キウィリスは植民市アグリッピネンシスと同盟を結び勢力を拡大すると、近隣諸部族の支持をとりつけ、これに逆らう部族に戦いを持ち込むことを決心した。スヌキ族の地を占領すると、この部族の若者を大隊ごとに編制した。

キウィリスのこれ以上の侵入を阻《はば》むため、クラウディウス・ラベオはバエタシイ族とトゥングリ族とネルウィイ族から急募した手勢で、地の利を頼み抵抗した。というのも、モサ川に架かる橋を先に手に入れていた。狭い橋で戦われたが、勝敗はつかなかった。ついにゲルマニア人が川を泳ぎ渡ってラベオの背後を襲う。同時にキウィリスは大胆不敵にも、あるいは予め打ち合わせていたのか、トゥングリ族の戦列の中へ入り、声高らかにこう宣した。
「われわれバタウィ族とトレウィリ族は、ガリアの部族を支配するため戦いをしかけたのではない。かかる傲岸不遜《ごうがんふそん》はわれわれと縁遠い。同盟を受け入れてくれ、私はお前たちの側に移る。私を将軍とするなり一兵卒とするなり、お前たちの好きなようにせよ。」

　群衆は心を動かされ、剣を鞘に収めると、トゥングリ族の貴族カンパヌスとユウェナリスは部族全部をキウィリスに引き渡した。

ラベオは包囲されるより先に逃亡した。キウィリスはバエタシイ族にもネルウィイ族にも、保護を約束し降伏を受け入れ、自分の軍勢に加えた。各部族は士気を挫《くじ》かれ、あるいは自ら進んで靡《なび》き、キウィリスの権力は増大する。

67

　そのうちリンゴネス族のユリウス・サビヌスは、ローマとの同盟条約の記念碑[150]を引き倒し、自分をカエサルと呼んで挨拶させ、軍事訓練も受けていない一般庶民を大勢率い、隣接部族でローマに忠実なセクアニ族の領地へ急ぐ。

　セクアニ族はこの挑戦を受けて立つ。武運は真面《まとも》な方に味方した。リンゴネス族は敗れる。サビヌスは無謀に焦った戦争を早々と臆病から放棄した。

　彼はおのれの死の噂を捏造するため、逃げ込んでいた農園の屋敷を焼き払った。彼はその家で焼身自殺を遂げた、と世間は信じた。しかし彼がいかなる手練手管を弄し、いかなる隠れ家でその後九年間も生き永らえたか、それと共に、彼の周りの者の誠実な友情や妻エッポニナの天晴《あっぱれ》貞女の鑑《かがみ》については、いずれ適当な箇所[151]で再び述べることになろう。

　セクアニ族の勝利で、叛乱の激しい嵐も止む。次第に各部族は正気を取り戻し、掟《おきて》と同盟条約を尊重し始めた。レミ族は率先してガリア全土に檄《げき》をとばし、それぞれ代表を派遣

68
し、自由か平和のいずれを取るべきかを協同で討議しようと呼びかけた。

さてローマではあらゆる情報が悪い方へ歪められて伝わり、ムキアヌスは頭を悩ませていた。彼らは立派な将軍ではあるが――というのも、すでにガッルス・アントニウスとペティリウス・ケリアリス[152]を択んでいた――、戦争の最高指揮者としてやや不適格ではないか。しかし首都は指導者なしに放っておけない。ドミティアヌスの御し難い衝動も恐れていた。すでに述べたように[153]、ムキアヌスはプリムス・アントニウスもアッリウス・ヴァルスも疑っていた。

ウァルスは護衛隊長として武力を掌握していた。ムキアヌスは彼をその地位から退け、その代り食管長[154]に任じた。そしてウァルスと息の合っていたドミティアヌスの気持を宥めるため、ウェスパシアヌス家の親戚で、ドミティアヌスのお気に入りのアッレキヌス・クレメンス[155]を護衛隊長とする。

「彼の父もカリグラ帝の下でこの職責を見事に果した。兵士もこの同じ名前を喜ぶだろう。彼自身は元老院議員であるが、どちらの任務も充分にこなせる」と何度も言っていた。

首都から錚々《そうそう》たる連中が皆、随員に択ばれる。その他の者は野心から加わる。同時にドミティアヌスとムキアヌスも出陣の準備をした。それぞれ気持は違っていた。ドミティアヌスは希望と若さで逸《はや》り、ムキアヌスは燃えている彼を抑えるために出発の機会を待っていた。いきなり彼が軍隊を指揮すると、青年の客気と根性の曲った使嗾《しそう》者のため、平和でも戦争でも禍《わざわい》の元になると考えた。

内乱の勝者第八、第十一、第十三軍団、ウィテッリウス派の第二十一軍団、最近の募集兵[156]から第二軍団が、ポエニナエ・アルペスとコッティアエ・アルペスを、一部はグライアエ・アルペスを越えて進む。ブリタンニアから第十四軍が、ヒスパニアから第六と第一軍団[157]が呼び寄せられた。

こうしてローマ軍来るとの噂がたつと、性来気立てが良く温和な態度に傾いていたガリアの諸部族が、レミ族の領地に集まった。トレウィリ族の代表も過激な戦争煽動者ユリウス・ウァレンティヌスと共に、ここで待ち構えていた。

彼は入念に練った演説の中で、強大なローマの支配権に日頃から投げつけていたあらゆる誹謗、ローマ国民への侮辱と憎悪を雨霰と浴びせ、暴動を起すのにうってつけのこの乱心者は、狂気染みた弁舌で多くの人を喜ばせた。

69 しかしレミ族の指導者の一人ユリウス・アウスペクスは、ローマの実力と平和の恩恵を説き、「戦争は臆病者でも始めるが、一切の責任を引き受けてやり遂げるのは、いつでも毅然たる丈夫ばかりだ。すでにローマ軍団はわれわれに襲いかかろうとしている。」

こう言って思慮深い人たちに皆、彼らの名誉心と義務感に訴え、若者には危険を警告し自重を促した。こうして皆はウァレンティヌスの反骨精神を持ち上げ、アウスペクスの見識に従った。

確かにトレウィリ族とリンゴネス族は、その他のガリア人から嫌われていた。というのも、ウィンデクスが騒乱を起したとき、ウェルギニウスと共に蜂起していた。しかしこのとき多くの部族の意気込みを挫《くじ》いたのは、各部族間の競争心であった。戦争を指揮するのは誰か。その者が鳥占いの権限[158]の正当性を主張できる根拠は何か。万事上首尾に終った場合、首府を何処に択ぶか。まだ勝たないうちから、すでに不和葛藤があった。ある者は同盟条約を、別な者は財産や武力を、あるいは民族の起源の古さを喧嘩腰で自慢した。将来に嫌気がさし、現状と妥協する道を択ぶ。

ガリア人の名でトレウィリ族に宛てて書状が認められる。「武装蜂起は断念せよ。もし過去を後悔するなら、宥恕《ゆうじょ》も叶えられ、調停の手立ても用意されよう。」

ウァレンティヌスは依然として抵抗し、彼の部族民の目を塞《ふさ》ぎ、戦争の準備に没頭するよりもしばしば集会演説に熱をあげた。

70

こうしてトレウィリ族もリンゴネス族も、叛乱を起していたその他の部族も、乗り出した冒険の大きさに釣合う対策をとらなかった。将軍すら一致協力して行動しなかった。キウィリスはベルガエ族の道なき荒野をうろつき、その傍らクラウディウス・ラベオを逮捕するか、放逐しようと躍起になっていた。

クラッシクスは無精な休息に時の大半をすごし、すでに手に入れたかのごとく支配権に浮かれていた。トゥトルすら急いで高地ゲルマニアのレヌス川岸やアルペスの山岳地帯を警備隊で封鎖する気配も見せなかった。

そのうち第二十一軍団がウィンドニッサから、セクスティリウス・フェリクスが援軍の歩兵大隊と共にラエティアから、ガリアに進入した。これに選抜騎兵隊が合流した。これはウィテッリウスに募集された後、ウェスパシアヌスの側に移っていた。隊長はユリウス・ブリガンティクスで、キウィリスの姉妹の息子であった。一般に近親者同士の憎悪が極めて烈しいように、この甥も母方の叔父を嫌い敵愾心《てきがいしん》を燃やしていた。トゥトルはトレウィイリ族の手勢を、ウァンギオネス族、カエラカテス族、トリボキ族[159]から最近募ったばかりの兵士で増やし、歩兵と騎兵の古兵《ふるつわもの》で補強した。この古兵は約束で買収されたか、威嚇で無理強いされた軍団兵[160]であった。彼らは最初、セクスティリウス・フェリクスの先発させた援軍大隊を殺したが、やがてローマの将軍や軍隊が接近すると、名誉ある脱走を試み戻って来た。トリボキ族もウァンギオネス族もカエラカテス族もこれに倣《なら》った。

トゥトルはトレウィイリ族を従え、モゴンティアクムを避け、地の利を頼みビンギウムへ退いた。

というのも、ナウァ川の橋を落していた。しかしセクスティリウスの率いる援軍歩兵大隊に攻撃され、浅瀬が見つかり、裏をかかれ総崩れとなる。この敗北でトレウィイリ族の士気は沮喪《そそう》し、民衆は武器を捨て畠の中をさまよう。何人かの指導者は、真っ先に戦争を放

71

棄したと見せるため、ローマとの同盟を破棄していなかった部族の土地へ逃げ込んだ。

すでに述べた如く[161]、ノウァエシウムやボンナからトレウィリ族の所へ連行されていた軍団兵は、自ら進んでウェスパシアヌスに忠誠を誓う。これはウァレンティヌスの留守中の出来事である。彼が帰ると狂ったように怒り、なにもかも再び混乱と破滅へ突き落そうと決意する。軍団兵はローマの同盟部族メディオマトリキ族の地へ立ち去った。

ウァレンティヌスとトゥトルは、軍団長ヘレンニウスとヌミシウスを殺し、再びトレウィリ族を戦争へ引き摺り込む。宥恕の希望が少なくなるにつれ、共犯の絆はますます固くなると考えたのである。

以上がペティリウス・ケリアリスがモゴンティアクムに来た頃の状況であった。彼の到着で味方の希望が膨らむ。本人も戦いを渇望し、敵に対し慎重より無謀と言う方が相応しかった。合戦の機会が与えられると、戦闘に一刻の猶予も惜しむ覚悟で兵士の士気を熱弁で煽《あお》っていた。

ガリア全土から募集していた兵[162]を各部族の許へ送り返し、こう告げさせた。「ローマ帝国の防衛は軍団兵で充分である。同盟者は平和の日々の仕事に帰れ。もう戦争は終ったように安心しておれ。戦争はローマの軍隊が引き受けたからである。」

この処置はガリア人の服従を速めた。というのも、若者が帰って来て、ガリア人は貢税の負担に耐えやすくなった。それまで黙殺していた奉仕の勤めも気持よく果した。

一方、キウィリスとクラッシクスは、トゥトルが撃退されトレウィリ族が殺され、万事敵方に上首尾と聞いて驚き慌て、散らばっていた味方の軍勢を集め、その間にもウァレンティヌスに再三使者を送り、一切合財を賭けるな、と忠告していた。

それだけに一層ケリアリスは急ぐ。メディオマトリキ族の許へ伝令を送り、そこの軍団兵(163)を敵に向け近道から急行させ、自分はモゴンティアクムにいた総勢に、アルペス越えで連れて来た兵力(164)と合わせ三日間行軍してリゴドゥルムに到着した。

この場所はウァレンティヌスがトレウィリ族の大軍で占拠していた。ここは一方を山岳、他方をモセラ川で包囲され、その上に濠や石の塁壁で固められていた。

しかしこれらの防禦施設にローマの将軍は少しも怯《ひる》まず、歩兵に正面から突破せよと命じ、騎兵には背後の丘に登って戦列を作らせた。ケリアリスが敵を見くびったのは、部下の武勇に一層の信頼を措いていたというよりも、慌てて掻き集められた敵が地の利に助けられているとは思わなかったからである。

騎兵隊は丘を登る際、敵の矢玉の前を通り抜けるまで少し手間取る。白兵戦になると彼らは撃退され、建物の崩れるように丘を真っ逆様に転落した。

騎兵の一部は、平坦な尾根を伝って敵の背後に廻り、ベルガエ族の指導者を——その中に将軍ウァレンティヌスもいた——捕えた。

72 ケリアリスは次の日トレウィリ族の植民市に入った。兵士は、この町を根こそぎ壊したい、と強く願った。
「ここはクラッシクスの誕生地、ここはトゥトルの母国だ。彼らの奸策で軍団兵は囲まれ殺された。あのクレモナの町は一体どれほどの大罪を犯したというのか。たった一晩、勝者を焦《じ》らせただけで、あの町はイタリアの懐から奪い取られた。それなのにこの町はゲルマニア人との境界にあり、わが軍の掠奪品とわが将軍の殺害を誇り顔に完全な姿で立っているとは。

掠奪物は元首金庫へ納めよう。叛逆した植民市は火をつけ灰にして当然である。これで多くのローマ陣営を破壊した罪を償わせよう。」

ケリアリスは兵士に放縦《ほうじゅう》と残虐の味を覚えさせたと世間に思われ、面目の失墜することを恐れ、兵士の憤怒を抑え込む。兵士は服した。彼らは市民戦争が終って以来、外敵に対しても軍規を厳しく守るようになっていた。

そのあとで兵士はメディオマトリキ族から呼び寄せていた軍団兵の惨めな様子に注目した。彼らは不面目を恥じ、大地に視線をじっと注ぎ、悄然《しょうぜん》と立っていた。一緒になった軍団兵には一言の挨拶もしない。慰められても励まされても答えようとしなかった。天幕の中に隠れ日光すら避け、身の危険を恐れていたというより不面目や羞恥心から正常の感覚を失っていた。

勝軍の兵すら雷に打たれたように、敢えて言葉もかけず懇願もせず、涙を流し沈黙のうちに許しを乞うていた。

ついにケリアリスが、敗軍の兵の気持を慰めた。「みんな運命の仕業だ。兵と将軍の不仲から、あるいは敵の策略から起ったことだ。今日をお前たちの軍隊勤務と忠誠の誓いの初日とせよ。お前たちの以前の罪は、皇帝も私も忘れたぞ。」

それから彼らは同じ陣営に収容されると、中隊ごとに訓令が廻される。「何人も諍《いさか》いや口論の揚句に、戦友の叛逆や敗北を詰《なじ》り責めてはならない」と。

73

やがてケリアリスはトレウィリ族とリンゴネス族(165)を集会に呼び、こう話しかけた。

「私個人としては、今まで雄弁術を試みたことはなく、ローマ国民の勇気を武器で確かめてきたにすぎない。しかしお前たちは言葉に大層な価値をおき、善も悪もその固有の本質でなく煽動者の発言で評価するので、戦争が終った今、私が言って私の得になるより、お前たちが聞いてお前たちの役にたつことを述べてみようと決心した。

お前たちやその他のガリア人の土地に、ローマの将軍や皇帝が入って来たのは、強欲ではなく、お前たちの先祖が呼んだのである。彼らは内部の紛争に疲れ自滅に瀕していた。そしてゲルマニア人が助太刀に呼ばれると、同盟者を敵も同然にみなし隷属を課した。ローマ軍がどれほど沢山の戦闘で、キンブリ族やテウトニ族と対決したか。ゲルマニア戦に従軍したわれわれが、どれほど多くの労力でどんな成果をあげたか、それは歴然たる事実である。

それゆえわれわれがレヌス川の沿岸を占有しているのは、イタリアを防衛するためではなく、もう一人のアリオウィストゥス[166]に、ガリア人の王国を所有させないためである。それともお前たちはキウィリスやバタウィ族やレヌス川の向こう岸の民族が、お前たちの父や祖父を彼らの先祖があしらっていた以上に大切にするとでも思うのか。ゲルマニア人がレヌス川を越えてガリアに入ったのは、いつも同じ理由から、衝動、貪欲、そして住居を変えたい一心からだ。彼らの沼沢地や荒涼たる原野を捨て、肥沃なこの土地と、お前たち自身を所有したいためである。

ともかく彼らは、自由とかなんとか体裁の良い名称で真実を誤魔化すのだ。自分のため他人を隷属させ支配しようと欲した者は誰でも、これと類似の名目を用いざるを得ない。

74

お前たちがローマの主権を受け入れるまでは、ガリア全土を通じて常に王と戦争が存在していた。われわれはたびたび挑戦されたが、われわれは覇者の権利として、お前たちに平和を守るに必要なものを課してきただけである。実際、民族の安寧は武力なしに保てない。武力は兵士の給料なしに、給料は貢税なしに維持できない。それ以外のものは、お前たちとわれわれは共有している。お前たち自身、しばしばわが軍団兵を指揮し、お前たち自身、ここやその他の属州を支配している[167]。いかなる点でもお前たちを差別したり締め出したりしていない。

評判の良い皇帝の場合、お前たちがたとい遠く離れて暮らしていても、われわれと等しくその恩恵に浴すことができる。残酷な元首は近い者に襲いかかる。凶作や豪雨やその他の自然の災害と同じように、支配者の贅沢や貪欲を我慢してくれ。人の世に悪徳は絶えない。しかしこれらの悪徳は長続きしないし、より良い日々が訪れて償われる。

もっともお前たちがもしかして、トゥトルやクラッシクスの支配下で、一層穏やかな統治が望めるとか、あるいは今より軽い税金で軍隊を調達し、ゲルマニア人やブリタンニア人の侵入を阻止できると言うならば、話は別である。

ローマ人がここから排斥されると——そのようなことは断じて起らないように——すべての部族がお互いに戦う以外に、何がこの地に残るのか。わが国の組織は、八百年の幸運と自己規律で強固に溶接されている。これを根こそぎ覆すことは、覆す者の破滅なくしてはあり得ない。それにお前たちの危険も大きい。お前たちの土地に黄金も富もあるからだ。これが戦争を誘発する特別な理由である。

されば、われわれが敗者も勝者も同じ権利で享受しているこの平和と共同体を愛せよ、崇《あが》めよ。お前たちは幸不幸のどちらも体験した運命から教訓を学び取るべきだ。頑固に抵抗して身を亡ぼすより服従して安泰を計るべきだ。」

こう演説して、一層重い罰を恐れていた者の不安を鎮め、元気づけたのである。

75 トレウィリ族の植民市が勝ったローマ軍に管理されていたとき、キウィリスとクラッシクスがケリアリスに信書を送って来た。その内容はこうであった。

「ウェスパシアヌスは――この情報は極秘にされているが――この世を去った。首都とイタリアは内訌《ないこう》で疲弊している。ムキアヌスとドミティアヌスの名は空虚で実力を欠いている。もしケリアリスがガリア帝国を望むなら、われわれはわれわれの部族の領土で満足するだろう。もし戦闘を択ぶならば、われわれもそれを拒むものではない。」

これに対しケリアリスは、キウィリスとクラッシクスに何の返答もしなかった。手紙を持参した者とその手紙をドミティアヌスに送り届けた。

敵は兵力を分けて四方から迫って来た。ケリアリスは敵が分散していたとき、不意に襲ったら捕らえられたろうに、合流するまで放っておくのか、と大勢が非難した。その間にローマ軍は陣営を濠と塁壁で囲んだ。このときまで無謀にも防禦施設なしに野営していたのである。

76 ゲルマニア人[168]の間では意見が分れて、諍《いさか》いが起っていた。キウィリスはレヌス川の向こう岸のゲルマニア人の諸部族を待つべきだと主張した。「彼らに抱いている恐怖心が、ローマ国民の士気を挫《くじ》き兵力を潰すだろう。ガリア人は勝者に抱かれる戦利品以外の何ものでもない。もっともガリア人で最強の勢力であるベルガエ族は、公然とあるいは内心で、われわれに味方している。」

トゥトルは「ぐずぐずしていると、ローマの軍勢は増大するばかりだ」と断言した。「至る所から軍隊が集まっている。ブリタンニアから軍団兵が渡って来た。ヒスパニアからも呼ばれ、イタリアからも近づいている。これらは急募された新兵ではなく、百戦練磨の古兵《ふるつわもの》だ。ゲルマニア人ときたら――その到着を待ち望んではいるが――命令に従わないし制御されない。すべてを衝動でやっつける。ゲルマニア人がその誘惑に負ける唯一のもの、金と贈物は、ローマ人が一層沢山持っている。報酬が同額なら、安泰より危険を択《えら》ぶほど戦争に熱中する民族はいない。

ともかく今すぐ攻撃すると、ケリアリスの許にはゲルマニア駐留軍の生き残り以外に、軍団兵は全くいないのだ。しかも彼らはガリア帝国との盟約に縛られている[169]。最近彼らは怪我の功名で、ウァレンティヌスの未熟な部族を粉砕した。これだけが彼ら兵士と将軍の勇気を養っている。

彼らは再び大胆に刃向かってくるだろう。しかし今度の相手は、武器や武装より演説や集会に心を奪われる戦争体験の浅い若僧ではない。キウィリスやクラッシクスの軍勢なのだ。この二人を見たとき、ローマ兵は記憶の中で恐怖と逃亡と飢餓を、そして何度も捕虜となりお情けで助かった命を思い起すだろう。

トレウィリ族やリンゴネス族が自重しているのは、ローマへの愛着からではない。ローマへの恐れが取り除かれると再び武器を取るだろう。」

クラッシクスはトゥトルの考えを是認し[170]、意見の対立を終らせ、直ちに彼に従った。

77 戦列の中央はウビイ族とリンゴネス族に、右翼はバタウィ族の軍勢に、左翼はブルクテリ族とテンクテリ族に与えられた。一部は山を越え、他はモセラ川と道路の間を通って突然攻めて来た。余りの不意討ちにケリアリスは寝室の床の中で――というのも、夜中は陣営(171)で寝起きしていなかった――、戦闘と同時に味方の敗北を知ったほどである。彼は敗北の全貌を自分の目で確かめるまで、震えて報告する者たちの臆病を叱りつけていた。

　軍団の陣営は突破され、騎兵隊は粉砕され、こちら側の陣営と向こう岸のトレウィリ族植民市とを結ぶモセラ川の橋も敵に占拠されていた。

　ケリアリスは混乱の中で怯《ひる》まず、逃げ惑う兵を腕ずくで引き戻し、無防備の体を飛道具の前にさらし、勇猛な兵士が皆駆け付け、幸運な剛勇で橋を奪回し、選抜隊で橋を固めた。

　その後で陣営に戻り、ノウァエシウムとボンナで捕虜となっていた軍団兵が中隊ごとに右往左往し、軍旗の許に僅かな兵しかおらず、鷲旗が包囲される寸前なのを見て怒り心頭に発し、こう叫ぶ。

「お前たちが見捨てようとしているのはフラックスでもウォクラでもないぞ。私はお前たちを裏切ったことはない(172)。お前たちがガリア人との盟約を忘れ、ローマへの忠誠を思い起したと信じていたのは間違いだったのか(173)。そう言う以外に、お前たちを許す口実はない。私もヌミシウスやヘレンニウスと同じ仲間に加えられるのか。そうすればお前たちの軍団長(174)はことごとく、軍団兵の手か敵の手で倒れたことになろう。

行け、ウェスパシアヌスに告げよ。いや一層近くのキウィリスやクラッシクスに告げるがいい。将軍は戦場でお前たちから見捨てられてしまったと。でも今に、私の復讐を必ずしてくれる。きっとお前たちを処罰してくれる軍団兵がやってくる。」

78

この言葉は本当だった。そして同じ非難の矢が彼らに向けて、副官や援軍隊長からも投げつけられた。彼らは大隊や中隊ごとに戦列をつくっていた。というのも、敵は散らばり堡塁の中で戦っていたので、天幕や輜重《しちょう》に邪魔され、正規の戦列を広げられなかった。トゥトルとクラッシクスとキウィリスは、各自それぞれの持ち場で部下の闘魂を煽《あお》り、ガリア人には自由のため、バタウィ族には武勲のため、ゲルマニア人には掠奪のために戦え、と叱咤《しった》していた。

すべてが敵側に有利に展開していたが、ついに第二十一軍団が他より広い場所で結集し襲いかかる敵に持ち堪え、やがて押し返した。神々の加護がなかったわけではない。勝っていた敵が急に気持を変え、背を向けた。

敵はこう言いふらしていた。「ローマの援軍の姿を見て恐慌をきたした」と。最初の攻撃で蹴散らされていた援軍が、再び山頂に集まったとき、それが新手の援軍の様相を呈したのだ。

しかし彼らの勝利を妨害したのは、敵を忘れ戦利品を手に入れようとお互いに争った卑しい根性である。

ケリアリスは油断からほとんど負けていたのに、不屈の闘志で形勢を立て直した。そして幸運に乗じ、同じ日のうちに敵の陣営を占領し破壊した。

79 しかし兵士には長い休息が許されなかった。アグリッピネンシスの住民が救援を懇願し、同盟条約(175)の人質として彼らの許に残されていたキウィリスの妻と妹と、クラッシクスの娘を提供した。その間にも住民は家々に散らばっていたゲルマニア人を殺していた。そういうわけで、ここの住民は、敵が軍勢を準備し念願や復讐を達成すべく武器を取るより先に、ローマに援助を乞う充分な不安と正当な理由を持っていた。

実際キウィリスは、いささかも意気沮《そ》喪《そう》せず、自分の軍隊で最強の、そして全く無傷の部隊をこの町へ進めようとしていた。

この部隊はカウキ族とフリシイ族からなり、アグリッピネンシスの領土内のトルビアクムに逗留《とうりゅう》していた。しかし悲報に接しキウィリスは目的地を変えた。アグリッピネンシスに居た部隊が、そこの住民の策略で全滅したという。住民は、豪勢な夕食と酒で眠りこけていたゲルマニア人を家に閉じ込め、燃える松明《たいまつ》を投げ込んで焼き殺していた。同時にケリアリスが急行軍で助けにやって来た。

キウィリスはさらにもう一つの心配に、つまり第十四軍団がブリタンニア艦隊(176)と共にバタウィ族の海岸地帯を痛めつけるのではないか、という不安に悩まされていた。

しかし軍団長ファビウス・プリスクスは第十四軍団を陸路ネルウィイ族とトゥングリ族

へ率いて行き、これらの部族の降伏を受け入れた。

ブリタンニア艦隊は、カンニネファテス族が進んでこれを襲い、船の大半を沈めるか、拿捕《だほ》した。ネルウィイ族は自発的に大軍を動員し、ローマ人に味方して武器を取ったが、同じくカンニネファテス族に粉砕された。

クラッシクスも、ケリアリスからノウァエシウムへ先発を命じられていた騎兵と一戦を交え、これに勝った。

これらの敗北は取るに足らなかったが、頻発していて、過去に手に入れていた勝利の栄光を陰《かげ》らせていた。

五　ローマ、エジプトの出来事

80 同じ頃ムキアヌスはウィテッリウスの息子の殺害を命じる。戦争の火種を消しておかないといつまでも不和が続くから、と言い訳をした。彼はさらに、ドミティアヌスがアントニニウス・プリムスを幕僚の一人に認めることも許さなかった。兵士の間におけるアントニウスの人気と、そして対等な人にも上位の人にはなおさら、我慢できない彼の傲慢を心配したのである。
アントニウスはウェスパシアヌスの許へ出発した。彼は期待していたほどに歓迎されなかったが、皇帝は必ずしも不愛想ではなかった。

ウェスパシアヌスは板挟みになっていた。一方ではアントニウスの功績に——疑いもなく彼の指揮で戦争は終っていた——、他方ではムキアヌスの書簡によって。同時に他の者もアントニウスが強情で不遜な男だと攻撃し、その上に彼の過去の罪過まで加えていた。一方、彼自身は、人の不興を買わぬよう傲慢な言動を慎もうとしなかった。自分の手柄を過度に吹聴し、他の者を卑怯者の如く、カエキナを捕虜とか投降者と呼んで貶《けな》した。このようにして、彼は次第に疎んじられ軽んじられたが、表面は皇帝の友人として遇されていた。

81

ウェスパシアヌスがアレクサンドレイアで夏の季節風の吹く時期と穏やかな海路を待っていた数ヶ月の間に、(177) 多くの奇蹟が起った。それらは天寵《てんちょう》を、ウェスパシアヌスに対する神々の好意とも言うべきものを啓示したように思われた。

アレクサンドレイアの低階層の住民で、視力を侵《おか》した血膿で広く世間に知られていた人が、ウェスパシアヌスの膝に取り縋《すが》り、失明を治してくれ、と泣きながら哀願する。彼は迷信に心を捧げるこの民族が、どの神より深く崇《あが》めていたセラピス神の御告げに従い、「私の瞼と眼玉にあなたの唾を塗って下さい」と元首に嘆願した。

もう一人の男は腕を患っていて、同じくセラピスの神託により、カエサルの足裏で腕を踏んで貰いたい、と祈った。

ウェスパシアヌスは初め苦笑し断る。しかし二人から執拗に頼まれて、ときに思い上っていると噂されるのを恐れ、ときに患者の懸命な願いや、追従者《ついしよう》のお世辞から希望を懐いた。ついに元首はこのような盲人と不具者が、人間の力で治せるかどうか、医者に訊ねるように命じた。

医者はさまざまの所見を述べた。

「前の男は、もし障害が取り除かれると、まだすっかり喪失していない視力を取り戻すかも知れない。後の男は、関節が脱臼しているが、もし治療の効果が上ると、整復も可能であろう。恐らく神々はこれを望み、元首が神々の下働きに択《えら》ばれたのだ。ともかく治療の効果が現われると、その栄光はカエサルのものであり、その甲斐がなかったら、哀れな病人が嘲笑されるだけである。」

そこでウェスパシアヌスは、「自分の幸運ですべてが可能なのだ。こうなったら、何でも信じよう」と決心した。彼は顔に笑みを浮かべ、傍に立っていた大勢の人が固唾《かたず》を呑むうちに、頼まれた通りのことをした。

見る間に腕は使えるようになり、盲目に再び日の光が差し込んだ。両方ともその場に居合せた人が証言するのである。嘘をついて何の得にもならない今日においてすら。

82 そういう次第で、ウェスパシアヌスの中でこのセラピス神の聖地を訪ね、自分の統治権の運命について神意を質《ただ》したい、という欲望がだんだんと昂じた。彼は神殿から一切人を遠ざけるように命じる。中に入って一心不乱に神意を伺っていると、背後にエジプトの指導者の一人でバシリデス(178)と呼ばれる人の姿を認めた。しかしこの人はその頃、アレクサンドリアから旅をして数日もかかる所に病身を引き留められているのを知っていた。

ウェスパシアヌスは、この日バシリデスが神殿に入って来たか、と聖職者に尋ねる。出会う人ごとに、バシリデスを見かけたかと尋ねる。

最後に騎士を送って、ちょうどあの時刻にバシリデスが八十マイル離れたかの地にいたことを確かめる。

そこでウェスパシアヌスは自分の見たのは神の姿で、神のお告げの意味は、バシリデスの名前で示されたと解釈したのである。

83

このセラピス神の由来について、われわれローマの歴史家はまだ取り上げて論じていない。エジプトの長老の神官たちはこう伝えている。

マケドニアの初代の王で、エジプト王国の権力の土台を築いたプトレマイオス(179)が、新しく創建されたばかりのアレクサンドリアに城壁と神殿と宗教を加えようとしていたとき、夢の中に極めて容貌の美しい、人間より大きな背丈の若者が現われ、こう忠告した。「ポントスに最も信頼できる汝の友を遣わし、自分の像を持ち帰れ。この像は汝の王国に繁栄を約束し、これを受け入れた土地は大きくなり有名となろう。」

こう告げるや否や、その若者は大きな焔と共に天上へ昇った夢を見た。

プトレマイオスはこの不思議な前兆に興奮し、この類の夢判断を慣わしとしていたエジプトの聖職者に、夢で見た光景を打ち明ける。しかし彼らはポントスや外国のことはほとんど何も知らなかった。

王はアテナイ人のティモテオスに——エウモルピダイ家[180]の出身で、エレウシスからその地の秘教儀式の司宰として王に招かれていたこの人に——かのポントスの信仰はどのようなもので、どんな神かと尋ねる。ティモテオスはポントスへ旅をしていた、とある人に尋ねて次のことを知った。

その地方にシノペ[181]という町があり、そこから遠からぬ所に、周辺の住民の間で昔から名高いユピテル・ディス[182]の神殿がある。実際、この神の傍に女神の像が立ち、多くの人はこれをプロセルピナと呼んでいる、と。

しかしプトレマイオスは、王たちに固有の気紛れから、すぐ畏怖の念の虜となるも、元通り安堵するやたちまち、宗教より快楽を求め、次第に神々に無関心となり、他の関心事に気持を向けていたら、ついに同じ恰好の若者が今度は形相物凄く、一段と語勢を強め、「もし命令に従わないと王自身と王国に破滅をもたらす」と警告した。

そこでプトレマイオスはスキュドロテミス王に向けて——この者が当時シノペの町を支配していた——、贈物と共に使節の派遣を命じ、使節が船出しようとしたとき、ピュティオンのアポロン神殿に立ち寄れと指示した。彼らに海路は穏やかで、その神託の意味も曖昧ではなかった。

「ポントスへ行って、自分の父ユピテル[183]の像を持ち帰れ。妹の像は残しておけ。」

シノペに到着すると、使者はスキュドロテミス王に贈物を渡し、プトレマイオス王の懇請と伝言を告げた。王は相反する思いに裂かれ、時に神意を気遣い、時に反対する民衆の脅《おど》しに怯《ひる》む。しばしば使節の贈物や約束で気持を変えていた。

とこうするうち三年経ったが、プトレマイオスは熱意も懇願も断念しなかった。使節の威信を高め、船の数も黄金の量も増やした。今度はスキュドロテミスの枕許に幻影が現われ、これ以上神の思召しを遅らせないように、と強く迫った。

王がなおも遅疑逡巡していると、災害や疫病など、明々白々たる天の怒りが、日に日に募り、王を痛めつけた。王は民会を召集し、神の命令、自分とプトレマイオスが見た夢、今襲っている災難などをすっかり打ち明ける。

民衆は王に逆らい、エジプト人を嫉妬し、自分たちの身の上を案じ、神殿を包囲した。

これからの話は、伝承によると一段と印象深い。神は海岸に着いていた何隻かの船に自ら進んで乗り込む。それから信じ難い話だが、あの広大な海原を二日間で渡り、アレクサンドリアに着く。壮大な都に相応しい神殿が、ラコティスと呼ばれる土地に建てられた。そこには昔からセラピスとイシスに捧げられた小さな社があった[184]。

以上が、この神の起源と到来に関する最も人口に膾炙《かいしゃ》[185]した話である。

この神が三世の名を持つプトレマイオス王の統治期に、シュリアの町セレウケイアから呼ばれて来たと主張する説を、私も知らないわけではない。また別説によると、発願したのは同じプトレマイオス一世であるが、移される以前の場所は、かつて有名であった古代エジプトの首府メンピスであると言う。

　神自身についても、沢山の人は患者の体を治すので医神アイスクラピオスだと主張し、ある者は、あのエジプト民族の最古の神オシリスだと、[186] もっと多くの人は万物の支配者としてのユピテルであると、最も多くの人は、その神像に見られる特徴から、あるいは謎解きめいた推測から、ディス・パテルであると信じている。

85

　さてドミティアヌスとムキアヌスは、アルペス山岳地帯に近づくより先に、トレウィリ族の領土で行われた戦いの幸運な結果について報告を受け取った。[187] この勝利を特に強く確信させたのは、敵の将軍ウァレンティヌスであった。彼は決して意気消沈せず以前に持っていた気概を顔の表情に示していた。

　彼は自己弁護を許されたが、ただ自分の信念を披瀝《ひれき》しただけであった。罪を宣告され処刑されるとき、誰かが彼の母市が占領されたと嘲《あざけ》ると、彼は「死から慰めを得るのだ」と答えた。

　ところでムキアヌスは長い間秘めていた考えを、あたかもつい最近思い付いたように、ドミティアヌスに打ち明けた。

「神々の恩寵で敵の軍勢は挫《くじ》かれたのだから、戦争がほぼ終った今、他人の栄光に干渉するのはドミティアヌスに相応しくない。今後もし帝国の情勢やガリア人の安全が脅《おびやか》されるなら、カエサルが戦列に立つのもやむを得ない。しかしカンニネファテス族やバタウィ族は、地位の低い将軍に任せるべきだ。ドミティアヌスはルグドゥヌムで、ガリア人の目の前に、元首の威信と栄誉を誇示すべきだ。些細な危険にかかずらわず、大きな危険に立ち向かう覚悟でいて貰いたい。」

86

ドミティアヌスはムキアヌスの魂胆を見抜いていたが、気付かれないよう従順に振舞う必要があった。

そこでドミティアヌスはルグドゥヌムにやって来た。世間が信じているところによると、ドミティアヌスはそこからケリアリスの許へ密使を送り、自分が彼の前に現われたら、果して軍隊とその命令権を手渡すかどうか、彼の忠誠を試そうとしたという。

ドミティアヌスがこのような考えを抱いたのは、父に対し戦争を起そうとしたためか、それとも兄に対抗して財力と武力を用意しようとしたのか、それは不明である。というのも、ケリアリスは如才なく機転をきかし、子供じみた愚かな願い事として、ドミティアヌスの要求を受け流した。

ドミティアヌスは年長者から、自分の若さを軽蔑されていることを知り、それまで行使していたささやかな統治の責任を放棄した。そして素直と謙遜の仮面を被り、深く自己閉塞の中に潜み文学に熱中し詩を愛していると見せかけ、それで正体を晦《くら》まし兄への嫉妬から逃れようとした。自分と似ても似つかぬ兄の温和な性格を、全く誤解していたのである。

（第四巻・終）

第五巻

一　ユダエア

1

同じ年（七〇年）の初め頃のことである。

父からユダエア征服完遂のため抜擢されていたカエサル・ティトゥス(1)は、父子ともまだ普通の市民の頃すでに赫々《かっかく》たる勲《いさお》を立てていたが、今や一段と信望と名声を高め、属州民も軍隊も競って敬慕の情を寄せていた。

ティトゥス自身も、単に幸運に恵まれた人以上の人物として信頼されるように、兵馬の間にも、気品と決断力を発揮していた。兵士に愛想よく話しかけ、任務の遂行を鼓舞し、設営中でも行軍中でもしばしば雑兵の中に混じって、将軍の体面を損なうことはなかった。

ティトゥスはユダエアで、第五、第十、第十五の三箇軍団、いずれもウェスパシアヌスの古い兵士を受け継いだ。これにシュリアから第十二軍団と、アレクサンドリアから連れて来た第二十二と第三軍団を加えた。

さらに手許には、同盟部族の援軍歩兵二十箇大隊と騎兵八箇中隊。同時にアグリッパ王とソハエムス王とアンティオコス王の援軍。近隣同士間によくある憎悪から、ユダエアに敵意を燃やしていたアラビア人の部隊、そして誰もまだ獲得していない元首の好意を手に入れたいと希望し、首都やイタリアから馳けつけた人も大勢いた。

ティトゥスは、これらの軍勢(2)を率いて整然と行軍し、敵地に入った。予めすべての状況を偵察し、臨戦態勢を整え、ヒエロソリュマから遠くない地点に陣営を築く。

2

さて、この世に名高い都の消滅する日を述べることになるので、都の淵源を明らかにするのが相応しいと思われる。

ある伝承によると、ユダエア人はクレタ島から逃げて来て、リビュアの最果ての地に住みついた。それはサトゥルヌス(3)がユピテルの暴力で追放され、自分の王国を立ち去った頃のことであると。この話の信憑性はその名前の中に求められる。つまりクレタ島に有名なイダ(4)山があり、この近くの住民イダエイ人の名前に野蛮人の発音で語頭音が加わり、ユダエイ人と呼ばれるに至ったと。

別伝によると、エジプトがイシス(5)に治められていたとき、国中に人が溢れたので、ヒエロソリュムスとユダスが近隣の土地へ民を率いて行き、その国を人口の荷重から救ったという。

多数説によると、ユダエア人はアエチオピア人の後裔《こうえい》で、彼らはケペウスが王のとき、脅《おど》しと憎しみに追われて住居を変えたと。別伝によると、ユダエア人はアシュリアからの移住民で、耕作地を欠いたため、エジプトの一部を手に入れ、その後固有の町を建て、ヘブライ人の土地やシュリアの国境に近い土地にも定着したと。

異説は、ユダエア人の起源について輝かしい由来を伝えている。ホメロスの詩(6)に歌われて有名なソリュモイ人という民族が建てた町を、彼らの名前に因《ちな》みヒエロソリュマと命名したという。

3 一番多い著者の一致した見解によると、エジプト全土に体を膿汁で汚す疫病(7)が流行ったとき、ボッコリス王(8)はハンモンの神託に伺いを立て救済を乞うたところ、「王国を祓い清めよ。この種の人間は神々に疎まれているがゆえに他の土地へ連れて行け」と命じられたという。こうして大勢が国中より探し出され集められ荒野に捨てられた。その後、皆が涙に暮れ呆然としていると、追放された仲間の一人モイセス(9)がこう忠告した。「神々や人間の誰からも援助を期待するな。われわれは両方から見捨てられたのだから。汝ら自身を信じ、天から遣わされた指導者を頼るがいい。その人の援助でまず現在の悲惨を追い払うことになろう。」

彼らはこれに同意しても皆目見当がつかず、行きあたりばったりに道を進み始める。しかし、水の不足ほど彼らを苦しめたものはなかった。見渡す限りの原野の中でうつ伏せに倒れ、今やほとんど死の一歩手前に来ていた。

そのとき野生の驢馬《ろば》の群が、牧草地から林の蔭に蔽われた崖の方へ姿を隠した。その後をモイセスは追いかけ、草の多い土地から推し量り水の豊かな水脈を見つけた。

こうして命を救われる。その後続けて六日間旅をし、七日目に耕作者を追放し、土地を手に入れ、そこに町を建て神殿を捧げた。

4　モイセスは将来に向けて、種族に対する自らの権威を確立するため、他の民族とは相容れぬ新しい宗教儀式を制定した。われわれの所で聖なるものが皆、そこでは不敬なものとみなされ、さらにわれわれに厭《いと》わしいことが彼らの所では許される。

彼らがその姿を見て彷徨と喉の渇きを追い払ったあの獣の像を(10)、神殿の至聖所に置き神聖視する。あたかもハンモンを侮蔑するかの如く、牡羊を生贄とする。また牡牛をも犠牲にするのは、エジプト人がアピス(11)を崇《あが》めているからである。

彼らは不幸をいつまでも忘れないために、豚の肉を食べない。この動物の罹りやすい疥《かい》癬《せん》で、彼らはかつて醜い姿に変えられたからである。彼らは今でもしばしば行う断食で、往時の長く続いた飢餓を告白している。そして畠の作物を急いで奪ったことの証として、ユダエア人は今でも頑固に酵母のないパンを作り続けている。

七日目ごとに休日をとることにしたのは、七日目に彼らの試煉が終ったからだといわれている。その後、安逸の魅力に誘惑され、七年目ごとに仕事を怠けることにしたという。別伝によると、七日目の休日はサトゥルヌスの名誉のため設けられたという。これはこの宗教の根本教義をイダエイ人が伝えたからであろうか。伝承では、イダエイ人がサトゥルヌスと共に追放され、ユダエアの種族の創始者となっている。

それとも人間を支配している七つの星座のうち、サトゥルヌス星座が一番高い軌道を廻り、特別な偉力を持っている。そして大部分の天体が自分の軌道に沿い、七回で廻転を終えるからであろうか。

彼らの宗教儀式がどのような経緯で導入されたにせよ、その古い伝統で正当性が認められる。しかしその他の風俗習慣は忌《いま》わしく汚《けが》らわしく、その存在意義を主張するのは旋毛《つむじ》曲がりである。性悪な者は皆、父祖伝来のわれわれの宗教を無視し、ここの神殿に貢税や奉納物を持ち寄る。[12] そこからユダエア人の富は増える。

それに彼らはお互いに信頼を頑固に守り、同情の手をいつでもすぐ差しのべる。しかし彼ら以外のすべての人間には敵意と憎悪を抱く。

食事は別々にとり、寝床でも別れて寝る。情欲に耽《ふけ》りがちな種族なのに、異邦の女との共寝は避け、自分たちの間ではすべてを許す。

生殖器の割礼を風習とするのも、この奇習で他の民族と区別するためである。彼らの宗教に改宗した者は、同じ習慣を採用する。何よりもまず教え込まれるのは、神々を軽蔑し祖国を否認し、親子兄弟を重んじないことである。しかし人口の増加には気を配る。[13] 事実、後継者以外の子であっても子供を殺すことは罪悪であり、戦争や処刑で死ぬ者の魂は不滅と考えている。
そこから子供を持ちたい欲望と、死への軽蔑が生じる。死体について彼らはエジプトの風習に従い、焼くより埋め、同じような手当を施す(14)。下界について同じ信仰を抱くが、天上の信仰はエジプト人と対照的である。

エジプト人は多くの動物の像や、人と獣の混成像を崇める。ユダエア人は唯一の神を、しかもそれを観念としてしか認めない。彼らは神像を人間の姿に似せ、朽ち果てる材料で形作ることは不敬な仕業と考える。彼らの神は最高で永遠、唯一無比で不滅である。それゆえ、彼らの町にはいかなる神像もなく、尚更《なおさら》神殿には立っていない。いかなる王にも、こうした迎合はしないし、ローマ皇帝にもかかる名誉は与えない。

ところでユダエア教の司祭は頭に木蔦《きづた》の葉冠を被り、笛や長太鼓に合わせて歌をうたっていたし、神殿の中に一本の黄金の葡萄の樹が見られたので、彼らが崇拝するのは、東方の征服者リベル・パテル(15)に違いないと考えた人もいる。しかしこの二つの礼拝制度は全く似ていない。リベルは祭のように陽気で賑やかな儀式を定めているが、ユダエア人の儀式は狂気じみて不快である。

6　ユダエア人の土地は、東の境界でアラビアに接している。南にエジプトが拡がり、西にポエニキアと海がある。北の方は遥か遠くシュリアの側面を展望する。

ユダエア人の体は強健で、労苦に慣れている。雨量は少なく土地は肥沃である。産物は豊かで、われわれのと似ているが、それ以外に芳香樹《バルサ》と棕櫚《パルマ》が採れる。棕櫚の樹は高く姿が美しい。芳香樹は灌木である。芳香樹の枝がみな樹液で膨らんだとき、もし小刀でひどく傷つけると、樹液脈管が干からびる。脈管の切り口は石のかけらか陶片でつくる。樹液は医者が用いる。

最も高く聳えるのはリバヌス山脈である。不思議な話であるが、あのような暑い風土でも木陰は万年雪で覆われている。この山がヨルダネス川の水を養い流す。しかしヨルダネス川は海に流れ込むのではない。水量はすっかり(16)元のままの勢いで、一つ目と二つ目の池を通り抜け、三つ目の湖の中に溜まる。この湖の周囲は広く、海の様相を呈す。水は海より塩辛い。湖面から発散する有害な悪臭が、付近の住民に疫病をもたらす。風が吹いても水面には小波《さざなみ》もたたない。魚も住まないし、水棲鳥類も生きられない。水面の動きは鈍く、湖面に投げ込まれたものを、地面のように支える。泳げる人も泳げない人も同じように浮く。

毎年一定の時期に、(17)この湖は瀝青《れきせい》を噴き出す。それを採集する方法は、他の技《わざ》と同様に経験が教えたのである。瀝青は本来の性質上黒色の液体で、酢を注ぐと凝固し湖面に浮かぶ。これを業者は手で船の甲板に引き上げる。その後、瀝青は人手を借りず独りでに船の中に流れ込み、船が重くなったとき、その流れを引きちぎる。それは銅や鉄で引き裂くことはできない。女の体から毎月出る血か、あるいはその血を滲み込ませた下着類で流れは途切れる。

このように古代の著述家は述べている。しかしその土地の事情に通じた人は、こう伝えている。浮かんでいる瀝青の固まりを集め、手で海岸に引き寄せる。その後、地上の熱気や日光の照射で乾燥したとき、材木や石材のように斧や楔《くさび》で切断すると。

7 この湖から遠くない所に平野がある。伝承によると[18]、この辺りは肥沃で大きな町が建っていたが、雷光に打たれ炎上した。今もその焼跡が残り、大地それ自体も表面が焼け爛《ただ》れ、生産力を失っている。というのも、自然生えのものも人の手で植えたものも育つのは皆、葉か花をつけるまでで、たとい最終的な姿まで育っても黒くなり実を結ばず、灰のようになって消えてしまう。

私は、昔栄えていた町が天上の焔で燃えたことを肯定したが、同じように湖からの発散物で土地は瘦せ、湖の上に漂う空気も汚染され、そのために畠の穀物や秋の果物が腐るのだと思う。土地も気候も共に健康によくないのだから。

ベリウス川はユダエアの海に流れ込む。その河口周辺で砂が採集される。この砂に天然の炭酸ソーダを混ぜて熔かすと、ガラスができる。その海岸線はそんなに長くないが、採取者に砂は無尽蔵である。

8 ユダエアの土地の大部分に村落が点在し、町もある。ヒエロソリュマがこの種族の首都である。ここに莫大な財産を持つ神殿がある。外側の城壁で都が囲まれ、次の城壁の中に王宮があり、神殿は一番内側の城壁の中に封じ込まれている。

神殿の門にユダエア人のみが近づける。その入口からは司祭を除き誰も入れない。東方諸国がアッシュリア人やメディア人やペルシア人に支配されていた間、ユダエア人は隷属国の中で最も軽蔑されていた。マケドニア人が、この辺りで最も勢力を誇っていた頃(19)、アンティオコス王(20)は、ユダエア人からこの迷信を追放し、ギリシア風の宗教を導入しようとしたが、パルティア人との戦争に妨げられ、反抗心の強いこの民族を改善できなかった。というのも、ちょうどその頃アルサケス王(21)が王位を簒奪《さんだつ》したからである。

その後マケドニアの勢力が衰退し、パルティアがまだ強力でなかったとき――そしてローマ人が遠く離れていたので――、ユダエア人は自発的に自分たちの王を推戴した(22)。代々の王は民衆のむら気で追放されても、武器に訴えて再び支配権を得て、市民を追放し町を破壊し、兄弟、妻、両親を殺し、その他王がいつもやりそうな残虐行為を犯したが、迷信だけは保護した。司祭の名誉は、おのれの権力の堅固な基盤であると考えていたからである。

9 ローマ人で初めてユダエアを征服したのは、グナエウス・ポンペイユス(23)である。彼は覇者の権限で神殿に入った。そのとき以来、その中に神々の像は何もなく、至聖所はがらんとして神々しい聖体もないことが知れわたった。
ヒエロソリュマの城壁はそのとき壊されたが、神殿は残った。やがてわれわれの間で内乱が勃発し、これら東方諸属州が、マルクス・アントニウスの支配下に入った後、[24]パルティア王パコルスがユダエアを占領した。彼がプブリウス・ウェンティディウスに殺されると、パルティア人はエウプラテス川の彼方へ追い返された。ガイウス・ソシウス[25]がユダエア人を征服した。アントニウスはユダエアをヘロデス王に与え、アウグストゥスが勝利を収めると領地を拡げてやった。

ヘロデス王の死後、アウグストゥスの承認を待たず、シモン[26]なるものが王位を簒奪した。この者はシュリア総督クィンティリウス・ウァルスに処刑され、民衆が帰順すると、王国はヘロデス王の三人の息子に分けられ統治される。

ティベリウス帝の下では平穏であった。次にカリグラ帝が自分の像をヒエロソリュマの神殿の中に置けと命じたとき、民衆はむしろ武器を取った。この叛乱はカリグラ[27]の死で立ち消えとなる。クラウディウス帝は、王たちが死ぬか、あるいは王権を縮小した後、ユダエアを属州にし、その管理をローマ騎士か帝室の解放奴隷に任せた。

そうしたユダエア領事の一人であるアントニウス・フェリクス[28]は、残酷と横暴の限りを尽くし王権を奴隷根性で行使した。彼はクレオパトラとマルクス・アントニウスの孫娘ドゥルシッラを娶る。その結果、クラウディウス帝がアントニウスの孫であるように、フェリクスは同じアントニウスの孫娘の夫となったのである。

10 しかしユダエア人の忍従はゲッシウス・フロルスがユダエア領事となるまで続いた。[29]彼の下で戦争が起る。シュリア総督ケスティウス・ガッルス[30]はこれを鎮圧しようとして多様な戦闘を試み、たびたび敗北を喫した。彼が天命か世を厭《いと》ってか、ともかくこの世を去ると、ネロの命令[31]でウェスパシアヌスが派遣された。彼は幸運と名声と立派な補佐に恵まれ、二度の夏で農村地帯を全部と、ヒエロソリュマを除きすべての町を征服し、軍隊で制圧した。

その翌年は市民戦争に意を用い、ユダエア人に関する限り事態を静観して時をすごした。イタリア全土に平和が回復すると、対外政策への配慮が戻って来た。ウェスパシアヌスはユダエア人だけがまだ服従していないのに怒りを募らせ、同時にティトゥスをここの軍隊に残し、彼を新しい元首政のあらゆる不慮の出来事や危険に立ち向かわせるのが、当を得ていると判断した。

11

そういうわけで、ティトゥスはすでに述べた如く[32]、ヒエロソリュマの城壁の前に陣営を設置すると、軍団兵を戦闘隊形の下に展開させた。ユダエア人も彼らの城壁のすぐ下に戦列を敷いた。戦況が好転するとさらに遠方へ大胆に進めるように準備し、もし撃退されたなら、そのときの逃げ道も確保していた。

彼らに向かって送り出されたわが騎兵は、援軍の軽装歩兵と共に戦ったが、勝敗はつかなかった。やがて敵は退却し、次の日から数日間、城壁の門の前でたびたび戦闘を重ね、ついに立て続けに損害を蒙って城壁の中に追い込まれた。

ローマ軍は攻城戦の準備を始めた。というのも、敵の餓死を待つのはローマ軍に相応しいとは思えなかった。兵士も危険な作戦を求めた。ある者は勇気から、多くの者は逸《はや》り気や分捕品欲しさから。

ティトゥス自身もローマの姿や都での豊かな楽しい暮らしを目の前に浮かべ、もしヒエロソリュマがすぐ陥落しなかったら、これらがみな遠退くように思った。

しかしその町は険しい山地に建ち、しかも平坦地ですら充分と思われるような大仕掛けな防禦施設で固められていた。つまり高く聳える二つの山を取り巻いた城壁は、斜めに突き出たり内側にくねったりして、攻め寄せる敵軍の側面を味方が迎撃しやすいように巧妙に作られていた。

そして岩山の外縁は断崖となって深く落ち込む。櫓[33]の高さは山に支えられた所で六十ペース、山の凹んだ所で百二十ペースであったが、不思議なことに、遠くからそれらの櫓は同じ高さに見えた。

王宮は内側のもう一つの塁壁に包囲されていた。この壁で特に目立ったのは高壮なアントニウス櫓である。その名はヘロデス王が、マルクス・アントニウスに敬意を表して付けたものである。

12　神殿は要塞の如く固有の塁壁を持ち、塁壁は費やした労力と工夫を凝らした技において他に類を見なかった。神殿を囲む柱廊ですら、実に見事な防禦施設であった。中には決して湧水の枯れない泉があった。山の下に穴蔵が掘られていたし、雨水を貯めておく水槽や水瓶もあった。

　この神殿の創建者たちは、ユダエア人の異常な性格から戦争の絶えないことを予測していた。そこからどんなに長い籠城にも耐えられるように一切が準備されていた。そしてポンペイユスに攻略されたときの恐しい体験からも多くの教訓を得ていた。

　その上にユダエア人はクラウディウス時代の貪欲な政策[34]に付け込み、町の防衛を固める権利を買い取り、平和なときに戦争に相応しいような城壁を築いた。

　ヒエロソリユマの当時の人口は、他の町からの罹災者や大勢の滓《かす》が流れ込み、膨らんでいた。実際、向こう見ずの暴れ者が皆ここに逃げ込み、それだけ一層暴動を起しやすい雰囲気を作っていた。

　三人の将軍と同数の軍隊がいた。一番外の最も長大な城壁をシモンが、真ん中の町をヨアンネスが〔――彼はバルギオラとも呼ばれていた――〕、神殿をエレアザルスが堅く守っていた。ヨアンネスとシモンは大勢の兵士と武器を恃《たの》み、エレアザルスは地の利をあてにしていた。

　しかし彼らの間に確執と裏切りと放火が起り、多量の穀物が焼失した[35]。やがてヨアンネスは犠牲を捧げると見せかけ、エレアザルスと彼の手勢を殺すため兵を送り込み、神殿を占拠した。

こうして市民は二つの党派に分裂したが、ローマ人が接近してやっと外敵との戦争のため和解を余儀なくされた。

13 不思議な現象が起っていた。迷信[36]にとらわれ、ローマの宗教儀式に敵意を抱くユダエア人は、犠牲や祈願でこれらの現象の汚れを祓い清めることを是認しなかった。天空で戦列が衝突し、武器が火花を散らすのが見られた。雷光が突然黒雲を裂き、一瞬、神殿を照らした。その途端、至聖所の扉が開き「神々が出て行くぞ[37]」という人の声より大きな声が聞えた。それと同時に神々の出て行く騒々しい物音がした。

これらの不思議な現象を恐しい警告と解釈した人は、ほんの僅かであった。大勢は心の中でこう確信していた。これは古代の司祭の文書に記されている通り、まさにこのとき、東方の力が増大し、ユダエアから出て行く人々[38]が世界の覇者となる前兆だ、と。

実はこの意味曖昧な文言は、ウェスパシアヌスとティトゥスの運命を予言していたのである。しかしユダエアの群衆は人間の欲深い性《さが》から、この大いなる運命の約束を自分たちと結びつけてとり、逆境の中ですら真実に心を向けようとしなかった。

包囲されたユダエア人は、老幼男女合わせて六十万人いたと言われる。武器を持つことのできた者は皆持ち、期待された数より多くの者が大胆に武器を取った。女も男に劣らず断固たる決意を固め、もし住居を移すよう強いられると、彼女たちは死よりも生を恐れたろう。

こうした民族と町に対し、カエサル・ティトゥスは突貫攻略も奇襲も、要害の地によって拒否されたので、接城土手や屋台で戦うことを決心した。この作業は軍団兵の間で分担される。町を攻略するため昔の人が発明し、あるいは新しく考案した機具がすべて仕上がるまで、戦闘は休止となる。

14

二　バタウィ族の叛乱（つづき）

さてキウィリスはトレウィリ族の領地で敗北した後、ゲルマニア人から軍隊の損失を補い、ウェテラの陣営の傍《そば》に落ち着いた。この場所が安全であったたし、ここで勝ち取った成功の思い出が野蛮人の士気を高めるように願ったのである。キウィリスを追ってケリアリスがここにやって来たとき、ローマ軍の兵力は第二、第六、第十四軍団の到着で倍増していた。そしてすでに以前呼んでいた援軍歩兵と騎兵も、勝利の後急いで馳けつけていた。

どちらの将軍も開戦をぐずぐずと延ばさなかった。しかし両軍を隔てていたのは、天然の沼沢の多い広大な平地であった。その上にキウィリスは、レヌス川を斜めに横切る土手を築き、これに堰《せ》き止められた水が周辺の土地へ溢れるようにしていた。このような地勢は深浅の怪しい浅瀬で人を騙《だま》し、わが軍に不利であった。実際、ローマ兵は武具で体が重く、水泳を苦手としていた。川に慣れたゲルマニア人は武具も軽く背丈も高く、水面から体を出していた。

15　そういうわけでバタウィ族が襲って来たとき、わが軍の勇猛な兵士は皆戦い始めたが、やがて混乱状態に陥った。非常に深い沼沢の中に、武具も馬も呑み込まれたからである。ゲルマニア人は浅瀬に通じ、あちこちと飛び回った。敵はしばしば正面対決を避け、側面や背後を囲む。そして歩兵戦のように肉薄して戦ったのではない。まるで海戦のように水の中をさまよい、どこか堅固な地盤にぶっつかると、そこを足場にしっかりと全身を支えて戦った。

負傷した兵士も無傷の兵士も、泳ぎを知っている者も知らない者も纏《もつ》れあい、破滅の中にひきずり込まれた。しかし混乱した割に死者は少なかった。ゲルマニア人が敢えて沼沢地から離れようとせずに、陣営に引き上げたからである。

この戦闘の結果、双方の将軍とも正反対の動機から、最後の決戦を早めるように急《せ》き立てられた。キウィリスは幸運をさらに追求したくて、ケリアリスは汚名を雪《そそ》ぎたくて、ゲルマニア人は上首尾から意気込み、ローマ兵は不面目を晴したいと奮い立っていた。その夜は野蛮人が放歌と喚声のうちに、わが軍は憤りと悔しさの中ですごした。

16　翌朝、ケリアリスは騎兵と援軍歩兵で正面前列を編制し、第二列に軍団兵を置く。将軍は自分の手許に精鋭部隊を留め、不測の事態に備える。

キウィリスは戦列を展開させる代りに、楔形陣形を作る。バタウィ族とクゲルニ族が右翼を、左翼と川に近い所をレヌス川対岸のゲルマニア人が守った。

将軍の叱咤《しった》激励は、双方とも全軍を前にしての集会形式ではなく、味方の部隊ごとにそこへ近寄ったときに行われた。ケリアリスはローマという名の古い栄光と、新旧さまざまの勝利を語る。「あの裏切者[40]、卑怯者、負け犬の敵を、永久に葬り去るために、戦闘より懲罰が必要だ。最近でも味方は少数で大勢の敵と戦った。ゲルマニア軍は精鋭だったのに粉砕した。生き残りは、逃亡を心の中に、傷を背中に持っている奴らだ[41]。」

その後で各軍団兵を、それぞれに相応しい突棒で突いた。第十四軍団には「ブリタンニアの征服者[43]」と呼びかけ、第六軍団[42]には「お前たちの権威でガルバは元首となった」と、第二軍団兵には「この戦場で初めて、お前たちは新しい軍旗と鷲旗を軍神マルスに捧げるのだ」と訴えた。

それからケリアリスはゲルマニア駐留軍[44]の前に馬を進め、手を差しのべてこう頼んだ。「あのお前たちの沿岸とお前たちのあの陣営を、敵の血でもって奪回してくれ。」

全軍から一段と凄まじい雄叫びが起った。ある者は長い平和で戦いに飢えていたし、ある者は戦いに疲れて平和を望み、皆が皆、戦いの後の褒賞と休息を待ち焦がれていた。
17 キウィリスも戦列を敷いて黙っていたのではない。「この戦場こそお前たちの勇気の証人だ」と叫ぶ。「ゲルマニア人とバタウィ族[45]は、いまお前たちの栄光の足跡の上に立っている。ローマの軍団兵の遺骨と遺灰を踏みつけているのだ。ローマ人はどこに目を向けようと、見るものはただ捕虜と敗北とありとあらゆる憂き目でしかない。トレウィリ族の領地で戦った折の運命の浮沈を気にするな。あのときゲルマニア人の邪魔(46)をしたのは、お前たちの勝利そのものであった。武器を手放し掠奪品で手を塞いだからだ。しかしその後、われわれに万事上首尾で、敵方に不利なことばかり起った。

　将軍の技量で予め手筈を整えておくべきことは皆やった。水に浸った低地にわれわれは慣れていても、敵に沼地は物騒なのだ。お前たちはレヌス川とゲルマニアの神々を、目の前に見ている。この神々の加護の下に戦闘にかかれ。妻、両親、祖国を念頭におけ。今日という日を祖先が最も栄《は》えある日とみなすか、子孫が最も恥ずべき日とみなすか、そのどちらかだ。」

　彼らは慣例に従い、お互いに武器を打ち鳴らし、足拍子をとって大地を踏み、将軍の言葉を承認する。石、鉛玉、その他の飛道具を投げて戦闘を開始する。わが軍は沼地に入らないでいると、ゲルマニア軍はその中へ誘い込もうとけしかける。

18　投げるものが尽きると、戦闘は烈しくなり、敵はいよいよ気負い立ち突進して来た。巨漢の彼らは、よろめいたり滑ったりしているわが兵を、遠くから長大な槍で突き刺す。同時に先に述べた、レヌス川の中に突き出た土手から、楔形隊形のブルクテリ族が泳ぎ渡ってきた。その所で混乱が生ずる。同盟軍の歩兵の戦列が崩れた。代って軍団兵が戦闘を引き受ける。敵の猛烈な迫撃を抑えつけ、互角の合戦となる。

そのうちバタウィ族の脱走兵がケリアリスの所に来て、「もし沼沢地の縁《ふち》を廻って騎兵を送ると、敵の背後に出られる」と請け合った。「そこは地盤が堅いし、見張りの当番にあたっているクゲルニ族が、注意を怠っている」と。

騎兵二箇中隊が、その脱走兵と共に派遣され、油断していた敵の側面から廻り込む。このことを鬨《とき》の声で知ると、軍団兵は正面から激しく攻めたてる。ゲルマニア人は撃退され、レヌス川を目指して逃げて行く。

その日のうちに戦争は終っていたろう、もしローマの艦隊[47]が追撃を急いでいたら。しかし騎兵すら追い討ちをかけなかった。突然、驟雨《しゅうう》が襲い、夜も近づいていたからである。

19

その翌日、第十四軍団は高地ゲルマニアの総督ガッルス・アンニウスの許へ送られる。ケリアリスの軍隊は、ヒスパニアから到着した第十軍団で補われる。

キウィリスの所にはカウキ族の援軍がやって来た。しかし彼は敢えてバタウィ族の首邑〔バタウォドゥルム〕を武器で守備しようとせず、持ち運べるものは皆手に持ち、その他のものは火をつけて焼き、バタウィ島へ退却した。ローマ軍が橋を架ける[48]のに船もなく、それ以外の方法では島に渡れないことを見越していたのである。

のみならずキウィリスが、ドルスス・ゲルマニクス[49]の築いていた堰堤を壊すと、ガリアの方へ自然に傾いた川床を流れていたレヌス川[50]の水は、それまで堰《せ》き止めていた堤を取り払われ、ガリアへどっと流れ込んだ。その結果レヌス川の本流がまるで進路を変えたように、川床が狭くなり、見たところバタウィ島とゲルマニアの間が陸続きになったようであった。トゥトルとクラッシクスも、そしてトレウィリ族の百三十人の市会議員も、レヌス川を渡った。その中にアルピニウス・モンタヌスもいた。

彼がプリムス・アントニウスからガリアへ使者として遣わされたことは、先に述べた通り[51]である。このとき弟のデキムス・アルピニウスも後について行った。二人と共に他の者は、命がけの冒険を渇望しているゲルマニア人から、同情心と贈物で援軍を募ろうとした。

20

戦争の終る日はまだ遠かった。キウィリスは同じ日に同時に四つの部隊で、援軍の歩兵と騎兵、軍団兵の守備隊を襲った[52]。それはアレナクムの第十軍団と、バタウォドゥルムの第二軍団と、グリンネスとウァダの援軍歩兵と騎兵の陣営であった。

敵の兵力はこう分けられた。当のキウィリスと彼の姉妹の子ウェラクス、そしてクラッシクスとトゥトルが、それぞれ自分の軍隊を率いた。彼らはどこでも目的が達成できると信じていたのではなく、沢山冒険するとどこかで幸運も訪れよう、それと同時に、ケリアリスも慎重に対処できず、多方面からの情報に右往左往しているところを捕えることができると考えていた。

第十軍団の陣営の攻撃を命じられていた者は、軍団の攻略は困難と判断し、陣営から外へ出て立木の伐採作業に没頭していた分遣隊を攻め混乱させ、屯営長と五人の上級百人隊長と僅かの兵を殺した。他の者は堡塁《ほうるい》で身を守った。その間にバタウォドゥルムではゲルマニア人の軍勢が、ローマ軍の架けていた橋を壊そうと頑張っていた。戦いは勝敗が決まらないうちに、夜で中断した。

21　一層危険な目に遭ったのが、グリンネスとウァダの陣営である。キウィリスがウァダを、クラッシクスがグリンネスを攻撃していた。彼らの攻撃を食い止められず、剛勇な兵士は皆戦死した。その中に援軍隊長ブリガンティクスも倒れていた。彼がローマ人に忠実で、叔父キウィリスに敵愾心を燃やしていたことはすでに述べた(53)。

しかしケリアリスが選抜騎兵を率いて救助に来ると、戦運は変った。ゲルマニア人は撃退され、川の中へ真っ逆様に飛び込む。キウィリスが逃げる部下を引き止めていたとき、ローマ兵に顔を知られ槍で狙われたが、馬を捨て川を泳ぎ渡った。同じくウェラクスも逃走した。トゥトルとクラッシクスは岸に着いた小船で運び去られた。

このときですらローマの艦隊は戦争に参加していなかった。命令は下っていたが、臆病に妨《さまた》げられ、漕兵も他の軍務で散らばっていた。

確かにケリアリスは命令を遂行するとき、ほとんど考える余裕を持たなかった。即刻に決断し、結果は良かった。将軍に打つ手がなかったときでも幸運が味方した。

その結果、将軍も兵士も軍規を以前ほど重んじなくなった。そして数日後、彼は捕虜となる危機は逃れたものの、不面目の譏《そし》りは免れなかった。

22　ケリアリスは軍団兵の越冬用[54]に建てられていた陣営[55]を視察するため、ノウァエシウムとボンナへ出発した。帰りは船旅であった。護衛の一行は分散して進み、夜警も怠っていた。これに気づいたゲルマニア人は奇襲を企てた。雲の垂れこめた暗い夜を択《えら》ぶ。川の流れに沿って下り、誰にも妨害されずに野営の堡塁《ほうるい》の中に侵入する。最初の殺害は奸策に助けられた。天幕の張り綱を切り落し、ローマ兵を天幕地で覆うたまま刺し殺した。

別働隊は艦隊を混乱させる。船に舫《もや》い綱を投げ船尾を引っ張る。相手に気づかれぬよう沈黙を守り、殺戮を始めた途端、あたり一帯を騒々しい叫び声で満たし、一層烈しく動転させた。ローマ兵は傷つけられて目を醒《さま》し、武器を探す。[56]陣営内の道路に殺到する。兵士らしく武具をつけた者は僅かで、大半は腕に着物を巻きつけ短剣を抜いていた。

将軍は寝惚けて裸も同然であったのに、敵の勘違いから命拾いをした。というのも、彼らは軍旗で目立った旗艦を、そこに将軍がいると思い込んで手繰り寄せた。ケリアリスはその夜を余所《よそ》ですごしていた。多くの人が信じているように、ウビイ族の女クラウディア・サクラタと密かに情を交わしていた。

夜警番は自分たちの恥ずべき責務の怠慢を、将軍の破廉恥な行跡の所為《せい》にし、将軍から眠りを乱さないよう静かにしておれと命じられていたかのように弁明した。「そこでラッパの合図も合言葉も中止し、自分たちも深く眠りこけていた」と。

昼日中、堂々と敵は、拿捕《だほ》した船に乗って引き揚げる。旗艦の三段櫂船《かいせん》はウェレダへの捧げ物としてルピア川を曳航された。

23

キウィリスは戦列を整えた艦隊を誇示したい欲望に襲われた。持っている限りの二段櫂船と一段櫂船を乗組員で満たす。これに夥《おびただ》しい数の小船を加える。これは三十人か四十人の乗組員を乗せた軽速船で普通の索具を備えていた。それと共にローマ軍から拿捕した小船が、帆の代りに人目を引く多彩な粗毛織の袖なし外衣で帆走していた。(57)海の如き広い場所が択ばれた。そこはモサ川の河口がレヌス川と合流して大洋に注ぐ所であった。このようにキウィリスが艦隊の戦列を示威した理由は、この民族の性来の見栄張りに加え、これでローマ軍の心胆を寒からしめ、ガリアから届く食糧補給を遮断することであった。

ケリアリスは警戒心よりもむしろ好奇心から、隻数で劣るが、漕兵の経験と操縦兵の技と船体の大きさで勝《まさ》っていた艦隊を整列させた。ローマの艦隊は川の流れにのり、ゲルマニアの船は風で動いた。こうしてお互いに前進し、軽く飛道具の投げ合いを試みて別れた。キウィリスはそれ以上敢えて何もせず、レヌス川の向こう岸へ帰った。ケリアリスはバタウィ島を情け容赦なく荒し、キウィリスの農地と家屋敷には触れずにそのまま残した。これはよく知られた将軍の作戦(58)であった。

そのうち秋が近づき、秋分の長雨が降りしきり川が増水し、沼沢や低地の多い島は、表面が沼の如く水浸しとなる。艦隊や食糧補給隊も近寄れなかった。平地に設置していた陣営は、川の激しい勢いであちこちへ押し流された。

24 キウィリスは後でこう自慢した。「あのとき軍団兵を圧殺できたし、ゲルマニア人もそれを欲したが、自分が巧みに彼らの企てを思い止まらせたのである」と。これは必ずしも真相とかけ離れていなかった。数日後キウィリスは降伏したのだから。

というのも、ケリアリスは密かに使者を送り、バタウィ族には平和を、キウィリスには赦免を提示し、ウェレダとその近親にこう忠告した。「多くの禍《わざわい》をお前たちにもたらした戦争の不運を、ローマ国民への時宜を得た奉仕で変えたらどうか。トレウィリ族[59]は殺され、ウビイ族は降参し、バタウィ族は祖国を奪われた。キウィリスとの友情から得られるものは、刀傷、逃亡生活、喪の悲しみ以外に何もないのだ。

彼は追放され、故郷を失い、受け入れ側の厄介者となっている。ゲルマニア人は何度もレヌス川を渡ってもう充分に間違いを犯した。

もしこれ以上まだ何かを画策するなら、そちら側に不正と罪が、こちらには懲罰と神々の味方があろう。」

25 約束に威嚇を混ぜる。そしてレヌス川の向こう岸で、キウィリスに対する人々の信頼が崩れると、バタウィ族の間でもこのような議論が起った。

「破滅的な戦いをこれ以上続けるべきではない。たった一つの部族の力で、世界から隷属を追放することは不可能である。軍団兵を殺し[60]、焼き討ちをかけて何の得になったというのか。ますます大勢の一層強力な軍団を呼び寄せたにすぎなかったではないか。われわれがもしウェスパシアヌスを助けようとして[61]戦い出したのなら、ウェスパシアヌスはすでに天下をとったのだ。しかし、もし武力でローマ国民に挑戦しようものなら、われわれバタウィ族は一体人類のどれだけの部分を占めているというのか。

　属州ラエティアやノリクムの人、その他ローマの同盟者が負担している重荷を考えてみよう。われわれには貢税ではなく、勇気と兵員が課されている。これはほとんど自由の身分と同じだ。もし主人を択ぶのなら、ゲルマニア人の女よりローマの元首に耐える方がまだ潔《いさぎよ》い。」

　これは大衆の意見であった。長老の考えはもっと過激であった。

「キウィリスの狂気のため、われわれは無理やり武器を取らされた。彼は自分の一族の内紛[62]のためわれら部族を根絶やしにしようとしたのだ。

　われわれが軍団兵を包囲し、軍団長を殺し、唯一人に必要な、われわれ全部に致命的な戦いを引き受けたのは、バタウィ族に対する神々の怒りであった。そろそろ正気を取り戻し、罪を犯した首魁《しゅかい》を処罰し、われわれの悔悟《かいご》を証明しないと、最悪の事態に陥るだろう。」

26　このような部族の気持の変化を、キウィリスは見逃さなかった。そして先手をうつことに決めた。彼は数々の不幸で疲れていた上に、気高い勇気をもしばしば挫《くじ》くあの生への希望にかられた。

　キウィリスは会談を求め、ナバリア川[63]に架かっていた橋を真ん中で切り落す。切断された先端まで双方の将軍が進む。

　キウィリスはこう話し始めた。「もしウィテッリウス麾下《きか》の軍団長の面前で自己弁護するならば私の行為に赦免も、私の言葉に信頼も与えて貰えまい。われわれの間には敵対関係しかなかったのだから。戦いをウィテッリウスが仕掛け、私が拡げた。ウェスパシアヌスに対しては、古くから尊敬の念を抱いてきた[64]。彼がまだ元首でなかった頃から、われわれは友達付き合いをしていた。このことは、プリムス・アントニウス[65]もよく知っている。彼が手紙で、私を戦争へ駆り立てたのだ。ゲルマニアの駐留軍団兵やガリアの若者がアルペス山脈を越えるのを阻止せよ、と言って。

　アントニウスが手紙で要請したことは、ホルデオニウス・フラックス[66]が面と向かって私に頼んだことでもある。私がゲルマニアで武器をとったのは、ムキアヌスがシュリアで、アポニウスがモエシアで、フラウィアヌスがパンノニアで……

（第五巻・終）

〔本文附録・1〕

『同時代史』断片

一　そのうちユダエア人は包囲網の中に封じ込まれ、平和や降伏を求める機会を全く与えられなかったので、最後に餓死した。道路は至る所死体で埋もれ始めた。人々はもう埋葬の義務を断念していたからである。のみならず、食物についても、思いきって忌わしいものまでことごとく試み、このような食物のうち、腐敗が食べる切っ掛けを奪っていたものを除き、人の肉体すら食べるのを憚《はばか》らなかった。

スルピキウス・セウェルス(1)『世界史』二・三〇・三

二　ティトゥスは会議に諮《はか》って、あのような絶大な威信を持つ神殿を破壊してよいものかどうかを、予め討議したと言われている。というのも、何人かの者は、人間の建てたすべての造営物の中で卓越して有名なあの聖なる社《やしろ》を壊してはならないと考えていた。「これは、もし温存されるとローマ人の謙虚の証拠となり、倒されるとローマ人の残忍性の永久の象徴となるだろう」と。

しかしこれに対し他の人は、そしてティトゥス本人も、ユダエア人とクリストゥス信者の宗教をより徹底的に絶やすためには、真っ先にこの神殿を取り壊すべきだと考えていた。「なぜなら、これら二つの宗教は、お互いに敵対していても、同じ創始者に由来する。クリストゥス信者はユダエア人から派生したのである。根を引き抜くと幹はわけなく倒れよう。」

スルピキウス・セウェルス『世界史』二・三〇・六

三　六十万人のユダエア人がこの戦争で殺されたと、コルネリウス・タキトゥスとスエトニウスは伝えている。

オロシウス(2)『世界史梗概』七・九・七

四　次いでコルネリウス・タキトゥスの言葉で語るならば、アウグストゥスが老齢に達したとき、ヤヌス神殿の扉が開かれ、ウェスパシアヌスの統治まで、そのままの状態が続いた。その間、ローマは世界の地の果てまで新しい民族を攻めてしばしば利益を得、時に損害も蒙っていた。ここまで、コルネリウス・タキトゥスにもとづく。

オロシウス『世界史梗概』七・三・七

五　ゴルディアヌス(3)はヤヌス神殿の扉を開いた。しかしこの扉をウェスパシアヌスとティトゥスの後で、どの皇帝が閉じたのか、私の記憶している限り誰も書きとめていない。ともかくこの扉は、ウェスパシアヌス自身の手で統治一年後に開かれたと、コルネリウス・タキトゥスは述べている。

オロシウス『世界史梗概』七・一九・四

六　実際私は、ローマの将軍フスクス(4)がダキア人の王ディウルパネウスといかに沢山の戦いを交え、いかに多くの損害を蒙ったかについて、縷々《るる》述べたことであろう。もしこの時代の歴史を念入りに記述しているコルネリウス・タキトゥスが、「サッルスティウス・クリスプスやその他の大勢の歴史家は戦死者の数について沈黙を守っているが、私は進んでこれと同じ方針を採用しない」と言っていなければ。

オロシウス『世界史梗概』七・一〇・四

七　ポンペイユス・トログス(5)やコルネリウス・タキトゥスが証言している如く、われわれの先祖がことごとく、そしてあのアレクサンドロス大王ですら避けてきたスキュティア人を、つまりアラニ族、フニ族、ゴティ族を、テオドシウス(6)は躊躇《ためら》わずに攻撃し、多くの戦闘で勝った。

オロシウス『世界史梗概』七・三四・五

八　デルポイの近くに住んでいるこの人たち（ロクロイ人）は、オゾライ人と呼ばれている……しかしリビュアへ追放された者たちは、コルネリウス・タキトゥスが言及しているように、ナサモネス人と呼ばれていて、彼らはナリュコスの住民の末裔である。[7]

セルウィウス[8]『ウェルギリウス・アエネイスの注釈』三・三九九

注

（1）　三六〇年頃アクィタニアに生まれたキリスト教歴史家。彼の『世界史』*Chronica* はアダムからコンスタンティヌス大帝までの世界史を対象とし、全作がキリスト教の観点からの簡潔な展望であるが、イェルサレムの破壊はタキトゥスに拠り、文体も模倣しているといわれる。

（2）　ヒスパニア出身のキリスト教歴史家。ヴァンダリ人の侵入以前、四一四年アフリカに逃げ、アウグスティヌスの弟子となる。『世界史梗概』*Historiae adversum Paganos* は天地創造から四一七年までのローマ史。

（3）　ローマ皇帝（二三八―二四四年在位）。

（4）　『同時代史』一・86。彼はドミティアヌス帝の下でダキア人と戦いを始め、八五年倒れた。ダキアの平定はトライヤヌス時代（一〇五年）。

（5）　ガリア・ナルボネンシスの出身。アウグストゥス時代の歴史家。『ピリッポス王朝史』

Historiae Philippicae 四十四巻は主としてギリシア、マケドニアの歴史。

（6） ローマ皇帝（三七九―三九五年在位）。

（7） 以下の記述はギリシアのロクリス地方の二つの町民（ロクロイ人）の区別に関するもの。有名なアポロン神殿のあるデルポイに近く、コリントス湾の北岸の西ロクリスの住民はオゾライ人と呼ばれ、他方、エウボイア島に面した東ロクリスにナリュコス（またはナルクス）という町があり、この町民がアフリカ属州シュルティス・マイヨルの住民ナサモネス人の先祖となったと。

（8） 五世紀のラテン語文法学者。彼の主著はウェルギリウスの全作品の『注釈』である。

〔本文附録・2〕

ウェスパシアヌスの命令権に関する法

〈元老院は次のことを議決した〉[1]彼（ウェスパシアヌス）が望む者とは誰とでも〈友情、同盟〉あるいは条約を締結することが許されるべきである、神君アウグストゥス、ティベリウス・ユリウス・カエサル・アウグストゥス、[2]クラウディウス・カエサル・アウグストゥス・ゲルマニクスに対して、かつて許されたように。

そして、彼が元老院を召集し動議を提出し諮《はか》り、そして提案や表決により元老院議決を施行させることが許されるべきだ。神君アウグストゥス、ティベリウス、クラウディウスに許されたと同様にである。

そして元老院が彼の意志、権威、あるいは彼の命令か勧告により、あるいは彼の出席の下に召集されるとき、処理された一切の案件は、元老院が法に則《のっと》り召集され開催されたと同様に、それらの適法性が承認され保持されるべきである。

そして、政務官、権限、命令権、あるいは何らかの職責を志願している者を、彼が元老院と国民に推薦したときは、そして彼がその支持を与え約束したとき、その者たちの選挙にあたっては格別の配慮が払われるべきである。

そして首都の占卜境界《ポメリウム》の範囲を外に進め拡大することは、もしそれが国家にとって有益と彼が判断した場合、クラウディウスに許された(3)と同様に彼にも許されるべきである。

そして、神々や人間に関することで公事にせよ私事にせよ、国家の利益か尊厳に適うと彼が判断したことは何でも、彼が提案し実行する権利と権限を持つべきである、神君アウグストゥス、ティベリウス、クラウディウスがそうであったように。

そして神君アウグストゥスとティベリウスとクラウディウスが、それらによって拘束されないと宣言されていた法律や民会議決から、皇帝ウェスパシアヌスも自由であるべきである。

そして神君アウグストゥスやティベリウスやクラウディウスが法律や民会議決に則り行って正当であると定められていたところのものはすべて、皇帝カエサル・ウェスパシアヌス・アウグストゥスにも行う(4)ことが許されるべきである。

そしてこの法律が施行される以前に、皇帝カエサル・ウェスパシアヌス・アウグストゥスによってなされ、執行され宣言され命令されていたもの、及び彼の命令か要請に基づき誰かによってそうされていたものはすべて、国民や民会の命令で行われたと同様に適法性をもち有効であるべきだ。

罰則免除の承認

この法律のゆえに彼が諸法律や諸条令、民会議決や元老院議決に反して何かを行っていても、行うことがあっても、あるいはこの法律のために諸法律、諸条令、民会議決あるいは元老院議決に沿って彼がなすべき義務のある事柄を実行しなくても、そのために責任を問われることはないし、そのために何らかの罰金を国民に払う必要もない。またこのような問題に関して誰にも訴訟を起したり裁判上の審理を行う権利はないし、このような問題に関して誰も彼の前に告訴することは許されない。(5)

注

(1) モムゼンの想定に従い脱落を補う。つまりこれは構文から判断して正式な法文ではなく、元老院議決の体裁をとっている。

(2) 以下でティベリウスとクラウディウスの正式の長い名前は普段の呼称のみへ書き改める。ガイウス(・カリグラ)とネロの名前がないのは、前者は実質上の「記憶の断罪」(Dio 60. 4.

5 f) を、後者は「国賊」(Suet. Nero 49. 2) と元老院から宣告されているからである。

(3) タキトゥス『年代記』一二・23。

(4) ウェスパシアヌスが軍隊によって皇帝と宣言された六九年七月一日にまで溯って、ウェスパシアヌスの言行の有効性を承認したわけである。この法律(=元老院議決)は十二月二十一日に施行されている。

(5) この原文においても他の公文書に格別目立つ綴字や文体上の不一致、文法上の不規則が見られるが、そしていくらか疑問も残るが、試訳を本文(第四巻三節)の附録としておく。

使用した原典《テクスト》は以下の通りである。

Dessau, H.: *Inscriptiones Latinae Selectae.* 244. Weidmann 1954^2.

Gordon, A. E.: *Illustrated Introduction to Latin Epigraphy.* p. 121 ff. Univ. of California 1983.

McCrum M. and Woodhead, A. G.: *Select Documents of The Principates of the Flavian Emperors A.D. 68-96.* p. 1 f. Cambridge. 1961.

Rushforth, G. McN.: *Latin Historical Inscriptions.* p. 82 ff. Oxford. 1930^2.

なお本文内容の理解には次の論文が有益か。

Brunt, P. A.: Lex de Imperio Vespasiani, *Journal of Roman Studies.* LXVII (1977). p. 95 ff.

訳注

一、この「注」は、タキトゥスの本文に関する訳者の理解や解釈を述べるもので、他の文献（スエトニウス、ディオンなど）との比較考証によりタキトゥスの記述の信憑性を問うものではない。このような考証は Heubner, Chilver, Wellesley などの注釈本に詳しい。

二、初出の人物に限り、若干の伝記的な注を試みた。言及のないのは、タキトゥス以外で知り得ない人物である。

三、執政官に就任した年を示すにあたって、正規か補欠かの区別をしなかった。

四、テクスト、参考文献の省略記号。

B＝Hellegouarc'h の Belles Lettres 版
H＝Heubner の Teubner 版
K＝Koestermann の Teubner 版
L＝Moore の Loeb 版
O＝Fisher の Oxford 版
V＝Vtretska の Reclam 版

W＝Wellesley の Teubner 版

(M)＝最上の写本

cett＝その他の校訂本《テクスト》

『年代記』『ゲルマニア』『アグリコラ』、いずれもタキトゥスの作品

スエトニウス「ネロ」＝スエトニウス『ローマ皇帝伝』「ネロ」の巻

第一巻

（1） 共和政中期より後期にかけて指導的な地位にあった貴族の家柄に、前五年（または三年）十二月二十四日に生まれた。最初の執政官は三三年。カリグラ帝の下で高地ゲルマニア総督（三九―四一年か）。クラウディウス帝の下でアフリカ知事（四五―四七年）。最後にタッラコネンシス・ヒスパニア総督（六〇―六八年）。

（2） ティトゥス・ウィニウス・ルフィヌス。一一年（か一二年）に生まれ、三九年パンノニアで軍団副官、クラウディウス帝の下で財務官、法務官。ネロの下でガリア・ナルボネンシス知事。六〇年以後ヒスパニアで軍団長を務めてガルバの友となる。

（3） タキトゥスは前七五三年を、ローマ建国の年として計算している。

（4） 前三一年九月二日のこの海戦で、オクタウィアヌス（後のアウグストゥス）が政敵アントニウスを倒して天下をとる。

(5) 私は云々　解題四九二頁。
(6) 私が云々　opus adgredior opimum casibus (M) を W は Tempus adgredior dirum casibus「災禍でおぞましい時代にとりかかる」と改める。
(7) ガルバ、オト、ウィテッリウス、ドミティアヌス。
(8) 三度内乱　オトとウィテッリウス、ウィテッリウスとウェスパシアヌス、ドミティアヌスと高地ゲルマニア総督アントニウス・サトゥルニヌスの対決。オトとウィテッリウスの内戦のとき、ロクソラニ族の侵入。ウィテッリウスとウェスパシアヌスの決戦はユダエア戦と同時であった。
(9)「東方」はユダエア戦の勝利、「西方」はバタウィ族の叛乱。
(10) アグリコラに制圧され（『アグリコラ』10以下）、ドミティアヌスに放棄された。
(11) 本書一・79、三・5、「スエビ族」は三・5、21、「ダキア人」は三・46参照。
(12) スエトニウス「ネロ」57。
(13) 七九年八月、ウェスウィウス火山の爆発でポンペイなど埋まる。
(14) 首都は云々　八〇年の大火（スエトニウス「ティトゥス」8）と六九年のカピトリウム炎上（三・71）。
(15) 美徳の例は一・43、二・13、49、四・5、50。
(16) その強制にも　ipsa necessitas (M) を L, O, W は削除。
(17) ローマ人の道徳の退廃に対する神の「懲罰」という考えは、後述（二・38）と『年代記』四・1参照。

(18) 帝政の秘鑰《ひやく》 imperii arcanum　元首の継承に関する明確な規定がなかったので、元首の選択は軍隊に左右される。つまり元首政の本質は軍事力を背景にした君主＝皇帝政にほかならぬことを、タキトゥスはこの言葉で表現したのであろう。

(19) 元老院階級の資格財産を持ちながら騎士階級にとどまっている人。

(20) 解放奴隷女の息子。六五年、ネロから護衛隊長に任命されたが、ネロの権勢がよろめくと彼を捨て「ネロはエジプトへ逃げた」と護衛隊兵を欺《あざむ》き、賜金を約束してガルバを支持させた。しかしガルバはコルネリウス・ラコを重んじたので、自ら皇帝と名乗り、護衛隊兵舎に入ろうとして殺された。

(21) ガルバからニュンピディウスに代って護衛隊長に任じられた。

(22) ニュンピディウスが護衛隊に訴える演説の草稿を書いたという。

(23) 六一年執政官、ブリタンニア総督（六三年まで）。ネロに最後まで忠実な人であった。

(24) ネロが軍団兵に採用していたミセヌム艦隊の海兵を、ガルバは元の身分に返そうとして抵抗されたので、海兵を殺したという（スエトニウス「ガルバ」12）。しかし「何千人」は誇張であろう。生き残った海兵からガルバによって第一アドユトリクス軍団が編制された。これが後述の「ネロが……軍団志願兵」のこと。

(25) この軍団はガルバがヒスパニアで募集していた第七ガルビアナ軍団で、三月にパンノニアへ向けて出発した。

(26) アルバニアへ向かうのだったら「カウカソスの門」(カウカソス山脈の隘路)と記すべきであろうとのこと。「カスピ海の門」はアルバニアより遥かに南東だから。
(27) アフリカの第三アウグスタ軍団長。
(28) 六七年執政官、次いで低地ゲルマニア総督。
(29) 低地ゲルマニアの第一ゲルマニカ軍団長。後日、ウィテッリウス派の指導的な将軍。
(30) 四〇年頃執政官、ネロのギリシア旅行に同行。タッラコネンシス総督。この頃、彼はヒスパニアの三つの属州を管理していたらしい。『同時代史』を書いてタキトゥスにも利用されている。
(31) ガルバはウィンデクスと共に自分を支持してくれたガリアの諸部族にローマ市民権を与え、同時に税を二五パーセント軽減した。
(32) ウィンデクスではなく、ウェルギニウスを支持したリンゴネス族やトレウィリ族など。
(33) ゲルマニア軍はウェルギニウスの下にウィンデクスの謀叛を鎮圧したので、ネロを支持しガルバに反抗したと思われた。
(34) 一四年北イタリアの騎士の家柄に生まれ、六三年執政官、ウィンデクスが蹶起したとき、高地ゲルマニアの総督、六九年二度目の執政官。三度目の執政官の九七年、八十三歳で没す。彼の墓碑銘が残っている。「ここにルフスが横たわる。かつてウィンデクスを倒して帝国を救った、自分のためではなく祖国のために。」
(35) 六八年以前に執政官、ウェルギニウスの後任者。

(36) 後の皇帝。一五年九月七日生まれ。カリグラ帝の下で財務官、クラウディウス帝の下で法務官、四八年執政官、ネロ帝の下でアフリカ知事。父親ルキウスは三四、四三、四七年執政官、四八年監察官。

(37) 意味は曖昧であるがタキトゥスの皮肉は読み取れる。ウィテッリウスは軍人として未知数(二・76)だが、親の七光りで総督の資格はあると、軍隊もガルバも満足したという意味だろう。

(38) 前述一・6、後述一・31、70。

(39) 六六年執政官、六七年シュリア総督。ウェスパシアヌスの強力な支持者。七〇年、ウェスパシアヌスがローマに皇帝として到着するまで皇帝として振舞った。晩年は地誌や博物誌的な著述をしたり、共和政期の演説集や書簡集を編集した。七〇、七二年執政官となり、七七年までに死ぬ。「四箇軍団」とあるが、そのうち一箇軍団(第三ガッリカ)はネロの末期、マケドニアへ移されていた。

(40) ユダエアの元首属吏(領事)ゲッシウス・フロルスの暴政で、六七年、ユダエア人が叛乱を起こした(五・10)。

(41) 九年一月七日、中部イタリアのレアテに生まれた。三五年財務官、四〇年法務官、ブリタンニアの軍団長、五一年執政官、アフリカ知事、六七年からユダエア戦を指揮する。

(42) ウェスパシアヌスの長男で父の死後、皇帝となる。後述(二・1)参照。

(43) 前三〇年クレオパトラが自殺すると、エジプト王国はアウグストゥスの私領となる。それまで王に馴染んできたエジプト人に、ローマ皇帝をプトレマイオス朝の後継者と思わせるため、皇帝＝王の代行、つまりエジプト領事（praefectus Aegypti）としてローマ騎士に支配させた。ここには一箇軍団が駐留し、その他の小さい帝室属州（一・11「元首属吏に管理されていた二つのマウレタニア……などの属州」）と区別された。

(44) 一〇年頃アレクサンドリアに生まれる。ユダエア人で哲学者ピロンの甥。ユダエア人の共同体から離れローマの公務に従事し、四六―四八年ユダエアの元首属吏、六七年にエジプト領事となる。彼は真っ先にウェスパシアヌスを皇帝に推挙する（二・79）。

(45) 元老院属州ではここだけ一箇軍隊が駐留していた。なお原文（M）の ac legiones in ea の複数を W は cum legione sua「その一箇軍団と共に」と単数に改める。

(46) 平穏で軍団兵の駐留しないマカイア、シキリアなどの元老院属州。

(47) 軍隊は毎年一月一日に皇帝に「忠誠」の誓いを新たにする。しかし高地軍は前年の夏ガルバに誓っていた忠誠を更新することを拒否したという意味。

(48) ネロの自殺とガルバを皇帝とした元老院議決を知らせるために、ヒスパニアのガルバの許に行ったのがイケルスであった。

(49) 騎士身分の印の一つ。

(50) エトルリアに三二年四月二十八日に生まれ、ルシタニア総督となった年（五八年）には財務官の経歴しかなかった。六八年までそこにいた。後の皇帝。

(51) 『年代記』一三・45によると、オトは自分の妻であったポッパエアをネロに譲ったと。

この話が真実であろう。

(52) クラウディウス帝の娘。五三年ネロと結婚したが、離婚させられ六〇年に死す。

(53) ウィンデクスの叛乱軍とウェルギニウスの鎮圧軍との戦い。後述の「兵士の大半」は首都の護衛隊兵の意味。

(54)「皇帝の選挙」comitia imperii　コミティアは命令権《インペリウム》を持つ政務官を選挙していた共和政期の民会。ここでタキトゥスが皇帝を選考する僅か四名の帝室会議に用いたのは皮肉であろう。

(55) 六三年第十五アッポリナリス軍団長。

(56) ネロ時代執政官、六八年七月ガルバから都警長官に任じられていた。

(57) 三八年に名門に生まれ、六九年一月十日ガルバの養子となり、十五日にガルバと共に殺された。ピソ家の親族の系図(次頁)参照。

(58) 母はティベリウス帝の孫娘ユリア。六〇年ネロから追放され、六二年に殺された(『年代記』一四・58)。

(59) 以下の演説が全部タキトゥスの創作とは考えられない。しかし九七年七月ネルウァ帝がトライヤヌスを養子とした類似の事件を正当化する意図もあったろう。演説の趣旨は養子による帝位の継承こそ、元首政と自由の政体という相矛盾する二つを調和させる最上の方法だと主張すること。

(60) 以下の文意は、「私は唯今大神祇官長なので、養子縁組の法的な手続きや儀式は省略す

ピソ家と親族

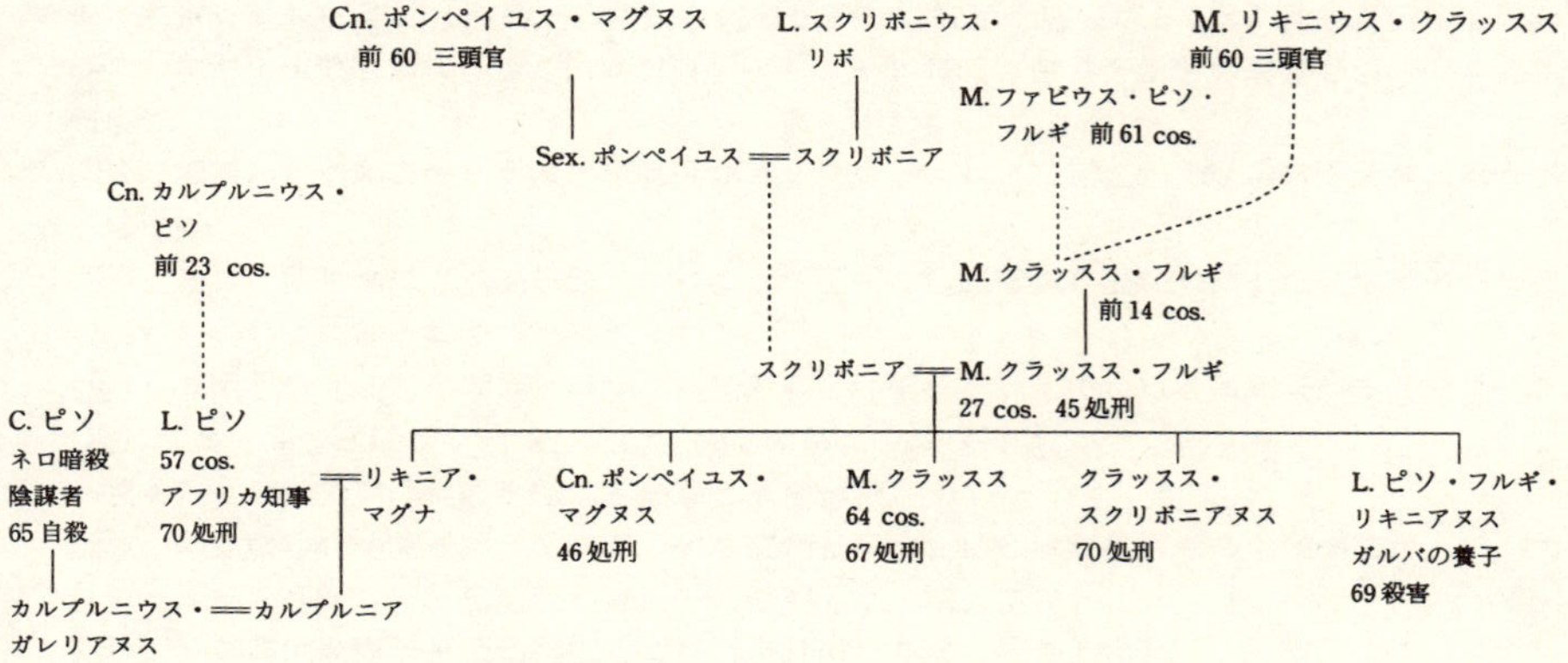

C.＝ガイウス，Cn.＝グナエウス，L.＝ルキウス，M.＝マルクス，
cos.＝執政官，Sex.＝セクストゥス

る」と宣言しているらしい。
(61) スエトニウス「ガルバ」2以下参照。
(62) ネロは元老院で国賊と宣告された(スエトニウス「ネロ」49)。
(63) 高地ゲルマニア軍の第四と第二十二軍団(一・12、18)。
(64) 必要数の兵を択《えら》ぶ際、将軍が一人を指名すると、この者が仲間から一名を択ぶ。こうして次々に一名を択び必要数を満たす軍隊の人選方法。
(65)「カエサルの尊厳」とは、皇帝一家の構成員の持つ威厳。
(66) 時間的な「後」の意味ではなく、重要性の「次位」である。この処置はガルバがローマに帰って来た六八年十月から始めたらしい。
(67) ネロの贈物を貰った連中が、ガルバから国庫への返済を強制されて不当性を訴えたものであろう。
(68) 解雇された者はネロ時代の護衛隊長ニュンピディウスに同情し、新任に不服従であったものか。
(69) 昔から占星術で有名なバビュロニア人。ローマには共和政末期から来始めた。ティベリウス帝やクラウディウス帝の下で将来の皇帝を予言し世間を騒がせていた(『年代記』一二・52)。
(70) 生前のネロがカンパニアの別荘地やギリシアへ旅行する際同伴していた護衛隊兵のこと。ここで話題となっている護衛隊兵は、元老院かニュンピディウスの指示でガルバをヒスパニアへ迎えに行った者たちのこと。
(71) ネロの解放奴隷で、六二年から護衛隊長(『年代記』一四・60、一五・58)。
(72) おそらくピソがガルバの養子とされた一月十日か。
(73) ローマに駐留していた(一・6)第一軍団やブリタンニア、ゲルマニア、イッリュリクムからの援軍である。
(74) 「一月十四日」postero iduum die (M)。W は postridie「その翌日」と改める。つまり、ピソの養子宣言の日の翌日の「一月十一日」。これが正しいかも知れない。
(75) アウグストゥスが前二八年に建てたパラティウムの丘の東北端の神殿。
(76) これはオトが仮病を使うための仕種か。それとも周りの人に疑惑の念を与えないために、わざと砕けた馴れ馴れしい態度を示したものか。
(77) パラティウムの丘の西北端にティベリウスが増築していた館。「ウェラブルム」はカピトリウムとパラティウムの間の市民住居地。「黄金の里程標」はアウグストゥスが前二〇年に広場に建てたもので、ローマのあらゆる街道の起点として、その表面に重要な町への距離が刻まれていた。
(78) この呼称は最初カエサルがお世辞として自分の部下に用いた(スエトニウス「カエサル」67)。
(79) ネロがエジプトへ逃げようと計画したことを意味する(一・5、31、70)。
(80) 軍隊が勝手に皇帝を推戴すること。皮肉なことにイタリア以外で軍隊に択《えら》ばれた最初の皇帝がガルバ。
(81) Wは次の如く改める。「混乱の中で一層決然とより大胆に、そしてそれまで何の打ち合わせもしていなかったので、一部は知らずに一部はあとで信じられたように、策略を晦《かく》すためにそうした。」
(82) アウグストゥスの婿ウィプサニウス・アグリッパがマルス公園に建てた柱廊。都の兵舎が一杯だったので属州の兵士は市内の神殿、柱廊など公共の建物に宿営していた。
(83) 広場の北側にあったらしい。
(84) 一・6と注24。
(85) ネロは六八年秋にアエチオピア遠征を計画し、先発隊をエジプトへ送っていた。兵士は長い船旅でビタミンCの欠乏から壊血病にかかっていたらしい。
(86) 「抗《あらが》えず」neque resistens。(M) は sistens「しっかりと立っておれず」。
(87) 一・32。
(88) 一・6。以下ガルバの支持者がローマ帰国後にやったことが大袈裟に述べられているようだ(一・6、7)。
(89) 以下三名はネロ時代元老院議員であったらしい。殺された経緯は不明。
(90) 以下はネロのお気に入りの解放奴隷。
(91) 「強要した」petierunt (W, B)。(M) は perierunt「死んだ」。cett は perdiderunt「浪費した」。

(92) 一・18。
(93) パラティウムの警備兵は軍服ではなく市民服で、剣も隠し楯や胸甲はつけていなかった。
(94) 護衛隊の武器庫には臨時に駐留していた軍団兵や援軍の武器まで置いてあったための区別の目印であったのか。それとも元来軍団兵と護衛隊の武具を区別している金属の飾りか。
(95) その上から民衆に向かって、叛逆者と戦え、と号令するため。
(96) いずれもアルサケス王朝の後裔でローマの古い仇敵。
(97) 広場の演壇の東、ユリウス公会堂の前にあった。
(98) 低地ゲルマニア軍の分遣隊兵。
(99) ガルバの不評の重大な責任はウィニウスにあったという意味か。
(100) アウグストゥスがカエサルの遺骸の上に建てた神殿。クルティウス池の傍にあった。
(101) ユリウス神殿のすぐ南にあった。一般にローマの神殿は犯罪者を保護する避難所《アシュルム》である。
(102) 後の皇帝ウェスパシアヌスの兄。ネロの下で都警長官であったが、ガルバに解雇されていた。
(103) 奴隷に適応される処刑、つまり磔刑に処せられたの意。
(104) 元老院の召集は一月十五日午後おそく行われた。召集は執政官の権限であるが、不在あるいは死亡のとき、首都係法務官が召集する。
(105) オトは元老院に出席せず、護衛隊兵舎から広場を通りカピトリウムに詣で、元首就任式(犠牲式)を挙げ、パラティウムへ向かった。「倒れた死骸」は、ガルバとピソとウィニウスのもの。ピソとウィニウスの埋葬は十五日中に、ガルバのは胴体は十六日、首は十七日になったらしい（後述一・49）。
(106) 同名のティトゥス・ウィニウスは前四三年の第二次三頭官から公権を剝奪された。本文のティトゥスは母方の叔父の養子となっていた。
(107) 二六年執政官、カリグラ帝のときパンノニア総督。
(108)「試した」temptasset (cett)。W は temperasset (M) を temerasset「冒瀆した」と改める。
(109) オトはこれを元首金庫に没収し、上述（一・46）の「休暇の心付け」や後述（一・82）の「謀叛者への贈金」（兵士一人に五千セステルティウス）を支給したらしい。
(110)「古い奴隷」prioribus servis (M)。「有力な奴隷」primoribus (H, V)。
(111) ここでは「支配者や皇帝でない人、単なる一市民」の意。
(112) 前四八年パルサロスでカエサルとポンペイユスが、四三年イタリアのムティナでオクタウィアヌスとアントニウスが、四二年マケドニアのピリッポイでオクタウィアヌスとアントニウス対カエサルの暗殺者たちが、四一年ペルシア（イタリアの町）でアントニウスの弟とオクタウィアヌスが戦った。
(113)「ガルビアニ」Galbiani。これは Galbani「ガルバ党」の蔑称であろう。
(114) ルグドゥヌムとも呼ばれガリアの中心地。ネロとの友好関係（『年代記』一六・13）のためウィンデクスの蜂起に参加しなかった。

(115)「統治権を渇望する余り」aviditate imperandi (M) (B)。「(支持者が) ウィテッリウスの統治を渇望する余り」の意か。imperitandi (L, O, K)「支持者が権力を得たいため」。impetrandi (W)「支持者がウィテッリウスの好意を求める余り」。H, V は削除する。
(116) 北イタリア出身。ガルバから六八年第四マケドニカ軍団長に任じられる。
(117) 一・9と注 (36)。アグリッパからウェスパシアヌスまでに三度執政官を務めたのは元首以外で彼だけ。
(118)「弁論術に長じ」scito sermone (cett)。cito sermone「滔々とまくしたて」(M) (W)。
(119) 軍団長は法務官級の人が任命される。後年彼は護民官も法務官もとばして執政官になった。
(120) モゴンティアクム (今のマインツ) にあった。第四、第二十二軍団の冬営地。
(121) アンデマトゥンヌム (今のラングル)。
(122) 右手は信義の印で友好の契りを保証すると考えられた。
(123) 彼らはウィンデクスを粉砕していたのでガルバからの復讐を恐れていたのか (一・8)。
(124) 六八年夏にウェルギニウス・ルフスから強いられたガルバへの忠誠の誓い (一・12)。
(125) ウビイ族の首邑で低地ゲルマニアの首府 (今のケルン)。一五年ここで生まれていたアグリッピナ (クラウディウスの后) の要請で建てられたローマの植民市。
(126) 第一ゲルマニカ軍団の陣営はボンナ (今のボン) にあった。
(127) 当時カエサル家の解放奴隷が役職を牛耳っていたので、ウィテッリウスが騎士を任命したのは臨時の処置であったろう。帝室の役職が騎士に与えられるのはハドリアヌス帝以後である。

(128) 「和《やわ》らいでいた」sedatis (H, W)。stratis (M) (B)「おさまっていた」。stratis (cett)「鎮圧されていた」。

(129) ガルバ派と疑われていたのか。

(130) 六一年に第十四軍団と共にブリタンニアへ、次にネロから東方へ派遣されるため呼び戻され、ウィンデクスの叛乱でガリアに送られていた。第十四軍団はこの頃イッリュリクムにいた(二・27、66)。

(131) ガルバ派にせよ、ウィテッリウス派にせよの意。

(132) 七〇年執政官。彼が死ぬとその未亡人(ウィテッリウスの娘)をウェスパシアヌスは再婚させた(スエトニウス「ウェスパシアヌス」14)。

(133) スタティリウス・タウルス(四四年執政官)が、ガリアで募集していた援軍騎兵(千二百騎)。

(134) 五六年執政官、六三年よりブリタンニア総督。

(135) 八一年執政官。

(136) ウァレンスは西寄りのコースを通り、ロダヌス川(ローヌ川)を下りルグドゥヌムを過ぎウィエンナより東へ向かい、コッティアエ・アルペス(モン・ジュネーブル峠)を越え、アウグスタ・タウリノルム(トリノ)へ出る。カエキナは東寄りのコースを辿り、レヌス川を溯りウィンドニッサ、レマヌス湖を横切り、ポエニナエ・アルペス（グラン・サン・ベルナール峠）を越えアウグスタ・プラトリア（アオスタ）へ出た。

(137) 一月十五日頃と想定される。以下で注記する出発や到着の日付は、Wellesley 等の学者による、進路の想定とその行程の綿密な計算にもとづく。

(138) ウァレンスの行軍日程は次の如く想定されている。トレウィリ族の土地に一月二十一日、「ディオドゥルム」に二十五日に到着。

(139) トゥッルム（トゥール）に一月二十八日、「リンゴネス族」の首邑アンデマトゥンヌム（ラングル）に二月二日到着。

(140) ここには二月九日か。「ルグドゥネンシス」またはルグドゥヌム（リヨン）には二月十五日に到着。

(141) 第十八大隊は都警隊に属し、首都以外にも、こことオスティアなど大切な町に治安維持のため駐留していたらしい。

(142) 六年に生まれ六十三歳で軍団長、九六年に九十歳で執政官となる。彼の「手柄」はブラエススをウィテッリウスの味方にしたことのようだ。

(143) ルグドゥヌムは、アッロブロゲス族からウィエンナを追い出されたローマ人が中心となって四三年に建てられた植民市。ウィエンナはアッロブロゲス族の首邑だが、クラウディウスから町全体にローマ市民権を与えられていた。「最近の内乱」つまりウィンデクスの叛乱にウィエンナは味方し、ルグドゥヌムはネロに味方した。

(144) ロダヌス川（ローヌ川）の右岸にルグドゥヌム、ウィエンナは下流の左岸にあった（因《ちな》みに西欧では川の源流より見て左右を定める）。
(145) 駐留していた第一軍団の援軍のことか。それともこの植民市が軍団の退役兵から成立していたためか。
(146) ウィエンナに二月十七日に到着か。
(147) ヴァレンスは賄賂をくれた町や部落を通らず、通っても早くすませ、くれなかった所では通ったり泊ったりして住民に迷惑をかけたのであろう。
(148) ルクス・アウグスティに二月二十八日、「コッティアエ・アルペス」には三月二十五日に到着したと。
(149) カエサル『ガリア戦記』で名高い。
(150) アクアエ・ヘルウェティカエ（今のチューリッヒに近いバーデン）。
(151) ガリア人であろう。クラウディウス氏を名乗るガリア人は多かった。
(152) 今のフランスとスイスの国境のジュラ山脈の Bözberg（ベツベルグ）山とのこと。
(153) ウィテッリウスはまだアグリッピネンシスにいた。
(154) カエキナは二月二十日過ぎまでヘルウェティイ族の首邑アウェンティクムで待っていた。
(155) ティベリウス時代、高地ゲルマニア総督ガイウス・シリウスが編制した援軍騎兵。
(156) 「動員で」exciti（cett）。acciti（B. H）「呼ばれて」。
(157) 「分隊長たち」decuriones。騎兵中隊 ala は一分隊三十騎で十六か三十二分隊で編制されていた（異説あり）。

(158) 三月初旬に越え始め三月下旬にイタリアへ下ったという。雪中の行軍は大変だったろうに、タキトゥスは全く興味を示していない。

(159) 「二人の和睦云々」(M) は六九から七五節まで欠いていて、その他の写本も乱れて復原不可能。Wによると「しかしケルススが自分を敵と恐れないように和睦の手段を講じて。」

(160) 「不幸に」infelix (cett)。felix (W)「幸福に」。

(161) 元老院議員の警備と共に、ウィテッリウスの軍団兵と話し、オトへの好意を得させるためであったろう。

(162) オトの使節は二月十五日頃ルグドゥヌムでウァレンスに会い、その後でアグリッピネンシスのウィテッリウスと会ったろう。

(163) ウィテッリウスは一月二日、オトは一月十五日に皇帝と歓呼されていた。

(164) ガリアでウィテッリウスへの反感を焚きつける工作員。

(165) 五二年執政官、六三年頃アシア知事。

(166) 五九年執政官、六八年七月一日よりアフリカ知事。

(167) 彼らはウェルギニウスを皇帝にしようと試みていたので（一・8）。

(168) カディウス・ルフスはビチュニア知事。ブラエススはクレタ知事のとき断罪された（『年代記』一二・22、一四・18）。「スカエウィウス・パクイウス」(cett)。「サエウィウス・プロピンクウス」(W)。

(169) オトが恩赦を与える口実として苛斂誅求罪を不敬罪に変えたのは、不敬罪への世間の憎しみで二人に対する反感を和らげ且《か》つ正当な罰則をごまかしたというわけか。不敬罪＝叛逆罪については『年代記』一・72。

(170) ネロの像と共に倒されていた。

(171) 「長槍」lancea。この頃、軍団兵は長槍も使っていたのか（二・29、三・27）。

(172) 後の皇帝マルクス・アウレリウスの祖父。このとき第三軍団長。「テッティウス」は第七クラウディア軍団長。「ルプス」は第八アウグスタ軍団長。後の二人は戦ってもいないのに褒賞されたのは、オトがモエシア軍団を味方につけようとしたためか。「執政官顕章」は儀式のときの高官服と折り畳み式の高官椅子。

(173) クラウディウス時代火災に備えて移されていた都警隊らしい。以下の記述はこう解しておく。二月下旬オトは総動員の一部としてこの部隊をオスティアから呼び戻し、北イタリアへ遠征させようとしたが、オスティアでは武器を持っていなかったので、ローマの武器庫で武装させる際に起った事件であったろう。

(174) 兵は毎晩酔っていた、とタキトゥスは考えているらしい。

(175) 彼らの服従的な態度も夜のため見えなくて手本にならなかった、の意か。

(176) 護衛隊の各大隊に九十騎の騎兵が付いていた。パラティウムに向かったのは騎兵のみか。

(177) 妻同伴も含めて八十人の元老院議員が招待されていたと。

(178) 高官服の飾りやバッジ。先駆警吏も捨てたろう。

(179)「屯営長」praefectus legionis　これは praefectus castrorum の意味であろう。当時ローマに駐留していた第一軍団の屯営長が招待されていたものか。

(180) ゲルマニアの軍団兵を軽蔑して言ったもの。

(181) 護衛隊兵はイタリア出身のローマ市民。

(182) 家畜市場の傍にあったティベリス川で最も古い木製の橋。これが壊れると不吉とみなされていた。洪水は雪解け水が原因。なお後述の「戦場へ向かう道が塞《ふさが》っていた」のは倒壊した建物のせいである。

(183) 凶兆の後、大神祇官長が牛、羊、豚の三頭を連れて城壁に沿って廻り、各所で祈禱し祓い清めた後、三頭を犠牲にする儀式。

(184) ミセヌム艦隊。オトの作戦はナルボネンシスの港フォルム・ユリイを手中に収め、イタリアからガリアへの海岸線を確保し、ウァレンスの右翼を脅《おびや》かすことであった。

(185) 第一アドユトリクス軍団（一・6、31）。

(186)「以前と変らず」immutatus (cett)。invitatus（W）「乞われて」。

(187) 執政官（年代不明）の後、五九―六一年ブリタンニア総督。六〇年二度目の執政官。

「アンニウス・ガッルス」はネロの下で執政官。

(188) ガルバの姪か甥の息子で、ガルバの養子の一人とされていた。

(189) 後の皇帝ウィテッリウスの弟。一五年生まれ、四八年執政官。

(190) 浪費の揚句、不如意に陥り、世間の信用を失い借金にも困っていたの意か。

(191) 四二年クラウディウスの暗殺を企て五日目に鎮圧された（スエトニウス「クラウディウス」13）。
(192) マルス神の十二楯はヌマ王宮のマルス祭壇より三月一日に持ち出され、マルス神官団に捧持され市内を一巡し、三月二十三日までに帰ることになっていた。
(193) 出発は三月十五日。
(194) ネロは追放した者の財産を没収したが、死ぬまでにまだ処分しないでいたのを、オトは追放地から帰って来た者に返そうとした。
(195) 六八年執政官。ウィテッリウスの二度目の妻ガレリアは親戚かも知れない。そのため彼への攻撃が遠慮されたといわれる。

第二巻

(1) ウェスパシアヌスとその長男ティトゥスと次男ドミティアヌスの一家。父と長男は善政で福を、次男は悪政で禍《わざわい》をもたらした。
(2) 三九年生まれ、父の下でユダエアの第十五軍団長（六六—六九年）。このときティトゥスは法務官立候補をガルバに告げに行こうとしたものか。
(3) ユダエア王ヘロデス・アグリッパ一世の娘。二八年生まれ。この頃彼女は、二度目の夫であるポントスとキリキアの王ポレモンと別れ、兄弟ヘロデス・アグリッパ二世と一緒にカイサレイアに住んでいたらしい。

(4) 当時、冬期の航海は海岸線に近いコースを辿るのが安全とされていた。ティトゥスはロドス島に向かって以後海岸から離れたという意味か。
(5) キュプロス島の初代の王で神官。
(6) 獣の血飛沫《ちしぶき》で汚されていないの意。
(7) 一説によると、雨水にも消え難いギリシアの焔硝《えんしょう》火が燈明に使用されていたという。
(8) 一・10。
(9) 「艦隊」については二・83、三・47、保護国王については二・81、五・1。
(10) スエトニウス「ウェスパシアヌス」16。
(11) 「早く」pernicibus (B, H)。praecipibus (cett)「至急に」。
(12) ウィンデクスの叛乱。
(13) 「兵士の不和云々」写本が乱れている。ここではH, K, O, Vに従う。
(14) 三月中旬。
(15) 「この史書」は失われている。ネロの偽者は同じく東方で八〇年と八八年に現われた。
(16) ウェスパシアヌスの下で執政官、八三年アフリカ知事。
(17) 「死骸」corpus (cett)。caput (H, K)「頭」。
(18) 以下の事件はオトが都を出発した後に起った。
(19) 一二年北イタリアに生まれ、ネロの下で執政官、アフリカ知事。ウェスパシアヌスの下でも執政官を務めた有力な帝室顧問。八十歳を越えて死ぬ。

(20) 一二五年頃生まれ、ウェスパシアヌスの下で執政官。ネルウァ、トライヤヌスの下でも執政官。
(21) 軍団兵のと同じもの。皇帝の胸甲は銀製とか金メッキの銅製が普通。
(22) 三月上旬なので人々は農作業に忙しかった。
(23) 二月下旬ルクス・アウグスティの近くでこの知らせを受け取ったろう。
(24) この援軍は当時レヌス川付近で奉公していたものか。
(25) 「ところでオト軍云々」sed acies ita instructa (cett)。Suedio acies. . . (W)「スエディウス軍の戦列は……」。以下の戦場はアンティポリスの東方海岸であったろう。
(26) ミセヌム艦隊の基地の一つがこの島にもあった。
(27) 一・70。
(28) ネロが動員しイタリアに残していた軍隊か(一・70、注156)。後述の「海兵軍団兵」はラウェンナ艦隊に属するらしい。
(29) 「さらに「将軍云々」」以下(M)が怪しく校訂本に些細な異同があるも意味は同じ。
(30) 「胸壁」propugnacula これは「門前堡」(門の前だけの堡塁《ほうるい》)とも訳されようか。
(31) 「投げ返している間に」dum regerunt (H, V, O)。dum retorta ingerunt (B, L)「投げ返している間に」。dum rem pro portis gerunt (W)「門の前で戦っている間に」。
(32) ここではイタリアの地方の町民の意味。「自治市」も「植民市」もイタリアの場合町の成立や由来を示しているだけで、帝政期には法的に両者の区別はない。

(33) 一度は六九年四月十五日のオト対ウィテッリウス軍と、二度目は十月二十四日のウィテッリウス対ウェスパシアヌス軍の対決。

(34) クラウディウスの下でモエシア総督、アカイア知事。オトから執政官に予定されていた(二・71)。

(35) おそらく「カストレス社と呼ばれる場所」の意で、カストルとポッルクスの兄弟神《カストレス》は旅人の神で、道に沿ってこの神の小さな祠《ほこら》でもあったものか。後述の「聖森」もこの神の聖域であろう。

(36) 「左翼」にはパンノニアやダルマティアから呼ばれた軍隊(二・11)、「右翼」の第一軍団はアドユトリクス海兵軍団。以下の両軍の動きや作戦は理解し難い。

(37) 「鋪石車道」agger　川や灌漑用の水路の多い北イタリアでは、街道(ここではポストゥミア)が雪解け水で浸ることが多いので、街道の真ん中を特に高く鋪装していた。

(38) こうして敵の敗走の自由を阻《はば》み、立木や葡萄園の茂みを切り払って味方の展開や敵の不意討ちに備えた。

(39) コンマゲネの最後の王アンティオコス四世(二・81)の息子で、この頃ローマにいて出陣したのか。

(40) ウァレンスは三月三十日頃アウグスタ・タウリノルムに到着していたと。「大暴動」が起ったのはタウリノルム(トリノ)とティキヌム(パビア)の間であったらしい。

(41) 一・59、64。「ネロの戦い」とはウィンデクスの内乱。

(42) 二・14、15。
(43) 「警務兵」lictoribus ここでは総督付きの「先駆警吏《リクトル》」(三・11、注20)ではあるまい。
(44) 一・64—66。
(45) ウァレンスがティキヌムに着いたのは四月六日頃と想定されている。
(46) オト軍の作戦会議はベドリアクムで行われた。
(47) ウィテッリウス軍が後方に残した兵力は、万一の場合(ガリア人の叛乱とゲルマニア人の侵入)に備えたもので、イタリアに送る余力はないとの意。
(48) 「特にパウリヌスの希望で」praecipua spe Paulini (cett)。praecipue Paulinum「特にパウリヌスが」(W)。
(49) 民衆派の護民官ティベリウス・グラックス兄弟と、門閥派の執政官オピミウスなどの抗争であろうか。
(50) 騎士の家柄に生まれたという説もある。
(51) 以下43節までの所謂「第一次ベドリアクム戦」(戦場はクレモナに近かったが、現代の史学者はこう呼ぶ)に関するタキトゥスの記述は曖昧で、戦場の地理作戦行動が理解し難い。
(52) 六九年四月十三日から十四日の戦い。
(53) 「パドゥス川とアドゥア川云々」Padi et Aduae fluminum (M) (B, H)。アドゥア川はクレモナの西七マイルなのでタキトゥスの「十六マイル」と矛盾するため、クレモナの南六マイルの Ardae「アルダ川」と改める(O, L, K)。Padi et accolae fluminis (W)「パドゥス川とその支流の」。
(54) 後述の如く輜重車《しちょう》や従軍商人を連れていたので。
(55) ウィテッリウス軍はクレモナの郊外の陣営からポストゥミア街道を四マイル進んで来るが、オト軍は街道を逸《そ》れ敵の構築中の橋へ向かう。
(56) 四月十四日。
(57) 39節でタキトゥスの否定している平和工作の相談か。
(58) 陣営を防備する堡塁建設の道具を持たなかったのは、勝利の自信が堡塁であったという意か。
(59) 私は女神の微笑を楽しんできたが、そろそろ女神が不機嫌な顔を見せる頃だ。このことを私同様、女神も気づいているはずだという意味か。
(60) 周りの奴隷に分配したと。
(61) コッケイヤヌスは後年オトの誕生日を祝っていてドミティアヌスに殺された。
(62) 「罪の意識から云々」non noxa neque ob metum (cett)。non nexu neque (W)「(オトとの) 結びつきから云々」。前者の文意は「兵はウィテッリウスに対し何の罪も犯していなかったので」。
(63) 六九年四月十六日自決。統治期間九十二日。
(64) 一・13。
(65) ネロの下で執政官、七〇年モエシア総督。

(66) 四月十五日の夕刻らしい。この時点でオトの死は知らなかった。
(67) 元老院議員はローマにも残っていたが、ムティナにきていた議員が正規の元老院の如く、その識見と責任を求められ、つまりウィテッリウスを皇帝とする判断を求められ当惑したということか。
(68) ネロ時代の有名な弁論家で職業的告発者。六二年執政官。後年（七一―七三年）アシア知事、七四年二度目の執政官、七七年自殺。
(69) 以下54節の「ファビウス・ウァレンスから書簡が届き」までは、四月十七日か。
(70) オトがパンノニアから呼んでいた軍団の一つで、まだ参戦していなかった（一・59、二・11）。
(71) 皇帝の名前と印を記した二枚綴りの書板。この旅券の保持者には街道の宿駅の使用などの便宜を与えられた。
(72) 四月十二日から十九日まで続いた祭。劇の上演は十二日から十八日。オト自刃の報告は四月十八日の夕刻と考えられている。
(73) ウィテッリウスはガルバの復讐者と考えられた。ガルバの人気は死後に高まっていたらしい。
(74) 四月十九日。元老院はこの日ウィテッリウスを正式に皇帝とした。
(75) 帝政期には皇帝以外の者が直接、元老院宛に書簡を送ることは不遜とされていたものか（四・4）。

(76) ガリア人やゲルマニア人の援軍兵が多かったためか。
(77) ウィテッリウスがアグリッピネンシスを総勢二万五千と共に出発したのは三月下旬で、勝報に接したのは四月中旬にシャロン・シュル・ソーヌ（カビッロヌム）であったらしい。
(78) 「黄金の指輪を云々」onerav it. .anulis（M）（W, B）。honoravit. .amulis（cett）「黄金の指輪で飾ってやった」。
(79) ヌミディアがローマの保護国であった頃の王ユバ一世はポンペイユスの友。その子ユバ二世はアウグストゥスからマウレタニアを与えられていたが、二三年死没と同時に属州となる。
(80) スエトニウス「ウィテッリウス」7。
(81) 二番目の妻ガレリアとの子で、そのとき六歳。ローマから呼び寄せたのである（一・75、二・47）。彼は翌年殺された（四・80）。
(82) 「薄命の慰みとなった」in solacium cessit（cett）。彼は不幸にして夭逝したが、生前の「法外の名誉」が彼にも周囲の人にも慰めとなったの意。in supplicium（W）「逆境での処刑となった」。
(83) ウィテッリウスが四月下旬、約一週間ルグドゥヌム（リヨン）に滞在していたときのこと。
(84) 注一・195参照。
(85) アウグストドゥヌム（オータン）。
(86) 一・88。

(87) ウェスパシアヌスの許でビチュニア、アシアの知事となる。
(88) 文意が曖昧。ウァルスは友人を裏切った恥ずべき罪を後悔し、ドラベッラのため弁護して容赦を乞うたの意か。
(89) ウィテッリウスが何処から指示を与えたか不明。もうイタリアには入っていたろう。五月初旬か。
(90) おそらくローマ風に手紙の冒頭で「母上にゲルマニクスが挨拶します」とあったものか。
(91) 同時に二人の元首が現われたので、どちらの名を印してよいかわからなかったとクルゥィウスは弁明できたろう。
(92) 『年代記』六・27。
(93) 六六年頃執政官。ブリタンニア総督を経て七六年アシア知事。
(94) オト軍の第一、第七、第十一、第十三、第十四で彼らはまだイタリアにいた。
(95) 一・59、64、二・27。
(96) プチ・サン・ベルナール峠を通り、シャンベリ、ブルジュ湖へ向かう「迂回路」をとり、グルノーブルからヴィエンヌへの南の近道を避けたというわけ。
(97) 一・65、66。
(98) アウグスタ・タウリノルムと同じ町。
(99) おそらく満期除隊のときと同じ退職金を与えたものか。
(100) ウェスパシアヌス軍と同じ意味。以下「フラウィアヌス軍」をウェスパシアヌス軍と訳す。

(101) 彼らがパンノニアに帰ったのは八月(二・86)。

(102)「ウィテッリウスへの云々」invidiam Vitellio auxisset (cett)。invidiam bello auxisset (M)(W)「戦争への憎しみを」。

(103) ゲルマニア軍はウェルギニウスを皇帝に推挙したのに辞退されたため、いつまでもそのことを根に持っていたという意味(一・8、二・51)。

(104) 五月十八日頃か。

(105) バタウィ族やゲルマニア人との戦いを意味する(四・54以下)。

(106) ティキヌムからアエミリア街道をプラケンティアへと南下しないで、ポストゥミア街道を東のクレモナへと向かった。

(107) ウィテッリウスが戦場を訪れたのは五月二十四日頃。

(108) クレモナは六九年十月ウェスパシアヌス軍に破壊された(三・32、33)。

(109) 剣闘士試合を盛大に飾るための衣裳や小道具類。

(110) 共和政末期の有名な三頭官クラッススの子孫。なお「ヒストリア」はアドリア海の東海岸の地方名。

(111)「人前で云々」et coram ita locutus (cett)。et corona coram... (W)「聴衆の前で」。

(112)「虎視眈々と云々」posses videri concupisse (M) (cett)。... non cupisse (W. O. L)「狙っていないと思われたとき」。原文は「ネロやガルバのとき帝権を狙っていると思われてもという意味か。

(113) ネロから妬《ねた》まれて殺される前に自殺した(『年代記』一三・34以下)。

(114) コルブロはわれわれより高貴だ。しかしネロもウィテッリウスより高貴だ。だからネロがコルブロを恐れた如く、ウィテッリウスもウェスパシアヌスを恐れるだろうという意味か。

(115) ユダエアに第五、十、十五、シュリアに第三、四、六、十二、エジプトに第三キュレナイカと二十二。ただしシュリアの第三ガッリカはモエシアへ移っていた(一・79)。

(116) 「あなたは全軍に云々」tu omnes exercitus rege (W)。tu tuos.. (cett)「あなたはあなたの軍隊を」。

(117) 第六、十、十二軍団はアウグストゥス時代から、他の軍団(第四、五、十五)もネロ時代から駐留していた。

(118) 戦争遂行のためと皇帝の宣伝のため。このときアンティオケイアで発行されたウェスパシアヌス像の金貨が残っている。

(119) ローマへの穀物の輸出港であるアレクサンドレイアとペルシオンの二つの港。

(120) ムキアヌスがアンティオケイアを出発したのは八月上旬。

(121) 黒海《ポントス》艦隊はトラペズスを根拠地に四十隻の船がいた由。以下の文意は、ムキアヌスには出発のとき、モエシアが味方するかどうか不明だったので、カッパドキア、ガラティアを通ってボスポロス海峡を渡り(そのためポントス艦隊を西に行かせた)、トラキア、モエシアとエグナティア軍事道路を進み北イタリアへ入るつもりだった。他方で、モエシア経由を断念しデュッラキオンからアドリア海を渡り中部イタリアを攻めようかとも迷った。

(122)「そういうわけで云々」 この84節は、前節からの続き具合が悪いので、82節の後に置かれるべきだという（W）の説（ANRW, 1668）に訳者も傾く。

(123) ムキアヌス、マルケッルス・エプリウス（二・95）。

(124) トロサ（トゥールーズ）に三〇年頃生まれた。六一年遺書偽造で有罪を宣告され追放されたが、ガルバにより元老院に復籍され軍団長となる。

(125) タンピウス・フラウィアヌスはネロの下で執政官。シルウァヌスは四五年執政官、次にアフリカ知事、そしてダルマティア総督。コルネリウス・フスクスは生地不明。元老院階級の重荷と危険を伴う政治生活を捨てていたのに、ガルバから気持を変えさせられ、属州で元首金庫の番をしていたのだろう。

(126) 以下二節は六月から七月上旬にかけてウィテッリウスがイタリアを南下しローマに入るまでの記述。

(127) この数は戦死者、除隊兵、移動軍団兵のことを考えたら妥当な数字か（二・67、69）。

(128) 力弁当 sagina 剣闘士が試合の前にとる食事。以下でウィテッリウスが兵と剣闘士を同一視していることをタキトゥスは皮肉っている。

(129)「不気味で」 scaevum（M）（B）。saevum（cett）「野蛮で」。

(130) 第一、五、二十一、二十二軍団（一・61、64、二・100、三・21）。「分遣隊」は第一、四、

十五、十六軍団（二・100、三・21）、「援軍」（一・70、二・14）。
(131) アウグストゥス皇帝の死後、その妻リウィアに元老院が捧げた尊称。
(132) 七月十八日か。次節参照。
(133) ウィテッリウスは先に拒んでいた（二・62）ものを受け入れたが、今受け入れてもすぐ死ぬのだから、先の拒否も今度の受諾も「空しい」ことだったというわけ。
(134) 二・71でウィテッリウスが指名した候補者の選挙であろう。
(135) 戦車競走は四つの党（赤、白、緑、青）の馭者《ぎょしゃ》で争われ、民衆はそれぞれの党を贔屓《ひいき》し賭けた。ウィテッリウスは青党であった。
(136) 終生の護民官職権を持つ元首が、任期一年の護民官と同じように振舞ったという意味。
(137) 先のヘルウィディウスの義父。二人はストア派の徳と共和政の独立精神の権化と見られていた（『年代記』一四・49）。
(138) 解放奴隷は元の主人に対し、たとえば、一、服従、二、困窮の主人を助ける、三、自分に相続者のいないとき、遺産は主人に譲る、などの義務があった。
(139) 北方系の民族の罹りやすい日射病か。
(140) 次節を読むと文意は明らかになろう。
(141) 護衛隊十六箇大隊、都警隊四箇大隊。兵士はそのときイタリア出身のローマ市民ばかりではないので、「威信」を失っていたことであろう。
(142) 「厩舎」stabula　四党の馭者のための厩舎はマルス公園のフラミニウス競走場の横に建

てられた。
(143) 九月七日(二十四日説もある)。カエキナとウァレンスは九月一日より十月三十日まで執政官。都は十四区(regio)に、一区は二十六街区(vicus)に分れていた。試合は各辻で行われたろう。
(144) アウグストゥス祭司 Augustales　二十一名の名士からなる。ユリウス氏の血統が絶えた後も残っていたのか。
(145) ウィテッリウスの所へエジプトやユダエアの謀叛よりも後に第三軍団の知らせが来たのは九月七日(前節)以後か。ただし八月上旬説もある。
(146) 二・67。
(147) 二人ともウェスパシアヌスから「ウィテッリウスに背け」との手紙を受け取っていた(二・86)。
(148) 二・65。
(149) 六九—七〇年アフリカ知事。ウィテッリウスの親戚。七一年執政官、八五年病苦から自殺。
(150) 「こうして」　前文を受けたよりむしろ後文を先取りしている接続詞。
(151) 北西風 etesiae　七月中旬から一ヶ月間吹く。
(152) 九月十七日頃とか。
(153) 低地ゲルマニア軍と第一イタリカ(一・61、64)。

(154)「やがてわかったように」mox patuit（cett）。mox Patavi（L, O, K）「パタウィウムでの密談云々」。patui（M）では文意不明。

(155)両艦隊長を一人で兼任した例はない。

(156)三・86。

第三巻

(1)第七軍団長アントニウス、元首属吏フスクス、総督フラウィアヌス、第十三軍団長アクイラ、首位百人隊長ウァルスなど。

(2)ポエトウィオに集まったのは六九年八月下旬。二・98―101で述べられた事件の前のこと。

(3)原文ではここから突然直接話法。アントニウスの高揚した気持を伝えるためか。このような話法の変化の例は他にも（三・20、24）あるが、訳文で区別していない。

(4)ノリクムとラエティア。

(5)ヤジュゲス族の西に住むゲルマニア人のマルコマンニ族やクァディ族の王国（今のボヘミヤ・モラヴィア）を意味しているらしい。

(6)「おとなしく云々」　原典が損われ復原不可能。さまざまの改訂あるも、今はエに従う。

(7)ポエトウィオから北イタリアへ進む軍隊の右側、つまりノリクムやラエティア側。

(8)九月初旬。

(9)「やがて彼を滅ぼす」　不明。ドミティアヌス帝に嫁いだコルブロの娘が復讐したのか。

(10) 九月二十三日頃。

(11) ガルバの像の再建。ウェスパシアヌス派はオトやウィテッリウスの放恣《ほうし》よりガルバの規律を尊重することを世間に宣伝したかった。

(12) 十月初旬。

(13) 「ラエティアと云々」Raetiam Iuliasque Alpes, [ac] (cett) に従う。praeter Raetiam ac Noricas Iuliasque Alpes (W)「ラエティア……に沿って」。「ユリアエ・アルペス」はイタリアとパンノニアを分つカルニカエ・アルペスのことで、現在のブレンネル峠を越えてくるゲルマニア軍を封じ込めようとしたものか。

(14) 四六年頃生まれた有名な弁論家で歴史家。彼の戦記はタキトゥスも引用する(三・25、28)。

(15) アントニウス軍の主力はベドリアクムで負けていたオト軍。

(16) 「何よりもまず云々」ut inimici praesumpsere (cett)。ut inimici rescripsere (W)「敵と明記し云々」。

(17) フラウィアヌスを信頼して迎える趣旨の手紙であったろう。

(18) サトゥルニヌスがウィテッリウスに宛て第三軍団の謀叛を知らせた手紙(二・96)。

(19) ローマの金持の持っていたイタリア各地の別荘。

(20) 執政官級の総督は六名の先駆警吏を持っていた。

(21) ラウェンナの町の宿舎。

(22) なぜバッススとフスクスが交替したのか不明。兵士がバッススに不信感を抱いたのか。それとも予めアントニウスとバッススが打ち合わせていたものか。
(23) 帝室解放奴隷への皮肉。
(24) この密議は十月十八日に行われた由。
(25) 船がなくなってはパドゥス川から食糧を運べない。
(26) 流刑囚は誇張。元老院から追放されただけ(二・86)。
(27) 「兵士までも云々」etiam militibus principem auferre, principi militem (B, K, W)。[principi militem] (cett)。
(28) パドゥス川の橋か。タルタルス川説もある。敵の追撃を絶つためであろう。
(29) 九月下旬(三・36)。
(30) アントニウスはウェロナを十月二十一日に発ち二十三日にベドリアクムに到着した由。
(31) 「戦利品」は外敵から奪われるもので、アントニウスがこのような命令を下すわけがない。アントニウスに不利な史料に基づいた記述という説がある。
(32) 「偵察していた」curabant (M) (cett)。cursabant (H, K, V)「走り廻っていた」。
(33) 十月は午前十一時頃。
(34) 川の周辺がひどい湿地帯で、川床を踏むと足が深く沈み、あるいは滑ったらしい。この川はパドゥス(ポー)川の支流オリオ川に流れ込むデルモナ川とか。
(35) 「たまたま負けたため」forte victi (M) (W, B)。その他のさまざまの校訂は省略する。

(36) ウィテッリウスに解雇されていたオト時代の護衛隊（二・67）。
(37) 十月下旬の朝晩は寒いと言えようか。
(38) 午後八時半頃。この夜は十月二十四日と想定されている。
(39) これらの軍団は緒戦でやられていた（三・18）。
(40) 広々とした平地にいた新兵であったため。
(41) 「投石器の撥条索」vincla ac libramenta tormentorum（cett）。W はこれにオベリスクを付し、先の「第十五軍団の投石器」を「第十六」と改めている（ANRW, 1670）のは賛成し難い。
(42) 九時四十分頃とのこと。この月光の描写から、この夜が六九年十月二十四日から二十五日にかけての夜であったと想定される由。
(43) 「なぜお前たちは云々」cur resumpsissent（H, L, O, V）に従う。（M）は乱れている。
(44) 二・43。
(45) 二・85。
(46) マルクス・アントニウスの下で前三六―前三四年にパルティアで戦い、六三年コルブロの下で戦う（『年代記』一一・15）。
(47) ガルバを裏切ってオトを担いだのも、オトのため戦ってベドリアクムでウィテッリウス軍に敗北したのも赤恥だという意味か。「武器」はウィテッリウス軍にとられていた（二・67）。
(48) 長い駐留で第三軍団兵は東洋人の朝日礼拝を実行していたのか。

(49) クレモナからベドリアクムは約三十五キロ。
(50) 「鍬や斧を」ligones dolabras (cett)。legiones (M) (W)「軍団兵は斧を」。
(51) 有名な博物学者で『ゲルマニア戦記』など史書も書いた。ミセヌム艦隊長でもあった。二三年生まれ、七九年没す。
(52) 二・45。
(53) 将軍がウィテッリウス派の降伏手続に没頭している間に。
(54) アントニウスと風呂番の問答を聞いていた者が、アントニウスへの反感からこう解釈し、言い触らしたらしい。「クレモナの火災はまだなまぬるいぞ。」「いまに烈しく燃え上がります。」
(55) 地中から発散する有害な硫黄性蒸気の神格化されたもの。この神殿を焼くと祟りがあると考えられたものか。
(56) ブリタンニアとヒスパニアはすでにウェスパシアヌス派に加わっていたので、勝利の報告者だけで、生き証人を送る必要がなかった。
(57) 以下41節までは、カエキナの出発(九月十七日頃)からクレモナの敗報がウィテッリウスに届くまでの出来事である。ウァレンスは九月二十五日頃にローマを発ったと。
(58) 元老院での演説は十月三十日であったと。
(59) 前四五年十二月三十一日前任者の突然の死で執政官に就任した。レビルスはガリア戦でもその後の内乱でもカエサルに奉仕した。

(60) 都の南部（十二区）のオスティア街道に近い帝室所有の庭園。
(61) ネロの乳母の息子。エジプト領事（六三—六六年）。
(62) 十月十五日、十六日のことか。この頃ウァレンスはアペンニヌス山脈の西側のフラミニア街道にいたろう。
(63) 援軍歩兵らしい。護衛隊ならば三・55と、都警隊ならば三・64、69の記述と食い違うようだ。
(64) 十月二十七日か二十八日。
(65) 元首属吏はモノエクス（今のモナコ）から二十二キロ離れたケメネルム（今のシミエCimiez）に駐在していた。
(66) 二・67、69。
(67) 第九、第二十ウァレリア軍団。
(68) 『年代記』一二・40。
(69) 『年代記』一二・36以下。
(70) 現在のヨークシャイアあたりにいたケルト人。
(71) 『年代記』一二・33—36。「クラウディウス帝云々」、『年代記』一二・36—38。
(72) 戦争は宿題として残り、七一年ブリガンテス族は屈服した。
(73) 後述（四・12—37）。
(74) 六九年四月のこと。

(75) 三・5。
(76) 五八年執政官、六八年アシア知事、六九年十月頃モエシア総督。七〇年ダキア戦で倒れる。
(77) 三六―六三年ポントス王であったポレモン二世。王の死後ポントスはネロにより属州とされた。以下の事件は九月から十月にかけてのものか。
(78) 黒海沿岸のギリシア人の植民市シノペの市民が、前七五六年入植して建てた町。
(79) 二・83。
(80) おそらくシュリア軍。
(81) 六九年十一月中旬。
(82) 十一月中旬。
(83) 七〇年執政官。
(84) 前八七年民衆派マリウスの将軍キンナがローマを攻めたとき、門閥派スッラの将軍ポンペイユス・ストラボがヤニクルムの丘で防戦したときのこと。
(85) 前七八年法務官、六七年死ぬ。『同時代史』を書いた歴史家。
(86) 第七クラウディアナ軍団長。
(87) 「その他の地域を」alia (W)。Daciam「ダキアを」(cett)。
(88) 彼の命令は十一月十三日頃であったと。
(89) オトがミセヌム艦隊より募っていた軍団兵で、後にウェスパシアヌスがこれにラウェンナ艦隊兵も加えて編制した第二アドユトリクス軍団か（異説もあり）。「これほど大勢の云々」、護衛隊兵約一万四千、軍団兵約五千、騎兵約千騎。

（90）護衛隊二箇大隊、都警隊四箇大隊、援軍歩兵三十四箇大隊（二・89）。

（91）属州のある共同体に、兵役や貢税の免除された自治市並みの地位を与えたの意。「外人に云々」は属国、朝貢国のある共同体には、ローマ市民権の前段階の権利である「ラティウム権」を与え、上部階層にはローマ市民権を与えたという意味。

（92）ウィテッリウスがローマを出発したのは十一月二十四日頃とのこと。

（93）この艦隊の返り忠は十一月二十八日頃。ウィテッリウスがローマに帰ったのは十二月一日の由。

（94）護衛隊兵がローマの兵舎で戦死し（三・84）、ボウィッラで降伏した（四・2）ことなどを意味しているのか。

（95）バッススが叛旗を翻した（二・100、三・12）後で任命されていた。

（96）ルキウス・ウィテッリウスが出陣したのは十二月十日頃。

（97）「選挙区を召集させた」vocari tribus iubet。つまり選挙区民会（comitia tributa）を召集させた。共和政期にこの民会の持っていた政治的役割は失われ、帝政期には行政上の単位として人口調査や収税や徴兵の目的で召集された。

（98）二・62。

（99）六一年ブリタンニアの第九軍団長、七〇年、七四年執政官。低地ゲルマニア、ブリタンニア総督。ウェスパシアヌスの娘ドミティアを妻としていたらしい。

(100) 十二月八日頃到着。

(101) ウィテッリウス軍の陣営のあったナルニア（三・58）と、カルスラエの間の距離。

(102) 軍団兵の到着は十二月十三日頃。

(103) 百人隊長や副官の「多くは」。

(104) ファビウス・ヴァレンスはストエカデス諸島で捕えられ（三・43）、イタリアに護送され、ウルウィヌム（・ホルテンセ、今のコッレマンチオ）に幽閉されていた。アントニウスは、ウィテッリウス軍の残党の籠っていたナルニアの城壁の前でヴァレンスの生首を見せた。

(105) ネロが五九年に始めた音楽と芝居の私的な祭（『年代記』一四・15）。

(106) 一・52。

(107) 六九年一月二日ウィテッリウスを皇帝に推す（一・57）。「他の人の変節」とは、カエキナ（三・13）やバッスス（三・12）のこと。

(108) 「この投降も云々」十二月十五日頃。上官が不在で軍紀も乱れていた（三・56、58、61）。投降兵は礼を弁えず凱旋式のように旗を掲げていた。そこでアントニウス軍も身構えていたわけか。

(109) 三箇大隊（三・78）。

(110) 「渋々金を云々」parce iuvisse（cett）：prave（B, W）「辛うじて」。

(111) ウィテッリウスの友。六八年執政官、七七年（?）アシア知事。雄弁家、叙事詩人。

『ポエニ戦争』が残っている。
(112) 「僅かな日数でも」paucis diebus (W, B)。casibus dubiis (cett)「苦境のうちに」。
(113) これは父親の方。この父親の後ろ楯でウェスパシアヌスは出世できたらしい。
(114) スエトニウス「カリグラ」56―58。「ネロ」は、同じくスエトニウス「ネロ」48。
(115) この神殿が択《えら》ばれた理由は、集会を開いていた広場に近かったし、ここでしばしば元老院も開かれていたからであろう。
(116) おそらくコンコルディア神殿の裏手、カピトリウムの丘の近くだったのか(三・70)。
(117) 都で最も有名な道。カピトリウムから広場を通ってウェリア丘までの道。この丘で右折するとパラティウムに行く。
(118) クィリナリス丘にあった。
(119) ウィテッリウスがゲルマニア軍団兵から選抜していた護衛隊兵(二・94)の三箇大隊のこと(三・64、78)。
(120) クィリナリス丘の西の斜面にあった。
(121) カピトリウムの丘には二つの頂があり、西南の頂にユピテル神殿、北東の頂に砦があった。ここでの「カピトリウム」は丘を意味する。
(122) 十二月十九日。
(123) 彼らは護衛隊兵舎を出て広場の西北端をよこぎりコンコルディア神殿を左に、カピトリウムの坂道を登った。

(124) カピトリウムの二つの頂の間の凹地にあった。「タルペイユスの崖」の正確な位置は不明。

(125) もしローマ市民が都を占拠されるという不安を抱いていたなら、カピトリウムの周りに大きな建物を築き、占拠されやすいようにしてはいなかったろう。

(126) この逍遥柱廊は前述のカピトリウムの坂道のと違い、聖域の森の北側の建物と神殿の間にあったものだろう。

(127) 前六世紀末のエトルリアのクルシウム王。タルクイニウス王がローマから追放されたとき、彼の復権を計ってポルセンナがローマを攻めたときのことか。

(128) 前三九〇年ガリア人がローマを占領したときのこと。

(129) 前八三年七月六日、マリウスとスッラの抗争のとき、ある個人が放火したという。犯人は不明。

(130) 「この恐るべき災禍云々」quo tantae cladis pretio stetit? pro patria bellavimus? (M) (B. O. K)。quo tantae cladis pretio? stetit, ‹dum› pro patria bellavimus (cett)「この恐るべき災禍のため、どれほどの犠牲が払われたか。われわれが祖国のため戦っている〈間、しっかりと〉建っていたのに」。

(131) 前八三年。そして「プルウィッルス」が奉献した年は前五〇七年であるから、計算すると (507－83＝424)、つまりかぞえで四百二十五年である。タキトゥスか写本の誤りか。

(132) スッラの渾名はフェリクス（幸運な人）であった。

(133) スッラの後継者。前六九年奉納する。
(134) エジプトの神イシスの信者の礼拝服。カピトリウムにイシスの神像や祭壇があったのか。
(135) パラティウムとカピトリウムの間の低地の商業地区。
(136) 四八年より五四年。「十二年間」は五六―六〇年、六二―六八年。六九年一月十五日から十二月十九日まで。
(137) 十二月十六日から十九日頃。話は前節(57、58)に述べられた事件へ戻る。
(138) 「フェロニア」はイタリアの古い森の女神。この聖林はアッピア街道のタッラキナの北西にあった。
(139) 三・57。
(140) 四七―五二年エジプト領事。ウェスパシアヌス派でタッラキナを防衛していたが、その町(三・57)も、彼の奴隷(四・3)もウィテッリウス贔屓であった。
(141) 十二月十六日頃(三・63と注108)。
(142) 十二月十七日から数日間続くローマのカーニバル的な祭。
(143) 二番目の妻ガレリア・フンダナとの間の娘(二・64、四・4)。
(144) 三・59。
(145) 十二月十九日午後のこと。「元老院」の召集も同じ日。
(146) ストア派哲学者。六九年法務官、九二年執政官。ドミティアヌスに殺される。
(147) 「散り散りになる」palantur (M) (B, H, K)。pulsantur (O, L, V), pellentur (W)「追

い払われた」。
(148)「将軍」ペティリウス・ケリアリス。
(149) 三〇年頃生まれた。六五年追放され、六九年に帰ってきていた(『年代記』一五・71)。
(150) あらゆる神官職の最高責任者たる大神祇官長、つまり元首のため、平和の使者となった。
(151) 彼が兵の集会を開いたのは十二月十九日。「その翌日」(二十日)にローマに入った。
(152) フラミニア街道を進んだ部隊がサッルスティウス庭園の北側に向い、ケリアリスの率いる騎兵隊はサラリア街道を進みコッリナ門を破り、すぐ西側のサッルスティウス庭園を南から攻めた。ティベリス川の左岸を進んだ部隊はマルス公園に入り、後でフラミニア街道の部隊と合流して戦った。サッルスティウス庭園の道が「滑りやす」かったのは十八日から十九日にかけて雨が降り(三・69)ぬかるんでいたためとか。
(153) 門番の小部屋であった由。スエトニウス「ウィテッリウス」16。
(154) 皇帝として晴れがましく振舞った舞台。「ガルバの殺された場所」はクルティウス池(一・41)。
(155) 六九年十二月二十日に死ぬ。
(156)「彼の父」以下で写本に脱落あり、現代の学者の〈補文〉を訳した。
(157) 彼ら(カエキナやバッスス)がウィテッリウスを裏切ったのは、国のためからではなく、利己的な無節操からだった。その証拠に彼らは国のためには立派なガルバを裏切っていたのだから。

(158) 十二月二十日。十二月なので四時すぎに日は沈み、元老院が開けなかったろう。翌日の元老院の記述は四巻3—10節である。

第四巻

(1) ウィテッリウス派の援軍のゲルマニア人(五・14)。

(2) アントニウスはクレモナで掠奪を自制した(三・33—34)がゆえに、そのときの不満をローマで晴らしたということか。

(3) ウェスパシアヌス軍に占拠され(三・57)、後でウィテッリウス軍に破壊された(三・76—77)。

(4) 十二月二十一日に開かれたろう(異説もある)。このときの元老院議決は「ウェスパシアヌスの命令権に関する法」Lex de imperio Vespasiani (CIL VI. 1, 1930) として、断片が残っている。〔本文附録・2〕参照。「代々の元首に慣例」は一・47、二・55。

(5) ローマ人は、ある場所の罪穢れを清めるとき生贄を連れて廻り血を注ぐ。そのように兵士の血でローマ帝国の穢れを祓い清めたと思ったという意味か。

(6) ウェスパシアヌスは戦争の終結、つまり自分の勝利と皇帝宣言について元老院の裁決や承認を仰ぐかのように、謙虚に振舞っていたので、元老院は感動したという意味か。

(7) ウァレリウスはウィテッリウスと共に七〇年一月に執政官就任を予定されていたと考えられる。予定執政官は元老院で最初に発言する資格を持つ。

(8)〈同時に云々〉　ここで脱落が想定されている。さまざまの補文が試みられているが、ここでは Andresen に従う。
(9)〔イタリアの地方〕　写本が乱れている。B に従う。
(10)　ストア派の哲学によると、「理性の外」extra animum、つまりおのれの理性（意志）で統御できないもの、たとえば財産・家柄・権力・美貌など一切、徳と関係がないので、賢人はこれらに無関心であるべきだと考えた。
(11)　ネロ時代、マルケッルスのようにネロの手先の職業的告発者が議員のうちにも多かったので。
(12)　前述（四・3）と同じ十二月二十一日。
(13)　バレア・ソラヌスは五二年執政官、アシア知事（『年代記』一六・23）。「センティウス」は不明。
(14)『年代記』一六・21—28。
(15)　国庫が法務官に管理されたのはネロ時代（『年代記』一三・29）だけで、ガルバが元の通り国庫管理委員に返したという説に従うと、タキトゥスの記述は曖昧である。
(16)　ヘルウィディウスの発言はウェスパシアヌスを軽んじていたので、後日これをとりあげ、ウェスパシアヌスとヘルウィディウスの仲を裂き漁夫の利を得ようとする者が現われたということか。
(17)　ストア派哲学者。ストア派は友情を尊ぶのに、それを裏切ったので一層憎まれたわけである（『年代記』一六・32）。
（18）七〇年一月一日（四・40）。
（19）おそらく十二月の終り頃。
（20）六五年ネロ暗殺を企てたガイウス・カルプルニウス・ピソの息子（一・14、注57「系図」参照）。
（21）叛乱が深刻化した頃（三・46）の六九年秋から冬と解される。タキトゥスは、新しい年（七〇年）の事件を述べる（四・38以下）前に、前年度の叛乱を溯ってその発端から一括して述べている。
（22）『ゲルマニア』30、31。
（23）「近くに位置していた島」insulam iuxta sitam (cett)。inter vada (W, B)「浅瀬の間に位置した島」。このバタウィ族の島は「大洋（北海）」とレヌス川とウァハリス川に囲まれていた。
（24）「彼らは財力を……」写本（M）の読みに従うと、「ローマの力に潰されず――この強力な国との同盟にも拘らず――」。
（25）『年代記』二・8、11。「ブリタンニア」での活躍は『年代記』一四・29―39。
（26）援軍は首位百人隊長級の指揮者に統率されていた。
（27）「レヌス川を云々」写本に脱落があるらしい。ここではWに従う。
（28）この二人は兄弟で、パウルスがウィンデクスとの共謀を疑われ、フォンテイユス・カピトに殺されたのは六九年五、六月のことらしい。
(29) 三人とも片目であった。
(30) 五・26、四・32。
(31) 五・26。
(32) 六九年早々のことか(二・57)。
(33) バタウィ族の援軍八箇大隊は第十四軍団付属としてブリタンニアにいた(一・59)が、ゲルマニアに送り返されていた(二・69)。
(34) スエトニウス「カリグラ」43―47。
(35) 陣営は今日のライデンの西近くにあったと。Wの校訂に従うと、「近くの冬期陣営を占領し、あるいは大洋から侵入する。」
(36) これはトゥングリ族のことらしい。
(37) 六九年九月のこと。
(38) 『アグリコラ』30。
(39) アエドゥイ族とアルウェルニ族はウィンデクスの下で、バタウィ族やベルガエ族(トリウィリ、リンゴネス)はウェルギニウスの下で戦った。
(40) カエサルに占領された前五〇年以前でなくて、アウグストゥスの徴税調査(前二七年以前)としても、もし生きていたら九十五歳以上だろう。
(41) 第十五プリミゲニアと第五アラウダエの軍団の陣営はウェテラにあった。前者はルペルクス、後者はファビウス・ファブッルス（三・14）が軍団長。合計五千名（四・22）だったらしい。
（42）『ゲルマニア』7。
（43）九月中旬。
（44）この援軍はブリタンニアにいた八箇大隊（二・97）。
（45）援軍の給料は軍団兵（年給千セステルティウス）の三分の一ぐらいだった由（異説あり）。
（46）ローマ軍は市民の軍団兵と属州民の援軍、キウィリスはローマの援軍隊長と同時にバタウィ族の将軍。後述の「市民戦争と異民族との戦争の混じり合った光景」と同じ意味か。
（47）陣営の外にあったローマ市民の従軍商人の住居や店舗《カナバエ》が次第に大きくなって自治市へと発展していたという意味。
（48）ゲルマニア人の神々に捧げられた狼や蛇などの聖獣。『ゲルマニア』7。
（49）二箇軍団一万人を収容したこの陣営の城壁は、考古学上の調査で、三一五〇メートル、壁の厚さ三メートル、濠の幅六メートル、深さ一・四メートルであった由。
（50）この南側に正門があった。
（51）「火矢」ardentes hastas　先端に塗ったピッチに火をつけた太い棒（falarica）のことか。
（52）モゴンティアクムにいた第四と第二十二軍団。
（53）未亡人の建てた墓碑銘が残っている（ILS 983）。

(54) 痛風であった(一・9)。
(55)「フラックス」は無気力を意味し、「ホルデオニウス」は罰として小麦の代りに与えられる大麦、ホルデウムに由来する。
(56) 百人隊長に次ぐ兵士としての最高位。
(57)〈ノウァエシウム……〉 脱落が想定されている。補文は Heraeus による。
(58) この機械装置は tolleno と呼ばれ、城外の敵を引っかけた鉤のある方の腕木を梃子《てこ》で高く吊り上げ、空中で廻転させて城壁の中に入れると、鉤の敵を振り落した。
(59) クレモナの戦いは十月二十五日なので、報告は十一月上旬に到着したであろう。モンタヌスは低地(ノウァエシウム)にも高地(モゴンティアクム)にも報告を持参したろう。ホルデオニウスはノウァエシウムにいた。以下の事件はここで起った。
(60) 古兵らがウィテッリウスを皇帝に担いでいたので。
(61) ここにはウォクラとヘレンニウス・ガッルスがいた。
(62)「斧」secures おそらく権力の象徴としての「儀鉞《ファスケス》」のことであろう。
(63) ウェテラの陣営(四・21)。
(64) モンタヌスはキウィリスと組みローマに叛く(五・19)。
(65) ガルバが六八年ヒスパニアの総督のとき、募集していた二箇大隊のウァスコネス族(今のバスク族)の援軍。
(66) ウェテラの包囲網。

(67) 非常時に備えて食糧貯蔵庫のあったノウァエシウムに向かった輸送車や荷獣の一隊。
(68) ウェテラとゲルドゥバの間は水路や沼地が多く、そのため土手道や橋も目立っていた。この沼地でキウィリスに襲われた。
(69) 〈犠牲にされ〉 さまざまの補文が想定されるも、ここではH. Bに従う。
(70) ウォクラがゲルドゥバに行っている間に、第二の包囲戦が始まったというが、タキトゥスは第一の包囲戦(四・18)がいつ終ったか述べていない。
(71) 四・19、24、25。
(72) ウォクラは奴隷に変装し(前節)ボンナへ逃げていた。ここに第一低地軍団と第四、二十二の高地軍団がいた。
(73) この包囲網は今までに述べられていない。第四と二十二軍団の一部が残っていたので狙われたものか。
(74) 四・55、69。
(75) ここから七〇年一月一日以後のローマの事件が述べられる。このとき、ウェスパシアヌスはエジプトにいた(四・51、注115)が、ティトゥスはエジプトかユダエアかにいたろうが、両説あって真実は不明。
(76) 四・12—37で述べられたゲルマニア属州における叛乱のことらしい。
(77) 五七年執政官(『年代記』一三・31)、六九年よりアフリカ知事(一・14、注57系図)。
(78) 両執政官が不在のとき、元老院を召集するのは筆頭法務官の市民係。

(79) 執政官の後七四―七八年ブリタンニア総督、九八年と一〇〇年にも執政官となり、一〇三年（一〇四年か）に死す。『水道論』『戦術論』などの著書が今も残っている。
(80) フロンティヌスの辞任と同日（一月一日）かその翌日にドミティアヌスが就任したと考えられる。つまりフロンティヌスは一日だけの法務官であったらしい。
(81) ガルバの養子となったピソの兄（一・14、注57の系図）。「弟の銅像」とは広間に飾られている先祖の像の一つであろう。
(82) キウィリスの叛乱に対し、第八、十一、十三軍団がゲルマニアへ移動する（四・68）。
(83) 一月九日と考えられている。
(84) ガルバの養子であったピソの霊。彼に対し元老院議決が実行されなかったのは、兄スクリボニアヌスや義兄弟アフリカ知事ピソが疑われたためであろう。
(85) たとえば「ネロの月」などの名が改められた（『年代記』一五・74、一六・12）。
(86) 四・9。
(87)「正義の強い要請を云々」iustum iudicium explesse (M) (O, B)。iustum officium (W)「正当な義務を果した」。iustam vindictam (cett)「正当な復讐をなし遂げた」。
(88) セネカの友人。七一年追放される。『年代記』一六・34、スエトニウス「ウェスパシアヌス」13。
(89) 六七年執政官、七七―七八年アフリカ知事。
(90) 兄弟ルフスとプロクルスは、それぞれ高地と低地ゲルマニアの総督。六七年自殺を強いられた。
(91) メッサラはレグルスの母の二度目の夫の子。六七年財務官。
(92) 財務官就任の資格年齢と同じ二十五歳。
(93) リキニウス・クラッスス家、とくに六四年執政官のリキニウス・クラッスス・フルギ（一・14、注57の系図）のこと。コルネリウス・スキピオ・「オルフィトゥス」は五一年執政官（スエトニウス「ネロ」37）。
(94) 「おのれを犠牲とし」意味曖昧である。メッサラはネロ時代の告発者に復讐しようとする当時の風潮を非難し、間接的にレグルスを弁護したということか。
(95) 一・47では述べられていない。タキトゥスはこのような嗜虐的な非人道的な行為は、他人の口を通じて話したかったものか。
(96) 「われわれは断乎として云々」ausuri sumus (cett)。visuri sumus (M) (B, W)「執政官級の人となるのをわれわれは見ることになろう。(それでもよいのか)」。
(97) 「しかし良風美俗より云々」sed diutius durant exempla quam mores (M) (cett)。文意はこう解されようか。ティベリウスが死んだとき、ローマ市民は「最後の主人」と思ったが、カリグラが現われ、カリグラが死んだとき「これが最後」と思ったらクラウディウスやネロが現われ、悪の手本は次々と模倣されるが、ウェスパシアヌスの如き立派な手本は後継者や模倣者は得られないだろう。従ってWの改訂...exempla quam imperatores...「……皇帝たちよりも陋習悪弊が……」(ANRW, 1677) は支持できない。

(98) 悪い元首の下で悪事を働いた手下を処罰するのは、その元首の死後、早速が最も相応しいの意か。
(99) 一月十五日か。二月一日との説もある。アウグストゥス以来、会期は原則として一月に二度（一日と十五日）であったが、臨時の召集も元老院に任されていたらしい。たとえば「一月九日」四・40、注83参照。
(100) ヘルウィディウス・プリスクスへのあてつけ（四・43）。
(101) 『年代記』一三・44、「ソシアヌス」については同じく一四・48。どちらもネロ時代の護民官。
(102) ここでは元老院がイタリアの町の監督権を行使することを意味する。
(103) 以下で三種の区別が認められる。一、オトの護衛隊兵でウィテッリウスから解雇されていた者（二・67）、二、「同じ希望の下に云々」は、アントニウスに軍団兵から選抜されて護衛隊兵を約束されていた者か（三・49）。これはここで初めて言及されているらしい。三、「ウィテッリウス派」の護衛隊十六箇大隊の生き残り組。これは彼の軍団兵から選抜され（二・93）、そのうち七箇はナルニア（三・63）で、六箇はボウィッラ（四・2）で降伏し、三箇はローマの兵舎で戦死していた（三・84）。「約束された給料」は軍団兵の給料の三倍もある護衛隊兵の給料のこと。
「ウィテッリウス派の護衛隊兵すら」は、敵であったウィテッリウス軍はともかく、オトやアントニウスの兵は味方していたので、一層解雇に困ったという意味か。いずれにせよ、上記三つのグループから適当に択ばれ、結局七箇大隊にまで削減された。
(104) 護衛隊長に代って元首の資格で臨んだものか。
(105) ウィテッリウス派の護衛隊兵。彼らは名誉ある除隊を勧められて断った。
(106) 護衛隊の定年は五十歳。満期は十六年奉公。
(107) 二月一日の会期であろう。「六千万セステルティウス」は各個人からの借金の額。ウェスパシアヌスは国家再建に四百億必要と言っている(スエトニウス「ウェスパシアヌス」16)。護衛隊の給料のために急場しのぎの借金を考えたのか。
(108) 三・55。
(109) 一九年執政官、三三―三九年アフリカ知事。彼の妻アエミリア・レピダはアウグストゥスの曾孫であったので、カリグラは敵視していた。
(110) 軍団長の任期が知事の正常な任期一年より長かったのでの意。シラヌスの任期は例外的に長かった。
(111) 「アフリカの属州も云々」二・97。
(112) カルプルニウス・ガレリアヌス(四・11)。
(113) ドミティアヌス時代に職業的告発者として悪名を馳せた。
(114) 第三軍団司令部はアンマエダラ(マダウラ)にあった。
(115) ウェスパシアヌスはおそらく十一月中旬からアレクサンドリアに滞在していたろう(三・48)。この地でクレモナの勝利(十月二十五日)やウィテッリウスの死(十二月二十日)

を聞いた。ティトゥスとの会見もこの冬エジプトで行われたと考えられる。

(116) 元老院に敬意を表したわけである。外国の使節を迎えるのは元老院の権限であった。

(117) ドミティアヌスの悪い噂を聞いたので、ユダエアはティトゥスに任せ、自らはローマに帰ろうと決心したという意味か。しかし実際にローマに帰ったのは六月二十一日(四・53)以後で、あるいは十月(四・81)であったろう。

(118) ティトゥスは四月一日頃までにアレクサンドレイアを出発したらしいが、いつからエジプトに滞在していたのか不明。

(119) 「それから」tum ティトゥスとの会談の後でという意味か。「まだ荒れていた海」からして、出航は二月であったらしい。三月に正常の航海が始まるから。

(120) カピトリウムの再建についてはすでに元老院で協議している(四・4、9)。本節はウェスパシアヌスの指示に基づいて行われた「地鎮祭」を述べたものと考えられる。もしそうだとするならば、その前に瓦礫が清掃されていなければならない。スエトニウス(「ウェスパシアヌス」8)によると、ウェスパシアヌスは率先して肩に瓦礫を担いで捨てたという。しかしウェスパシアヌスは「六月二十一日」までにローマに帰っていないようである(四・81、注117)。敷地を花環で囲んだり、新鋳造の貨幣を地中に埋めたという記述からしても、この日まで瓦礫が半年間も放置されていたとは考えられない。たとい文中の「礎石」lapisを、カピトリウムに神殿建立以前からあった境界神石標《テルミヌス》 Lapis Terminus と解しても(G. B. Townend, *Historia* 36 (1987), 243 ff.)、瓦礫と地鎮祭らしき儀式との不調和は疑問として残る。

(121) ガリアのウィエンナ（ヴィエンヌ）の出身。クラウディウス帝の友。エジプト領事（五九―六二年）。
(122) オスティアに近い沼沢地（『年代記』一五・43）。
(123) なぜ夏至の日が択ばれたのか。吉日なのか。タキトゥスはこの日付を最後に、後述の文に一切月日を記入していない。
(124) たとえばファウストゥス、フェリクス（共に「幸せ者」の意）、サルウィウス、ウァレンス（共に「健全な人」の意）など。
(125) この時点で両執政官不在。ドミティアヌスは年少者で父親から辞退を強いられたものか。それともすでに彼はガリアへ向かっていたのか（四・68、85）。
(126) 四五年執政官。アシア知事、都警長官を経て、七四年二度目の執政官、七九年没。
(127) これからの記述は四・57に続き、七〇年の初めに溯る。もっともウォクラの殺害（57―59）は六月二十一日以降と考えられる。
(128) Druidae（または Druides）。古代ケルト民族の僧侶で、帝政期にもガリアの土着民の間で強い影響力を持っていた。
(129) 彼らはオトに命じられたとき、ローマに滞在していたらしい。
(130) トレウィリ族はガルバからひどい仕打ちを受けていたから（一・53）。
(131) ウォクラはモゴンティアクムにいた（四・37）。
(132) 四・18。

(133) この「奸策」は首謀者が装っていた服従ではなく――そのことはすでにウォクラも見抜いていたから――、新しい工作を考えてウォクラをキウィリスのいるウェテラへ引き寄せたのであろう。
(134) ウェテラを再び包囲していたキウィリスやレヌス川右岸のゲルマニア人の首領であろう。
(135) ウォクラが率いていたのは、ウェテラの第五、第十五軍団の分遣隊、ボンナの第一とノウァエシウムの第十六軍団の一部であったろう。
(136) 『年代記』三・40―46。
(137) それぞれ第一(四・19)と第十六軍団長(四・22)。
(138) 深紅色の将軍外套、先駆警吏、儀鉞であろう。
(139) ウォクラがモゴンティアクムに残していた第四と第二十二軍団兵。
(140) 『ゲルマニア』31。もっとも髪を赤く染めるのは「誓い」と無関係の由。
(141) 一世紀後半に、ゲルマニア全土で女神の如く崇《あが》められていた処女の予言者(『ゲルマニア』8)。
(142) 別名アウグスタ・トレウィロルム、今のトリエル。
(143) 第一軍団(四・57、注135)。
(144) 「性来の残虐性」saevitia ingenii (cett)。saevitia ingenti (M) (B)「果て知らぬ残虐性」。
(145) 低地ゲルマニアの要塞堅固な基地として残す必要があった。
(146) 「マルス」ゲルマニア人はTiu (Ziu) と呼ぶ(『ゲルマニア』9)。

(147)『アグリコラ』21。
(148)「将来への不安」ローマの復讐のこと(四・79)。後述の「目前の状況」condicio praesens (cett) が formido (W)「目前の恐れ」と改訂されている。
(149)五〇年、軍団兵の退役者の入植でこの町は始まる。『年代記』一二・27。
(150)「記念碑」条文を刻んだ銅板のはめ込まれた石柱の類か。
(151)七九年サビヌスは妻と共にウェスパシアヌスによって処刑されたと。タキトゥスの記述は失われている。
(152)このときアントニウスは高地、ペティリウスは低地ゲルマニアの総督として赴任した(五・19)。
(153)四・39。
(154)この頃は護衛隊長が騎士階級の最高位の職。エジプト領事や食管長はその下位であった。
(155)七三年と八五年執政官。彼の姉妹がティトゥス(帝)の最初の妻。
(156)三・55、五・14。
(157)以上のうち第二、第十三軍団を除き、すべてゲルマニア駐留軍となる。
(158)ローマにおいて、鳥占いの儀式の後、宣戦布告する権限は皇帝のみが持っていた。この文意は、「ある人を最高司令官たらしめる正当な資格は何であるか。」
(159)いずれもモゴンティアクムより上流のレヌス川左岸の住民。もっともカエラカテス族の位置は不明。

(160) モゴンティアクムの守備隊の第四マケドニカと第二十二プリミゲニア(四・59、注139)。
(161) 四・62。第十六と第一ゲルマニカ。
(162) ホルデオニウスによって募集されていた兵(四・24)。
(163) 第一と第十六軍団。ここメディオマトリキ族(今のメッツあたり)から目的地リゴドゥルム(リオル)へは約百キロで、ケリアリスがモゴンティアクム(マインツ)からここへ来るのは約百六十キロであった。
(164) 彼の軍隊はモゴンティアクムの第四と第二十二軍団、アルペスを越えて来た第二十一軍団(四・70)と援軍。
(165) リンゴネス族はサビヌスの下で戦いセクアニ族に撃破された(四・67)後、トレウィリ族と同盟を結んでいたのか。
(166) カエサルがガリアで戦争を始めたのは、この人物の野心のためと言われている。カエサル『ガリア戦記』一・31。
(167) ガリア人でガリア・ルグドゥネンシス総督だったウィンデクスの如き例を意味している。「しばしば」は誇張であろう、少なくとも一世紀においては。
(168) ローマ人に抵抗していた相手を大まかにこう表わしたもので、トゥトルもクラッシクスもガリア人。
(169) 四・59。
(170) ウビイ族もリンゴネス族も、ここではキウィリスへ送られた分遣隊であろう。

(171) 陣営（第一、第十六、第二十一軍団）はモセラ川（モーゼル川）の左岸にあり、ケリアリスは右岸のトレウィリ族植民市（トリエル）の宿舎に寝ていた（五・22）。ゲルマニア軍は左岸の山から攻めて来て陣営を破り橋を占領していたので、ケリアリスがこれを奪回し、左岸の陣営に入って防戦した。

(172) 兵士はホルデオニウス（四・27、36）も、ウォクラ（四・35）も自分たちを裏切ったと信じていた。

(173) 四・59、70。

(174)「お前たちの軍団長は」omnes legati vestri。このlegatiは「軍団長」legatus legionisも、「総督」legatus Caesarisも意味しているらしい。

(175) 四・65、66。

(176) 艦隊の根拠地はゲソリアクム（今のブーローニュ）にあった。ブリタンニアの第十四軍団兵は、ここからアトゥアトゥカを経てアグリッピネンシスへ通じる道路を東へ進んだらしい。

(177) ウェスパシアヌスは七〇年九月中旬に出発し、ローマに十月初旬に帰ったらしい。「夏の季節風」は五月十日から六月十日、八月十九日から九月十七日と年に二度吹くといわれるので二度目の季節風を利用したと考えられる。

(178) この名はギリシア語のバシレウス（王）に由来する。バシリデスの幻影はウェスパシアヌスの統治者（王）としての資格を保証したと考えられた。バシリデスは解放奴隷出身、エジプト領事を経てセラピス神司祭。

(179) エジプトはアレクサンドロス大王の没後から、前三〇年ローマに占領されるまで、マケドニア王朝に支配された。その初代王が本文の「プトレマイオス」一世・ソテル（前三二三—前二八三年在位）である。

(180) エレウシスはデメテル女神崇拝の秘教の中心地。エウモルピダイ家は代々この秘教の神官を務めていた。

(181) 黒海沿岸の町で、ポントス王の住居があった。

(182) ローマの冥府の神、ギリシアのプルトンにあたる。「プロセルピナ」はローマの冥界の女王、ユピテル・ディスの后。

(183) アポロンの父ユピテルがユピテル・ディスと同一視されている。プロセルピナとアポロンは父をユピテルとする異母兄妹である。

(184) セラピスを外来神としてここまで説明してきて、突然昔からラコティス（アレクサンドリアの郊外）にセラピス神の社があったというのは矛盾ではないのか。

(185) プトレマイオス三世の統治は前二四六—前二二一年。

(186) 両脇にケルベルス（冥界の番犬）と蛇を従え、頭に穀物を量る升をいただき外套を着ている姿はプルトンと同じだという意味。「ディス・パテル」は「ユピテル・ディス」と同じ。セラピスはエジプトのオシリス（冥府の神）とギリシアのゼウス（＝ユピテル）とハデス（＝プルトン）とアイスクラピオス（医神）とが融合し一体となった神と考えられている。

(187) 彼らがローマを出発した日は不明。六月二十一日（四・53）に不在だったとすれば、それ以前と考えられる。

第五巻

(1) ティトゥスは六九年六月に任命されている（二・82）。
(2) 総兵力は五万と考えられている。
(3) ローマの古い農神でギリシアのクロノスと同一視される。ゼウスから追放されたクロノスはイタリアへ来たという。
(4) ラテン語ではユダヤをユダエア、ユダヤ人をユダエイと言う。
(5) オシリスの后で、両者は天地創造の頃の支配者と考えられている。
(6) 『イリアス』六・一八四―一八五、『オデュッセイア』五・二八三―二八四。
(7) ハンセン病のことか。
(8) この者が第二十四王朝（前八世紀）の王ならば、「エクソドス」（エジプト脱出）と矛盾する。後者は前十三世紀のこと。「ハンモン」は、ギリシアのデルポイのアポロンに相当するエジプトの予言の神。
(9) モーゼ（モーセ）のラテン語形。以下モイセスの忠告は「エジプトの神々を捨て今や新しい指導者（アブラハムかモーセか）を信ぜよ」という意味か。
(10) ろばの像が神殿に安置されていたと言いながら、後で（5節）、「神を観念としてしか認めない」と言っているのは矛盾ではあるまいか。タキトゥスの3、4、5節の記述はいろいろと問題があるらしい。詳細は Heubner の注釈書を参照されたい。
(11) エジプトの最高神オシリスは、牡牛アピスの姿で現わされていた。
(12) 一世紀後半には、ローマ人の中にもユダエア教の信者が多く見られた。
(13) 信者の殉教死のことであろう。
(14) 死体に防腐装置を施すこと。しかしユダエア人は香料を死体にこすりつけるだけと言われる。
(15) 本来、トラキアやマケドニアの神で、ギリシアのディオニュソスに相当するローマの酒と豊穣の神。
(16) これが「塩の海」または「死海」と呼ばれる湖。湖底の鉱油が少しずつ湧出し、湖の表面に浮き、空気中の酸素によって凝固し瀝青(bitumen)ができた。しかしいつ頃からかこの現象は見られなくなり、最近では十九世紀の後半、地震の後で瀝青が岸に打ちあげられたという。昔この湖の瀝青は有名で、船腹の隙間や葡萄酒瓶の口を封じたり、木材や金属の防腐材としても用いられた。後述の「有害な悪臭」はこの瀝青から発散するもの。
(17) 「毎年一定の時期に」certo anni。この表現は曖昧で、夏とか春とかいうのではなく、二十日とか三十日の一定の間隔をおいて瀝青ができるという意味か。
(18) 旧約聖書『創世記』一九・二三―二五。
(19) アレクサンドロス大王とその後継者(セレウコス王朝)が本国のみならずパルティア、シュリア(ユダエアも含む)などの支配権を誇っていた頃の意。

(20) シュリア王アンティオコス四世（前一七五―前一六四年在位）は、セレウコス王朝の末裔であるが、ユダエアのギリシア化を計画して反対された。
(21) アルサケスがパルティアの王位を簒奪してアルサケス王朝（前二四七―後二二七？年）の始祖となったのは、アンティオコス二世の時代（前二四七年）で、タキトゥスの過ちか。
(22) シュリア王アンティオコスに反抗してユダエア人マッタティアス（前一六五年没）が戦い、その子供ユダ、マカベウス兄弟がユダエアの独立を勝ち取り、マカベア王家をつくり、その子孫がハスモン王朝を創始した。
(23) ハスモン王家において、ヒルカノス二世とアリストブロス二世の兄弟が王位をめぐって争ったとき、ポンペイユスが前六三年武力介入した。
(24) ピリッポイの戦い（前四二年）の後、アントニウスはアウグストゥス（＝オクタウィアヌス）とローマ帝国の支配を分け合った。「パコルス」はアルサケス王朝のパルティア王で、前四〇年ユダエアを占領した。前三八年にアントニウス派の将軍プブリウス・ウェンティディウスがパルティア軍を破りパコルス王を殺した。
(25) ウェンティディウスと同じくアントニウス派の将軍で、前三二年執政官。前三七年ユダエアの内紛に介入して、ハスモン王朝の最後の王を倒しヘロデスを助けた。この「ヘロデス王」は前七三年頃生まれ、前三七年よりユダエア王となり前四年に没す。
(26) ヘロデス王の奴隷。
(27) ヘロデス王の三人の息子フィリッポス、アルケラオス、アンティパス、そして孫のアグリッパについて、彼らの領土分割や統治、生涯を簡単に述べることすら、ここでは断念する。この節でもタキトゥスの記述に省略や誤解があるらしく、それらを含めて注解を加えることは訳者の力の限界を越えているからである。興味のある人はヨセフス全集、『ユダヤ戦記』（土岐健治訳）、日本基督教団出版局、第二巻を参照されたい。

(28) クラウディウス帝の解放奴隷で、当時の帝室の権力者パッラスの兄弟。彼は三人の妻を持ったが、ドゥルシッラは最初の妻。彼女はクレオパトラとアントニウスの娘セレネが、マウレタニア王ユバ二世との間に生んだ娘。

(29) ヘロデス王の孫アグリッパ一世が四四年に亡くなると、ユダエアは領事（procurator）に支配された。前節のフェリクスは四代目で五二年から六〇年に、本節の「フロルス」は六四年から六六年に統治した。小さな戦争はすでにフェリクスの下で始まって、フロルスのときまで続いていたといわれる。

(30) 四二年執政官、六三年からシュリア総督。六六年十月（異説あり）敗北を喫しローマに呼び戻されて死ぬ。

(31) 六七年春のこと。ネロはこの頃まだギリシアにいた。「二度の夏」とは六七年と六八年の夏で、この二年間にウェスパシアヌスはヒエロソリュマ（イェルサレム）を除きユダエア全土を征服した。「その翌年」は六九年のこと。

(32) 五・1。七〇年四月のことか。ヒエロソリュマの攻城戦を開始したのは五月下旬で、占領したのは九月（異説あり）下旬という。

(33) 櫓《やぐら》は全部で一六四箇あり、そのうち六〇箇が外壁。中間の城壁に一四箇、内奥の城壁に九〇箇建てられていたと。なお、一ペースは約三十センチ。

(34) クラウディウスを牛耳っていた帝室の解放奴隷たちが私利私欲からユダエア人の申請を許可していたという意味。

(35) もし内紛がなく穀物が焼失しなかったら、ユダエア人は数年の籠城にも耐えられたという。

(36) ローマ人にとって、ギリシア・ローマの宗教以外はすべて「迷信」。

(37) ローマ兵は、占領されようとする町からは、その守護神が町から出て行くものと信じていた。もしローマ兵がこの言葉を聞いていたら、ローマの勝利を信じたであろう。

(38) スエトニウス「ウェスパシアヌス」4、「ティトゥス」5。

(39) 「すでに以前云々」不明。バタウィ族の叛乱を述べたこの部分（14―26節）は、日時や地理への言及が少なく、26節で途切れているためもあって、内容を理解するのが困難である。

(40) 四・77―78。

(41) 「第十四軍団」はスエトニウス・パウリヌスの下でブリタンニアの叛乱を鎮圧していた(『年代記』一四・34―37)。

(42) 六八年四月三日ガルバを皇帝と歓呼したヒスパニアの軍団。

(43) 「第二軍団」は海兵隊兵から編制されたばかり（最終的には七〇年三月に正式に認められたとか）の新軍団（三・55、注89）で、戦争の体験がなかった。

(44)「ゲルマニア駐留軍」は低地の第一と十六軍団と、高地の第四、二十二、二十一軍団(四・70)であったろう。「あのお前たちの沿岸」はレヌス川左岸、「陣営」はウェテラの陣営。
(45)四・60。
(46)四・78、79。
(47)艦隊は損害を蒙って(四・79)以後、再建されていたものか。
(48)レヌス川の支流ウァハリス川(ヴァール川)に船を連結した橋を架けること。
(49)ティベリウス帝の兄。ゲルマニア軍を指揮していた際、前九年頃土手工事を始めた。完成したのは後五五年(『年代記』一三・53)。その目的はガリア地方への氾濫を防ぐため、支流ウァハリス川の流れを根元で塞ぎ、レヌス川の本流へ逸らすことであった。
(50)正しくはウァハリス川。
(51)三・35、四・31―32。
(52)ウァハリス川を渡って攻めて来た。
(53)二・22、四・70。
(54)七〇年も秋に入っていたらしい(五・23)。
(55)艦隊と並行して岸を進んでいた歩兵部隊。
(56)楯の代りにしたという意味。
(57)ウァハリス川のこと。
(58)土地の人にキウィリスへの憎悪を駆り立てるため、わざと彼の地所を残し荒させるという処置は、かつてコリオラヌス（リウィウス『ローマ史』二・39）もハンニバル（同上、二二・23）もとったという。

(59) 以下四・70、79、五・23。

(60) ウェテラの破壊のとき（四・60）のこと。

(61) 四・21、32。

(62) 四・13、32、70。

(63) 「ナバリア川」不明。レヌス川の支流であろう。あるいは今のイゼル川か。

(64) 四・13。二人の友情は四三年ブリタンニアで、キウィリスが援軍隊長、ウェスパシアヌスが第二軍団長であった頃に溯るといわれる。

(65) 四・13。

(66) 四・13。

解　題

『同時代史』と訳した本書の原題は、『歴史《ヒストリアエ》』である。標題をなぜこう変えたのか、その釈明をしなければなるまい。キケロ(1)によると、「歴史」は「時代の証人であり、真実の光、記憶の命、人生の師、古代の使者である」と。タキトゥスもこのような意味で自分の著作に「歴史」という題を与えたことであろう。しかし「歴史」は現代のわれわれにいささか漠然としていて、内容を直ちに推察できない恨みがある。「歴史」が対象とした時代は、後述するように、タキトゥスとほぼ同じ時代である。そのため訳者はあえて「同時代史」と題名を改めた。

著者タキトゥスの生涯については、すでに日本でも詳しい紹介(2)があるので、ここでは簡単に述べておきたい。タキトゥスの素性を知らずに本書を読まれた人は、タキトゥスがローマの由緒ある家柄に生まれた貴族と思われるかも知れない。それほどタキトゥスはローマの故事来歴に通じ、先祖の遺風を重んじ、真摯な愛国心からローマの来し方を懐しみ、行く末を憂えている。

ところがタキトゥスはガリアの属州に生まれた新人でしかないのである。ここにもローマが長い間生命を維持して来た秘鑰《ひやく》があるように思える。それはローマがかつておのれに抗戦した敵の子孫、即ち属州の人たちを、生粋で新鮮な血と力をもってローマの古い社会機構に組み込ませ、ローマ市民として政治の面でも文化の面でも持てる力を存分に発揮させ、言語、教養、思想のみならず心情までもローマ化させ、日々の実践の模範たるべき「先祖の醇俗美風」(mos maiorum) に馴染ませ、尊重させる雅量や大度や魅力を持ち続けたということである。

このようにローマは、いつも新しい革袋に古い酒を盛っていたのである。

それはさておきタキトゥスは、紀元五六年頃、ガリア・ナルボネンシス(3)、今のフランスの南の一地方プロヴァンスで、ベルギカの元首属吏を父とする騎士の家柄に生まれたと推定される。因みに妻の父親はアグリコラといい、同じナルボネンシスの出身で、当時有名な将軍で元老院議員でもあった。

この辺鄙な属州に生まれたタキトゥスが、首都で元老院階級の昇官順序を順当に経て、九七年に最高の政務官である執政官に、そして一一二年には元老院議員として最高の栄誉であるアジア知事になった。彼が死んだのは、一一七年以後、つまりトライヤヌス帝の没後か、あるいは一二〇年頃、つまりハドリアヌス帝の初期と想定されている。

タキトゥスは、このような輝かしい公的な生涯の合間にも著述に励む。九八年に岳父の伝記『アグリコラ』を公刊し、その中で中庸《モデラチオ》を貫いた岳父の生涯を描き、「悪い元首の下でも人は偉大であり得る」という政治哲学を世に問うた。同じく九八年に、ゲルマニアの風土と民族を誌した『ゲルマニア』で彼我を比較しながら、ローマの政情を批判した。
この後でタキトゥスは『雄弁家についての対話』(4)というキケロ風の文体と対話形式の論文を発表し、帝政一世紀に雄弁家が不毛となった原因を尋ね、社会史的な見地から文学と政治の関係を論じた。

以上の小手調べの後、タキトゥスは二つの歴史記述の大作と取り組んだのである。一つはここに訳出した『同時代史』で、これは一〇〇年頃から書き始められ、一〇五年から一〇八年にかけて出版され、もう一つは、それ以後に始められ、死ぬまでに完成されたと考えられる『年代記』である。

後者はアウグストゥスの死(紀元一四年)から、ネロの自殺(六八年)までの、ユリウス・クラウディウス一家の皇帝史であるが、すでに翻訳も解説もあるので、ここでは言及を控えたい。

さてタキトゥスが『同時代史』の着想を得たのは九八年のことである。『アグリコラ』(3)の中で「前時代のわれわれの隷属を思い起させ、かつ恵まれた現代を証言する作品」を書くと約束しているように、「前時代」つまりドミティアヌスの時代(八一―九六年)と、「恵まれた現代」つまりネルウァの治世(九六―九八年)を対照させるつもりでいた。ところがこの方針を変え、『同時代史』の冒頭（一・1）で「神君ネルウァの元首政とトライヤヌスの帝権」(5)は老後にとっておくと断り、実現させた『同時代史』はネルウァ以後の記述を省き、しかもドミティアヌスで始めないで、彼の父ウェスパシアヌス帝で筆を起し、次に長男ティトゥス帝と次男ドミティアヌスというフラウィウス家親子三代の皇帝史に変えられた。いや変っていたと考えられる。というのも、現在ウェスパシアヌスの記述の一部しか残っていないのである。『同時代史』はおそらく十二巻(6)から成り、内容は次のように組み立てられていたろう。

第一—六巻　ウェスパシアヌス帝

第七巻　ティトゥス帝

第八—十二巻　ドミティアヌス帝

このうち今日まで伝わって来たのは、第一巻から第五巻二六節までで、全体の三分の一の分量でしかない。

第一巻は六九年一月一日から三月十五日頃までの物語である。前年六八年ネロが自殺した後、ヒスパニアの総督であったガルバが元首として首都に迎えられ、十月以来帝位にいたが、六九年一月一日、低地ゲルマニア軍はガルバに忠誠を誓うことを拒否し、自分たちの総督ウィテッリウスを皇帝に推した。これを知って急遽ガルバはピソを養子としたが、かねてよりガルバの後継者と自負していたオトが、これを恨み護衛隊を籠絡し、ガルバとピソを殺害させた（一月十五日）。やがてオトは、ウィテッリウス派の軍隊がゲルマニアから三隊に分れてイタリアに攻めてくるのを知り、これを迎撃するため、自らもローマを発つ（三月十五日頃）。

第二巻は三月中旬より八月三十一日までの事件を含むが、中心はオトとウィテッリウス両軍の市民同士の戦闘である。四月十六日、北イタリアのベドリアクムでの自軍の敗戦を知ると、オトは潔《いさぎよ》く自害して果てた。ウィテッリウスは七月中旬ローマに入城し、元老院で元首と承認されたが、すでに七月一日にはウェスパシアヌスがアレクサンドリアの軍隊から「皇帝」と歓呼されていた。

第三巻は九月の初めから十二月二十日頃までを取り扱うが、圧巻はウィテッリウス派とウェスパシアヌス派の軍団兵の同士討ちである。この結果、同じくベドリアクムでウィテッリウス軍が敗北し、十二月二十日ウィテッリウスは不面目な最期を遂げる。

第四巻は、七〇年一月一日から秋までを対象とし、主として前年から始まっていたバタウィ族の首長ユリウス・キウィリスの叛乱を、従としてウェスパシアヌスの動向、首都の事件、元老院の論争を扱う。

第五巻は、六六年から始まっていたユダエア戦の最後の局面、つまり首都ヒエロソリュマ（イェルサレム）攻略直前の模様と、次いでバタウィ族の叛乱を続けて述べる。

以上の内容から推量されるように、われわれの許に残った『同時代史』は、総督が次々と軍隊に担がれて皇帝となり、その結果多くの市民が血を流し、三人の皇帝が他殺されたり自殺した六九年の、この「長いたった一年」の物語である、といっても過言ではない。

それにしてもタキトゥスは初めドミティアヌス帝を対象としていたのに、なぜ六九年一月一日から筆を起したのであろうか。なるほどドミティアヌスの治世や性格を描くためには、彼の兄で前任者ティトゥス帝（七九―八一年在位）を、さらに溯ってティトゥス先帝で父のウェスパシアヌス（六九―七九年在位）の治世や人物を、つまりフラウィウス家三代の皇帝史を知る必要があったということは理解できる。

もしそうだとしたら、ウェスパシアヌスがエジプトで軍隊から「皇帝」と歓呼された日、そしてこの日が後日正式に元首就任日と定められた六九年七月一日を、なぜ『同時代史』の起点としなかったのであろうか。

七月一日は全く偶然にしかも突然に訪れたわけではない。その日の到来する必然的な経緯があった。その必然性の糸はどこまで繰り寄せられるか、とタキトゥスは考えた。ネロが自殺した六八年六月までか。それはガルバの元首即位と関係していてもウェスパシアヌスとは無縁である。ウェスパシアヌスの直接の競争相手はウィテッリウスであった。その彼が西方の軍隊に推されて皇帝を宣言したのは、六九年一月一日から二日にかけてである。そしてこの西方の軍隊の動きに刺戟され、対抗心から蹶起《けっき》してウェスパシアヌスを担いだのが東方の軍隊である。

六九年元旦をタキトゥスに択《えら》ばせたもう一つの理由は、この年が早々と、ウェスパシアヌスまでも捲き込むことになる大きな内乱の直接の切っかけを、つまり時の元首ガルバに対するウィテッリウス軍の謀叛と、そしてこれと連動して起るオト軍のガルバ殺害という、二つの劇的な題材を提供してくれると考えたからでもあろう。

そして最後にタキトゥスは、次の大作『年代記』と同様、ここでも年代記風に年代を追って事件を述べる方針をたてていたので、一月一日から始めるのは好都合であったというわけである。

タキトゥスはこうしてウェスパシアヌスの治世から始めたのであるが、すでに見たように『同時代史』の主目的はドミティアヌスであった。しかしタキトゥスが最も力を注いだであろうドミティアヌスの諸巻は残念ながら失われている。しかしそこでどのような物語が展開し、タキトゥスがどのような気持で書いていたかは、岳父の伝記から朧気ながら察しがつくのである。

タキトゥスは『アグリコラ』で、こう語っている。「ドミティアヌス治世の十五年間というものは、われわれ（元老院議員）はみな」「懶惰」と「無精」とから「口をつぐんだままですごしてしまった」（3）、そしてドミティアヌスの命令で「軍隊によって元老院が占拠され、議員が取り囲まれ」ても、「執政官級の人物が一回の殺戮で同時に命を奪われたり」しても、われわれ同僚は見て見ぬ振りをし生き恥をさらした。それどころか、「(反骨の議員)ヘルウィディウスを叛逆罪で告発し、国牢へ引き摺って行ったのはわれわれ元老院議員だった。」そして「(無実の罪を着せられて処罰された)マウリクスとルスティクスがあの(われわれを詰《なじ》るような鋭い)眼光を、セネキオが潔白の血をふり注いだのもわれわれの上においてであった。」(45)

これらの断片からも判るように、タキトゥスは『同時代史』の中でも、元老院議員として、元老院全体の責任と罪を一人で背負っているかの如く、おのれを責め、恥じ悔んでいたろう。ドミティアヌスの悪徳に抗議できずに隷属し黙認していた臆病と腑甲斐無さを無念に思い、ドミティアヌスの恐怖政治を幇助《ほうじょ》し、いや共犯者であったかのように、犠牲となった同僚に対し深くおのれの罪を告白していたことであろう。

このように『同時代史』は、特にドミティアヌスの諸巻は「懺悔の史書」となっていたに違いないと想像される。そしてタキトゥスはこれを世に問い、特に元首と元老院議員に対し、おのれの恥ずべき体験を鏡とし双方とも反省し戒めとするように願ったことであろう。

実際タキトゥスは現存する『同時代史』の中でも、六九年の内乱の記述を除くと全体を通じて最も熱心に追求している主題は、元首と元老院——「長い間両立し得なかったもの、元首政と自由」(『アグリコラ』3)——の関係である。確かにタキトゥスは共和政を懐古しているが、それはもはや取り戻せないと諦めていた。現状のままだと元首政を是認できないが、二者択一を迫られると、後者を取らざるを得ないだろう。そしてもし立派な人物が元首に択《えら》ばれるという仕組みが保証されたら、自由はあっても不和葛藤の絶えなかった共和政よりましだと考えていた。しかしアウグストゥスの創設した元首政の秘密《アルカヌム》は、六九年の内乱で暴露されたように、元首は軍隊の後ろ楯さえあれば、ローマ以外のどこででも擁立されるということであった。さもなければ、ユリウス・クラウディウス家の先例の如く、またフラウィウス家の実例の如く、血縁があればどんなに暗愚で残忍な人でも元首の地位を継承できるということであった。

こうした元首政の弊害をなくすには、賢人同士の養子縁組しかない、とタキトゥスは考えた。第一巻の冒頭でピソを養子としたガルバに、後継の元首を択ぶ手段として養子縁組の正しさを推賞させている（一・15―16）。その内容は実際にガルバが発表したものというよりも、タキトゥス自身の見解であったろう。こうしてタキトゥスはあの五賢帝時代の養子縁組の継承を示唆したのだと考えるのは思いすごしであろうか。

他方、元老院議員に対しては、軍隊の後ろ楯を持つ元首と持たない元老院との緊張した関係の下で、議員はいかに振舞うべきかを示そうとした。特に議員として元首に対する卑屈ではない謙虚な態度（moderatio）、品位のある自尊心の発揮（dignitas）、おのれに誠実な勇気ある発言と行為（virtus）を例証した。

タキトゥスは史書は読む人に人生の道徳的教訓を与えるべきものと信じていた。なぜなら事件の成行きや歴史の大切な流れに決定的な影響を及ぼすのは、個人や団体（民衆、軍隊、元老院）の性格やモラルであると考えていたからである。

そこでタキトゥスは人物を重視し、その描写に工夫を凝らす。これがタキトゥスの歴史記述の一つの特色である。初めて登場した人物には簡潔な肖像を画《えが》き、死亡した際にはその人物の生涯を評価し、時に複数の人物を比較し対照させ、そして適切な演説や発言や行為を通じて当の人物を浮き彫りにする。

タキトゥスの人物描写が読者の感情に、さよう、精神より先に感情に強く訴えるのは、彼が描く人物の心の襞にまで深く入ってその人物になりきっているときである。しかしここでタキトゥスはもはや現代の意味での歴史家ではなく、芸術家であり小説家である。

特にある人物について史料が限られ、われわれが評価や解釈に困っているとき、タキトゥスの描写は見事で美しいと思いつつ、いつまでも不安がつきまとう。その典型が演説である。たとえば先のガルバの演説もそうである。重要な局面で劇的に導入される、その場に相応しい人物の演説や発言は、たちまちその場面を明るく照らし、発表者の心理もそれを聞く相手の反応までも鮮やかに映し出す。しかも発言は同世代の人々を隷属させた修辞法をやすやすと駆使し、たとえば、個々の言葉から最大の効果を引き出そうとした、読者の意表をつく語の配列の妙、あるいは、前後の文脈から独立して、それ自体で完結した簡潔で鋭い思考が読者を魅了する。しかし『同時代史』の中で発表しているのは、もはや元首ガルバでも元首オト（二・47）でもなく、またゲルマニアの軍団長ディッリウス・ウォクラ（四・58）でもなく、バタウィ族の首長ユリウス・キウィリス（四・17）でもなく、この叛乱軍鎮圧の将ペティリウス・ケリアリス（四・73―74）でもなく、その人たちになりきっているタキトゥスの言葉を聞いているのではないだろうかと思い惑う。

それはともかく、このタキトゥスの独壇場と見られるこれらの箇所が、実は訳者を絶望させるのである、文体はおろか文意までも正確に伝えられないと感じて。

「タキトゥスを訳した人は誰でも必ず、（タキトゥスを裏切った）罪の意識と悔恨の情をいくらかでも覚えずして、おのれの訳業を振り返ることはできない」とはある英国の訳者(7)の告白である。タキトゥスを訳すことは「quadrature du cercle（円積法）、つまり不可能なことを試みることだ」と言うのは、フランスの訳者(8)の言葉である。

私はゲーテ(9)の詩句を引用しながら、この「解題」を終えたい。

「詩人を理解せんと欲する人は
　詩人の国へ行かねばならない」

私もタキトゥスをできるだけ理解したくて、彼の言葉を正確に伝えたくて、時空を超え紀元一〇〇年頃のローマに行き、そこでタキトゥスと語り、タキトゥスの生の声といわないまでも、その精神を送り返したいと願った、二十世紀の日本に無理やり連れてきて博物館の彫像の如きタキトゥスに死語を語らせるよりも、その方がましだろうと。しかしスペース・シャトルに乗って宇宙に飛んで行くには大変な準備と訓練と体力や技術が必要である。私の願望は夢想のままで終っていても、タキトゥスの苦笑で私の気持は救われようか。いや後に続く若い訳者の方々の捨て石となればと自分を慰めている。

〈注〉

（1）『雄弁家について』二・三六。

（2）岩波文庫版『ゲルマニア』『年代記』の解説を参照されたい。

（3）タキトゥスは北イタリアのパタウィウム（今日のパドヴァ）に生まれたという説もある。

（4）『雄弁家についての対話』は『アグリコラ』や『ゲルマニア』より先に書かれたと主張した三十数年前の古い自説は、このさい撤回しておきたい。

（5）タキトゥスが『同時代史』で老後にと考えていたネルウァ以後の歴史は、実現されなかった。『同時代史』を執筆しているうちに興味が次第に同世代から遠ざかり、古い過去へと向かって、結局『年代記』の実現となった。しかもタキトゥスはこの『年代記』を書いているうちにアウグストゥスまで溯りたくなっている。

　ネルウァなど同世代の記述を断念したもう一つの理由は、生存者を対象とした際に起る名誉毀損など面倒なことを避けたかったものか。

（6）十四巻説もある。それによると、第一―七巻がウェスパシアヌス、第八巻がティトゥス、第九―十四巻がドミティアヌスに充てられていたと。

（7）Wellesley, K.: *Tacitus The Histories*, A New Translation, Penguin Books, 1964, p. 18.

（8）Hellegouarc'h, J.: *Tacite Histoires*, Livre I. Histoires, Les Belles Lettres, 1987, p. vii.

（9）「ゲーテの詩句」これは次のアダムの注釈書からの孫引きで、解釈もアダムに負う。
J. Adam: *The Republic of Plato*, vol. I, vii, Cambridge, 1963^2.

ドイツ文学者（東北大）佐藤研一氏に教わったところ、この二行詩は、ゲーテの『西東詩集』*West-Östlicher Divan* の中で、「註解と論考――西東詩集のよりよき理解のために」のモットーとして掲《かか》げられた四行詩の一部とのこと。

「詩を味得したい人は
詩の創られた土地をたずねるべきだ。
詩人を会得したい人は
詩人の生まれた国へ訪れるべきだ。」

"Wer das Dichten will verstehen,
Muß ins Land der Dichtung gehen;
Wer den Dichter will verstehen,
Muß in Dichters Lande gehen."

(Johann Wolfgang von Goethe: Werke. Hamburger Ausgabe in 14 Bänden. Hrsg. von Erich Trunz. Bd. 2. 10., unveränderte Aufl. München: Beck, 1976, S. 126.)

参考文献

一、原典の翻訳に用いた校訂本、注釈本および訳書は以下の通りである。底本としたのはHeubnerであるが、それによらない場合は注記した。なお『同時代史』に関して西欧の指導的な学者であるWellesleyの校訂は無視できなかった。たとい彼の読み方を採用しない場合でも、必要に応じて注記した。そして彼のPenguin Booksの新訳の巻末の地図は非常にありがたい。

Bornecque, H.: *Tacite Histoires*, Texte établi et d'après BURNOUF, traduit par H. B., Garnier, 1933.

Chilver, G. E. F.: *A Historical Commentary on Tacitus' Histories I and II*, Oxford, 1979.

Chilver, G. E. F.: *A Historical Commentary on Tacitus' Histories IV and* V, completed and revised by G. B. Townend, Oxford, 1985.

Fisher, C. D.: *Cornelii Taciti Historiarum Libri*, recognovit F. C. D., OCT, 1985^{2}.

Godley, A. D.: *The Histories of Tacitus*, Book I and II, 1950^{2}, Book III, IV and V, 1949^{2},

Macmillan.
Hellegouarc'h, J.: *Tacite Histoires*, Livre I, 1987, Livre II & III, 1989, Livre IV & V, 1992. Texte établi et traduit par P. Wuilleumier et. H. Le Bonniec, annoté par H. J., Les Belles Lettres.
Heubner, H.: *P. Cornelii Taciti Libri qui supersunt*, Tom. II, Fasc. I, *Historiarum Libri*, Bibl. editit H. H. Teubneriana (Stutgardiae), 1978.
Heubner, H.: *P. Cornelius Tacitus Die Historien*, Kommentar von H. H., Band I (1963), II (1968), III (1972), IV (1976), V (1982), Heidelberg.
Irvine, A. L.: *Tacitus Histories Book I and II*, Bradda Books, 1983^{2}.
Koestermann, E.: *P. Cornelii Taciti Libri qui supersunt*, Tom. II, Fasc. I, *Historiarum Libri*, Bibl. Teubneriana (Leipzig), 1969.
Moore, H.: *Tacitus II The Histories*, Book I–III, 1968^{2}.
Moore, H.: *Tacitus III The Histories*, Book IV–V, 1969^{2}, Loeb Cl. Lib.
Ramsay, G.: *The Histories of Tacitus*, An English Translation, London, 1915.
Vtretska, H.: *Tacitus Historien*, Lateinisch-Deutsch, Reclam, 1984.
Wellesley, K.: *Tacitus The Histories*, A New Translation, Penguin Books, 1964.
Wellesley, K.: *Tacitus The Histories*, Book III, edited by W. K., Sydney, 1972.
Wellesley, K.: *The Long Year 69*, London, 1976.

Wellesley, K.: *Cornelius Tacitus II*, 1 Historiae, edidit W. K., Bibl. Teubneriana (Leipzig), 1989.
Wellesley, K.: Tacitus 'Histories' A Textual Survey 1938-1989, *ANRW* II, 33. 3, 1651-1685, 1991.

二、タキトゥスの研究書・論文

欧米で過去五十年間に公けにされたタキトゥスに関する文献（論文・書評・単行本）は、五千点を超えるといわれている（Meller, p. 8)。次に記すものは*ANRW*の論文を除くと、すべて私の貧しい書架にあって、かつては精読したことのある、あるいはローマ大学パラトーレ教授から恵贈された 'un libro in omaggio' のごとき、懐かしい本ばかりである。ここに改めて先学の学恩に感謝したい。

Boissier, G.: *Tacitus and other Roman Studies*, translated by W. Hutchinson, London, 1906.
Borzsák, S.: *P. Cornelius Tacitus*, RE. Supplement-Band XI, 373-512, 1968.
Buchner, K.: *Tacitus*, Wiesbaden, 1964.
Dorey, T. A. (ed.): *Tacitus*, London, 1969.
Dudley, R. D.: *The World of Tacitus*, Boston, 1968.
Fabia, P. et Wuilleuminer, P.: *Tacite, l'homme et l'œuvre*, Paris, 1949.

Grimal, P.: *Tacite*, Farard, 1990.

Luce, T. J. and Woodman, A. J.: *Tacitus, and the Tacitean Tradition*, Princeton, 1993.

Martin, R.: *Tacitus*, Bristol Classical Press, 1994^2.

Meller, R.: *Tacitus*, Routledge, 1993.

Mendell, C. M.: *Tacitus, The Man and his Work*, New Haven, 1957.

Murison, Ch. L.: The Historical Value of Tacitus 'Histories', *ANRW* II, 33. 3, 1686–1713, 1991.

Paratore, E.: *Tacito*, Roma, 1962^2.

Pöschl, V. (ed.): *Tacitus*, Wege der Forschung, Bd. 97, Darmstadt, 1986^2.

Syme, R.: *Tacitus*, 2 vols., Oxford, 1958.

Walker, B.: *The Annals of Tacitus*, Manchester, 1952.

[1] 68年６月，ガルバ，オトと共にローマへ出発。
[2] 68年10月，ガルバ，ローマに着く。69年1月15日オトに殺される。
[3] 69年４月16日，オト軍クレモナでウィテッリウス軍と戦い負けて，オト自殺。
◇1 69年１月２日，低地ゲルマニア軍はウィテッリウスを「皇帝」と歓呼。
◇2 69年１月中旬，ウィテッリウス軍二派に分れてイタリアへ進撃開始。
◇3 69年７月，ウィテッリウス，ローマへ入城。
◇4 69年10月24日，ウィテッリウス軍クレモナでウェスパシアヌス軍と戦い敗北。
① 69年７月，ウェスパシアヌス派の将軍ムキアヌスやアントニウス，イタリアに進軍開始。
② 69年12月，ウェスパシアヌス軍ローマへ入城。ウィテッリウス殺される。
③ 69年７月１日，ウェスパシアヌス，アレクサンドリアの軍隊から「皇帝」と歓呼される。
④ 69年９月，ウェスパシアヌス，ローマに帰国。
パンノニア
黒海
ダヌウィウス川
イッリュリクム
モエシア
①
トラキア
アシア
マケドニア
ブルンディシウム
アテナエ
アカイア
アンティオケイア
シュリア
ベリュトス
ユダエア
ヒエロソリュマ
④
アレクサンドリア
③
エジプト
ニルス川

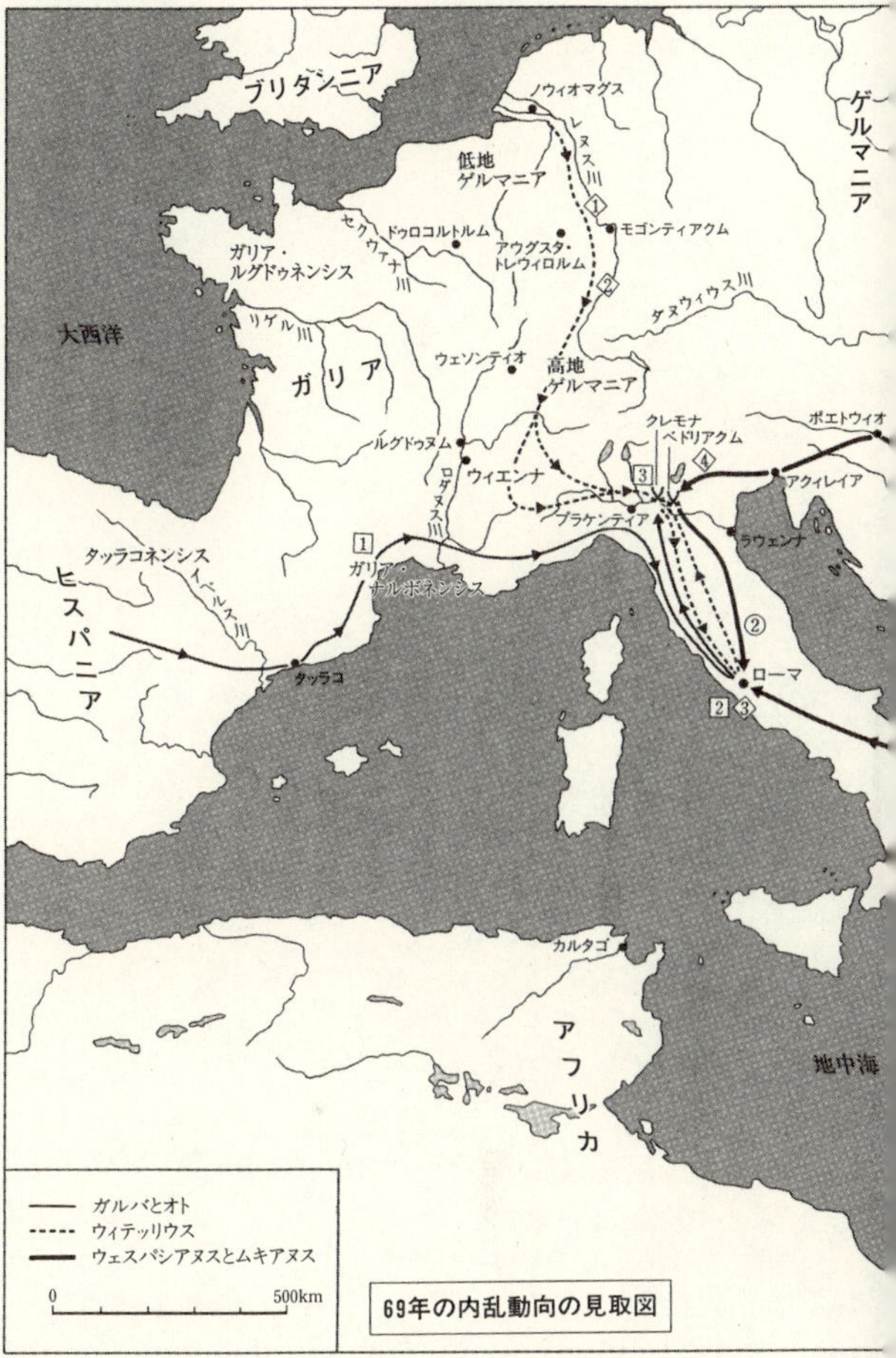

69年の内乱動向の見取図

あとがき

六年前に亡くなった高名なローマ史家ロナルド・サイム卿は、「古代ローマ人は」というべきところを、「われわれローマ人は」と自然に言えたそうである。タキトゥスを「ローマで最高の歴史家」と呼び、「自分はタキトゥスの全作品を三十数回も読んだ」と、お弟子さんの前でふとこう洩らされた由。

このような挿話を聞くたびにサイム卿への脱帽の念はますます深くなる。私はローマの歴史ではなく文学を学んでいた三十数年前にふと、タキトゥスの筆になるペトロニウスの肖像画（『年代記』一六・18―19）を読み大いに驚き、そこで初めてタキトゥスを知ったのである。あの頃は若さの勢いもあってか、タキトゥスを夢中で読んだものであるが、年老いた昨今、タキトゥスを読んでいてときどき息苦しさを感じるようになった。クセノポンやカエサルの文章が懐しくなるのである。

義憤というものは、憂え咎め皮肉っても、ときに褒め洒落ても、宥《ゆる》すことができないのであろうか。真摯な自己省察の精神は、厳しさと同時に優しさをも併せ持つことが難しいのであろうか。少なくなった余生を、「心自閑」になる古典を読んですごしたいと思う。

それはさておき、『同時代史』の訳業を勧めていただいた筑摩書房の風間元治氏には、いろいろな意味で深く感謝している。

最後になったが、同僚の石川勝二氏には、文献の蒐集、照合など面倒なことをお願いした。お礼を申し述べたい。

平成八年十月三十日　　　　訳者

ちくま学芸文庫版へのあとがき

筑摩書房をすでに退社された風間元治さんのお勧めで、十五年前に訳出した『同時代史』が、今回、思いがけなく、学芸文庫編集長町田さおりさんのお申し出によって、文庫におさめられることになったのは、訳者にとって本当にありがたいことと感謝しています。そして校正刷を丹念に読み、疑問や批判をいただいた伊藤正明さんには、篤く御礼申し上げます。

平成二十四年一月

訳者

解説　人間心理を見透かす歴史家

本村凌二

戦後、アメリカの赤狩《マッカーシズム》りの犠牲となったE・H・ノーマンは日本研究者であり、世界史の教養をもつすぐれた歴史家であった。その随想集『クリオの顔』のなかでタキトゥスを評している。彼の著書は著名なローマ人の心理学的研究であり、とても面白いがきわめて主観的に書いただけだ、と手厳しい。また、ローマの歴史家たちは高い水準に達することができなかったとも語っている。さらにそれは、おそらく歴史について適切な問題を問いかけなかったからだ、と指摘する。

しかし、タキトゥスの次の叙述を読めば、はたしてノーマンの指摘は正しいのだろうかという疑問がわく。そこにはまさに問題の発見があり、少なくともノーマンの指摘の例外というべきものがあるのではないだろうか。

しかし厳格な風紀をつくり上げた最大の功労者は、ウェスパシアヌスである。本人からして、その生活態度や服装が古風であった。そのためこの元首に対して恭順の念が生れ、そして法に基づく罰則やその恐怖心よりも効果的な、見ならうという熱烈な欲望が起ったものである。もっとも、これとは別の解釈もできるであろう。つまりすべての事象の中に循環法則といったなにものかがあって、ちょうど四季のめぐってくるごとく、風俗習慣も変遷して行くからだと。じっさい祖先の習慣が、あらゆる点で今日のより勝《すぐ》れて立派だったわけではない。われわれの時代にも、後世模範とされるべき高貴な性格や才能の手本が、たくさん生れている。いずれにせよ、こういった面でのわれわれと祖先の名誉ある競争は、いつまでも残しておきたい。(『年代記』三・55)

ネロ帝の死(六八年)にいたるまで、世は贅沢と放縦の風潮に満ちあふれていたが、その後、厳格な風紀がよみがえったかのようだ、とタキトゥスは指摘する。名だたる貴族や富豪が悪習にそまったため、輝かしい名声を失い、破滅をまねいたのだという。たしかに、かろうじて生きのびた貴族たちだけは慎ましく控えめな生活態度を身につけていた。それとともに、イタリアや属州の各地から元老院貴族に加入した人々は、故地の質素な生活をもちこむことになった。

ネロ帝の死後、さまざまな身分や階層の人々が皇位について思惑をめぐらすようになる。今や、皇帝はローマでかつぎ出される必要はないことが明らかになった。どこかほかの土地でも皇帝擁立の動きが波立つのだ。イベリア半島からは老いた貴人ガルバと、それを支持しながら反旗をひるがえした気どり屋のオトが、そしてゲルマニア軍団に擁立された大食漢ウィテリウスが出現する。およそ一年にわたる騒々しい内乱がおこり、それを収拾したのはアレクサンドリアで軍隊に擁立されたウェスパシアヌスであった。

ウェスパシアヌスの出たフラウィウス家はローマからさほど遠くないサビニ地方の名家である。彼自身は、九年にローマ北東の田舎町で生まれている。それほど高貴な生まれではない身にすれば、およそローマ皇帝になるとは本人も夢にすら思っていなかっただろう。六九年の内乱であらわになったことがある。もはやぬきんでて高貴な家柄であることも、元老院貴族として傑出していることもいらないのだ。軍事力をよく知っていることが肝腎なのである。だから、ウェスパシアヌスはむしろ田舎貴族にしかすぎないことをみずから吹聴するほどだった。

属州生活も長く軍隊経験も豊富とあれば、泥くさい軍人は時世にめぐまれたはまり役だった。金銭に執着したことをのぞけば、とくに非難される欠点もなかった。均整のとれた背格好であっても、頑強で無骨な顔をしていた。そのウェスパシアヌスに恋い焦がれた女がいた。連れこんで同衾すると、その女に大金を贈る。国庫会計係から出費の理由をたずねられると、「余に深なさけをかけてくれたことへの謝礼」と答えた。なにかとユーモアのある洒落でかたづけるのが好きだったという。

ネロ帝による処刑があり財産没収もあり、さらに内乱の戦禍もあった。そうした混迷のために、古来の名だたる貴族は消滅しつつあった。だからといって、新しい統治機構が模索されていたわけではない。求められるのは新しい人材であった。古い公職序列の道を新奇の人々に歩いてもらうのである。ウェスパシアヌスのまわりにはその種の人材に事欠くことはなかった。縁故の人々や友人、知人がおり、その配下には子分たちもいた。それらの人々から有能な人材が重用されればいいのである。

だから、新体制が目ざましく改善されたとは感じられなかった。とはいえ、ウェスパシアヌス帝その人は公明正大で気どりもなく、財政をひきしめ、風紀のとりしまりにも気をつかっている。そのために、温厚ではあっても妥協をゆるさない確固たる姿勢でのぞんだ。このようにして、新体制は多くの困難を切りぬけていったのである。

ところで、タキトゥス『同時代史』はもともと、ネロ帝死後の内乱の勃発から、ウェスパシアヌス、ティトゥス、ドミティアヌスとつづくフラウィウス朝の歴史をあつかったものである。おそらく『同時代史』は全十二巻からなっていたというが、残念ながら今日では第五巻の半ばまでしか残っていない。だが、内乱の一年を描いたものとして、それだけでも比類がなく、タキトゥスその人の同時代とすれば十代半ばの出来事であった。

ノーマンも指摘するように、タキトゥスは心理分析において、ことさら巧みであった。ときには人間の本性を突くあまり、諷刺家の相貌すらただよっている。しかしタキトゥス自身は、「怨恨《えんこん》も党派心もなく、述べてみたい。私にはそういった感情を抱く動機は、全くないのだから」（『年代記』一・1）と心掛けたと語っている。そうだとすれば、抑制のきいた歴史家という看板と、人間の本性を突く諷刺家という別の貌の食い違いはどうも気になる。私見では、歴史家になりすました諷刺家という一面はまぬがれがたいのではないかと感じている。だが、そこにまたタキトゥスの、えもいわれぬ魅力があるのではないだろうか。

人々は若くても未熟なネロ帝にうんざりしていた。その死後、属州統治を立派に果し高潔な人物として名高いガルバに白羽の矢があたる。もともと由緒ある尊い家柄に生まれ、資産家であった。分別をわきまえ、名声を求めないわけではないが、自慢もしなかった。お金に貪欲ではなかったが、公金は節約した。善良な者には寛大であり、邪悪な者にも罪さえ犯さなかったら大目に見ていた。ゲルマニアで武勲を咲かせ、アフリカおよびヒスパニアの知事として公正に治め、七十三歳まで五人の皇帝に仕えて幸運であった。

私人としても卓越した人物と見なされていた。だからこそ、ガルバは皇帝として担ぎ出されたのである。だが、厳格すぎるところもあったから、ほどなく反乱がおこる。それらの反乱兵士たちに殺されようとしたとき、ガルバは首を突き出し、こう言ったという。

「さあやれ。突け。それが国家のためと思うなら」(『同時代史』一・41)

ここはガルバの潔さがにじみ出ているような場面である。しかし、この台詞は有名になり、格言にまでなって独り歩きをはじめる。欧米列強は「自国のためになるなら敵を撃て」と使うようになったという。チャーチルはヒトラーを撃ち、ルーズベルトは日本を撃ったのである。

かくして、皇帝になってから半年たらずでガルバは兵士たちになぶりものにされてしまったのだ。その悲運の皇帝への皮肉は、タキトゥスの筆にかかれば滑稽ですらある。

もし皇帝になっていなかったら、世評は一致して彼こそ皇帝の器であると認めていたろうに。(『同時代史』一・49)

タキトゥスは死の場面を描くことにどこか執念のようなものをいだいていたのではないだろうか。ガルバの後継者に指名されていたピソが殺害されたとき、オトは小躍りして喜んだという。その首を飽かずに眺めて検分したほどだから、その不気味さはただものではなかった。それほど冷酷なオトであったが、死に臨んだオトは、なぜか高貴であり、潔い。政敵ウィテッリウスとの戦いで味方が総崩れしたという悲報が届く。兵士たちは熾烈な決戦に挑もうと立ち上がる。だが、オトは血気に走る兵士たちの考えに耳を貸さず、口を開いた。

そのような決心やそのような勇気を持っているお前たちを、これ以上危険に晒《さら》すことは、私の命を不当に愛《いとお》しむことになると思う。私がもし生きようと決めたら生きる望みのいかに多いかをお前たちは教えてくれた。それだけ一層私の死ぬ覚悟は気高いものとなろう。（『同時代史』二・47）

まわりの者たちをすべて立ち去らせても、騒動はおさまらなかった。騒乱の張本人たちを譴責して部屋に戻る。静かな夜を熟睡して過ごし、明け方、胸を短剣に投じて絶命した。側近の者たちが駆けつけたとき、唯一突きの傷しか見つけられなかったという。殉死者が続出したほどだから、三十七歳の為政者としての器は気どり屋とはいえ大きかったのかもしれない。

そののち皇帝となるウィテッリウスが殺される場面は、ガルバの死の時と同様に、野蛮で陰惨である。門番の小部屋に隠れ身を潜めていたが、見つかって引きずり出される。

後手《うしろで》に縛られ、着物を裂かれ、醜悪な晒《さら》し者となって引っ立てられた。大勢が罵《ののし》っても、誰一人涙を流さなかった。往生際の見苦しさが惻隠《そくいん》の情を奪っていた。（中略）ウィテッリウスは刃先で脅され、ときに顔を上げ侮蔑の目に晒すように、ときに引き倒されたおのれの数々の像を、広場の演壇やガルバが殺された場所を、見るように強いられた。（中略）

彼の精神がとことん腐っていなかったことを証す、ただ一つの言葉が聞かれた。副官が毒づいていたとき「それでも余はお前の皇帝であったぞ」と答えた。

そのあと沢山の傷を受けて倒れた。大衆は生前の彼におもねっていたのと同じひねくれ根性から、死んだ彼を悪様《あしざま》に罵倒した。（『同時代史』三・84―85）

無残で生々しい描写は身の毛もよだつほど惨たらしいところがある。このような死の場面における詳細で妥協のないリアリズム。そこにこそ、タキトゥスの筆がひときわ冴えわたる。

なぜこれほどまで克明に死の場面が描かれるのか。まさしく死に直面したとき、人はその生き様をさらす。そのことを心理分析家としてのタキトゥスほどわきまえた書き手は稀ではないだろうか。常日頃どのような思いでなにを為すのか、それが死に際に集約されるのだから、まなざしは自ずとそれに向くしかなかったのだろう。

ところで、心理分析に巧みで諷刺家の資質に恵まれた歴史家だから、タキトゥスの文章にはしばしば絶妙な警句がちりばめられている。それも人を驚かせたり喜ばせたりするための技巧ではない。そこにいれば、なんのてらいもなくすらすらと筆が走るというほど自然なのである。

元首に立派な友人がいることほど、立派な帝国支配に大切なことはない。(『同時代史』四・7)

軽率な衝動から始まった企ては何にせよ、初め勢い込んで動くが、時が経つにつれだれるものである。(『同時代史』三・58)

この極悪の罪を、ごく少数が大胆に犯し、大勢が望み、皆が皆黙認した。(『同時代史』一・28)

これらの警句は人生の類似の場面に当てはめれば、どこででも思い知らされる。生き生きとしており、ぐさりと胸に突き刺さる言葉である。

本来ならば、歴史家としてのタキトゥスの叙述の方法や力量について解説すべきなのかもしれない。しかし、今の私にはそれを論じるだけの備えはない。國原吉之助先生の訳で近づきやすくなった『同時代史』であるが、ちくま学芸文庫版でますます身近になった。せめて、その読みどころをいささかなりとも示唆できたとすれば、幸いである。

本書は一九九六年十月十日、筑摩書房より刊行されたタキトゥス『同時代史』を底本とし、大幅に手を入れたものである。

ちくま学芸文庫

同時《どうじ》代史《だいし》

二〇一二年三月十日　第一刷発行
二〇二三年六月二十日　第二刷発行

著者　タキトゥス
訳者　國原吉之助（くにはら・きちのすけ）
発行者　喜入冬子
発行所　株式会社　筑摩書房
東京都台東区蔵前二—五—三　〒一一一—八七五五
電話番号　〇三—五六八七—二六〇一（代表）
装幀者　安野光雅
印刷所　星野精版印刷株式会社
製本所　株式会社積信堂

ISBN978-4-480-09435-3　C0122